Gonglu Luzheng Guanli Shouce

公路路政管理手册

（第 2 版）

李　华　王文武　编著

人民交通出版社

内 容 提 要

本书以国家最新的法律法规为依据，在全面总结吸收公路路政管理实践经验的基础上，归纳出1000个问答，围绕着公路路政管理这个主题，做了全面、系统和准确的论述和解答，是兼有知识性、实用性、操作性的路政管理执法工具书。本书内容包括：法律法规综合知识、公路工程知识、公路路政管理、交通安全管理、道路运输管理、高速公路管理、公路安全保护条例、附录等。

本书可作为路政、运政、高速公路管理、交通警察等执法人员及相关人员的培训教材和工具书，也可作为大专院校师生的学习教材和参考书。

图书在版编目(CIP)数据

公路路政管理手册/李华，王文武编著．—2版．—北京：人民交通出版社，2013.9

ISBN 978-7-114-10619-4

Ⅰ．①公…　Ⅱ．①李…　②王…　Ⅲ．①公路管理—路政管理—技术手册　Ⅳ．①U418.2-62

中国版本图书馆CIP数据核字(2013)第098455号

书　　名：公路路政管理手册(第2版)
著 作 者：李　华　王文武
责任编辑：刘永芬
出版发行：人民交通出版社
地　　址：(100011)北京市朝阳区安定门外外馆斜街3号
网　　址：http://www.ccpress.com.cn
销售电话：(010)59757973
总 经 销：人民交通出版社发行部
经　　销：各地新华书店
印　　刷：北京市密东印刷有限公司
开　　本：720×960　1/16
印　　张：27.75
字　　数：480千
版　　次：2013年9月　第2版
印　　次：2013年9月　第1次印刷
书　　号：ISBN 978-7-114-10619-4
定　　价：58.00元
(有印刷、装订质量问题的图书由本社负责调换)

序

加强公路管理，依法保护路产、路权，确保公路完好畅通，是公路管理部门的主要职责，也是公路事业发展的需要。因此，各级公路管理部门在加快公路建设、做好公路养护的同时，都积极采取措施，强化公路管理，改善公路行车条件，以提高运输效益。

公路路政管理，是公路管理的重要组成部分，《公路法》的颁布，给路政管理提供了强有力的法律依据。但是，法律法规的实施，最终需要每个具体的执法人员去完成，这就要求每个公路路政管理工作者必须要全面地掌握路政管理的相关知识，以期在实际工作中运用行政的、经济的、技术的和法律的手段进行公路路政管理。《公路路政管理手册》的作者，围绕如何做好公路路政管理这个主题，根据多年来路政管理的实践经验及典型案例，就公路路政管理工作中涉及的最基本、最实用的1000个问题进行了简明扼要、通俗易懂的解答，为公路路政管理工作者能够全面、系统地学习掌握路政管理知识，以及运用这些知识处理路政案件，提供了一套既具体又实用的操作方法。

《公路路政管理手册》的出版，对加强公路管理，特别是公路路政的规范化管理，将产生积极的推动作用，同时也为我国公路路政管理工作者提供了一本比较系统、实用的工具书。希望广大公路路政管理工作者在阅读本书的同时，能够结合实际，对我国目前公路管理中存在的问题，开展深入的研究，以促进我国公路交通事业的健康、有序和快速发展。

胡希捷

前　　言

本书于1999年8月第一次出版，先后三次印刷，发行超过万册。并承蒙原交通部胡希捷副部长的关心，百忙中为本书作序，在此表示感谢！

随着社会和经济的持续发展，十几年来我国公路交通事业的建设发展极为迅速，公路里程不断增加，路网日趋优化和完善。在提高公路通行能力和服务水平的同时，依法保护路产路权，加强路政管理，确保公路完好畅通的任务日益繁重。本人在总结路政管理实践经验的基础上，本着科学规范、完善创新、求知务实和突出系统性、科学性、先进性的原则，根据《公路法》、《公路安全保护条例》以及国家最新的法律法规，对原书归纳的600个问题进行重新修订。并围绕着目前路政管理各项工作、各项业务，重点突出，理论结合实际，新增加了400个问题。全书汇编的1000个路政管理相关联问题都给予了深入浅出的详细解答，在路政管理实践工作中具有较好的实用价值。本书可作为大、专院校有关专业的学习教材和参考书，也可作为全国交通公路行业从业人员学习相关业务的培训教材和工具书。

本书在编写过程中，得到交通公路行业的领导、专家、同行的支持帮助，在此表示诚挚的感谢！希望这本书对提高我国交通公路路政管理的水平有些裨益。

限于水平和能力，本书难免有不当或错误之处，敬请专家读者批评指正；并谨以此书与同行共勉，为促进公路路政管理事业健康、有序、稳定发展做出新的贡献。

王文武

二〇一三年六月

目　　录

第一章

法律、法规综合知识（200问）

1. 法的含义是什么？

法是国家按照统治阶级的利益和意志制定或者认可的，并由国家强制力保证其实施的行为规范的总称。法的目的在于维护有利于统治阶级的社会体系和社会秩序，是统治阶级实现其统治的重要工具。

2. 法的特征有哪些？

(1)法是调整人们行为和社会关系的规范，具有规范性。

(2)法是由国家制定或认可的体现了国家对人们行为的评价，具有国家意志性。

(3)法是由国家强制力为最后保证手段的规范体系，具有国家强制性。

(4)法是国家权力管辖范围内普遍有效，具有普遍性。

(5)法是有严格的程序规定的规范，具有程序性。

3. 法的效力有哪些？

即法律规范的适用范围：

(1)时间效力，即法律规范在时间上的效力。是指法律何时生效、何时失效以及对其颁布前的事件和行为有无溯及力等问题。

(2)空间效力，即法律适用的地域范围。

(3)对人的效力，即法律适用于什么人。法律规范对居住在本国的所有公民以及外国公民、无国籍人均具有约束力。

4. 宪法的含义是什么？

宪法是统治阶级意志和利益的集中反映，是为统治阶级服务的专政工具、也是国家的根本法。通常规定一个国家的社会制度和国家制度的基本原则、国家机关的组织和活动的基本原则以及公民的基本权利和义务等重要内容,有的还规定国旗、国歌、国徽和首都以及统治阶级认为重要的其他制度。宪法具有最高法律效力,是制定其他法律的依据。违反宪法的法律是无效的。

5. 法律的含义是什么?

法律的含义是指拥有立法权的国家机关依照一定的立法程序制定和颁布的规范性文件,是法的主要渊源。在我国,只有全国人民代表大会及其常务委员会依立法程序制定和颁布的规范性文件才称法律。法律是仅次于宪法的规范性文件,它通常规定社会政治、经济以及社会生活中某些基本的和主要方面的社会关系。它反映统治阶级的根本利益和意志,是制定从属性法规的依据。

6. 行政法规的含义是什么?

法的渊源之一,泛指国家行政机关制定和发布的规范性文件。是国家行政机关为执行宪法和法律而颁布具有普遍约束力的行为规则,是行使其职权的必要措施。各国宪法大多有此规定。在中国,根据1982年宪法,行政法规是指最高国家行政机关国务院所制定的一种规范性文件。第89条规定:国务院“根据宪法和法律,规定行政措施,制定行政法规,发布决定和命令”。行政法规以宪法和法律为依据,不能与之相抵触。

7. 法制与法治有什么区别?

法制,是一国法律制度的总和。它包括立法、执法、司法、守法和法律监督的合法性原则、制度、程序和过程。

法治包含两个部分,即形式意义的法治和实质意义的法治,是两者的统一体。形式意义的法治,强调“以法治国”、“依法办事”的治国方式、制度及其运行机制。实质意义的法治,强调“法律至上”、“法律主治”、“制约权力”、“保障权利”的价值、原则和精神。形式意义的法治应当体现法治的价值、原则和精神,实质意义的法治也必须通过法律的形式化制度和运行机制予以实现,两者均不可或缺。法制与法治的区别是:

(1)法制是指法律制度,与它相对应的是政治、经济、文化等制度,而法治是相对于人治而言的。法制首先强调法作为制度化构成物所形成的统一体,而法治首先强调法作为社会控制工具在治国诸方式中的地位和功能。

(2)法制的产生和发展与国家直接相联系,而法治则直接与民主制国家相联系,在任何国家都存在法制,而在民主制国家才存在法治。就是说,有法制不一定有法治,但实行法治必须以存在法制为前提。

(3)法治的基本要求是严格依法办事,法律在各种社会调整措施中具有至上性、权威性,且法律应当是"良治"、"善治",即基本上是适合社会生活的法,而不是当权者的任性。而法制并不必然蕴含严格依法办事的内容,从而法治总是与专制、特权、任性相对立,而法制并不必然意味着这种对立,它可以充当专制、特权的工具。

8. 什么是法定人数?

指举行会议、通过议案、进行选举或组织某种专门机构时,法律所规定的必要人数,未达法定人数者无效。如我国宪法的修改需全国人民代表大会以全体代表2/3以上的多数通过。各级人民代表大会进行选举和通过决议,以全体代表的过半数通过。

9. 当事人的含义是什么?

民事诉讼中的当事人,是指因民事权利义务发生争议,以自己的名义进行诉讼,并受人民法院裁判拘束的人。当事人有广义和狭义之分:广义的当事人包括原告和被告、共同诉讼人、第三人;狭义的当事人仅指原告和被告。刑事诉讼中的当事人是指被害人、自诉人、犯罪嫌疑人、被告人、附带民事诉讼的原告人和被告人。行政诉讼中的当事人,是指因具体行政行为发生纠纷,以自己的名义进行诉讼,案件审理结果与其有法律上的利害关系,并受人民法院裁判拘束的人。

10. 什么叫原告?

民事诉讼中的原告,是指认为自己的民事权益或受其管理支配的民事权益受到侵害,或者与他人发生争议,为维护其合法权益而向人民法院提起诉讼,引起诉讼程序发生的人。刑事诉讼中的自诉人或公诉人居于原告的地位。行政诉讼中的原告,是指认为具体行政行为侵害其合法权益并依法提起行政诉讼的行政相对人。

11. 什么叫被告?

民事诉讼中的被告,是指被诉称侵害原告民事权益或与原告发生民事权益争议,被人民法院传唤应诉的人。刑事诉讼中的被告,是指在审判阶段,因涉嫌犯罪而被起诉的公民。行政诉讼中的被告,是指因原告认为其作出的具体行政行为违法并侵害了其合法权益而向人民法院起诉,人民法院受理后通知参加应诉,并受人民法院终局裁判拘束的行政机关或法律、法规授权的组织。

12. 什么叫申诉权?

公民的合法权益,因行政机关或司法机关作出错误的或违法的决定与判决,或者因国家工作人员的违法失职行为而受到侵害时,受害公民有向有关机关申诉理由、要求重新处理的权利。

公民的申诉权一般在两种情况下行使:

(1)诉讼上的申诉,指对已经发生法律效力的判决或裁定,当事人、被告人及其家属或者其他公民,可以向人民法院或人民检察院提出申诉,要求改正或撤销原判决或裁定。

(2)行政上的申诉,指公民对于行政机关作出的行政处罚的决定不服时,可向其上级机关或有关国家机关提出申诉,要求改正或撤销原决定。

13. 什么是正当防卫?

正当防卫是指为了使国家、公共利益,本人或者他人的人身、财产和其他权利免受正在进行的不法侵害,而对不法侵害者实施的制止其不法侵害且未明显超过必要限度的损害行为。其构成要件是:

(1)防卫意图,指防卫人对正在进行的不法侵害有明确认识,并希望以防卫手段制止不法侵害,保护合法权益的心理状态。

(2)防卫起因,指有不法侵害的发生和存在。

(3)防卫对象,指正当防卫的对象是不法侵害人。

(4)防卫时间,指正当防卫的时间是不法侵害正处于已经开始并且尚未结束的进行阶段。

(5)防卫限度,指正当防卫不能明显超过必要限度且对不法侵害人造成重大损害。关于防卫限度,需要注意的是,我国刑法第二十条第三款规定:“对正在进行行凶、杀人、抢劫、强奸、绑架以及其他严重危及人身安全的暴力犯罪,采取防卫行为,造成不法侵害人伤亡的,不属于防卫过当,不负刑事责任。”

14. 什么是防卫过当?

防卫过当是指防卫明显超过必要限度造成重大损害应当负刑事责任的行为,即所实行的防卫行为和受到侵害的程度不相适应。我国刑法规定,防卫过当的行为应当负法律责任,但是应当减轻或者免除处罚。

15. 什么是紧急避险?

紧急避险是指为了使国家、公共利益,本人或者其他人的人身安全和其他权利免受正在发生的危险,不得已而采取损害另一较小合法权益的行为。要件是:

(1)避险意图,是指避险人对正在发生的危险有明确的认识,并希望以避险手段保护较大合法权益的心理状态。

(2)避险起因,是指合法权益遭受损害危险。危险是指某种有可能立即对合法权益造成危害的紧迫事实状态。危险的主要来源包括自然的力量,动物的侵袭,非法侵害行为,人的生理、病理过程。

(3)避险时间,是指损害危险正在发生或迫在眉睫。已经过去的和未来的危险都不能作为紧急避险的理由。

(4)避险对象,是指紧急避险的行为所保全的必须是第三者合法权益。

(5)避险限度,是指紧急避险造成的损害必须小于所避免的损害。

(6)避险限制,损害他人的权利必须是出于不得已。如果用其他手段能够避免这种危险,则此项损害他人的行为就不能认为是紧急避险。

(7)避险禁止,是指对于避免本人危险的规定,不适用于职务上,业务上负有特定责任的人。例如医生、护士在治疗疾病时,必须面对病菌感染的危险。

16. 什么是不可抗力?

不可抗力是指,不能预见、不能避免并不能克服的客观情况。不可抗力通常包括两种情况:一种是自然原因引起的,如水灾、旱灾、暴风雪、地震等;另一种是社会原因引起的,如战争、罢工、政府禁令等。

17. 什么是立法?

立法是指一定的国家机关依照法定职权和程序,制定、修改或废止法律和其他规范性法律文件及认可法律的活动,是将一定阶级的意志上升为国家意志的活动,是对社会资源、社会利益进行第一次分配的活动。广义上的立法,泛指一切有权的国家机关依法制定各种规范性法律文件的活动。狭义上的立法指国家的最高权力机关及其常设机关依法制定、修改、废止宪法和法律的活动。

18. 我国的立法原则是什么?

(1)立法应当遵循宪法的基本原则,以经济建设为中心,坚持社会主义道路、坚持人民民主专政、坚持中国共产党的领导、坚持马克思列宁主义毛泽东思想邓小平理论,坚持改革开放。

(2)立法应当依照法定的权限和程序,从国家整体利益出发,维护社会主义法制的统一和尊严。

(3)立法应当体现人民的意志,发扬社会主义民主,保障人民通过多种途径参与立法活动。

(4)立法应当从实际出发,科学合理地规定公民、法人和其他组织的权利与义务、国家机关的权力与责任。

19. 什么是立法机关?

有权制定、修改和废止法律的国家机关。各国宪法都有具体规定。在我国,宪法规定修改宪法、制定和修改刑事、民事、国家机构和其他基本法律的职权属于全国人民代表大会;制定和修改基本法律以外的其他法律的职权属于全国人民代表大会常务委员会。同时,在全国人民代表大会闭会期间,全国人大常务委员会对全国人民代表大会制定的法律有权进行部分补充和修改,但不得同该法律的基本原则相抵触;有权撤销国务院制定的同宪法、法律相抵触的行政法规、决定和命令;撤销省、自治区和直辖市国家权力机关制定的同宪法、法律和行政法规相抵触的地方性法规。宪法授权省、直辖市的人民代表大会及其常务委员会在不同宪法、法律、行政法规相抵触的前提下,制定地方性法规,并报全国人民代表大会常务委员会备案;授权民族自治地方的人民代表大会依照当地民族的政治、经济和文化特点,制定自治条例和单行条例。自治区的自治条例和单行条例报全国人民代表大会常务委员会批准后生效。自治州、自治县的自治条例和单行条例报省或自治区人民代表大会常务委员会批准后生效,并报全国人大常委会备案。

20. 我国法律解释的权限是怎样划分的?

根据《中华人民共和国立法法》规定:

(1)法律解释权属于全国人民代表大会常务委员会。法律有以下情况之一的,由全国人民代表大会常务委员会解释:

①法律的规定需要进一步明确具体含义的。

②法律制定后出现新的情况,需要明确适用法律依据的。

(2)国务院、中央军事委员会、最高人民法院、最高人民检察院和全国人民代表大会各专门委员会以及省、自治区、直辖市的人民代表大会常务委员会可以向全国人民代表大会常务委员会提出法律解释要求。

(3)常务委员会工作机构研究拟订法律解释草案,由委员长会议决定列入常务委员会会议议程。

(4)法律解释草案经常务委员会会议审议,由法律委员会根据常务委员会组成人员的审议意见进行审议、修改,提出法律解释草案表决稿。

(5)法律解释草案表决稿由常务委员会全体组成人员的过半数通过,由常务委员会发布公告予以公布。

(6)全国人民代表大会常务委员会的法律解释同法律具有同等效力。

21. 什么是立法解释?

立法机关对法律规范的内容及其概念、术语所作的解释是正式解释的一种。立法解释和所解释的法律规范具有同等的法律效力。在我国,宪法和法律的解释权属于全国人民代表大会常务委员会,地方性法规的解释权属于制定该法规的地方权力机关的常务委员会。立法解释有时构成法律的一部分,有时附以实例,有时以文件或报告的形式对所颁布的法律加以说明。广义的立法解释,亦指其他国家机关对自己制定的具体法规所用的解释。

22. 什么是司法解释?

司法机关对如何适用法律规范所作的解释,或在将法律规范适用于具体案件、事项时所作的解释。是正式解释的一种。在我国,全国人民代表大会授权最高人民法院和最高人民检察院就审判和检察工作中如何具体应用法律问题进行解释,如最高人民法院和最高人民检察院的解释有原则性分歧,报请全国人民代表大会常务委员会解释或决定。此种解释对各级司法机关如何适用法律具有约束力。另对某一案件在适用法律时所作的解释,也属于司法解释,但只对该案件有效。违背宪法和法律的司法解释无效。

23. 什么是行政解释?

行政解释是指国务院及其主管部门和省、自治区、直辖市人民政府主管部门对行政法规和地方性法规的解释。是正式解释的一种。我国第五届全国人民代表大会常务委员会《关于加强法律解释工作的决议》规定:“不属于审判和检察工作中的其他法律、法令如何具体应用的问题,由国务院及其主管部门进行解释”。行政解释的法律效力有两种情况:对本身制定的法律规范的解释与所解释的法律规范具有同等法律效力;对法律如何应用所作的解释一般只对所属部门或特定事项有效,无普遍约束力。违背宪法和法律的行政解释无效。

24. 什么是司法机关?

国家行使司法权的机关。资本主义国家指法院。在我国,人民法院是国家的审判机关,人民检察院是国家的法律监督机关,都是司法机关。公安机关是治安机关,在刑事诉讼中行使侦查、拘留、预审的职能。司法行政机关领导和管理的劳动改造工作,也属司法机关。

25. 什么是司法档案?

司法档案是指需按期限保存的诉讼案卷以及关于司法行政的重要文卷、表册和其他文书。司法机关档案管理人员应将予以保存的档案,按规定分门别类编号登记,妥善保管,以备查考。

26. 什么是原始证据?

原始证据是“传来证据”的对称,即直接来源于案件事实,未经复制转述的证据。如亲眼看到犯罪分子进行犯罪活动的证人证言和被害人的陈述;被告人的供述;当事人的陈述;物证的原件,书证的原本等。由于原始证据最能反映案件事实的真相,其证明力比较强,我国在办案中重视原始证据,但也不排斥传来证据。对原始证据也应注意审查核实。

27. 什么是传来证据?

传来证据是“原始证据”的对称,间接来源于案件事实,经过转述、复制的证据。如自己并没有直接感知而是经别人告诉才知道案件情况的人的证人证言;书证的副本;物证的复制品等。由于传来证据在转述、传抄等过程中很可能发生差错而不符合本来面目,因此,一般说它的可靠性不如原始证据。转述、传抄的次数越多,发生差错的可能性就越大,可靠性就越小。故在办案中应力求取得原始证据。在实践中,传来证据有其重要作用,依靠传来证据可以发现原始证据,可以审查原始证据,在找不到原始证据的情况下,经查证属实的传来证据也可以作为认定案件事实的根据之一。如果案内只有传来证据而没有原始证据,不能认定犯罪嫌疑人、被告人有罪。

28. 什么是有罪证据?

有罪证据与“无罪证据”相对,指能够证明犯罪事实存在和犯罪行为系犯罪嫌疑人、被告人所为的证据。它是支持控诉的根据。有罪证据所证明的事实一旦成立,法院即应依法对被告人作出有罪判决。

29. 什么是无罪证据?

无罪证据是“有罪证据”的对称,指凡是能够否定犯罪事实存在,或者能够证明犯罪嫌疑人、被告人未实施犯罪行为的证据。在诉讼中无罪证据是刑事被告人及其辩护人实施辩护的根据。

30. 什么是直接证据?

直接证据是“间接证据”的对称,指能单独、直接证明案件主要事实的证据。如被告人对原告人在诉讼中主张的事实所作出的承认;被害人对被害情况的叙述;耳闻目睹案件事实发生的证人所作的证言等,都属直接的证据。由于直接证据同案件主要事实是直接的证明关系,它的证明过程比较简单,只要查明直接证据本身真实可靠,就可弄清楚案件的事实真相。

31. 什么是间接证据?

间接证据是“直接证据”的对称,是指不能单独地直接指明刑事案件主要事实,需要与其他证据相结合才能证明的证据。例如,案件现场有某人的指纹,只能说明该人到过案发现场,而不能说明该人就是作案人,因此属间接证据。凡间接证据必须符合以下条件:

(1)与案件的主要事实存在客观联系。

(2)与其他间接证据能形成一个完整的证明体系。

(3)间接证据与案件事实之间,间接证据与间接证据之间必须协调一致,没有矛盾。

(4)综合间接证据所证明的事实,得出的结论必须是唯一的,确凿无疑的。运用间接证据证明案件事实是一个十分复杂的推理判断过程,必须慎重。

32. 什么是本证?

本证是“反证”的对称,是指能够证明负有证明责任一方当事人所主张的事实的证据。如在民事诉讼中,原告人诉被告人借款未还,并提出借据加以证明,该借据即属本证。本证不限于原告人方面提出,也可由被告人方面提出。如被告提供的能够证明自己是职务行为的自己与单位之间订立的劳动合同。被告人提出的这一收据,也是本证。本证的主要作用是对当事人主张的事实的真实性或可靠性予以肯定。

33. 什么是反证?

反证是“本证”的对称,指当事人一方在诉讼中为否定或推翻对方主张的事实而提出的相反的证据。如,在违约责任诉讼中,被告提供的证明原告履行行为不符合合同约定的产品质量鉴定结论。反证的作用主要是对对方的当事人的主张予以否定,从而间接地使自己处于有利的诉讼地位。

34. 什么是言辞证据?

言辞证据是与“实物证据”相对称,是指以人的陈述的形式来表现案件事实的证据。如证人证言、当事人陈述、鉴定人的鉴定结论等。对言辞证据的收集一般通过问答的方式进行,并要证明于笔录,由陈述人阅后在笔录上签名盖章加以固定。

35. 什么是实物证据?

实物证据是与“言词证据”相对称,是指以其客观存在来证明案件事实的证据。如物证、书证等都属于实物证据。实物证据并不限于无生物,有生命的物体,如发生所有权争议的牲畜、人遭受了创伤的肢体等,也属于实物证据。收集实物证据主要通过勘验、检查、搜查、扣押、提交、索取等方法进行。对收集的实物证据应就其特征、特点以及与案件的联系详细加以登记。实物证据具有实实在在的外形,有的还记载了与案件有关的事实,运用时,必须仔细审查,必要时进行鉴定,提供辨认。

36. 什么是物证?

物证是指以其外部特征、存在场所和物质属性证明案件事实的实物和痕迹,是证据的一种。物证包括实物和痕迹两类。前者指与案件事实有联系的客观实在物,如作案工具、赃款赃物等;后者包括两个物体相互作用所产生的印痕和物体运动时所产生的轨迹,如脚印、指纹等。收集物证主要采用勘验、检查、搜查、扣押、提取等方法,也可由有关单位或个人提供。物证应按其原始形态进行收集和固定,并进行详细登记,注明其发现的时间,地点和与本案的关系,必要时要进行拍照或复制。物证要附入案卷内,妥善保管,并要随案件一并移送。不能移送的,应说明理由。

37. 什么是物证鉴定?

物证鉴定是对怀疑与案件事实有关的尸体、物体、物品、物质或痕迹,进行观察、勘验、测试和综合研究，并作出结论。为了解决案件中某些专业性问题，应指定或聘请具有专门知识技能的人进行鉴定，鉴定结论是证据之一。

38. 什么是物证照相？

物证照相是对具有物证意义的痕迹或物品（物体），为记录、揭示或显现其真实的状况、细节特征而采取的一种拍照技术和方法。在行政管理中，是勘验的措施之一。

39. 当事人提供物证应符合哪些要求？

根据《最高人民法院关于行政诉讼证据若干问题的规定》第十一条的规定，当事人向人民法院提供物证的，应当符合下列要求：

（1）提供原物。提供原物确有困难的，可以提供与原物核对无误的复制件或者证明该物证的照片、录像等其他证据；

（2）原物为数量较多的种类物的，提供其中的一部分。

40. 什么是书证？

书证是指以文字、符号、图画等记载的内容和表达的思想来证明案件事实的书面文件和其他物品，是证据的一种。如，各种证明文件、账本、检查报告、书信、传单、合同等。其特点是利用文件内容或涵义来确认与案件有关的事实，因此与一般物证有区别。书证应提交原件，提交原件确有困难的，可提交副本、抄本、节录本等。提交外文书证，必须同时附送中文译本。

41. 当事人提供书证应当符合哪些要求？

根据《最高人民法院关于行政诉讼证据若干问题的规定》第十条的规定，当事人向人民法院提供书证的，应当符合下列要求：

（1）提供书证的原件，原本、正本和副本均属于书证的原件。提供原件确有困难的，可以提供与原件核对无误的复印件、照片、节录本；

（2）提供由有关部门保管的书证原件的复制件、影印件或者抄录件的，应当注明出处，经该部门核对无异后加盖印章；

（3）提供报表、图纸、会计账册、专业技术资料、科技文献等书证的，应当附有说明材料；

（4）被告提供的被诉具体行政行为所依据的询问、陈述、谈话类笔录，应当有行政执法人员、被询问人、陈述人、谈话人签名或者盖章。

(5)法律、法规、司法解释和规章对书证的制作形式另有规定的,从其规定。

42. 什么是视听资料?

视听资料是证据的一种,指以录音、录像工具和其他信息保存手段储存的,用来证明案件事实的资料。如用录像工具图解伪造的文书或显示物证,收录或播放证人证言等。其特征是:

(1)以录像或者音响反映一定的法律行为和法律事实。

(2)以电子计算机和其他信息保存手段储存的数据和材料证明案件的事实。

43. 当事人提供视听资料应当符合哪些要求?

根据《最高人民法院关于行政诉讼证据若干问题的规定》第十二条的规定,当事人向人民法院提供计算机数据或者录音、录像等视听资料的,应当符合下列要求:

(1)提供有关资料的原始载体,提供原始载体确有困难的,可以提供复制件;

(2)注明制作方法、制作时间、制作人和证明对象等;

(3)声音资料应当附有该声音内容的文字记录。

44. 什么是证人证言?

证人证言是指当事人以外了解案件有关情况的人向人民法院就自己知道的案件事实所作的陈述。我国法律将证人作证作为单位和公民对国家应尽的义务来规定,因此,凡是知道案件情况的单位和个人,都有义务出庭作证,但不能正确表达意志的人,不能作证。待证事实与其年龄、智力状况或者精神状况相适应的无民事行为能力人和限制民事行为能力人,可以作证。有能力作证,有关单位的负责人应当支持证人作证,证人确有困难不能出庭的,经人民法院许可,可以提交书面证言。书面证言应由法院的审判人员在法庭上宣读。由于证人证言要受主观、客观等因素的影响,其所提供的证言可能真实、不完全真实或完全不真实。收集、运用时必须注意其来源、形成过程及内容,结合案件的情况和其他证据进行认真审查,经查证属实,才能作为定案处理的根据。

45. 当事人向人民法院提供证人证言的应当符合哪些要求?

根据《最高人民法院关于行政诉讼证据若干问题的规定》第十三条的规定,当事人向人民法院提供证人证言的,应当符合下列要求:

(1)写明证人的姓名、年龄、性别、职业、住址等基本情况；

(2)有证人的签名,不能签名的,应当以盖章等方式证明；

(3)注明出具日期；

(4)附有居民身份证复印件等证明证人身份的文件。

46. 什么是询问证人?

询问证人是指侦查人员就证人知道的有关案件情况进行的询问,是获得证人证言的一种方法。询问时应先查明证人的人身情况,证人和案件当事人或案件本身的关系。询问证人时应注意以下几点:

(1)应告知他据实提供证据、证言,不能隐匿、掩饰或增减;并告知作伪证所应负的法律责任；

(2)询问证人只能由侦查人员进行。询问时,侦查人员不得少于2人；

(3)侦查人员询问证人,可以到证人的所在单位或者住处进行,但是必须出示人民检察院或者公安机关的证明文件。在必要的时候,也可以通知证人到人民检察院或者公安机关提供证言。侦查人员询问证人不得另行指定其他地点；

(4)应要求证人就所询问的情节始末连续陈述。证人陈述后,为了明确事实或判断真伪,办案人员应根据本案所应判明的事实和其他有关情节,有目的地详尽进行询问；

(5)询问不满18岁的未成年人,可以通知其法定代理人到场。询问聋、哑证人,应当有通聋、哑手势的人作翻译,并将这种情况记入笔录；

(6)为了发现真实情况,有几个证人时,应分别询问,未问过的不能在场,已问过的应禁止同未问过的谈论案情；

(7)侦查机关应当保障证人依法享有的诉讼权利,保障证人及其近亲属的安全；

(8)询问证人必须写入笔录,经宣读无误后,由证人签名或盖章,主持询问的人员也应签名或盖章。

47. 什么是当事人陈述?

当事人陈述是证据的一种,是当事人对案件事实情况所作的叙述。当事人与案件结果有直接利害关系,是最了解案件情况的人,他们的陈述对证明案件事实具有重要意义。但又因与案件有利害关系,其陈述可能真实,也可能虚假或半真半假,必须结合案件的其他证据进行认真审查,经查证属实,才能作为认定事实的根据。

48. 什么是鉴定结论?

鉴定结论是鉴定人运用自己的专业知识对当事人或人民法院提出的案件的有关问题所作出的判断结论。鉴定虽然依据科学技术进行,但由于鉴定的问题复杂多样,进行鉴定又受各种条件影响,因而鉴定结论有时难免发生错误,使用时必须注意审查。鉴定结论可作为证据使用,但不能作为处理案件的唯一的或主要的根据,特别是在案件缺乏其他确凿证据时,更不能仅凭鉴定结论定案。

49. 当事人提供鉴定结论应当符合哪些要求?

根据《最高人民法院关于行政诉讼证据若干问题的规定》第十四条的规定,被告向人民法院提供的在行政程序中采用的鉴定结论,应当载明委托人和委托鉴定的事项、向鉴定部门提交的相关材料、鉴定的依据和使用的科学技术手段、鉴定部门和鉴定人鉴定资格的说明,并应有鉴定人的签名和鉴定部门的盖章。通过分析获得的鉴定结论,应当说明分析过程。

50. 什么是勘验笔录?

勘验笔录是司法机关或行政执法机关的勘验人员对勘验的现场或物品所作的记录,是证据的一种。勘验笔录应由勘验人、当事人和被邀参加人签名或盖章。

51. 勘验现场应当注意哪些问题?

根据《最高人民法院关于行政诉讼证据若干问题的规定》,人民法院可以依当事人申请或者依职权勘验现场。勘验现场时,勘验人必须出示人民法院的证件,并邀请当地基层组织或者当事人所在单位派人参加。当事人或其成年亲属应当到场,拒不到场的,不影响勘验的进行,但应当在勘验笔录中说明情况。审判人员应当制作勘验笔录,记载勘验的时间、地点、勘验人、在场人、勘验的经过和结果,由勘验人、当事人、在场人签名。勘验现场时绘制的现场图,应当注明绘制的时间、方位、绘制人姓名和身份等内容。当事人对勘验结论有异议的,可以在举证期限内申请重新勘验,是否准许由人民法院决定。

52. 什么是现场笔录?

现场笔录是指行政机关工作人员在执行职务过程中对有关管理活动的现场情况所作的书面记录。

53. 当事人提供现场笔录应当注意哪些问题?

根据《最高人民法院关于行政诉讼证据若干问题的规定》第十五条的规定,被告向人民法院提供的现场笔录应当载明时间、地点和事件等内容,并由执法人员和当事人签名。当事人拒绝签名或者不能签名的,应当注明原因。有其他人在现场的,可由其他人签名。法律、法规和规章对现场笔录的制作形式另有规定的,从其规定。

54. 什么是主物?

主物是独立存在,在与同属一人所有的其他独立物结合使用中,发挥主要作用的物。如自划游船对于船桨,保险箱对于钥匙都为主物。若法律、习惯或合同无相反的规定,从物的归属依主物归属而定。

55. 什么是从物?

从物是独立存在,在与同属一人所有的其他独立物合并使用中起辅助、配合作用的物。

56. 法人的含义是什么?

法人是指依照法律的规定取得法律上的人格,具有民事权利能力和民事行为能力的社会组织。法人的成立一般均须依法经国家主管机关核准或登记。

法人具有以下特征:

(1)法人是依法设立的社会组织体。

(2)法人是具有独立财产或经费的社会组织。

(3)法人是独立的社会组织体。

(4)法人是能以自己的名义进行民事活动,并独立承担民事责任的社会组织。

57. 什么叫法定代表人?

法定代表人是依照法律或者法人组织章程规定,代表法人行使职权的负责人。法定代表人有以下 3 个特点:

(1)法人的法定代表人是法律或者法人组织章程规定的;

(2)法人的法定代表人是代表法人行使职权的人;

(3)法人的法定代表人是法人的负责人,他们可以直接代表法人在法人权限内进行民事活动,其行为视为法人的行为,由此产生的民事权利和义务由法人承担。

58. 法人成立的条件有哪些?

法人应当具备下列条件:

(1)依法成立;

(2)有必要的财产或者经费;

(3)有自己的名称、组织机构和场所;

(4)能够独立承担民事责任。

59. 法人的设立程序有哪些?

法人的设立是指具备法人条件的社会组织,依照法定程序取得法人人格。法人的设立必须采取一定的设立程序,这是社会组织取得法人人格的法定形式要件。设立程序完成之时,法人正式成立。

各国民法规定法人设立的程序不尽相同,归纳起来有如下方式:

(1)自由方式。只要社会组织具备法人成立的实质要件,即承认其为法人;

(2)准则方式。社会组织只要依照国家有关法律规定,具备条件,无须经过申请和国家机关的许可,即可成为当然的法人,只需向登记机关进行登记,即可成立;

(3)许可方式。社会组织通过申请,经主管机关许可,方可取得法人资格;

(4)命令方式。国家根据需要,以行政命令特别设立法人的方式,按照这一方式,被设立的社会组织,从命令宣布它成立之日起,即具有法人资格;

(5)特许方式。它要求法人的设立,必须经过特别立法或者经国家元首的许可。

60. 什么叫代理?

代理,是指代理人依据代理权在代理权限内,以被代理人的名义,为被代理人获取直接的法律后果,而与第三人进行民事法律行为的活动。

61. 什么是代理权?

代理权是指代理人得以代理被代理人进行意思表示或者接受意思表示,而直接对被代理人发生效力的权限。代理人应以代理证书作为享有代理权的证明文件。在委托代理中,代理证书一般应写明代理人姓名、代理事项、权限范围、有效时间等内容,并由被代理人签名盖章,有的还须履行公证手续。在法定代理中,代理人一般应向第三人提供证明身份、权限的户籍证件、工作证件或由单位开具的证明文件。

62. 什么叫代理人？

依法律规定或依法律行为而为他人代作或代受意思表示的人。自然人、法人都能为代理人。自然人为代理人时须为有行为能力人。法人为代理时,其代理行为应符合法人的宗旨和业务范围。依法律行为而被授予代理的,称“委托代理人”。依法律规定而为代理人的,称“法定代理人”。没有法定代理人的,由法院指定的称“指定代理人”。代理人不能代表被代理人同自己进行法律行为,也不能同时代理双方为同一个民事行为。

63. 什么叫被代理人？

依法律规定或依法律行为而授权他人代作或代受意思表示的人。自然人、法人都可为被代理人。自然人中的被代理人,不仅包括无行为能力人和限制行为能力人,也包括由于时间、地点、健康、知识、能力等条件的限制,不能亲自为法律行为的有行为能力人。法人中的被代理人也很普遍,特别是在业务活动范围广泛、交易频繁的公司、企业一类经济组织中更为明显。

64. 什么是法定代理？

它是根据法律的规定而直接产生的代理关系。出于调整社会关系的需要,法律规定某些社会关系必须适用特定的代理。当社会成员之间存在相应的社会关系时,便依法产生了相应的代理关系。法定代理主要是为保护无民事行为能力人和限制民事行为能力人的合法权益而设定的。例如《中华人民共和国婚姻法》规定父母为未成年子女的法定代理人;夫妻一方失去行为能力,另一方即为其法定代理人。

65. 什么叫做法定代理人？

法定代理人是指依法律规定而为他人代作或代受意思表示的人。无行为能力人和限制行为能力人以父母、监护人和保护人为其法定代理人。工会组织在保护其成员的合法权益时,是其成员的法定代理人。

66. 什么是监护？

监护是指对未成年人和精神病患者的人身、财产以及其他一切合法权益的监督和保护。其职责的承担者为监护人。监护人可依法律规定产生,如未成年子女的父母。可依被监护人父母的遗嘱委任产生,如其精神病患者的父母在去世前留下遗嘱,将其托付给其姑姑抚养,并由其姑姑担当监护人。在无法定监护人又无遗嘱委任监护人时,法院有权为无行为能力人指定监护人。

67. 什么是委托代理?

委托代理是指根据被代理人的委托授权而进行的代理。被代理人又称为委托代理人,代理人又称为被委托人。委托代理一般建立在特定的基础法律关系之上,可以是劳动合同关系、合伙关系、工作职务关系。而多数是委托合同关系,即委托人和受托人约定,由受托人处理委托人事务的合同,正是在此种意义上称之为委托代理。同时,还必须经过被代理人向代理人授予代理权,委托代理关系才能确立。从而被代理人的授权意志是委托代理关系最终建立的关键,故又称其为意定代理。如,甲公民委托律师代理民事诉讼,不仅要与律师事务所订立委托合同,还必须向律师交付授权委托书,该委托代理才得以成立。

68. 什么是指定代理?

指定代理是根据主管机关或法院的指定而发生的代理行为。指定代理主要适用于在社会生活或民事诉讼过程中需要代理人代为法律行为,而没有代理人或无法确认代理人的特殊情况。在这种情况下,人民法院或行政主管机关依据法律的授权指定公民或法人充当代理人。例如《中华人民共和国诉讼法》第五十七条规定,无诉讼行为能力人由他的监护人作为法定代理人代为诉讼。如果法定代理人之间互相推诿代理责任的,由人民法院指定其中一人代为诉讼。

69. 什么是代位权?

代位权是指债权人为了保全其债权,而于债务人怠于行使自己的权利而害及债权人债权实现时,得以自己的名义代位行使属于债务人权利的权利。如,甲企业向保险公司投保财产保险,后因公民乙的过错酿成火灾,保险公司为保证甲企业不因财产损失而影响生产,先向甲企业支付保险金额,从而取得代位向公民乙追索赔偿的权利。

70. 什么是遗嘱继承?

遗嘱继承是指遗嘱中所指定的继承人根据遗嘱中对其所应当继承的遗产种类、数额等规定,继承被继承人遗产的一种继承方式。立遗嘱的人叫遗嘱人,根据遗嘱规定有权继承被继承人遗产的法定继承人叫遗嘱继承人。立有遗嘱的,按遗嘱继承的方式处理遗产,遗嘱所涉及的遗产不再按法定继承的方式处理。在遗嘱继承中,遗嘱继承人所继承的遗产应当是遗嘱中所指定应由其继承的遗产,在种类、数额上应与遗嘱的指定相符。遗嘱继承人在按照遗嘱继承后,不影响其作为法定继承人继承其应得的法定继承份额。

71. 什么是法定继承?

法定继承是指在被继承人生前未立遗嘱或所立遗嘱无效的条件下所适用的一种继承形式。法定继承是基于继承人与被继承人之间存在着的血缘关系和婚姻关系而发生的。根据《中华人民共和国继承法》的规定,法定继承的范围和顺序为:

(1)第一顺序继承人为配偶、子女(包括婚生子女、非婚生子女、养子女和有抚养关系的继子女)、父母(包括生父母、养父母和有抚养关系的继父母)。丧偶儿媳对公、婆,丧偶女婿对岳父、岳母,尽了主要赡养义务的,作为第一顺序继承人。

(2)第二顺序继承人为兄弟姐妹(包括同父母的兄弟姐妹、同父异母或者同母异父的兄弟姐妹、养兄弟姐妹、有扶养关系的继兄弟姐妹)、祖父母、外祖父母。

同一顺序的法定继承人继承遗产的份额,一般应当均等。但该条同时也规定,在下列情况下可以不均等继承遗产的份额:

(1)对生活有特殊困难的缺乏劳动能力的继承人,分配遗产时,应当予以照顾。

(2)对被继承人尽了主要抚养义务或者与被继承人共同生活的继承人,分配遗产时,可以多分。

(3)有抚养能力和有抚养条件的继承人不尽抚养义务的,分配遗产时,应当不分或者少分。

(4)继承人协商同意的,也可以不均等。

72. 什么是诉?

民事诉讼中的诉,是指当事人依照法律规定,向人民法院提出的保护其合法权益的请求。诉分为确认之诉、给付之诉、变更之诉三类。诉的要素包括:

(1)当事人,诉讼当事人是诉的主体。

(2)诉讼标的,是指当事人间发生争议,并要求法院做出裁判的民事法律关系。

(3)诉的理由,是指当事人向法院请求进行审判保护和进行诉讼的根据。

73. 什么是确认之诉?

确认之诉是指原告请求法院确认其与被告间存在或不存在某种民事法律关系的诉。具有以下特征:

(1)当事人只请求法院确认其与对方当事人之间是否存在某种民事法律关系,并不要求法院判令对方履行某一民事义务。

(2)确认之诉所要确认的民事法律关系必须是现存的,只是当事人对这一现存的民事法律关系是存在还是不存在,或者存在的范围有争议,才请求法院对其做出判断。

(3)确认之诉的裁判不需要执行。

74. 什么是给付之诉?

给付之诉是指当事人请求法院判令对方当事人履行一定民事义务的诉。它具有以下特征:

(1)当事人一方依法存在请求权,对方依法则应承担某种义务,或者当事人双方都享有某种权利和应当承担某种义务,而应履行义务的一方又拒不履行义务。

(2)双方当事人之间有权利义务之争,对如何行使权利和履行义务发生争议,请求法院对发生争议的权利义务关系做出确认。

(3)法院对案件经过审理,不仅要确认当事人之间的民事法律关系,而且要在此基础上判令义务人履行应履行的义务。

75. 什么是变更之诉?

变更之诉是指当事人请求法院改变或消灭其与对方当事人之间现存的民事法律关系的诉。其特点是:

(1)双方当事人对其现存的法律关系无争议,只是对现存的法律关系是否变更或者如何变更有争议。

(2)双方当事人争议的是有法律意义的事实,如当事人之间存在婚姻关系的事实,只需对这种事实加以变更,而不是要解决权利的享有或义务的承担问题。

(3)在法院对案件做出判决之前,现存的法律关系仍保持不变。法院的变更判决生效后,当事人之间的法律关系发生变更和消灭。

76. 什么是反诉?

反诉是指在已经开始的诉讼程序中,本诉的被告通过法院向本诉的原告提出的一种独立的反请求。反诉提起后,原告人提起的诉讼称为“本诉”。被告提起反诉须符合如下条件:

(1)反诉的当事人必须是本诉的当事人。

(2)反诉只能在本诉进行中提起。

(3)反诉只能向审理本诉的人民法院提起。

(4)反诉必须与本诉为同一诉讼程序。

(5)反诉与本诉应有联系。

77. 什么是诉讼?

诉讼是指司法机关和案件当事人在其他诉讼参与人的配合下为解决案件依法定诉讼程序所进行的全部活动。有广义、狭义之分:狭义的始于起诉,终于审理判决;广义的包括执行,刑事案件还包括侦查。通常以广义为主,以起诉、审判、执行作为诉讼的3个基本阶段。在解决案件过程中,司法机关处于主导地位,双方当事人则各自基于诉讼法所赋予的权利,在司法机关的主持下为维护自己的合法权益而积极活动。诉讼活动的法律性质,就是行使诉讼权利,履行诉讼义务。基于诉讼所要解决的案件的不同性质,有民事诉讼、刑事诉讼、行政诉讼之分,民事、刑事、行政诉讼是实施民事、刑事、行政法律内容的必要形式。

78. 什么是起诉?

民事起诉是指公民、法人和其他组织在其民事权益受到侵害或与他人发生争议时,向人民法院提起诉讼的行为。刑事起诉是指享有控诉权的国家机关和公民依法向法院提起诉讼,请求法院对指控的内容进行审判,以确定被告人刑事责任并予以刑事制裁的诉讼活动。行政诉讼中,起诉是指公民、法人或者其他组织认为自己的合法权益受到行政机关具体行政行为的侵害,而向人民法院提起诉讼请求,要求人民法院通过行使审判权,依法保护自己合法权益的诉讼行为。起诉时,必须指明被告人、起诉事由,并提出必要的证据。在我国,刑事诉讼中,人民检察院提起公诉时须用起诉书。受害人或者他的法定代理人提起自诉,以及民事诉讼和行政诉讼中的原告人起诉,一般应当采取书面的形式,向人民法院递交起诉状。书写起诉状确实有困难的公民,也可以口头起诉,由人民法院作出笔录。起诉应当向有管辖权的法院进行。

79. 什么是应诉?

应诉是指民事、行政诉讼中被告人针对原告人对他提起的诉讼,提出答辩或被法院传唤到庭参加诉讼的活动,是被告人用以保护自己合法权益的一种手段,也是被告人的诉讼权利之一。应诉一般是从被告人接到原告人起诉书副本,并提出答辩状开始,直到法院依法作出确定的判决而结束。被告人应诉,可以用书面形式向法院提交答辩状,也可以口头进行。其答辩的内容,可以从实体权利上反驳原告人的诉讼请求,或者承认原告人的诉讼请求,或者对原告人提出反诉;也可以从程序上指出原告人无权提起诉讼,或者违反起诉的法律规定等。被告人应诉以后,即为诉讼上的一方当事人,享有与原告人同等的诉讼权利,承担同等的诉讼上的义务。

80. 什么是答辩?

答辩指被告或被上诉人对原告或上诉人提出诉讼理由进行的回答与辩解,是民事、行政被告的一项重要的诉讼权利,是当事人诉讼权利平等原则的重要体现。答辩可以通过书面或口头的方式进行。用书面形式提出的称答辩状,以口头方式进行的称言词答辩。答辩时应记明笔录。另外,行政复议中的被申请人对申请人提出的申请复议理由进行的回答与辩解亦称答辩。

81. 答辩状的内容有哪些?

答辩状是对原告起诉书的答复和反驳。一般要有下列内容:

(1)双方当事人情况。

(2)针对原告诉讼请求的答复或反驳。

(3)事实依据。

(4)有关证据。

(5)法律依据。

(6)送达法院,具状时间和具状人姓名等。

答辩状篇幅不必长,但必须抓住重点,特别要抓住起诉状中那些与事实不符、证据不足、缺少法律依据的内容,进行系统辩驳,以利于法院在审理时判明原告诉讼请求是否符合事实,是否有法律依据,从而作出正确的裁判。

82. 什么是上诉?

上诉是当事人不服原审法院的裁判,依法定程序和期限提请上级法院审理的诉讼。在我国,上诉既是一项重要的审判制度,也是当事人一项重要的诉讼权利。当事人如不服地方人民法院第一审的判决、裁定,可以按照法律规定的程序和期限向上一级人民法院提起上诉。上诉可用书面或口头方式,通过原审人民法院或直接向上一级人民法院提出。

83. 什么是上诉状?

上诉状是指诉讼当事人在上诉期间请求上级法院撤销、变更原判决和裁定而提出的诉讼文书。上诉状中必须表明不服原判的原因。其内容主要包括:

(1)上诉人的姓名、性别、年龄等各项人身情况;

(2)被提起上诉的原审案件的案由;

(3)不服原审法院判决、裁定的理由;

(4)向上诉法院提请重新审理的要求;

(5)上诉人签名或盖章,上诉的年月日。

84. 什么是不告不理?

未经原告人向法院起诉的案件,法院不得进行审理。根据这一原则,必须有检察人员起诉或被害人自诉、原告请求或被告人反诉,法院始得收案处理。在审理中,法院受原告起诉范围的约束,告谁审理谁,告什么审理什么,上诉案件仅就其上诉部分进行审理。有的国家规定这一原则适用于一切刑事案件和民事案件。在我国,除告诉才处理的案件必须坚持不告不理的原则外,其他诉讼案件应视具体情况而定。不受是否告诉或起诉内容和上诉范围的约束,以便案件处理得正确、合法、及时。

85. 什么是告诉才处理?

告诉才处理指某些刑事案件须由被害人或其法定代理人向法院提出告诉才予受理,不告诉就不予处理。我国刑法对侮辱、诽谤罪(严重危害社会秩序和国家利益的除外),以暴力干涉他人婚姻自由罪(引起被害人死亡的除外),虐待家庭成员罪(引起被害人重伤、死亡的除外),都有告诉才处理的规定。这类犯罪比较轻微,一般涉及的只限于个人名誉、婚姻自由和家庭关系,有时行为人与被害人之间还存在着一定的身份关系,被害人往往也不愿意诉诸法院。如能通过当事人协商解决,司法机关自可不必过问,而对告诉的才予以处理。告诉才处理的犯罪案件,有告诉权的原则上是被害人和他的法定代理人。但如果被害人或其法定代理人因受强制、威吓无法告诉的,人民检察院和被害人的近亲属也可以告诉。告诉才处理的犯罪案件属于自诉案件,由人民法院直接受理。人民法院受理后可以调解,告诉人在宣告判决前,可以同被告人自行和解或者撤回告诉。一经撤回告诉,人民法院应即撤销案件,终止审理程序。

86. 什么是公诉与自诉?

(1)公诉是检察机关代表国家为追究犯罪嫌疑人的刑事责任而向人民法院提起的诉讼。在我国,除可以提起自诉的刑事案件由人民法院直接受理外,其他刑事案件,一律由人民检察院决定是否提起公诉。凡公安机关与人民检察院侦查终结的案件,认为犯罪嫌疑人的犯罪事实已经查清,证据确凿、充分、依法应当追究刑事责任时,由人民检察院向人民法院提起公诉。自诉案件经人民法院审查后,如认为应当由人民检察院提起公诉,应即移送人民检察院。公诉与自诉的区别:

(2)自诉由被害人直接向法院提起诉讼。公诉则由代表国家的检察长向法院提起诉讼。

(3)自诉程序上被害人是原告。公诉程序上检察机关居原告地位,而被害人则处于证人地位。

(4)自诉案件不论在审判前或审判中,当事人随时可以撤回起诉,自行和解,审判员可以当庭进行调解,被告人在自诉提出的范围内可以提出反诉。公诉案件则不能以调解、和解的方法解决,被告人不能向公诉人提出反诉。但是检察长如果认为已提起的公诉证据不足,可以撤回起诉。

(5)自诉是被害人或其法定代理人或近亲属为追究被告人的刑事责任,自行向人民法院直接提起的诉讼。我国刑事诉讼法规定,只有可以由人民法院直接受理的案件,被害人或其法定代理人才能进行自诉,并且可以进行调解。这些案件包括:①告诉才处理的案件;②被害人有证据证明的轻微刑事案件;③被害人有证据证明对被告人侵犯自己人身、财产权利的行为应当依法追究刑事责任,而公安机关或者人民检察院不予追究被告人刑事责任的案件;④被害人对人民检察院不起诉决定不服而向人民法院起诉的案件。自诉需向有管辖权的法院提出自诉状,并按被告人数提出起诉状副本。不能提出诉状,可以口头方式进行,由人民法院记入笔录。在自诉程序上,自诉是原告,享有诉讼当事人应享的诉讼权利和应负的诉讼义务。

87. 律师的含义是什么?

律师是受当事人委托或法院指定,协助当事人进行诉讼或处理其他非诉讼法律事务的专业人员,如受委托或被指定为辩护人,或受委托为诉讼代理人、法律顾问等。在我国,律师是国家的法律工作者,其任务是对国家机关、企业事业单位、社会团体、公民提供法律援助,以维护法律的正确实施,维护国家、集体的利益和公民的合法权益。律师执行职务的工作机构是律师事务所。

88. 什么是抗诉?

抗诉是指人民检察院对人民法院的判决或裁定提出重新审理的诉讼要求,是人民检察院对人民法院审判活动实行监督的一种重要形式。抗诉有两种不同情况:

(1)地方各级人民检察院认为本级人民法院第一审案件的判决、裁定确有错误时,应向上一级人民法院提出抗诉。检察院在抗诉期内,通过原审人民法院提出抗诉书,并将抗诉书抄送上一级人民检察院。原审人民法院应将抗诉书连同案卷、证据移送上一级人民法院,并将抗诉书副本送交当事人。上级人民检察院如认为抗诉不当,可向同级人民法院撤回抗诉,并通知下级人民检察院。

(2)最高人民检察院对各级人民法院已经发生法律效力的判决和裁定,上级人民检察院对下级人民法院已经发生法律效力的判决和裁定,如发现确有错误,有权按照审判监督程序提出抗诉。按照审判监督程序审理的案件,人民检察院必须派员出席法庭。

89. 什么是追诉及追诉时效?

(1)追诉是司法机关或有告诉权的人对犯有罪行的人,依照法律的规定提起诉讼,以追究其刑事责任,追诉必须在有效期限内进行。

(2)追诉时效,指刑事法律规定的追究刑事责任的有效期限。犯罪已过追诉时效期限的,不再追究刑事责任。已经追究的,应撤销案件,或不予以起诉,或宣告无罪。我国规定的追诉时效请参见刑法。

90. 什么是期间?

期间是指连续经过的时间,即从某一时间起至另一个时间止的时限。确定期间,在法律、法律行为、诉讼、仲裁等方面有重大意义。如行为能力的享有、死亡的宣告、申请行政复议、提起行政诉讼等,均与期间有关。期间分法定、指定和约定 3 种。一般由法律规定,但亦可由法院裁定或当事人协定。期间的计算,各国所采用的方法不同。在我国,期间以时、日、月、年计算。期间开始的时和日不计算在期间内。期间届满的最后一日是节假日的,以节假日后的第一日为期间届满的日期。期间不包括在途时间,诉讼文书在期满前邮寄的,不算过期。当事人因不可抗拒的事由或其他正当理由耽误期间的,在障碍消除后的法定期间内,可以申请顺延期限,是否准许,由有关机关决定。

91. 什么是过失?

(1)刑法上是指应当预见自己的行为可能发生危害社会的结果,因为疏忽大意而没有预见或者已经预见而轻信能够避免的心理状态。过失分为两种:

①疏忽大意的过失。是指应当预见自己的行为可能发生危害社会结果,因为疏忽大意而没有预见,以致发生这样的结果的心理状态。

②过于自信的过失。是指行为人已经预见到自己的行为可能发生危害社会的结果,但轻信能够避免,以致发生这种结果的心理状态。

(2)民法指过错的一种形式。表现为行为人对自己的行为的后果应当或者能够预见而没有预见,或者虽然预见到了其行为的后果,却轻信此种后果可以避免。应当预见或能够预见而没有预见,称为疏忽。已经预见而轻信可以避免,称为懈怠。过失作为一种可归责的心理状态,或表现为疏于一般注意,或表现为疏于特别注意。前者是法律对于一般人在通常情况下的一种心理状况的要求。后者是法律对于从事特别职业的人在特别情况下的一种心理状况的要求。在侵权行为法中,过失可以分为重大过失、一般过失和轻微过失。

92. 什么是故意?

(1)刑法上指行为人在犯罪时的一种心理状态。分为两种:

①直接故意。即行为人预见到自己行为结果的某种社会危害性,并希望这种结果的发生。

②间接故意。即行为人预见到自己行为结果具有某种社会危害性,但有意识地放任这种结果发生。

(2)民法上指过错的一种形式。即债务人明知其行为将侵害他人的权利而仍有意为之或听任损害的发生,即使没有具备刑事上的犯罪构成,仍应负赔偿责任。

93. 什么是先行判决?

法院审理民事案件时,其中一部分事实已经清楚,根据情况或需要,可就该部分先行判决。如原告对甲、乙、丙、丁提起给付之诉。请求4人分别归还各自欠的住房租金。原告与丙、丁之间就欠款之事发生争执,事实尚未查清;甲、乙承认原告的请求,并有证据证实,这一部分事实已经查清,法院可先行判决。

94. 什么是公开审判?

即案件的审判活动公开进行。开庭的时间、地点对外公示,允许群众进入法院旁听,允许新闻记者采访,判决结果对外宣布。我国宪法和人民法院组织法规定,人民法院审理案件,除涉及国家机密、个人隐私(包括民事诉讼中离婚当事人申请不公开审理,经法院审查同意的)和未成年人犯罪案件外,一律公开进行。对于不公开审理的案件,应当庭宣布不公开审理的理由,但宣告判决仍应公开进行。

95. 什么是财产保全?

财产保全是指有关的财产存在可能被转移、隐匿、毁灭等情形,从而可能造成对利害关系人权益的损害或可能使人民法院将来的判决不能执行或者难以执行时,根据利害关系人或当事人的申请或人民法院依据职权决定,对有关财产采取的保全措施。财产保全分为两种:诉前财产保全和诉讼财产保全。

96. 什么是先予执行?

先予执行是指人民法院在对案件作出终局判决之前,为解决权利人生活或生产经营的急需,依法裁定义务人预先给付申请人一定的财物,或者实施或停止实施某种行为的制度。

人民法院对下列案件,根据当事人的申请,可以裁定先予执行:

(1)追索赡养费、扶养费、抚育费、抚恤金、医疗费用的;

(2)追索劳动报酬的;

(3)因情况紧急需要先予执行的。

人民法院裁定先予执行的,应当符合下列条件:

(1)当事人之间权利义务关系明确,不先予执行将严重影响申请人的生活或者生产经营的;

(2)被申请人有履行能力的。

人民法院可以责令申请人提供担保,申请人不提供担保的,驳回申请。申请人败诉的,应当赔偿被申请人因先予执行遭受的财产损失。当事人对财产保全或者先予执行的裁定不服的,可以申请复议一次。复议期间不停止裁定的执行。

97. 什么是判决?

判决是人民法院在案件审理完结之时,依据事实和法律对案件做出的权威性判定,是法院行使审判权的最终体现。判决必须制作判决书。判决书应当写明:

(1)诉讼参加人的基本情况;

(2)案由、诉讼请求、争议的事实和理由;

(3)判决认定的事实、理由和适用的法律依据;

(4)判决结果和诉讼费用的负担;

(5)上诉期间和上诉的法院。

判决书由审判人员、书记员署名,加盖人民法院印章。

98. 什么是裁定?

裁定是人民法院在案件审理案件过程中,为保证审判工作的顺利进行,就诉讼程序方面的有关事项所作的判定。裁定是人民法院行使诉讼指挥权的表现,主要是解决程序问题。裁定可以是口头的也可以是书面的。裁定适用于下列范围:

(1)不予受理;

(2)对管辖权有异议的;

(3)驳回起诉;

(4)财产保全和先予执行;

(5)准许或者不准许撤诉;

(6)中止或者终结诉讼;

(7)补正判决书中的笔误;

(8)中止或者终结执行;

(9)不予执行仲裁裁决;

(10)不予执行公证机关赋予强制执行效力的债权文书;

(11)其他需要裁定解决的事项。

裁定书由审判人员、书记员署名,加盖人民法院印章。口头裁定的记入笔录。

99. 什么是法院调解?

法院调解是指在民事诉讼中,双方当事人在审判人员的组织下,就案件争议的问题进行协商,从而解决纠纷的诉讼活动。法院调解既是当事人的诉讼行为,也是法院的审判活动。

法院调解的原则是:

(1)当事人自愿原则;

(2)查明事实,分清是非的原则;

(3)合法原则。

100. 什么是重审?

重审指原审法院因本院的判决、裁定在第二审程序中被上级法院撤销而重新审理。在我国,上级法院通过第二审程序发现原审判决或裁定事实不清、证据不足,或违反诉讼程序,影响判决或裁定的正确性,并认为以由原审法院重审为宜时,即撤销原判,发回重审。案件重审时,原审法院应当依照第一审程序进行审判。当事人对重审案件的判决、裁定,可以上诉,同级人民检察院可以抗诉。

101. 什么是两审终审制?

人民法院审理案件执行两审终审制。所谓两审终审制,是指一个案件经过两级人民法院的审理,即告结束的审判制度。也就是说,第一审人民法院审理宣判的判决、裁定,尚不能立即产生法律效力,而允许在规定的时间内提出上诉或抗诉,经第二审人民法院审理后作出的判决裁定,一经宣判,立即产生法律效力。但是也有例外情况:

(1)人民法院审理民事案件执行两审终审制,但是,依照特别程序、督促程序、公示催告程序和企业法人破产还债程序的案件实行一审终审制。

(2)人民法院审理刑事案件执行两审终审制,但是,由最高人民法院作一审审判的案件,一经判决立即生效,不存在提起二审程序问题。中级人民法院作出的判处死刑立即执行的案件,在规定时间内提出上诉或抗诉,经高级人民法院作出二审判决后,判决仍不能立即产生法律效力,还需报最高院经过死刑复核程序才能产生法律效力。

102. 什么是撤诉?

撤诉是指在人民法院受理案件之后,宣告判决之前,原告要求撤回其起诉的行为。撤诉是当事人对其诉讼权利行使处分权的表现,包括申请撤诉和按撤诉处理两种情况。

103. 什么是缺席判决?

缺席判决是指人民法院在一方当事人无正当理由拒不参加法庭审理的情况下,依法做出的判决,它是为维持法庭秩序,为保障参加法庭审理的一方当事人的合法权益及法庭审理的正常进行而设立的制度。

根据民事诉讼法的有关规定,缺席判决适用于下列情况:

(1)原告不出庭或中途退庭的,可以按撤诉处理;被告反诉的;

(2)被告经传票传唤,无正当理由拒不到庭,或者未经法庭许可中途退庭的,可以缺席判决。

(3)人民法院裁定不准许撤诉的,原告经传票传唤,无正当理由拒不到庭的,可以缺席判决。

(4)无民事行为能力的被告人的法定代表人,经传票传唤无正当理由拒不到庭的,可以缺席判决。

(5)在借贷案件中,债权人起诉时,债务人下落不明的,人民法院受理案件后公告债务人应诉、公告期限届满,债务人仍不应诉,借代关系明确的,经审理后可缺席判决。在审理中债务人出走,下落不明,借贷关系明确的,可以缺席判决。

104. 什么是审判监督程序?

审判监督程序即再审程序,是指对已经发生法律效力的判决、裁决、调解书,发现确有错误,而由人民法院对案件再行审理的程序。审判监督程序是纠正生效裁判错误的法定程序,它不是案件审理的必经程序。它是纠正错误,保护当事人合法权益的制度,是"实事求是,有错必纠"原则在审判监督工作中的具体体现,是我国审判工作多年经验的总结,是我国诉讼制度的重要组成部分。通过审判监督,可以保障人民法院院长和上级人民法院及人民检察院行使审判监督权,通过纠正错误的案件,维护人民法院裁判的严肃性。从法律上说,设立再审程序,可对已经审结的案件再一次进行审理,当事人可以得到再一次行使自己权利的机会。

105. 不同效力等级的法律规范发生冲突如何选择适用?

在不同效力等级的行政法律规范发生冲突时适用效力等级高的行政法律规范。根据宪法、行政诉讼法的规定,各种行政法律规范形式的效力高低依次是宪法、法律、行政法规、地方性法规和规章。但基于效力高的行政法律规范授权效力低的行政法律规范作出与其不同的规定的,行政机关应优先适用效力高的行政法律规范。

106. 新、旧法律规范发生冲突应如何选择适用?

在新的行政法律规范和旧的行政法律规范规定不一致时,应体现新法优于旧法的原则,即当新行政法律规范与旧的行政法律规范的规定不一致时,优先适用新的行政法律规范。在行政处罚中,对于在新法生效后的违法行为自然应适用新的法律规定,但对于新法生效前发生的违法行为,则应按从旧兼从轻的原则决定是适用新法还是旧法。新的法律或法规实行以前的行为,该行为实施的法律、法规和新的法律、法规都认为是违法,但规定不同处罚的,依照当时的法律、法规给予处罚,若新的法律、法规不认为是违法,或处罚较轻的,则适用新法。

107. 行政法的基本原则有哪些?

(1)行政合法性原则。是指行政权的存在、行使必须依据法律,符合法律,不得与法律相抵触。

(2)行政合理性原则。是指行政主体不仅应当按照行政法律规范所规定的条件、种类和幅度范围作出行政行为,而且要求行政行为的内容要符合立法,具有合理性。

(3)责任行政原则。是指行政机关对整个社会的公共行政事务负有管理的责任,并对自身所享有的职权负有依法和合理地行使的责任。

108. 行政法具有哪些特点?

行政法是独立的部门法,与其他部门相比,有以下特点:

(1)在形式上的特点:

①行政法在实体上没有统一的、完整的法典。行政法所涉及的社会生活领域十分广泛,内容非常繁杂,技术性、专业性强,而且行政关系变动较快。要把这些广泛、复杂、多变的行政关系规定在一部完整、统一的行政法典之中是难以做到的。它通常由分散的各种法规、规定来表现,仅在行政活动的某些领域、某些方面可以制定一些局部性行政法典,如行政处罚法。

②行政法在程序上有统一的行政程序法典。进入20世纪以来,很多国家制定了行政程序法典,如美国联邦行政程序法、德国行政程序法等。我国目前也正在着手制定统一的行政程序法典。

(2)在内容上的特点:

①行政法的内容特别广泛,而且稳定性比其他法律差。这是因为:一方面,行政活动的领域广阔,几乎涉及到社会生活的各个方面。社会生活的各个领域都需要用行政法来加以调整,这就决定了行政法的内容必然是广泛的。另一方面,行政活动所涉及的社会生活领域经常处于发展变化之中,具体的行政关系变化较快,因此,调整行政关系的法律规范需要经常地立、改、废,这就使行政法的内容与其他法相比显得稳定性较差。

②从法律效力看,行政法的法律效力具有多级性。这是由于制定、颁布行政法律、法规、规章的国家机关的性质、地位、级别不同所致。在我国,全国人民代表大会及其常务委员会颁布的有关法律,其效力低于宪法,高于行政法规和规章;国务院颁布的行政法规的效力高于部门规章、地方法规;部门规章的效力高于地方规章等等。

③从实体法和程序法的关系看,实体性行政法律规范与程序性行政法律规范经常交织在一起,共存于一个法律文件之中,而且,程序性规范占着主导地位。这是因为,行政活动复杂多变,各行政机关的职权、职责范围各不相同,很难作出实体上的概括,而是更多地借助程序性规定来规范行政权力的行使,使行政活动依法进行。

109. 行政法有哪些作用?

行政法在国家的民主与法制建设中的作用是多方面的,归纳起来有以下5种:

(1)指导作用。即行政法为国家行政机关规定的基本原则和具体法律规范所体现的准则,为行政机关的行政行为指出了方向。行政机关及其工作人员不仅要遵循法律明示的原则和规范,还必须充分认识具体法律规范所体现的立法意图和法律的精神实质,并在这些原则、规范、立法意图和法律精神的指导下从事行政活动,以保证其工作符合法律的要求。

(2)统一作用。即行政法不仅为国家行政机构内部管理科学化和一体化提供了保证,而且为行政机关行政活动的统一性创造了前提。行政法规定了国家对行政机关及其工作人员的内部管理制度和标准,遵循这些制度和标准,就可以使国家行政机构内部管理实现科学化、一体化,提高行政机关的工作效力和行政工作人员的工作能力及业务水平。行政法还规定了各种行政管理活动的范围、方式、程序和准则,严格地执行这些规定,就使全国的行政活动具备了统一性,增强了行政管理效果。

(3)维护作用。即维护行政机关合法的行政行为,维护行政机关的权威。行政法的制定与实施,可以使行政机关以法律为依据有效地行使权力,推行政策,并在发生行政争议时诉诸司法手段解决。司法一方面是对行政行为的监督,另一方面则是对合法行政行为的维护。

(4)控制作用。即控制行政活动使其处在法律界定的范围内,任何违法或不当的行政行为都要通过各种对行政行为的控制机制而加以纠正。行政法所设立的对行政违法和不当行为的控制机制是通过各种对行政行为的监督检查来实现的。其中包括:立法机关的监督、上级行政机关的监督、行政监察机关的监察、司法机关的监督和人民群众的监督等。此外,行政程序的规定本身也是对行政行为的一种控制。

(5)保障作用。即保障公民、法人或其他组织的合法权益,使其免受违法或不当行政行为的侵犯。我国行政法中设立的申诉程序、诉讼程序、举报制度、国家赔偿制度等,其目的之一,就是保护公民、法人或其他组织的合法权益。

110. 什么是行政主体?

行政主体是指享有国家行政权力,能以自己的名义从事行政管理活动,并独立承担由此产生的法律责任的组织。

111. 什么是行政机关?

行政机关是指按照宪法和有关组织法的规定设立,依法享有并运用国家行政权,负责对国家各项行政事务进行组织、管理、监督和指挥的国家机关。从这一概念可以看出,国家行政机关具有下列特征:

(1)行政机关是国家机关,是由国家设置,代表国家行使国家职能的机关。行政机关的这一特征使其与政党、社会组织和团体相区别。政党,特别是执政党,尽管其能对国家政治、经济发展起重要作用,但其不是国家机关。社会组织和团体虽然经法律法规授权也可以行使一定的国家行政职权,但其不是由国家设置的专门代表国家行使国家职能的,因而也不是国家机关。

(2)行政机关是行使国家行政职能的国家机关。这一点使其与立法机关和司法机关相区别。立法机关和司法机关虽然也是国家机关,但立法机关行使的是国家立法职能,司法机关行使的是国家司法职能,而行政机关行使的是国家行政职能,即执行法律、管理国家内政外交等事务的职权。

(3)行政机关是依照宪法和组织法的规定而设置的行使国家行政职能的国家机关。这一点使其与法律法规授权的组织区别开来。法律法规授权的组织不是依照宪法和组织法的规定设置的,因此不是行政机关。行政机关既行使一般行政职能,也行使特别职能,而法律法规授权的组织只能行使特别职权。

112. 行政机关是由哪些要素构成的?

行政机关是由下列 6 个要素构成的协调有序的机体。

(1)职能目标。明确的职能目标,是政府机构组建的前提,也是行使相应行政权力的根据。确定总目标,再行分解,落实到所属各部门、职位直到个人。

(2)机构设置。依据管理职能及其目标,设置一定的组织机构及相应的职位,关键是纵向设多少层级,横向设多少部门。

(3)人员组合。根据不同层次、不同部门职位的职责及其任职条件,配备相应的、职能结构合理的人员,使职位、职权、职责与人员的素质、能力基本相称。

(4)权责体系。明确清晰的职能目标,必须使各级、各部门以至各职位、个人都具有明确清晰的职权与职责,即使有的可能发生交叉,也应明确哪个居主导地位。

(5)行政经费。它是行使行政权力、履行行政职责的物质基础。行政机关有较充足的经费才能购置先进的办公设备和其他设施,也会更多地吸引优秀人才。

(6)运行规则。行政机关是一个不断与外界环境进行物质、能量、信息交换的动态开放系统,这种交换、转换过程就是行政运行过程。“不以规矩、不成方圆。”为使行政管理活动有序、有效,必须制定和严格遵循规范性的运行规则,特别是行政程序法规。

113. 行政机关是如何分类的?

(1)中央行政机关和地方行政机关。中央行政机关指管理全国行政事务,行使行政职权的行政机关,包括国务院和国务院各部委、国务院直属机构和国务院办事机构。地方国家机关指管理地方行政事务、行使行政职权的行政机关,地方行政机关包括地方各级人民政府及其工作部门。

(2)一般权限行政机关与部门权限行政机关。一般权限行政机关是指对本行政区域范围内的行政事务进行宏观管理的行政机关,主要指各级人民政府。部门权限行政机关是指根据宪法和法律的规定对本行政区域范围内的某些特定、专门的行政事务进行管理的行政机关,主要是指各级人民政府所设置的内部机构。

(3)外部管理行政机关与内部管理行政机关。外部管理行政机关是指依据宪法和法律的规定以维持社会秩序为目的,以相对人为管理对象,对社会事务进行管理的行政机关。一般而言,各级人民政府、各级人民政府的职能部门、各级人民政府的派出机关、各级人民政府职能部门的派出机构都是外部管理行政机关。内部管理行政机关是指依据宪法和法律的规定以维持行政机关的内部秩序为目的,以公务员为管理对象,对行政机关内部事务进行管理的行政机关。如行政机关内的办公室(厅)、人事处、监察局、档案局等。

(4)常设行政机关和临时性的行政机关。常设行政机关包括国务院及其各部门、省级人民政府及其各部门、市级人民政府及其各部门、县级人民政府及其各部门、乡级人民政府。临时性的行政机关包括:①行政机关的派出机关和派出机构。②常设行政机关为处理某一事项而设置的行政机关,如各种综合执法机关。

(5)派出机关与派出机构。派出机关是指各级人民政府派出的代表该级人民政府进行管理的行政机关。在我国,派出机关一共有3个:①行政公署,是省、自治区人民政府的派出机关。②区公所,是县、自治县人民政府的派出机关。③街道办事处,是市辖区、不设区的市人民政府的派出机关。派出机构是指由各级人民政府职能部门派出的代表该职能部门进行管理的行政机关。通常情况下,县级人民政府的职能部门设置派出机构,县级以上人民政府职能部门不设派出机构。

114. 什么是国家编制?

从编制管理的实践看,狭义的编制是指一个行政组织、一个单位的人员定额以及各种人员的结构。广义的编制是指除了按合理、恰当的比例确定人员数额,进行定编以外,还包括各级行政机关的形式和机构设置。如:各级人民政府机构的设立、调整、合并、撤销和人员增减,都属于广义的编制。目前,我国的编制是国家机关和企事业单位的组织机构、人员定额和内部结构的总称。

根据机构的性质、任务以及经费来源,编制分为行政编制、事业编制、企业编制和军事编制。

(1)行政编制。凡使用国家行政经费支出的机关列入行政编制。我国所有的国家机关,中国共产党的各级组织,各民主党派和社会团体,都使用行政经费,因此都列入行政编制。

(2)事业编制。在我国,凡从事教育、文化、科研、卫生、体育、新闻以及各种社会福利事业等非生产性的、不以营利为目的的单位,称为事业单位,经费由国家事业费支出,其机构和人员列为事业编制。

(3)企业编制。直接从事生产、流通,能够独立进行经济核算的经济实体为企业单位,其人员列为企业编制,一切经费开支纳入其成本。

(4)军事编制。军事编制是指军队和军事机关的编制,它是国家基于国防需要,对武装部队设置的编制,费用国家军费开支。

115. 什么是行政法律关系?

行政法律关系是国家行政机关在依法实行政管理活动中形成的各种社会关系。其特点是:

(1)法律关系主体的一方是国家行政机关,另一方则可能是其他国家机关或企事业单位,也可能是社会团体或公民。

(2)国家行政机关对行政法律关系的另一方总是居主导地位,双方的权利义务系不是在对等的基础上形成的。

(3)国家行政机关的行政行为,以国家强制力作后盾,对违反义务的相对一方,可以依法强制其履行义务或追究其行政责任,在必要时给予一定的行政制裁。

(4)解决行政纠纷一般采用行政复议和行政诉讼的办法。

116. 什么是行政相对人?

行政相对人是指在国家行政管理关系中处于被管理地位的公民、法人和其他组织。行政相对人在行政管理中既是被管理的对象,又是行政权利义务的主体。其特点是:

(1)行政相对人是在行政法律关系中与行政主体相对应共同构成行政法律关系的主体;

(2)行政相对人在行政法律关系中负有服从管理义务,同时也享有法律规定的权利;

(3)行政相对人只有在某一具体的行政法律关系中成为相对人,并非在所有行政关系中始终处于相对人的地位,也不是一个固定不变的法律主体资格。

117. 什么是行政行为?

行政行为是指行政主体行使行政职权所作出的能够产生行政法律效果的行为。行政行为具有以下特征:

(1)行政行为是执行法律的行为。

(2)行政行为具有一定的裁量性。

(3)行政主体在实施行政行为时,具有单方意志性,不必与行政相对人协商或征得其同意即可依法自主作出。

(4)行政行为是以国家强制力为保障实施的。

118. 什么是抽象行政行为?

抽象行政行为是指,行政主体针对特定的事项而不对特定的相对人实施的行政行为。如行政主体制定行政管理法规和行政规章的行为,也包括行政主体制定行政措施、发布行政命令、通知、通告、决议、决定等行为。抽象行政行为通常具有普遍性。

119. 什么是具体行政行为?

具体行政行为是指,国家行政主体针对特定的行政管理对象实施的行政行为,包括行政许可、行政强制、行政处罚等行为,通常以具体、完整的行政决定的形式表现出来。

120. 什么是行政处理?

行政处理是行政主体为了实现相应法律、法规和规章确定的行政管理目标和任务,应行政相对人申请或依职权处理涉及特定行政相对人特定权利义务事项的具体行政行为。它与行政处罚的不同之处在于,行政处理不具有惩罚性,无须以相对人的违法行为作为前提。目前法律规范中所规定的行政处理的形式主要有行政征收、行政许可、行政强制、行政裁决等。

121. 什么是行政征收?

行政征收是指行政主体根据法律规定,以强制方式无偿取得相对方财产所有权的一种具体行政行为。行政征收的主要内容有:

(1)税收征收。它是行政征收的主要方面,包括对内税收征收和涉外税收征收两方面的内容。

(2)资源费征收。在我国,城市土地、矿藏、水流、山岭、草原、荒地、滩涂等自然资源属于国家所有。单位和个人在开采、使用国有自然资源时必须依法向国家缴纳资源费,如水资源费的征收、矿产资源费的征收等。

(3)建设资金征收。国家为确保重点建设,解决建设资金不足问题而向公民、法人或其他组织实施的征收,如公路养路费的征收、港口建设费的征收等。

122. 什么是行政给付?

行政给付指行政物质帮助,它是行政机关在公民年老、疾病或丧失劳动能力等情况或其他特殊情况下,依照有关法律、法规规定,给予其一定的物质权益或与物质有关的权益的具体行政行为。行政给付的形式主要有:

(1)抚恤金。是指公民因公或者因病致残死亡时,由国家发给本人或者家属用以维持本人或家属上学、生活的费用。

(2)最低生活保障费。是指国家发给收入低于一定水平的困难家庭,用以维持最低生活标准的费用。

(3)社会保险金。是指公民根据法律规定,在其年老、疾病、失业和出现法定事由时,由国家发给本人用以承担养老、医疗、维持家庭生活等必要支出的费用。

123. 什么是行政裁决?

行政裁决是指行政主体依照法律授权和法定程序,以第三者的身份,对平等主体之间发生的,与行政管理活动密切相关的特定民事、经济纠纷进行裁决的具体行政行为。主要有以下几类:

(1)损害赔偿裁决。是指行政机关对平等主体之间发生的,因涉及与行政管理相关的合法权益受到侵害而引起的赔偿争议所作的裁定。

(2)权属纠纷裁定。是指行政主体对平等主体之间,因涉及与行政管理相关的某一财产、资源的所有权、使用权的归属发生争议所作出的裁决。

(3)侵权纠纷裁决。是指在平等主体之间,一方当事人认为其行政法上的合法权益受到了另一方侵犯时,依法请求行政机关制止侵害,并责令侵权方对其侵害行为已造成的损失予以赔偿。

124. 什么是行政许可?

行政许可是指行政机关根据公民、法人或者其他组织的申请,经依法审查,准予其从事特定活动的行为。行政许可具有以下特点:

(1)行政许可是依申请的行政行为。

(2)行政许可是一种经依法审查的行为。

(3)行政许可是一种授益性行政行为。

(4)行政许可是要式行政行为。

125. 为什么要制定行政许可法?

制定行政许可法是全面推进依法行政,实现政府行为法律化、规范化、理性化的必然要求。具体来讲,主要有5个方面的理由:

(1)制定行政许可法,是完善社会主义市场经济体制和适应加入世贸组织新形势的需要。

(2)制定行政许可法,是规范设定、实施行政许可行为的需要。

(3)制定行政许可法,是从源头上预防和治理腐败的客观要求。

(4)制定行政许可法,是建设法治政府的客观必然。

(5)制定行政许可法,是深化行政审批制度改革的需要。

126. 行政许可法对政府工作提出了哪些新要求?

行政许可法的颁布施行,标志着我国政府对经济社会事务的管理走向制度化、规范化、法制化。对政府管理理念、管理职能、管理体制、管理方式以及政府工作人员的管理行为,都将产生重大影响。该法主要对政府工作提出了以下新的要求:

(1)行政许可设定要于法有据。

(2)行政许可管理要公开透明。

(3)行政许可服务要便民快捷。

(4)行政许可权力要与责任挂钩,与利益脱钩。

(5)行政许可实施要强化监督检查。

127. 什么是行政许可的公开、公平和公正原则?

行政许可的公开、公平和公正原则是指,有关行政许可的规定应当公布,未经公布的,不得作为实施行政许可的依据。行政许可的实施和结果应当公开,其中涉及国家秘密、商业秘密或者个人隐私的除外。符合法定条件、标准的,申请人有依法取得行政许可的平等权利,行政机关不得歧视。

128. 什么是行政许可救济原则?

行政许可的救济原则是指公民、法人或者其他组织对行政机关的行政许可,享有陈述权、申辩权。有权依法申请行政复议或者提起行政诉讼,其合法权益因行政机关违法实施行政许可受到损害的,有权依法要求赔偿。

129. 什么是行政许可的信赖保护原则?

行政许可信赖保护原则是指公民法人或者其他组织依法取得的行政许可受法律保护,行政机关不得擅自改变已经生效的行政许可。行政许可所依据的法律、法规、规章修改或者废止,或者准予行政许可所依据的客观情况发生重大变化,为了公共利益的需要,行政机关可以依法变更或者撤回已经生效的行政许可。但由此给公民、法人或者其他组织造成财产损失的,行政机关应当依法给予补偿。

130. 什么是行政许可监督原则?

行政许可监督原则是指行政机关应当依法加强对行政机关实施行政许可和从事行政许可事项活动的监督,既包括对行政机关实施行政许可的监督,也包括对公民、法人或者其他组织从事行政许可事项活动的监督。

131. 《中华人民共和国行政许可法》有哪些体现便民措施的规定?

我国的国家性质、行政机关的性质决定了行政机关在执行职务过程中,要密切同人民群众的联系,方便人民群众办事。从法律的制度上解决行政许可“环节过多、手续繁琐、时限过长、暗箱操作”等问题。便民的措施主要有:

(1)除依法应当由申请人到行政机关办公场所提出行政许可申请的除外,申请人可以委托代理人提出行政许可申请。

(2)行政机关应当将法律、法规、规章规定的有关行政许可事项、依据、条件、数量、程序、期限以及需要提交的全部材料的目录和申请书示范文本等在办公场所公示。

(3)行政许可需要在行政机关内设的多个机构办理的,应当确定一个机构统一受理行政许可申请,统一送达行政许可决定。实行“一个窗口”对外,防止多头受理,多头对外。

(4)依法应当由地方人民政府两个以上部门分别实施的行政许可,本级人民政府可以确定由一个部门受理行政许可申请并转告有关部门分别提出意见后统一办理,或者组织有关部门联合办理、集中办理。其目的是尽量减少“多头审批”。

(5)省级人民政府经国务院批准,可以将几个行政机关行使的行政许可权相对集中,由一个行政机关行使有关行政机关的行政许可权。

132. 行政许可设定事项是如何规定的?

根据《中华人民共和国行政许可法》第十二条的规定,下列事项可以设定行政许可:

(1)直接涉及国家安全、公共安全、经济宏观调控、生态环境保护以及直接关系人身健康、生命财产安全等特定活动,需要按照法定条件予以批准的事项;

(2)有限自然资源开发利用、公共资源配置以及直接关系公共利益的特定行业的市场准入等,需要赋予特定权利的事项;

(3)提供公众服务并且直接关系公共利益的职业、行业,需要确定具备特殊信誉、特殊条件或者特殊技能等资格、资质的事项;

(4)直接关系公共安全、人身健康、生命财产安全的重要设备、设施、产品、物品,需要按照技术标准、技术规范,通过检验、检测、检疫等方式进行审定的事项;

(5)企业或者其他组织的设立等,需要确定主体资格的事项;

(6)法律、行政法规规定可以设定行政许可的其他事项。

根据《中华人民共和国行政许可法》第十三条的规定,行政许可法第十二条所列事项,通过下列方式能够予以规范的,可以不设行政许可:

(1)公民、法人或者其他组织能够自主决定的;

(2)市场竞争机制能够有效调节的;

(3)行业组织或者中介机构能够自律管理的;

(4)行政机关采用事后监督等其他行政管理方式能够解决的。

133. 设定行政许可应当遵循的规则有哪些?

针对行政许可设定中存在的问题,为了提高设定行政许可的合理性、可行性,《中华人民共和国行政许可法》对设定行政许可应当遵循的规则作了以下方面的规定:

(1)行政许可设定内容。设定行政许可,应当明确规定行政许可的实施机关、条件、程序、期限。

(2)设定行政许可的听取意见和说明理由规定。起草法律草案、法规草案和省级人民政府规章草案,拟设定行政许可的,起草单位应当采取听证会、论证会等形式听取意见,并向制定机关说明设定该行政许可的必要性,对经济和社会可能产生的影响以及听取和采纳意见的情况。

(3)行政许可评价制度。行政许可的设定机关应当定期对其设定的行政许可进行评价,对于随着形势的发展不再需要实施行政许可的,应当对设定该行政许可的规定及时予以修改或者废止。

行政许可的实施机关可以对已设定的行政许可的实施情况及存在的必要性适时进行评价,并将意见报告该行政许可的设定机关。公民、法人或者其他组织也可以向行政许可的设定机关和实施机关就行政许可的设定和实施提出意见和建议。

134. 有权实施行政许可的主体包括哪些?

根据《中华人民共和国行政许可法》的有关规定,有权实施行政许可的主体包括:

(1)具有行政许可权的行政机关。其在法定职权范围内实施行政许可。

(2)法律、法规授权的具有管理公共事务职能的组织。其在法定授权范围内,以自己的名义实施行政许可。

(3)行政机关在其法定职权范围内,依照法律、法规、规章的规定,可以委托其他行政机关实施行政许可。委托机关应当将受委托行政机关和受委托实施行政许可的内容予以公告。委托行政机关对受委托行政机关实施行政许可的行为应当负责监督,并对该行为的后果承担法律责任。受委托行政机关在委托范围内,以委托行政机关名义实施行政许可,不得再委托其他组织或者个人实施行政许可。

135. 行政机关如何处理行政许可申请?

根据《中华人民共和国行政许可法》第三十二条的规定,行政机关对申请人提出的行政许可申请,应当根据下列情况分别作出处理:

(1)申请事项依法不需要取得行政许可的,应当即时告知申请人不受理;

(2)申请事项依法不属于本行政机关职权范围的,应当即时作出不予受理的决定,并告知申请人向有关行政机关申请;

(3)申请材料存在可以当场更正的错误的,应当允许申请人当场更正;

(4)申请材料不齐全或者不符合法定形式的,应当当场或者在5日内一次告知申请人需要补正的全部内容,逾期不告知的,自收到申请材料之日起即为受理;

(5)申请事项属于本行政机关职权范围,申请材料齐全、符合法定形式,或者申请人按照本行政机关的要求提交全部补正申请材料的,应当受理行政许可申请。

行政机关受理或者不予受理行政许可申请,应当出具加盖本行政机关专用印章和注明日期的书面凭证。

136. 申请人能否采取数据电文等方式提出行政许可申请?

根据《中华人民共和国行政许可法》第三十三条的规定,行政机关应当建立和完善有关制度,推行电子政务,在行政机关的网站上公布行政许可事项,方便申请人采取数据电文等方式提出行政许可申请。

电子政务是指国家机关在政务活动中,全面应用现代信息技术、网络技术以及办公自动化技术等进行办公、管理和为社会提供公共服务的一种全新的管理方式。

137. 行政许可是否有地域限制?

行政许可的适用范围,有的有地域限制,对于没有特别规定地域限制的许可,则在全国范围内有效。一般说,对于行为的许可,有地域限制的较多。例如,集会游行示威活动,必须在有关机关指定的路线和区域范围内进行。对于资格资质的许可,没有地域限制的较多。例如,律师法规定,律师执业不受地域限制。根据行政许可法的规定,法律、行政法规设定的行政许可原则上在全国范围内有效,但法律、行政法规规定行政许可的适用有地域范围的除外。这一规定的目的主要在于防止某些地方政府和部门利用行政许可权利推行地方保护。

138.《中华人民共和国行政许可法》对行政机关作出行政许可的期限是如何规定的?

根据《中华人民共和国行政许可法》的规定,除可以当场作出行政许可决定的以外,行政机关应当自受理行政许可申请之日起20日内作出行政许可决定。20日内不能作出决定的,经本行政机关负责人批准,可以延长10日,并应当将延长期限的理由告知申请人。但是,法律、法规另有规定的依照其规定。

行政许可采取统一办理、联合办理、集中办理的,办理的时间不得超过45日;45日内不能办结的,经本级人民政府负责人批准,可以延长15日,并应当将延长期限的理由告知申请人。

依法应当先经下级行政机关审查后报上级行政机关决定的行政许可,下级行政机关应当自其受理行政许可申请之日起20日内审查完毕。但是,法律、法规另有规定的依照其规定。

139. 行政许可听证应遵循什么程序?

根据《中华人民共和国行政许可法》的规定,法律、法规、规章规定实施行政许可应当听证的事项,或者行政机关认为需要听证的其他涉及公共利益的重大行政许可事项,行政机关应当向社会公告,并举行听证。听证按照下列程序进行:

(1)行政机关应当于举行听证的7日前将举行听证的时间、地点通知申请人、利害关系人,必要时予以公告;

(2)听证应当公开举行;

(3)行政机关应当指定审查该行政许可申请的工作人员以外的人员为听证主持人,申请人、利害关系人认为主持人与该行政许可事项有直接利害关系的,有权申请回避;

(4)举行听证时,审查该行政许可申请的工作人员应当提供审查意见的证据、理由,申请人、利害关系人可以提出证据,并进行申辩和质证;

(5)听证应当制作笔录,听证笔录应当交听证参加人确认无误后签字或者盖章。行政机关应当根据听证笔录,作出行政许可决定。

140. 什么情况下,行政机关应当依法办理行政许可注销手续?

根据《中华人民共和国行政许可法》第七十条的规定,有下列情形之一的,行政机关应当依法办理有关行政许可的注销手续:

(1)行政许可有效期届满未延续的;

(2)赋予公民特定资格的行政许可,该公民死亡或者丧失行为能力的;

(3)法人或者其他组织依法终止的;

(4)行政许可依法被撤销、撤回,或者行政许可证件依法被吊销的;

(5)因不可抗力导致行政许可事项无法实施的;

(6)法律、法规规定的应当注销行政许可的其他情形。

141. 实施行政许可的行政机关及其工作人员在哪些情况下应承担行政纪律责任?

根据《中华人民共和国行政许可法》第七十二条的规定,行政机关及其工作人员违反该法的规定,有下列情形之一,由其上级行政机关或者监察机关责令改正;情节严重的,对直接负责的主管人员和其他直接责任人员依法给予行政处分:

(1)对符合法定条件的行政许可申请不予受理的;

(2)不在办公场所公示依法应当公示的材料的;

(3)在受理、审查、决定行许可过程中,未向申请人、利害关系人履行法定告知义务的;

(4)申请人提交的申请材料不齐全,不符合法定形式,不一次告知申请人必须补正的全部内容的;

(5)未依法说明不受理行政许可申请或者不予行政许可的理由的;

(6)依法应举行听证的而不举行听证的。

142. 实施行政许可的直接负责的主管人员和其他直接责任人员在哪些情况下应承担法律责任?

根据《中华人民共和国行政许可法》第七十四条的规定,行政机关实施行政许可,有下列情形之一的,由其上级行政机关或者监察机关责令改正,对直接负责的主管人员和其他责任人员依法给予行政处分;构成犯罪的,依法追究刑事责任:

(1)对不符合法定条件的申请人准予行政许可或者超越法定职权作出准予行政许可决定的;

(2)对符合法定条件的申请人不予行政许可或者不在法定期限内作出准予行政许可决定的;

(3)依法应当根据招标、拍卖结果或者考试成绩择优作出准予行政许可决定,而未经招标、拍卖或者考试,或者不根据招标、拍卖结果或者考试成绩择优作出准予行政许可决定的。

143. 法定节假日是否计算在行政机关实施行政许可的期限内?

根据《中华人民共和国行政许可法》第八十二条的规定,行政机关实施行政许可的期限以工作日计算,不含法定节假日。

实施行政许可的期限,是指行政机关自受理申请人的行政许可申请后,必须在多长时间内办理完毕有关行政许可事项的要求,它主要包括行政机关作出行政机关决定的期限,行政机关作出行政许可决定后向申请人颁发、送达行政许可证件的期限,以及行政许可实施过程中遇到一些特殊情况所适用的期限等。

144. 行政执法的含义是什么?

行政执法是行政机关依照法律、法规的规定,对相对人采取的直接影响其权利义务的具体行政行为,或者对相对人的权利义务的行使进行监督检查的行政行为。行政机关是权力机关的执行机关,它的基本职能就是执法。行政执法具有以下特征:

(1)行政执法是一种具体的行政行为;

(2)行政执法是执行法律、法规的行为;

(3)行政执法是单方意志的行为。

145. 行政执法行为必须具备哪些要件?

行政执法行为必须具备一定的要件才能发生法律效力,否则将造成行政执法违法。其有效要件是：

(1)行政执法主体的内容必须合法；

(2)相对人具备法定权利能力和行为能力；

(3)行政执法行为应符合法定程序；

(4)行政执法行为应符合法定形式。

146. 行政执法行为有何法律效力？

行政执法行为的法律效力具体表现在以下方面：

(1)具有确定力。即行政执法行为有效成立后，非依法不得变更或撤销；

(2)具有拘束力。生效的行政执法行为，对相对人和行政机关都具有法律拘束力；

(3)具有执行力。正确的行政执法行为代表了国家意志，是以国家强制力来保证实施的。在相对人不履行规定的义务时，行政机关可以依法强制执行或申请人民法院强制执行。

147. 什么叫违法行为？

违法行为就是有关个人、组织或国家违反有关国家机关、国际组织制定和颁布或国家与国家之间所签订的规范性文件或在政治、经济、贸易等活动中形成并被有关国家、国际组织所承认的惯例或习惯的行为。违法并不等同于违反法律，违反法律仅仅是违法的一种表现形式。如违反民法与违反交通规则都是违法，但前者是违反法律，后者却不是，只是违反了行政法规。违法可分为违反宪法、民事违法、经济违法、刑事违法、行政违法以及违反国际法等。

148. 什么是行政违法行为？

行政违法行为是指公民、法人或其他组织违反行政管理秩序，应由行政机关给予行政处罚的行为。行政违法行为的特征有：

(1)行为的主体是公民、法人或其他组织；

(2)行为侵害的客体是行政管理秩序；

(3)行为必须具有法律、法规规定应当给予行政处罚的特征。

149. 什么是行政处罚？

行政处罚是指具有行政处罚权的行政主体为维护公共利益和社会秩序，保护公民、法人或其他组织的合法权益，依法对行政相对人违反行政法律规范尚未构成犯罪的行为所实施的法律制度。

150. 什么叫行政处罚权?

行政处罚权,是行政机关和法律授权的组织对违法行政法义务的公民、法人或其他组织予以惩处的权力,归属于国家行政权。它具有下列特征:

(1)行政处罚权是具有国家强制力的国家行政制裁权。法律不仅赋予了司法机关制裁犯罪的权力,同时也赋予国家行政机关或者授权有关组织享有对行政违法者的一定制裁权力。这是实现行政管理职能的需要。这种制裁权一旦由行政机关行使,即具有行政权力的性质。行政处罚权作为一种国家权力,具有国家强制性,被处罚人必须服从行政处罚权的管辖,行政机关一旦作出某种处罚,被管理者应履行行政处罚所要求的义务,否则,有关国家机关可以利用国家强制力强制执行。

(2)行政处罚权是一种法定权力。行政处罚权必须由法律、法规明确赋予或授予。只有法律、法规授予行政处罚权的主体才享有行政处罚权,未经授权的其他机关和组织或个人都不得享有这种权力。这里需要明确的是,并不是有了行政权就当然有了行政处罚权,也不是所有的行政机关都是行政处罚权的行使主体。一个行政机关只有具有了行政权同时有具备成为行政处罚主体资格的条件,依据法律、法规的规定才享有行政处罚权,一般而言,具有外部行政管理职权的行政机关可以享有行政处罚权,但还须法律、法规授予其行政处罚权,而且一个行政机关的行政处罚权,只能在自身的职权范围内实施,即不能成为广泛的、无限制的行政处罚主体。根据行政处罚法定原则,要求行政机关和法律、法规授权的组织,必须依据法律、法规的规定行使,包括在法定的权限范围、种类范围、幅度等方面都必须合法行使。

(3)行政处罚权是行政权力和责任的统一体。责任与权力相对应,有权力者必须承担一定责任,无责任制约的权力,必然导致权力享有者为所欲为而不受约束,不承担责任。行政处罚权作为一种行政执法权,是行政机关享有的保证行政机关实现行政职能的制裁性权力,同时又是行政机关的义务和责任,行政机关必须履行这种法定的职责,否则就构成违法不作为或失职,应受到法律的追究。行政处罚权作为行政机关的职权,行政机关和法律、法规授权的组织不得放弃这种权力,也不得滥施处罚。

(4)行政处罚权是对被处罚人产生不利后果的权力。行政处罚以剥夺或限制被处罚人的权利和利益,增加因违法而致新的义务为内容,总之,使被处罚人受到某种损害或不利。这种不利的后果,被处罚人必须承担。因为,这种不利后果是由于被处罚人违法给社会、他人造成了不利影响的必然反应,这种不利的后果是行政机关凭借法律赋予的权力而施加的,具有强制性。

151. 行政处罚应遵循哪些基本原则?

行政处罚的基本原则是指对行政处罚的设定和实施具有普遍指导意义的准则。根据行政处罚法的规定,行政处罚的设定和实施中应遵循下列原则:

(1)处罚法定原则。包括处罚的主体法定、处罚的依据法定、处罚的程序法定。

(2)公开、公正原则。公开体现在两个方面:一是处罚的依据公开,即凡是有关行政处罚的法律、法规的规定必须公布,没有公布的不能作为行政处罚的依据;二是处罚公开。公正原则强调的是合理性问题,在行政处罚中遵循公正原则应注意以下几点:同等情况相同处罚,遵守公正的程序规则,处罚与违法行为相适应。

(3)处罚与教育相结合的原则。行政处罚并不是单纯的处罚,它的目的是为了制止违法行为,它通过惩戒和教育相结合,在违法者和广大公民内心产生警戒作用而达到这一目的,所以处罚应当建立在教育的基础上。

(4)保护当事人合法权益原则。行政处罚法明确规定了当事人的5项权利——陈述权、申辩权、申请复议权、提起行政诉讼权和要求国家赔偿权。在实施行政处罚过程中必须对这几项权利给予充分保障。

(5)监督、制约原则。行政处罚权的行使必须受到监督和制约,只有这样才能公开、公平地行使行政处罚权,保证整个社会的有序。监督、制约主要包括:行政机关内部的制约监督,行政系统内的制约监督和司法机关对行政机关的监督制约。

152. 行政处罚的形式有哪几种?

根据行政处罚法的规定,行政处罚的形式主要有以下几种:

(1)警告。是指行政机关或法律法规授权的组织,对违反行政法律规范的公民、法人或者其他组织所实施的一种书面形式的谴责和告诫。

(2)罚款。是指行政机关依法强制实施对行政违法行为的相对人在一定期限内缴纳一定数量货币的处罚行为。

(3)没收违法所得和非法财物。是指行政机关将生产、保管、加工、运输、销售违禁物品或者实施其他营利性违法行为的相对人与违法行为相关的财物收归国有的制裁。

(4)责令停产停业。是指行政机关强令违法从事生产、经营者停止生产或经营的处罚。

(5)暂扣或者吊销许可证、暂扣或者吊销执照。暂扣许可证或者执照是指中止行为人从事某种活动的资格,待行为人改正以后或经过一定时期以后,再发还许可证、有关证书或执照。吊销许可证或者执照是指对违法者从事某种活动的权利或享有的某种资格的取消。

(6)行政拘留。行政拘留是指公安机关对违反治安管理的人在短期内剥夺其人身自由的一种强制性惩罚措施。

(7)法律、行政法规规定的其他行政处罚。

153. 《中华人民共和国行政处罚法》对行政处罚设定权是如何规定的?

设定权是一种立法权,主要由全国人大及其常委会通过立法来行使,其他享有立法权的国家机关根据法律的授权可以行使一部分设定权。原则上讲,行政机关的权力应当来源于法律规定,《行政处罚法》对行政处罚设定权的规定,是对行政机关的授权。根据《行政处罚法》的规定,法律可以设定各种行政处罚,限制人身自由的行政处罚,只能由法律设定;行政法规可以设定除了限制人身自由以外的行政处罚;地方性法规可以设定除限制人身自由、吊销企业营业执照以外的行政处罚;国务院部、委员会制定的规章,省、自治区、直辖市人民政府和省、自治区人民政府所在地的市人民政府以及经国务院批准的较大的市人民政府制定的规章可以设定警告或者一定数量罚款的行政处罚,罚款的数额分别由国务院和省级人大及其常委会加以规定;除此之外,其他规范性文件均不得设定行政处罚。

154. 行政处罚的实施机关有哪些?

行政处罚的实施机关是指依法有权或受托实施行政处罚的主体。根据我国《中华人民共和国行政处罚法》的规定,行政处罚实施机关的种类具体包括:一般行政机关、综合执法机关、被授权组织、受委托组织。

155. 行政机关要享有行政处罚权必须具备哪些条件?

行政机关要享有行政处罚权必须同时具备以下条件:

(1)必须是履行外部行政管理职能的行政机关;

(2)必须有法律、法规和规章的明确授权。

156. 经法律授权成为行政处罚实施主体的社会组织必须具备哪些条件?

(1)被授权组织必须是依法成立的法人或组织,能独立地承担因行为引起的法律后果;

(2)被授权组织必须是具有管理公共事务职能的组织,可以是事业单位或社会团体,但不能是个人;

(3)被授权组织应当具有熟悉有关法律、法规和业务的正式工作人员,具有与承担行政处罚事务相适应的技术条件。

157. 经依法委托成为行政处罚实施主体的社会组织必须具备哪些条件?

(1)必须是依法成立的管理公共事务的事业组织;

(2)具有熟悉有关法律、法规、规章和业务的工作人员;

(3)对违法行为需要进行技术检查或者技术鉴定的,应当有条件进行相应的技术检查或者技术鉴定。

158. 建立处罚权的授权与委托制度的意义是什么?

对行政处罚权实行授权与委托的制度,首先有利于调动各方面的积极性,促进行政机构精简,节约行政开支,又能推动行政民主化,方便群众,克服官僚主义和事务主义的弊病。其次有利于减少行政事务,促进行政机关更好地实施宪法和法律。随着社会的发展和现代化的全面开展,行政机关的任务越来越繁重。实行授权与委托,有利于行政机关把主要精力放在贯彻实施宪法和法律上面,摆脱繁琐的事务。

159. 行政处罚简易程序的基本内容有哪些?

行政处罚简易程序包括以下内容:

(1)表明身份。这是当场处罚程序的第一个步骤,其目的是表明行政机关具有法定的行政处罚主体资格,享有法定处罚权。现场发现行政违法行为时,行政执法人员应当首先向当事人出示其必要的执法身份证件,如食品卫生监督员证、检查员证等,没有法定证件的,应当出示工作证件。凡有统一制式服装或证章的,应按规定着装和佩戴证章。行政执法工作专用的检查证件、证章,由县级以上行政机关统一制发,个人不得擅自委托他人制作。受委托行使处罚权的单位或者个人应当出示加盖委托机关印章的授权委托书。

(2)说明理由。行政机关执法人员应当场向当事人指出其违法行为的事实并提出证据,说明违反了什么法律规范的什么条文,依照法律、法规的什么条文应当给予什么样的处罚。

(3)听取意见。行政机关执法人员在说明理由后,应当询问当事人对违法的事实或者法律依据是否有异议,听取当事人的陈述和辩解。由于当场处罚的特殊性,辩论只能是口头形式,这就要求执法人员,一方面要具备较高的素质,能够当场对当事人的意见给以正确、全面的回答;另一方面要有耐心细致的态度,认真听取当事人的陈述和辩解,从中发现矛盾和问题。如果当事人的意见和申辩确有道理,就需要执法人员更加审慎地进行现场调查取证。如果现场无法确定违法事实或证据不足,或者证据适用法律的正确性有疑问的,应当暂缓处罚,转入普通程序。

(4)作出处罚决定。行政执法人员根据所掌握的违法行为的事实、情节和后果等因素,当场作出行政处罚决定,并填写预定格式、编有号码的行政处罚决定书。当场决定书应当载明下列内容:

①被处罚人姓名、住所、年龄、性别等基本情况,被处罚单位的名称、地址、法定代表人等;

②现场查明的主要违法事实、情节及后果;

③行政处罚所依据的法律、法规、规章的条款;

④处罚种类或者罚款限额;

⑤处罚执行方式及执行期限;

⑥作出当场处罚决定的机关及其印章;

⑦现场执法人员的签名或者盖章;

⑧制作处罚决定的日期。

当场处罚决定书应当一式两份,一份交付被处罚人,另一份由行政机关留存备查。当场处罚决定书制作后,应立即送交被处罚人,并由被处罚人在处罚决定书上签名或者盖章。被处罚人对处罚决定有异议,拒绝签名或者盖章的,执法人员应在处罚决定书中注明。

(5)执行。目前,大量的当场处罚决定都是即时执行的。当场处罚由于比较轻微,对当事人影响不大,一般都能够当场执行,执法人员应当开具财政机关统一制发的或者经财政机关认可的罚款收据。但是,我国行政处罚法规定了罚款决定与罚款收缴相分离的制度,随着这一制度的实施,当场处罚的决定与执行势必分离开来,这符合国际上的通行作法。在新加坡,如果汽车司机驾驶违章,交通警察可以记录下其车牌号码,然后将罚款通知单寄给违法行为人,由违法行为人到指定地点(银行或政府专门机构)缴款。在香港,这种情况是由交通警察将罚款通知单贴在车前挡风玻璃上,由车主在法定时间内到指定的政府收费处缴纳罚款。

160. 适用行政处罚简易程序应具备哪些条件?

行政机关对行政违法行为适用简易程序,必须同时具备以下3个条件:

(1)违法事实确凿;

(2)有法定依据;

(3)对公民处以 50 元以下、对法人或者其他组织处以 1000 元以下罚款或者警告的行政处罚。

161. 行政处罚一般程序的基本内容有哪些?

行政处罚的一般程序是实施行政处罚的基本程序,其适用的范围是最广泛的,除依法适用简易程序实施的行政处罚以外,都应遵循一般程序。一般程序包括立案调查程序和审查决定程序。

(1)立案调查。立案是一般程序的开始阶段,先立案后查处,应当是行政处罚一般程序的最初要求。调查则是查明案件事实的手段,目的在于获得可以证明案件事实的各种证据。

调查和取证是行政机关对于立案处理的案件,为查明案情、收集证据而依法定程序进行的专门活动,是行政处罚的核心程序。调查取证应当遵循全面、客观、公正的原则。根据行政处罚法的规定,行政机关在调查取证时可以进行抽样取证和先行登记保存;调查时执法人员不得少于两人;执法人员应当向当事人或者有关人员出示证件;询问当事人、证人应当制作询问笔录;在必要的时候,行政机关可以对当事人本人或者与案件有关的场所进行检查,进行检查应当制作检查笔录;为取得证据而进行现场勘查勘验的,也应当制作现场勘验笔录;与当事人有利害关系的执法人员应当回避,当事人也有权申请回避。

(2)审查决定。案件调查结束后,行政机关应就所取得的事实和证据进行分析判断,作出行政处罚的决定。作出处罚决定之前,行政机关应当将拟作出的行政处罚决定的事实、理由和依据告知当事人,并应告知当事人依法享有的陈述权和申辩权。对当事人的陈述和申辩,行政机关必须认真听取,对当事人陈述和申辩中提出的事实、理由和证据成立的,行政机关应当予以采纳。如果当事人要求举行听证,且符合听证条件的,还应举行听证会。行政机关在查清事实,掌握确凿证据的基础上,依据有关法律、法规的规定,作出行政处罚决定。对情节复杂或者重大违法行为给予较重的行政处罚,行政机关的负责人应当集体讨论决定。

162. 当事人申请行政复议或提起行政诉讼,行政处罚是否停止执行?

《中华人民共和国行政处罚法》第四十五条规定:当事人对行政处罚决定不服申请行政复议或者提起行政诉讼的,行政处罚不停止执行,法律另有规定的除外。

行政处罚不停止执行,包括不停止履行和不停止强制执行两个方面的内容。行政处罚的执行,分为广义的执行和狭义的执行两种。狭义的执行就是强制执行,是指国家行政机关、人民法院为了保障行政权的合法有效行使和行政管理活动的正常进行,对不履行行政处罚决定的当事人采取的一种强制手段,其目的是迫使当事人履行义务或达到与履行义务相同的状态。广义的执行包括强制执行,还包括当事人自觉履行,即行政处罚决定依法作出后,当事人在规定的期限内,主动予以履行。无论是当事人自觉履行还是行政机关、人民法院强制执行,都是对处罚决定内容的实现,使当事人履行一定的义务,达到行政管理的目的。

当事人在受到行政处罚后,如果对处罚决定不服,可以依法向复议机关申请行政复议或者向人民法院提起行政诉讼,但在复议和诉讼过程中行政处罚决定不停止执行。

所谓复议和起诉不停止行政处罚决定的执行,就是指行政机关不因当事人申请行政复议或者提起行政诉讼而暂时停止行政处罚决定的执行。例如,某公司因投机倒把,被工商部门罚款5万元。该公司不服,向复议机关申请或向人民法院提起行政诉讼。但该公司不能以已经申请复议或起诉为由,不交纳罚款。

在行政复议和诉讼期间,不停止行政机关的行政处罚决定的执行,这是一般原则。但在一定情况下,复议机构和人民法院也可以作出停止执行的裁定。行政诉讼法和行政复议法对此作出了规定。

(1)行政机关认为需要停止执行的可以停止执行。在被处罚人申请行政复议或者提起行政诉讼之后,行政机关认识到自己作出的处罚决定有明显的违法、不当,继续执行不仅会给被处罚人造成损失甚至是无法挽回的损失,而且会造成人力、物力的浪费,损害行政机关的威信,可以决定停止处罚决定的执行。

(2)复议机关或人民法院裁定停止执行。这种情况必须具备以下条件:

①由当事人向复议机关或者人民法院提出停止执行的申请。

②行政处罚决定的执行可能会给当事人造成难以弥补的损失。例如,根据行政处罚决定,行政机关决定没收并销毁被处罚人的某些物品,一旦执行了处罚决定,当事人的这些物品就会毁灭,即使他胜诉也无法再得到。

③停止执行不损害社会公共利益。如果停止执行会对社会公共利益造成损害,这样的处罚决定就不能停止执行。

④必须由复议机关或者人民法院作出停止执行的裁定。

(3)法律、法规、规章规定停止执行的规定,在行政复议和行政诉讼中就可依照规定办理。例如,《中华人民共和国治安管理处罚条例》第四十条第二款规定:“被裁决拘留的人或者他的家属能够找到担保人或者按照规定交纳保证金的,在申诉和诉讼期间,原裁决暂缓执行”,就是说,只要当事人或其家属交纳保证金或提供担保,在诉讼期间应当停止执行行政拘留的处罚决定。

163. 当场收缴罚款应遵循哪些程序?

当场收缴罚款应遵循下列程序:

(1)当场向被处罚人送达行政处罚决定书。行政处罚决定书应当载明当事人的违法行为、行政处罚依据、罚款数额、时间、地点以及行政机关名称,并由执法人员签名或者盖章。

(2)收缴罚款,向被处罚人出具财政机关统一印制的罚款收据,不出具罚款收据的,当事人有权拒绝缴纳罚款。

(3)执法人员当场收缴的罚款,应当自收缴罚款之日起 2 日内,交至行政机关,行政机关应在 2 日内缴付指定的银行,不得截留、私分或变相私分。在水上当场收缴的罚款,应当自抵岸之日起 2 日内缴付行政机关,行政机关应当在 2 日内将罚款缴付指定的银行。

164. 对罚款处罚应采取哪些监督措施?

当前之所以出现滥罚款、贪赃枉法等问题,均与对罚款的监督不力有关。有必要制定有关法律,严格限制有权科处罚款的机关、罚款的限额和罚款程序。具体措施包括:

(1)应由国家统一制发三联罚款凭证单(一联存根,一联交国家财政部门,一联交受罚者),其他任何部门和单位不得擅自制发罚款凭证单,违者以违纪违法论处。

(2)罚款时必须给受罚人开具由国家财政部门制发的罚款凭证,并由执法者和被罚者双方签名或盖章。

(3)罚款时执法人员必须有两个人在场,不得一人执法。

(4)罚款应全部统一交国家财政部门,任何单位不得截留、坐支。

(5)要加强行政监察机关、审计机关对罚款工作的监督,建立定期检查制度。

165. 强制执行的方式分为几种?

行政处罚的强制执行,从执行主体上划分可分为两类基本方式:一是行政强制执行,即行政机关依法强制执行。二是司法强制执行,即经实施处罚的行政机关或组织的申请,由人民法院强制执行。

(1)行政强制执行。行政机关依法强制执行,一般可采取下列措施:人身性强制执行措施主要是强制拘留。财产性强制执行措施主要有滞纳金,将扣押的财产拍卖抵缴罚款,通知银行划拨或扣款。

(2)行政机关申请人民法院强制执行。行政机关或法律授权的组织无强制执行权的,应申请人民法院强制执行。人民法院采取的行政强制执行措施主要有:冻结、划拨被处罚人存款;扣留、提取被处罚人储蓄存款或者劳动收入;查封、扣押、变卖、拍卖被处罚人的财产;强制迁出、拆除房屋或者强制退出土地等措施。

166. 现行法律规范对财产处罚的执行是如何规定的?

从现行法律、法规的规定看,主要有以下几类:

(1)加收滞纳金或增加罚款。这是行政机关对拒不履行已发生法律效力的行政处罚决定的被处罚人,为促其履行而采用的科以新的金钱给付义务的强制执行方法。例如《中华人民共和国治安管理处罚条例》第三十六条第一款规定:"受罚款处罚的人应当将罚款当场交公安人员或者在接到罚款通知或者裁决书后5日内送交指定的公安机关,无正当理由逾期不交纳的,可以按日增加罚款1元至5元……"《中华人民共和国行政处罚法》第五十一条第一项规定:"到期不缴纳罚款的,每日按罚款数额的百分之三加收滞纳金。"加收滞纳金或增加罚款属于执行处罚的范围,在具体适用时,如果法律明确规定有确定数额的,如《中华人民共和国行政处罚法》,应依法律规定。如果法规只规定执行罚款数额的幅度,如《中华人民共和国治安管理处罚条例》,由执行机关视被处罚人的财产状况及抗拒执行的程度自由裁量。

(2)变价抵缴。即行政机关依法拍卖被扣押、抵押的被处罚人的财物,并以变卖所得的价款折抵被处罚人应缴的罚没款。例如《中华人民共和国海关法行政处罚实施细则》第三十条规定:"当事人逾期不履行海关的处罚决定又不申请复议或者起诉的,作出处罚决定的海关可以将其保证金没收,或者将其被扣留、抵押的货物、物品、运输工具变价抵缴,也可以申请人民法院强制执行。"采取变价抵缴的强制执行措施必须有法律、法规的明确授权。

(3)银行划拨。有些法律、法规赋予行政机关以强制划拨权,被处罚人逾期不履行行政处罚决定,行政机关有权依照法定程序通知被处罚人的开户银行、信用合作社或其他有储蓄业务的单位从被处罚人的账户内划拨被处罚人应缴的罚没款。例如《国家物价局关于价格违法行为的处罚规定》第十二条第一款规定:"对拒缴罚没款的单位或个人,经县(含县)以上物价检查机构负责人的批准,按照有关规定由物价检查机构书面通知其开户银行予以划拨。"《金融稽核检查处罚规定》第二十六条规定:"被处以罚没款单位应主动交纳。对不主动交纳的由稽核检查派出所开出扣款通知书,从其开户银行账户强行扣款。"

(4)单位扣缴。对于拒不履行处罚决定的被处罚人,行政机关可以依照法定程序通知被处罚人所在单位从被处罚人的工薪收入中扣缴其应缴的罚没款。

(5)没收保证金。有些法律、法规规定,受罚没款处罚的当事人在中国境内没有永久住所的,如外国人、外国籍船舶、航空器,必须在离境前缴清罚款、违法所得。当事人对行政处罚决定不服或者在离境前不能缴清上述款项的,应当交付相当于上述款项的保证金,否则不得离境。当事人履行行政处罚决定后,行政机关应当及时发还其交付的保证金。当事人如果逾期拒不履行行政处罚决定,行政机关可以依法将被处罚人提交的保证金收归国有以折抵其应缴纳的罚没款。例如《中华人民共和国海关行政处罚实施细则》第三十条规定:"当事人逾期不履行海关的处罚决定又不申请复议或者起诉的,作出处罚决定的海关可以将其保证金没收……"

(6)代执行。是指强制执行机关对拒不履行已经发生法律效力的行政处罚决定所确定的给付义务的被处罚人所采取的由行政机关自行或请第三人代为履行,由被处罚人交付全部费用的强制执行措施。代执行只适用于行政处罚所确定的给付义务可由他人代为的情况,例如清除污染河道、补种树苗等。与人身紧密相连的不能由他人代为的义务,如行政拘留等,不适用代执行的强制执行措施。我国有一些法律、法规明确规定了代执行的强制执行措施。例如《中华人民共和国森林法实施细则》第二十六条规定:"被责令补种树木者因故不能补种的,可以交纳造林费,由林业主管部门收取后代为补种。"《森林病虫害防治条例》第二十条规定:"被责令限期根除森林病虫害者不除治的,林业主管部门或者其授权的单位可以代为除治,由被责令限期除治者承担全部防治费用。"从本质上讲,由被处罚人负担全部费用是一个新的行政处罚决定,仍然具有强制执行的效力。如果被处罚人拒不缴纳费用,行政机关可以采用强制划拨等直接强制方法,予以强制征收。

167. 行政处罚结案须具备哪些条件?

根据有关法律、法规的规定,属于下列情形之一的应当予以结案。

(1)行政处罚决定由被处罚人自觉履行完毕的。

(2)行政处罚决定由行政机关或人民法院依法强制执行完毕的。

(3)免予行政处罚的。

(4)不予行政处罚而撤销案件的。

案件终结后,承办案件的执行人员应对案件的所有材料进行整理,填报行政处罚案件终结报告,报行政机关的负责人审批结案。

168. 什么是听证程序?

行政处罚听证程序是指在行政机关作出行政处罚决定之前,行政机关应当指派专人主持听取案件调查人员和当事人关于案件事实、处罚理由以及适用依据的陈述、质证和辩论的程序。听证程序有以下几个方面的特征:

(1)阶段性。听证只是行政处罚过程中的一个阶段,而不是行政处罚的全部过程。

(2)局部性。听证并不适用于所有的行政处罚程序,而是限于责令停产停业、吊销许可证或执照以及数额较大的罚款案件。

(3)选择性。当事人要求举行听证的,听证程序才启动,主动权掌握在当事人手中。

(4)准司法性。听证主持人地位中立,站在第三方的立场听取双方的陈述和争辩,对案件事实和处理提出自己的意见,不受任何人的干预。

169. 什么是听证会当事人与听证程序的其他参加人?

(1)听证会的当事人是指参加听证会的原告和被告。原告是指行政机关中直接参与案件的调查取证的人员或者部门。被告是指被认为实施了违法行为并受到行政处罚的公民、法人或者其他组织。在听证程序中,当事人双方的权利义务平等,他们都有权提出证据、参加质证和辩论、申请回避、委托代理人等;也有义务遵守听证纪律,听从听证主持人的指挥。此外,为了保护被告的合法权益,被告还有辩论结束后的最后陈述权。由行政处罚案件的性质所决定,在听证程序中,原告方行政机关应负举证责任,应对调查的结果以及适用法律、法规提出证据。

与案件的处理结果有直接利害关系的第三人,也有权要求参加听证。听证会的主持人有义务通知利害关系人举行听证会的时间、地点。在听证中,第三人享有与被告相同的权利并承担相同的义务。

(2)听证程序的其他参加人还包括必要的证人、鉴定人、翻译人员等。

听证程序的当事人及第三人可以亲自参加听证会,也可以委托1~2人代理。代理人享有被委托的权利,他们可以是律师,也可以是当事人的近亲属或经主持人批准的其他人员。代理人在授权范围内所为的行为,视同当事人的行为,但以其未立即提出异议为限。如果被告方不止一人,则被告方既可委托一个共同代理人,又可分别委托1~2人代理。

170. 举行听证应注意哪些问题?

根据《中华人民共和国行政处罚法》第四十二条的规定,举行听证应注意以下问题:

(1)当事人要求听证的,应当在行政机关告知后3日内提出。提出听证要求的时间,应该是行政机关对案件已经调查终结,在作出行政处罚决定之前,由行政机关通知当事人到场,告知当事人已经查明的违法事实、处罚的法律依据和拟给予的行政处罚。当事人对行政机关告知的事项有不同意见,与行政机关对违法事实的认定不一致,有分歧的,当事人如果要求听证,应当在行政机关告知后 3 天内向行政机关提出。

(2)行政机关应当在听证的 7 日前,通知当事人举行听证的时间、地点。为了保证当事人有足够的时间准备听证,行政机关举行听证的,必须在 7 天前将举行听证的时间、地点通知当事人。由于从当事人要求听证,到行政机关通知当事人举行听证的时间,地点之间没有期限的限制,行政机关应当在当事人提出听证要求后,抓紧组织听证。从提高行政效率出发,应尽快通知当事人举行听证的时间、地点。

(3)除涉及国家秘密、商业秘密或者个人隐私外,听证公开举行。这种规定是处罚公开原则的要求,规定涉及商业秘密的行政处罚案件不公开听证,是考虑到行政处罚案件有些是对企业违法行为作出的行政处罚,听证时,可能涉及企业的商业秘密,公开听证后,有损企业的合法权益,因此增加涉及商业秘密的行政处罚案件可以不公开听证的规定。

(4)听证由行政机关指定的非本案调查人员主持,当事人对主持人有异议的,有权申请回避。行政机关应当指定本机关的行政人员作为听证主持人,听证主持人不能是听证案件的调查人员。当事人认为行政机关指定的听证主持人与法律规定不相符的,有权申请该听证主持人回避。行政机关对于当事人提出的回避申请,应当予以审查,主持人确实不符合法律规定的,应当回避,行政机关的行政首长应当另行指定听证主持人。

(5)当事人可以亲自参加听证,也可以委托一至二人代理。这是对听证代理制度的规定。为了真正达到听证的目的,解决有些当事人文化水平低或不懂法或因为种种原因而不能参加听证的问题,在听证制度中规定代理制度是必要的。

(6)听证步骤,应当先由调查人员提出当事人的违法事实、证据和行政处罚决定,然后由当事人进行申辩和质证。这与行政诉讼法所规定的被告行政机关承担举证责任的制度是一致的。听证开始后,由行政机关就当事人的违法行为予以指控,并出具证据材料和提出处罚意见;当事人就行政机关指控的事实和相关的问题发表意见、出示的证据进行答辩;行政机关和当事人可以就各自出示的证据的真实性进行辩论;辩论后,当事人应当有最后陈述的权利。

(7)听证应当制作笔录,听证笔录应当交当事人审核无误后签字或者盖章。听证笔录是行政机关作出行政处罚决定的根据之一,也是当事人不服行政处罚决定提起行政诉讼时,行政机关向人民法院提供的证据之一。听证笔录应当在听证后当场交当事人审核或者向当事人宣读。当事人认为记录有遗漏或者有差错的,可以请求补正或者改正。当事人认为无误,听证主持人、当事人及其代理人应当在听证笔录上签名或者盖章。

另外,当事人不承担行政机关组织听证的费用。组织听证的费用是指行政机关为组织听证所支付的费用,如必要的办公经费等。不包括当事人聘请律师、取得证据等个人应支付的费用。作出这样的法律规定,是为了解除听证申请人在经费负担方面的后顾之忧,以保障和方便当事人行使听证权利。

171. 听证应按哪些步骤进行?

听证会按下列程序进行:

(1)主持人宣布听证会开始。听证会开始后,主持人应首先问明到场人的姓名、年龄、籍贯、住所,审查其作为当事人或其他利害关系人的身份是否确定,或其代理权限是否合法,并说明案由。主持人还应告知听证会的参加人其享有的权利和应承担的义务,宣读听证会会场纪律,询问当事人是否申请主持人回避。

(2)行政机关执法人员宣读指控书,出示有关证据材料及处罚意见。行政机关应对拟作出的行政处罚决定负举证责任,首先由执法人员宣读指控书,说明经过调查后认定的案件事实,该违法行为所触犯的法律、法规的具体条款以及依法应当给予的处罚内容。其次执法人员出示物证、书证、宣读当事人的陈述、证人证言、鉴定结论、勘验检查笔录。

(3)被处罚人对被指控事实及相关问题进行答辩。被处罚人对行政机关所指控的违法事实、对行政机关出示的证据发表意见、提出异议,并可提出自己的证据文书和证据。与拟作出的行政处罚决定有利害关系的第三人享有与被处罚人相同的权利,也有权在听证会中质证和申辩,并提出有关证据。被处罚人和第三人对行政机关的鉴定结论和勘验检查结果有异议时,有权在听证会上提出重新鉴定或重新勘验检查的申请,由听证会主持人审查申请的理由是否成立后,作出是否重新鉴定或者勘验检查的决定。

(4)执法人员与被处罚人相互辩论。执法人员与被处罚人就与案件有关的事实,证据以及拟作出处罚的法律依据,拟作出的处罚决定是否显失公正等问题开展辩论。其顺序是:

①原告行政执法人员及其诉讼代理人发言;

②被告被处罚人及其诉讼代理人发言;

③与案件有利害关系的第三人及其诉讼代理人发言;

④双方互相辩论;

⑤被告作最后的陈述。听证会辩论终结后,可能受行政处罚的被告一方有最后陈述的权利,听证主持人应当征询其最后的意见。第三人也享有最后陈述的权利。

听证会主持人负责掌握听证会的进程,维持听证会秩序。听证会主持人可以根据情况作出延期、中止或终结听证的决定。如果在听证的过程中发现了新的情况,当事人提出了新的证据,或者有新的事实需要继续调查,听证会主持人可以作出中止听证或延期听证的决定,责令调查执法人员重新调查。如果听证会当事人的一部分或全部无正当理由而缺席时,主持人也可以根据情况决定听证会是否照常举行。如果听证当事人有正当理由而难以出席,主持人可以决定延期听证。对于不遵守听证会纪律的人,主持人应令其退席,亦可提请有关机关对其依法给予处罚,但听证仍可继续进行。

听证会听证的重点应当是拟作出的行政处罚决定是否有确凿的违法事实、证据是否充分、法律依据是否正确。因此,除非法律另有规定,应由有行政调查职能的行政执法人员负举证责任。听证会上应当查明执法人员收集的证据是否客观、真实、合法,收集证据的程序是否符合法律规定,应当给当事人以充分陈述意见的机会,通过当事人的质证与陈述来查明案情,核实证据。切不可形成听证会的主持人与行政执法人员共同审被告当事人的局面。

172. 如何制作听证笔录?

听证会应当制作笔录。听证笔录应除去与本案无关的冗词,将听证过程与内容给以正确明白的记载。听证笔录应当记明:听证的时间、地点、案由;主持听证的行政机关名称、主持人、出席的当事人及其代理人、证人和鉴定人的姓名;原告查明的主要事实及据以佐证的主要证据;原告提出的主要事实及主要证据,以及对原告指控中所提出的事实、理由、拟作出的处罚决定的意见;证人和鉴定人陈述的主要内容、勘验的结果;利害关系人所提出的与本案有关的观点及证据;各当事人关于程序上的请求。

听证笔录经听证会主持人审阅后,由主持人和记录人签名或盖章。听证会笔录应当交给原告、被告及其他有关人员阅读或向他们宣读。当事人或其他有关人员认为笔录有遗漏或有差错的,可以请求补充或改正;确认没有错误后,应当分别签名或盖章。证人、鉴定人出席听证会的,听证笔录中有关证人证言、鉴定结论部分,应当场宣读或给证人、鉴定人审阅,确认没有错误后,应当签名或盖章。

经听证终结的案件,听证笔录是作出行政处罚裁决的依据。所有与认定案件的主要事实是否存在的有关证据都必须在听证会上出示,并经过质证和辩论,反映在听证笔录中。笔录应交由当事人审核无误后签字或盖章。行政机关不得基于在听证中已构成审理对象以外的事实作出行政处罚决定。听证当事人可以向听证主持人提出阅览该听证终结前的、证明构成拟作出的行政处罚决定的理由的听证笔录及其他案卷材料。听证主持人可以允许当事人当庭阅览,也可以另定日期和场所阅览。但是,涉及国家秘密、商业秘密或个人隐私的内容,听证主持人可以拒绝当事人的阅览。与案件有利害关系的第三人提出阅览请求时,听证会主持人除非事先得到听证当事人的同意,否则不得让其阅览属于听证当事人秘密的内容。

173. 当事人逾期不履行行政处罚决定应如何处理?

当事人逾期不履行行政处罚决定的,作出行政处罚决定的行政机关可以采取下列措施:

(1)到期不缴纳罚款的,每日按罚款数额的3%加处罚款。

(2)根据法律规定,将查封、扣押的财物拍卖或者将冻结的存款划拨抵缴罚款。

(3)申请人民法院强制执行。

174. 什么是行政合同?

行政合同,是指国家行政机关之间,行政机关与公民、法人或其他组织之间,为了实现特定的行政管理的目标,依双方意思表示一致,而确立、变更或消灭相互权利与义务的书面协议。

它具有以下特征:

(1)行政合同当事人一方必定是行政机关。

(2)行政合同签订的目的是为了实现国家行政管理目标。这是以行政主体在行政合同中享有行政优先权为基础的。

(3)行政合同的双方意思表示一致。

(4)在行政合同的履行、变更或解除中,行政机关享有行政优益权。

175. 行政合同的作用有哪些?

我国目前多种经济成分并存,出现了多元化的社会利益群体,这就要求行政机关以经济的、法律的手段来补充单一的行政命令的手段。行政合同是一种很有弹性的行政管理形式,它是行政机关和行政管理相对方协商自由和行政优益权的有机结合。

(1)对行政机关来说,订立行政合同既可以更好地保证国家行政目标的实现,又可以因双方权利、义务关系的明确性而避免推诿指责,杜绝不负责任的官僚主义。

(2)对作为行政管理相对方的公民、法人和其他社会组织来说,订立行政合同既可以使他们更好地发挥各自积极性、创造性、又可以在双方发生争议时,上告有门,解决有据。

176. 行政合同的种类有哪些?

行政合同可以从不同的角度来进行分类。从行政合同的主体来分类,可以分为行政机关之间有关行政事务的合同和行政机关与行政管理相对方之间的行政合同。以是否具有给付内容为标准,可将行政合同分为有金钱给付内容的行政合同和无金钱给付内容的行政合同。以行政机关的管理事项为标准,将行政合同分为工业、交通、农业、科技、教育等专业合同。主要的行政合同主要有:国家订货合同、公用征收合同、国有土地的使用合同、企业承包管理合同等。

177. 行政合同的缔结方式有哪些?

行政合同的缔结主要有招标、拍卖、邀请发价和直接磋商等方式。

招标,是指行政机关通过一定方式、公布一定的条件,向公众发出的以订立合同为目的的意思表示。

拍卖,是指行政机关向公众发出以订立合同为目的的意思表示,拍卖人在同意竞买人的条件后合同即告成立的一种签约方式。

邀请发价,是指行政机关基于政治、经济、技术等方面的原因在招标时不一定和要价最低的相对方缔结合同,而是邀请他认为适当的人发价,而行政机关在参加招标的企业中有选择合同当事人的自由。

直接磋商,是指在某些特定情况下,行政机关可以直接与其他组织或公民进行协商,签订合同。

178. 行政合同双方的权利和义务有哪些?

(一)行政机关的权利和义务主要有

(1)对合同的监督、指挥权。在行政合同中,基于确保公共利益的需要,行政机关不仅对合同履行的结果进行受领,而且有权对整个合同的履行过程监督、指挥。主要表现在:第一,哪一种履行方式最符合公共利益应由行政机关来决定;第二,行政机关对相对方不当履行有权给予禁止。

(2)单方面变更合同标的权。由于国家和公共利益或政策在合同履行过程中可能发生变化,行政机关可以根据这一变化单方面变更合同的内容。但单方面变更权应受到严格限制,表现在:第一,变更的目的只能是因维护国家、公共利益的需要;第二,变更后给相对方造成损失的行政机关应进行补偿,但因相对方过错造成的除外。

(3)单方面解除合同权。在行政合同中,解除合同是行政机关所享有的一种特权,相对方不享有这一权利。但相对方在行政机关解除合同时有权得到补偿。

(4)制裁权。是指相对方因不履行、不完全履行合同以及毁约等行为,行政机关具有制裁的权力。行政机关制裁权的主要行使方式主要有以下4种:

①金钱制裁。主要有两种形式:一种是支付违约金,即合同相对方在合同约定或者由法律规定向行政机关支付一定数量货币的责任形式。

②赔偿损失。是指相对方违反合同造成另一方当事人损失时,所应承担的赔偿责任。

③强制继续履行。在行政合同中,相对方因不履行合同或履行合同义务不符合约定条件时,不论其是否承担了其他责任,只要还能够履行并且行政机关要求继续履行的,违约行为人应按照原合同规定的未履行部分承担继续履行的责任。

④代执行。是指在相对方不履行义务时,由行政机关或指派第三人代替对方当事人履行合同义务,费用由相对方承担。

⑤解除合同。相对方有严重过错时,行政机关可以解除合同,作为一种制裁手段,行政机关有权不给相对方任何补偿。

(二)相对方的权利和义务主要有

(1)获得报酬权。报酬通常是指行政机关对相对方所提供的服务和财产的酬金。相对方的报酬通常在合同中约定,也可以依照法律、法规的直接规定。

(2)损害赔偿请求权。是指相对方因行政机关过错而受到损害时,可以请求法院判决行政机关承担违约责任,并予以赔偿。

(3)必要的和有益的额外费用偿还权。相对方在合同以外自动地提供额外的给付时,如果这种给付是履行合同所绝对必要的或对行政机关非常有益的,可以请求行政机关偿还这些费用。

(4)不能预见的物质困难的补偿权。行政合同在执行过程中,有时可能遇到巨大的不能预见的物质困难,加重了相对方的负担,相对方可以请求相应的变更,以获得补偿。

此外,在行政合同的履行中,行政相对方还享有以下2种特有的权利:

(1)特权的补偿权。相对方由于行政机关的特权行为而增加的负担,不论具体的行政合同中有无规定,都可以请求行政机关予以补偿,相对方请求补偿权的范围只能以实际损失为限,不能要求可以期待的利益。

(2)如果发生因经济变动、战争、自然灾害等当事人不可预见的情况,致使合同履行极端困难时,相对方则享有不可预见情况的补偿权。

179. 什么是行政复议?

行政复议,是指公民、法人或者其他组织认为行政机关的具体行政行为侵犯其合法权益,依法向上级行政机关或者法律、法规规定的其他机关提出申请,由受理申请的行政机关对具体行政行为依法进行审查并作出处理决定的活动。行政复议制度有如下特征:

(1)行政复议以具体行政行为的存在和争议的存在为前提。行政主体的具体行政行为是国家行政管理权行使的具体表现,具体行政行为的内容往往直接涉及到作为被管理者的公民、法人和其他组织的切身利益,影响其权利和义务。行政权的行使是根据公共利益的需要,公共利益和公民、法人和其他组织的利益之间,往往因各种主客观条件影响而出现不一致,争议的出现有其不可避免性,正是这种争议的存在,决定了有必要建立行政复议制度,以解决争议。

(2)行政复议是一种由作为行政相对人的公民、法人或者其他组织提出申请引起的,复议机关对有争议的具体行政行为进行审查的制度。相对人是主动的一方,作出有争议行政行为的行政机关是被动的一方。行政复议之所以只能由行政相对人提出,是因为国家行政机关有权直接作出行政决定、采取行政措施,而相对人如果认为自己的权益受到侵害,却无法以自身的力量得到补救,只有通过一定的途径,由一定的国家机关来解决争议。

(3)行政复议是一种由上一级行政机关或法律规定的复议机关对有争议的具体行政行为进行审查的制度,所以它是一种行政机关内部的层级审查制度。这种制度具有上级行政机关对下级行政机关进行监督的性质,对行政相对人来说则具有救济的性质。

(4)行政复议是一种对行政行为的合法性和适当性进行全面审查的制度,这不同于司法审查,法院不能代替行政机关行使行政权,所以司法审查一般是审查行政行为的合法性,不审查具体行政行为的适当性。

(5)行政复议是一种严格按法定程序进行的行政活动,复议参加人的构成,参加人的权利义务,复议活动的步骤、过程、方式、方法,都由行政复议法加以规范,不得偏离法定程序。

180. 行政复议的目的是什么?

(1)防止和纠正违法的或者不当的具体行政行为。这是行政复议所要实现的直接目的。复议活动是一种依申请对具体行政行为是否合法、适当进行审查的制度,对不合法的或者不当的具体行政行为要加以撤销和纠正。

(2)保护公民、法人和其他组织的合法权益。通过复议,防止和纠正违法或者不当的具体行政行为是行政复议所要达到的最终效果。我们的行政机关是人民政府的组成部分,它的一切活动都应该是为了人民,行政复议制度作为一种防止和纠正具体行政行为违法侵权的救济制度,目的当然在于保护公民、法人和其他组织的合法权益。

(3)保障和监督行政机关依法行使职权。行政机关是行使国家行政权力的机关。行政权是一种法定权力,是作为国家主人的人民通过国家权力机关制度的法律授予行政机关行使的。行政机关必须严格依法行政。为保障行政机关依法行政,就必须建立对行政管理权进行监督的各种制度。没有监督的权力必然会走向腐败。行政复议制度正是这些制度中十分重要的一种。

181. 行政复议的基本原则是什么?

行政复议的基本原则,是指由宪法和法律规定的,反映行政复议的本质和基本特点,必须在行政复议活动全过程加以贯彻的具有普遍意义的指导思想和基本准则。行政复议的基本原则有:

(1)合法原则。合法原则是指行政复议机关必须严格地按照宪法和法律所规定的职责权限,以事实为根据、以法律为准绳,对行政相对人申请复议的具体行政行为,按法定程序进行审查和裁决。合法原则包括3项内容:①主体必须是有法定复议权限的行政机关。②复议过程要依法定程序进行。③复议决定适用法律正确。

(2)公正原因。公正原则是指复议机关在行使复议权时应公正地对待复议双方当事人,不能有所偏袒,公正地作出行政复议决定。

(3)公开原则。公开原则是指行政复议活动应当公开进行。涉及国家秘密、个人隐私和商业秘密除外,整个过程应当向行政复议申请人和社会公开。

(4)及时原则。及时原则是指行政复议机关应当在法律规定的期限内,尽快完成复议案件的审查,并作出相应的决定。

(5)便民原则。便民原则是指行政复议机关应当采取方便申请人进行复议的方式方法,以确保公民、法人和其他组织能够有效地行使复议的权利,保护其合法权益。

(6)有错必纠原则。有错必纠原则是指行政复议机关发现原行政机关行政行为存在错误违法,必须及时予以纠正。

(7)保障法律、法规实施原则。行政复议不同于行政诉讼,其目的不仅在于解决行政争议,更主要的目的是在于保障法律、法规的实施。

(8)司法最终原则。司法最终原则又称救济原则,是指行政复议机关的复议决定一般不是最终发生法律效力的决定。复议当事人对该决定不服的,除少数法律规定行政机关有终局裁决权的以外,可以在法定期限内向人民法院提起行政诉讼。人民法院经审理后作出的终审为发生法律效力的最终决定。

182. 行政复议的基本制度有哪些?

行政复议基本制度是行政复议基本原则在行政复议某一阶段、某一方面的展开和体现。我国行政复议基本制度主要有以下几项:

(1)一级复议制度,是指公民、法人或者其他组织对行政机关作出的具体行政行为不服,可以向该行政机关的上一级行政机关或者法律、法规规定的行政机关申请复议。对复议决定不服,只能依法向人民法院提起行政诉讼,不得再向复议机关的上一级行政机关申请复议。

(2)书面复议制度,是指行政复议机关对行政复议申请人提出的申请和被申请人提交的答辩,以及有关被申请人作出具体行政行为的规范性文件和证据进行非公开对质性的审查,并在此基础上作出行政复议决定的制度。

(3)依法复议不调解制度,是指行政机关复议行政案件只能依法对被申请的具体行政行为的合法性、适当性进行裁判,合法的予以维持,违法的予以撤销,不当的予以变更。不应进行调解,也不得以调解方式结案。

(4)复议不停止执行制度,是指具体行政行为不因相对人申请行政复议而停止执行。

(5)被申请人承担举证责任的制度,是指行政复议的被申请人承担对具体行政行为合法性和适当性的举证责任。

183. 行政复议的范围有哪些?

行政复议的范围,是指行政相对人认为行政机关作出的具体行政行为侵犯其合法权益,依法可以向行政复议机关请求重新审查的范围。

(一)可申请复议的具体行政行为

(1)对行政机关作出的警告、罚款、没收违法所得、没收非法财物、责令停产停业、暂扣或者吊销许可证、暂扣或者吊销执照、行政拘留等行政处罚决定不服的;

(2)对行政机关作出的限制人身自由或者查封、扣押、冻结财产等行政强制措施决定不服的;

(3)对行政机关作出的有关许可证、执照、资质证、资格证等证书变更、中止、撤销的决定不服的;

(4)对行政机关作出的关于确认土地、矿藏、河流、森林、山岭、草原、荒地、滩涂、海域等自然资源的所有权或者使用权的决定不服的;

(5)认为行政机关侵犯合法的经营自主权的;

(6)认为行政机关变更或者废止农业承包合同,侵犯其合法权益的;

(7)认为行政机关违法集资、征收财物、摊派费用或者违法要求履行其他义务的;

(8)认为符合法定条件,申请行政机关颁发许可证、执照、资质证、资格证等证书,或者申请行政机关审批、登记有关事项,行政机关没有依法办理的;

(9)申请行政机关履行保护人身权利、财产权利、受教育权利的法定职责,行政机关没有依法履行的;

(10)申请行政机关依法发放抚恤金、社会保险金或者最低生活保障费,行政机关没有依法发放的;

(11)认为行政机关的其他具体行政行为侵犯其合法权益的。

(二)可申请附带复议的抽象行政行为

在对具体行政行为申请复议时,相对人如果认为该具体行政行为所依据的规定不合法,可以一并向复议机关提出对规定的审查。这些规定包括:

(1)国务院及其部委的规定。

(2)县级以上各级人民政府及其工作部门的规定。

(3)乡镇人民政府的规定。

(三)不可申请复议的行政行为

(1)行政法规和规章。行政机关的抽象行政行为包括行政机关制定和发布的行政法规、规章以及其他具有普遍约束力的决定、命令。行政相对人对抽象行政行为中的行政法规、规章不服的,可以向有关国家机关提出,由有关国家机关依照法律、行政法规的有关规定处理。

(2)内部行政行为。行政机关对其所属国家公务员作出的行政处分或者其他人事处理决定,不能申请行政复议,因为这些事项属于机关内部人事管理的事项,应依照法律和行政法规的规定,向相应的机关提出申诉。

(3)居间行为。行政机关对公民、法人或者其他组织之间的民事纠纷作出的调解等行为,对当事人没有强制的效力,当事人不服可申请仲裁或者向人民法院提起诉讼,但不能申请行政复议。

184. 行政机关如何受理复议申请?

复议受理是指行政复议机关基于审查申请人所提出的复议申请是否有正当理由而决定是否收案和处理。根据《中华人民共和国行政复议法》的规定对于当事人提出的复议申请,复议机关在收到复议申请后,依法应当在收到之日起 5 日内,对申请书进行审查并作出如下处理:

(1)对于符合复议申请条件的,且没有向人民法院提起诉讼的,依法决定受理;

(2)对不符合复议申请条件的,依法决定不予受理,并告知申请人不予受理的理由;

(3)对复议申请请求的内容有欠缺的复议申请,依法决定发还申请人并限期补正。

(4)对于复议申请符合《中华人民共和国行政复议法》规定,但不属该机关管辖的,应当告知申请人向有管辖权的复议机关提出;

(5)公民法人或者其他组织依法提出行政复议申请,行政复议机关无正当理由不予受理的,上级行政机关应当责令其受理,必要时,上级行政机关也可以直接受理。

185. 行政机关应如何作出行政复议决定?

行政复议机关负责法制工作的机构应当对被申请人作出的具体行政行为进行审查,提出意见,经行政复议机关的负责人同意或者集体讨论通过后,按照下列规定作出行政复议决定:

(1)具体行政行为认定事实清楚,证据确凿,适用依据正确,程序合法,内容适当的,决定维持;

(2)被申请人不履行法定职责的,决定其在一定期限内履行;

(3)具体行政行为有下列情形之一的,决定撤销、变更或者确认该具体行政行为违法。决定撤销或者确认该具体行政行为违法的,可以责令被申请人在一定期限内重新作出具体行政行为:

①主要事实不清、证据不足的;

②适用依据错误的;

③违反法定程序的;

④超越或者滥用职权的;

⑤具体行政行为明显不当的。

(4)被申请人不按照《中华人民共和国行政复议法》第二十三条的规定提出书

面答复、提交当初作出具体行政行为的证据、依据和其他有关材料的,视为该具体行政行为没有证据、依据,决定撤销该具体行政行为。

行政复议机关责令被申请人重新作出具体行政行为的,被申请人不得以同一的事实和理由作出与原具体行政行为相同或者基本相同的具体行政行为。

186. 行政复议决定应如何执行?

根据《中华人民共和国行政复议法》第三十二条的规定,被申请人应当履行行政复议决定。被申请人不履行或者无正当理由拖延履行行政复议决定的,行政复议机关或者有关上级行政机关应当责令其限期履行。

根据《中华人民共和国行政复议法》第三十三条的规定,申请人逾期不起诉又不履行行政复议决定的,或者不履行最终裁决的行政复议决定的,按照下列规定分别处理:

(1)维持具体行政行为的行政复议决定,由作出具体行政行为的行政机关依法强制执行,或者申请人民法院强制执行。

(2)变更具体行政行为的行政复议决定,由行政复议机关依法强制执行,或者申请人民法院强制执行。

187. 什么是行政诉讼?

行政诉讼是指公民、法人或其他组织,在认为行政机关及其工作人员的行政行为侵犯自己的合法权益时,依法向法院请求司法保护,并由法院对行政行为进行审查和裁判的一种诉讼活动。具有以下特征:

(1)行政案件由人民法院受理和审理。

(2)人民法院审理的行政案件,只限于就行政机关作出的具体行政行为的合法性发生的争议。

(3)行政复议不是行政诉讼的前置阶段或者必经程序。

(4)行政案件的审理的方式原则上为开庭审理。

188. 行政诉讼的受案范围有哪些?

行政诉讼的受案范围是指法院受理并审理行政争议的范围。

(1)人民法院可以受理的案件。根据《中华人民共和国行政诉讼法》第十一条的规定,人民法院受理公民、法人和其他组织对下列具体行政行为不服提起的诉讼:

①对拘留、罚款、吊销许可证和执照、责令停产停业、没收财物等行政处罚不服的;

②对限制人身自由或者对财产的查封、扣押、冻结等行政强制措施不服的；

③认为行政机关侵犯法律规定的经营自主权的；

④认为符合法定条件申请行政机关颁发许可证和执照，行政机关拒绝颁发或者不予答复的；

⑤申请行政机关履行保护人身权、财产权的法定职责，行政机关拒绝履行或者不予答复的；

⑥认为行政机关没有依法发给抚恤金的；

⑦认为行政机关违法要求履行义务的；

⑧认为行政机关侵犯其他人身权、财产权的。

除前款规定外，人民法院受理法律、法规规定可以提起诉讼的其他行政案件。

(2)人民法院不受理的案件。根据《行政诉讼法》第十二条的规定，人民法院不受理公民、法人或者其他组织对下列事项提起的诉讼：

①国防、外交等国家行为；

②行政法规、规章或者行政机关制定、发布的具有普遍约束力的决定、命令；

③行政机关对行政机关工作人员的奖惩、任免等决定；

④法律规定由行政机关最终裁决的具体行政行为。

189. “国家行为”在行政诉讼法中是如何界定的?

最高人民法院关于执行《中华人民共和国行政诉讼法》若干问题的解释中规定，国家行为具体是指国务院、中央军事委员会、国防部、外交部等根据宪法和法律的授权，以国家的名义实施的有关国防和外交事务的行为，以及经宪法和法律授权的国家机关宣布紧急状态、实施戒严和总动员等行为。

190. “近亲属”在行政诉讼法中包括哪些人?

根据最高人民法院关于执行《中华人民共和国行政诉讼法》若干问题的解释中的规定，“近亲属”包括配偶、父母、子女、兄弟姐妹、祖父母、外祖父母、孙子女、外孙子女和其他具有扶养、赡养关系的亲属。

191. 符合什么条件的公民、法人或其他组织可以在行政诉讼中作为原告起诉?

根据《中华人民共和国行政诉讼法》规定：“依照本法提起诉讼的公民、法人或者其他组织是原告”。最高人民法院关于执行《中华人民共和国行政诉讼法》若干问题的解释中规定：“与具体行政行为有法律上利害关系的公民、法人或者其他组织对该行为不服的,可以依法提起行政诉讼。"所以必须符合以下条件的公民、法人或其他组织可以在行政诉讼中作为原告起诉。

(1)必须存在可诉的具体行政行为;

(2)必须是认为其合法权益受到侵害的人;

(3)被诉的具体行政行为须与起诉之人的合法权益存在利害关系;

(4)以自己的名义提起诉讼。

192. 行政诉讼中被告的资格应如何认定?

根据《中华人民共和国行政诉讼法》的规定,行政诉讼中被告的资格应从以下几个方面认定:

(1)国家行政机关和法律、法规授权拥有一定行政职能的组织;

(2)有具体行政行为存在;

(3)具有诉讼权利能力的行政机关或组织;

(4)具体行政行为侵犯了原告的合法权益;

(5)原告向法院提起行政诉讼;

(6)被人民法院通知应诉。

193. 行政机关的内设机构或派出机构作出具体行政行为的案件,应以谁为被告?

根据最高人民法院关于执行《中华人民共和国行政诉讼法》若干问题的解释中规定,有以下4种情形:

(1)行政机关组建并赋予行政管理职能但不具有独立承担法律责任能力的机构,以自己的名义作出具体行政行为,当事人不服提起诉讼的,应当以组建该机构的行政机关为被告。

(2)行政机关的内设机构或者派出机构在没有法律、法规或者规章授权的情况下,以自己的名义作出具体行政行为,当事人不服提起诉讼的,应当以该行政机关为被告。

(3)法律、法规或者规章授权行使行政职权的行政机关内设机构、派出机构或者其他组织,超出法定授权范围实施行政行为,当事人不服提起诉讼的,应当以实施该行为的机构或者组织为被告。

(4)行政机关在没有法律、法规或者规章规定的情况下,授权其内设机构、派出机构或者其他组织行使行政职权的,应当视为委托。当事人不服提起诉讼的,应当以该行政机关为被告。

194. 未经行政复议程序的行政案件,应以谁为被告?

《中华人民共和国行政诉讼法》规定,除法律、法规规定的必经复议的外,当事人可以不经过复议而依法直接向人民法院提起诉讼。在这种情况下,被告是作出经原告认为侵犯其合法权益的具体行政行为的行政机关。

195. 什么是国家赔偿?

国家赔偿是指国家机关及其工作人员违法行使职权,侵犯公民、法人和其他组织的合法权益并造成损害,由国家承担赔偿责任的制度。我国国家赔偿范围包括3类:行政损害赔偿、刑事损害赔偿和民事诉讼、行政诉讼损害赔偿。国家赔偿责任有以下特征:

(1)国家赔偿责任的责任主体是国家;

(2)国家赔偿责任产生于国家机关及其工作人员执行职务的过程中;

(3)国家机关及其工作人员的行为引起赔偿责任,必须是违法行为。

196. 行政赔偿包括哪些范围?

行政赔偿范围是指国家对行政机关及其工作人员在行使职权时对受害人所遭受的损害应予赔偿。我国行政赔偿的范围包括侵犯人身权的行政赔偿和侵犯财产权的行政赔偿。

对侵犯人身权的行政赔偿范围是:

(1)违法拘留或者违法采取限制公民人身自由的行政强制措施的;

(2)非法拘禁或者以其他方法非法剥夺公民人身自由的;

(3)以殴打等暴力行为或者唆使他人以殴打等暴力行为造成公民身体伤害或者死亡的;

(4)违法使用武器、警械造成公民身体伤害或者死亡的;

(5)造成公民身体伤害或者死亡的其他违法行为。

对侵犯财产权的行政赔偿范围是:

(1)违法实施罚款、吊销许可证和执照、责令停产停业、没收财物等行政处罚的;

(2)违法对财产采取查封、扣押、冻结等行政强制措施的;

(3)违反国家规定征收财物、摊派费用的;

(4)造成财产损害的其他违法行为。

197. 国家对哪些情形不承担行政赔偿责任?

并非一切由国家行政机关及其工作人员作出的侵犯公民、法人和其他组织合法权益的行为都必然产生国家赔偿责任。属于下列情形之一的,国家还承担赔偿责任:

(1)行政机关工作人员与行使职权无关的个人行为;

(2)因公民、法人和其他组织自己的行为致使损害发生的;

(3)法律规定的其他情形。除以上两种情形外,还包括其他法律中规定的国家不承担赔偿责任的情形。

198. 司法赔偿包括哪些范围?

司法赔偿包括刑事赔偿和非刑事司法赔偿两部分。

(一)刑事赔偿的范围

(1)行使侦查、检察、审判、监狱管理职权的机关及其工作人员在行使职权时有下列侵犯人身权情形之一的,受害人有取得赔偿的权利。

①对没有犯罪事实或者没有事实证明有犯罪重大嫌疑的人错误拘留的;

②对没有犯罪事实的人错误逮捕的;

③依照审判监督程序再审改判无罪,原判刑罚已经执行的;

④刑讯逼供或者以殴打等暴力行为或者唆使他人以殴打等暴力行为造成公民身体伤害或者死亡的;

⑤违法使用武器、警械造成公民身体伤害或者死亡的。

(2)行使侦查、检察、审判、监狱管理职权的机关及其工作人员在行使职权时有下列侵犯财产权情形之一的,受害人有取得赔偿的权利:

①违法对财产采取查封、扣押、冻结、追缴等措施的;

②依照审判监督程序再审改判无罪,原判罚金、没收财产已经执行的。

(二)非刑事司法赔偿的范围

人民法院在民事诉讼、行政诉讼过程中,违法采取对妨害诉讼的行为的强制措施、保全措施或者对判决、裁定以及其他发生法律效力的法律文书执行错误造成损害的。

199. 国家对哪些情形不承担刑事赔偿责任?

属于下列情形之一的,国家不承担赔偿责任:

(1)因公民自己故意作虚伪供述,或者伪造其他有罪证据被羁押或者被判处刑罚的；

(2)依照《中华人民共和国刑法》第十四条、第十五条规定不负刑事责任的人被羁押的；

(3)依照《中华人民共和国刑事诉讼法》第十一条规定不追究刑事责任的人被羁押的；

(4)行使国家侦查、检察、审判、监狱管理职权的机关的工作人员与行使职权无关的个人行为；

(5)因公民自伤、自残等故意行为致使损害发生的；

(6)法律规定的其他情形。

200. 使用或损毁扣押的财物应承担什么法律责任?

根据《中华人民共和国国家赔偿法》第四条的规定,行政机关及其工作人员在行使职权时违法对财产采取查封、扣押、冻结等行政强制措施的,受害人有取得赔偿的权利。扣押是行政机关强制扣留当事人的财产,限制当事人占有、使用和处分其财产的措施。扣押的目的在于防止当事人转移、隐匿、毁坏证据或者可供执行的财产。扣押后,被扣押的财产一般由采取扣押措施的行政机关保管,也可以由行政机关委托有关单位和个人保管。扣押是法律赋予行政机关的一种行政强制措施,行政机关行使扣押权,必须有法律依据,对于被扣押的财产,行政机关应妥善保管,不得使用或者损毁,行政机关使用或者损毁扣押的财产,给当事人造成损失的,应当予以赔偿。能够恢复原状的应恢复原状,不能恢复原状的,按照损毁的程度予以相应的赔偿金。

行政机关使用或者损毁扣押的财物,给当事人造成损失的,除追究行政机关的赔偿责任外,对直接负责的主管人员和其他直接责任人员还应依法给予行政处分。

第二章

公路工程知识(116问)

1. 什么是公路?

公路是指按照国家规定的《公路工程技术标准》修建,并经公路主管部门验收认定的城间、城乡间、乡间可供汽车行驶的公共道路。

2. 公路由哪几部分组成? 等级是如何划分的?

公路是由公路的路基、路面、桥涵、隧道、防护构造物等组成。

公路按使用性质和技术标准划分为行政等级和技术等级两大类。

(1)行政等级又分为
- 国家干线公路(简称国道)
- 省、自治区、直辖市干线公路(省道)
- 县公路(县道)
- 乡公路(乡道)
- 专用公路

(2)技术等级又分为
- 高速公路
- 一级公路
- 二级公路
- 三级公路
- 四级公路

3. 国道、省道、县道、乡道、专用公路的含义是什么?

国道是指具有全国性政治、经济意义的主要干线公路,包括重要的国际公路,国防公路、连接首都与各省、自治区、直辖市首府的公路,连接各大经济中心、港站枢纽、商品生产基地和战略要地的公路。

省道是指具有全省(自治区、直辖市)公路主管部门负责修建、养护和管理。国道中跨省的高速公路由交通运输部批准的专门机构负责修建、养护和管理。

县道是指具有全县(县级市)政治、经济意义,连接县城和县内主要乡(镇)、主要商品生产和集散地的公路,以及不属于国道、省道的县际间公路。县道由县、市公路主管部门负责修建、养护和管理。

乡道是指主要为乡(镇)村经济、文化、行政服务的公路,以及不属于县道以上公路的乡与乡之间及乡与外部联络的公路。乡道由人民政府负责修建、养护和管理。

专用公路是指专供或主要供厂矿、林区、农场、油田、旅游区、军事要地等与外部联系的公路。专用公路由专用单位负责修建、养护和管理。也可委托当地公路部门修建、养护和管理。

4. 各级公路适用的交通量指标是多少?

高速公路为专供汽车分向、分车道行驶并全部控制出入的干线公路。四车道高速公路一般能适应按各种汽车折合成小客车的远景设计年限年平均昼夜交通量为2500~55000辆;六车道高速公路一般能适应按各种汽车折合小客车的远景设计年限年平均昼夜交通量为45000~80000辆;八车道高速公路一般能适应按各种汽车折合成小客车的远景设计年限年60000~100000辆。其他公路为除高速公路以外的干线公路、集散公路、地方公路,分4个等级。

一级公路为供汽车分向、分车道行驶的公路,一般能适应按各种汽车折合成小客车的远景设计年限年平均昼夜交通量为1500~30000辆。

二级公路一般能适应按各种车辆折合成中型载重汽车的远景设计年限年平均昼夜交通量为3000~7500辆。

三级公路一般能适应按各种车辆折合成中型载重汽车的远景设计年限年平均昼夜交通量为1000~4000辆。

四级公路一般能适应按各种车辆折合成中型载重汽车的远景设计年限年平均昼夜交通量为:双车道1500辆以下,单车道200辆以下。

5. 什么叫公路网?辐射公路?环形公路?绕行公路?

公路网是指一定区域内根据交通的需要,由各级公路组成的一个四通八达的相互联络、交织成网状分布的公路系统。

辐射公路。在公路网中,自某一中心向外呈辐射状伸展的公路。

环形公路。在公路网中,围绕某一中心呈环状的公路。

绕行公路。为使行驶车辆避开城镇或交通障碍路段而修建的分流公路。

6. 1981年国家计委、经委、交通部划定的国道共多少条?

全国共有国道70条,11万余公里。其中:放射线12条,23000余公里。南北线28条,38000余公里。东西线30条,49000公里。

7. 国家公路主干线系统布局方案"五纵七横"各指哪几条?

"五纵"是,同江至三亚(含珲春—长春支线);北京至福州(含天津—塘沽、泰安—淮阴支线);北京至珠海;二连浩特至河口;重庆至湛江。

"七横"是绥芬河至满洲里;丹东至拉萨(含唐山—天津支线);青岛至银川;连云港至霍尔果斯;上海至成都(含万县—南充支线);上海至瑞丽(含宁波—杭州—南京支线);衡阳至昆明(含南宁—友谊关支线)。

8. 公路路线是如何编号的?

公路路线编号由一位公路管理等级代码和三位数字构成。国道按首都放射、北南纵线、东西横线分别顺序编号。以首都为中心的放射线由一位标识码"1"和两位路线顺序号构成;由北向南的纵线由一位标识码"2"和两位路线顺序号构成;由东向西的横线由一位标识码"3"和两位路线序号构成。

省道在各省、自治区、直辖市界内按省会(首府)放射线、北南纵线、东西横线分别顺序编号;县、乡、专用公路及其他公路以各省、自治区、直辖市公路管理区域为基础分别顺序编制。均由三位路线顺序构成;顺序号不足三位数字时,在前位充"0"。编号区间:公路路线编号区间国道为G101至G199、G201至G299、G301至G399;省道为S101至S199、S201至S299、S301至S399;县、乡专用公路及其他公路为X/Y/Z/Q999。编号结构见表2-1。

具体编号结构表　　表2-1

编号结构	G×× ×	G1× ×	G2× ×	G3× ×
说明	国道	首都放射线	北南纵线	东西横线
编号结构	S×× ×	SI× ×	S2× × ×	S3× ×
说明	省道	省会(省府)放射线	北南纵线	东西横线
编号结构	X×× ×	Y×× ×	Z×× ×	Q×× ×
说明	县公路	乡公路	专用公路	其他公路

9. 什么是公路路基?

路基是公路的重要组成部分,是公路的基础。它是由土、砂、石等筑路材料修筑而成的一种线型土工构筑物。

根据原地面填挖情况,路基分为4种类型。

(1)路堤——在原地面上经填方而修筑的路基。它又分为以下几种:

①矮路堤——填方高度小于1m的路堤。

②一般路堤——填方高度在1~20m的路堤。

③高路堤——填方高度大于20m路堤。

(2)路堑——在原地面上经挖方而修筑的路基。

(3)半填半挖路基——在原地面上一半挖方,一半填方而修建的路基。

(4)不填不挖路基——不需填挖土,在原地面上两侧挖边沟后形成的路基。

(注:填挖高度是指路肩边缘与路中线原地面高程之差。)

10. 什么是路基边坡及边坡坡度?

为保证路基稳定,在路基两侧做成的具有一定坡度的坡面称为边坡。

边坡坡度是路基边坡高度差与水平距离之比。一般用1:x表示。

11. 什么是边沟与截水沟?

(1)边沟,在公路两侧,沿纵向为汇集和排除路面范围内,以及流向路基的小量地面水,而修筑的构造物。一般为梯形或矩形断面,底宽、深度不小于40cm。

(2)截水沟,在路堑上方边坡上设置的用于拦截坡上水的排水构造物,有时在山坡填方段也设置。一般底宽和沟深不小于50cm,为梯形或矩形断面。

12. 土质边沟的纵坡有何规定?

土质边沟应经常保持设计断面,及时清除淤塞和杂草,满足排水需要,沟底应不小于0.5%的纵坡,平原区排水困难地段,不宜小于0.2%。

13. 什么是防护工程(防护措施)与加固工程?

(1)防护工程,一般把防止冲刷和风化,主要起隔离作用的工程(措施),称为防护工程。防护工程又分为:

直接防护{铺草皮、片石}

间接防护{丁坝、顺坝}

(2)加固工程,防止路基或山体因重力作用而塌滑,主要起支撑作用的结构物。如挡土墙、石垛、抗滑桩等。

14. 什么是路面?

路面是指在路基上面,用各种材料按不同的配制方式修筑而成,供车辆行驶的部分。路面分为柔性路面、刚性路面和半刚性路面3大类。

(1)柔性路面,在荷载作用下容许弯沉变形的路面。

(2)刚性路面,在车轮荷载作用下弯沉变化极小,主要由板体承受荷载的路面。

(3)半刚性路面,在前期具有柔性路面的力学特性,当环境适宜时,其强度与刚度会随着时间的增长而不断增大,但最终抗弯拉强度和弹性模量远比刚性路面低。

15. 什么是路面设计荷载与路面等级?

(1)路面设计荷载。路面设计以双轮组单轴轴载100kN(10t)和60kN(6t)为标准轴载,分别以BZZ-100和BZZ-60表示。

(2)路面等级的划分。路面划分为高级路面、次高级路面、中级路面、低级路面4个等级。

16. 各级路面的设计使用年限及面层类型是如何划分的?

(1)高级路面设计使用年限为15年。

高级路面面层分为{沥青混凝土、水泥混凝土、厂拌沥青碎石、整齐石块或条石}

(2)次高级路面设计使用年限为12年和8年。

次高级路面面层分为{沥青贯入式碎、砾石、路拌沥青碎、砾石、沥青表面处治、半整齐石块}

(3)中级路面设计使用年限为 5 年。

中级路面面层分为
- 碎、砾石(泥结或级配)
- 不整齐石块
- 其他粒料

(4)低级路面设计使用年限为 5 年。

低级路面面层分为
- 粒料加固土
- 其他当地材料加固或改善土

17. 路面分为几个结构层?

路面分为面层、基层、垫层 3 个结构层。

(1)面层。面层直接同车轮和大气接触,它所承受行车荷载各种力的作用以及雨水和气温变化的不利影响最大。所用的材料一般有水泥混凝土,沥青混凝土等。

(2)基层。基层主要承受由面层传来的车轮荷载的垂直压力,并把它扩散分布到下面的层次中,所以基层材料应具有足够的抗压强度和扩散应力的能力。所用的材料主要有:碎石、石灰、水泥稳定土、沥青碎石等。基层有时分两层铺筑,其上面一层仍称基层,下面一层则称底基层。

(3)垫层。垫层一般在排水不良或有冻胀的土基上,才设置垫层。主要目的是调节和改善水温状况,一方面也可减轻土基不均匀冻胀和隔断地下毛细管水上升或地表水下渗,同时还可贮存基层或土基中多余的水分。此外,垫层还能阻止路基土挤入基层中,以保证路面结构的稳定性。而且它也能扩散由基层传来的车轮荷载垂直作用力,以减少土基的应力和弯沉变形。垫层的材料水稳性、隔热性和吸水性要好。

基层比面层每边宽 25cm,垫层比基层每边宽 25cm,成阶梯型。

18. 罩面的概念是什么?

罩面是在原有路面上加铺一层沥青混合料面层,以周期性地恢复其被磨耗的厚度,同时可解决路面的一般病害,改善路面抗滑能力和平整度,一般为 1.5 ~3cm。

19. 什么是路面弯沉?

路面弯沉是在汽车车轮荷载作用下路面表面产生的垂直变形值。它是反映路面整体强度的一个综合指标。

路面在车轮作用下产生沉陷,其总变形值称为总弯沉。当车轮荷载卸除后路面便向上回弹,其回弹变形值便叫回弹弯沉。总弯沉与回弹弯沉之差便是残余弯沉。

20. 什么是路面摩擦系数?

路面对轮胎滑动阻力与车轮荷载的比值称路面摩擦系数。

21. 路面调查的内容是什么?

路面调查,包括路面破损状况、路面结构强度、路面平整度及路面抗滑能力等4项内容。

22. 黑色路面的概念是什么?

黑色路面是用沥青材料作为黏结料,与矿料组成混合料而铺筑的路面,简称油路。

23. 什么是路拱?

路面的横向断面做成中央高于两侧,且有一定坡度的拱起形状,称为路拱。其作用是利于路面横向排水。

24. 什么是纵坡?

纵坡是路线纵断面上同一坡段两点间的高差与其水平距离的比值,以百分率表示。

25. 什么是竖曲线?

竖曲线是指在公路纵坡的变坡处设置的竖向曲线。

26. 什么是超高?

超高是指为抵消车辆在曲线路段上行驶时产生的离心力,在该路段横断面上设置的外侧高于内侧的单向横坡。

27. 什么是路肩?

在槽式断面中,路面两旁为路肩。其作用是对路面起着横向支撑,保证路面上雨水向两侧排出,可临时停放车辆、筑养路机具及筑养路材料等。

28. 什么是护栏?

护栏是指在危险路段(高路堤,半填半挖路堤及弯道外侧)的路基边缘设置的警戒车辆驶离路基和沿中央分隔带设置的防止车辆闯入对向行车道的防护设施以及为使车辆与行人隔离而设置的保障行人安全的设施。

护栏按受力特性分为:刚性护栏(如混凝土或钢筋混凝土护栏)、半刚性护栏(如波形梁护栏)、柔性护栏(如缆索护栏)。

按其设置位置可分为:路侧护栏、中央分隔带护栏、桥梁护栏。

29. 什么是隔离栅?

隔离栅是以金属网片绷紧在支撑结构上的栅栏,用以阻止人畜进入公路界。高速公路与一级汽车专用公路两侧均设有隔离栅。

30. 什么是防眩设施?

防眩设施是指设置在中央分隔带的构造物,夜间行车时,它可以防止对向来车的前灯眩光干扰驾驶员的视线。

31. 什么是桥涵?

在修筑公路的时候,往往会遇到河流、山谷、交叉道等,为跨越这些物体使公路延伸而修的构造物,称为桥涵。

32. 什么是桥梁的上部结构?

桥梁上部结构是支座以上(无铰拱起拱线或框架底线以上)跨越桥孔部分的总称。

33. 什么是桥梁的下部结构?

桥梁下部结构是支座以下支承桥梁上部结构并将其荷载传递给地基的桥墩、桥台和基础的总称。

34. 公路特大、大、中、小桥及涵洞是怎样划分的?

桥梁涵洞按跨径分类如下:

桥涵分类	多孔跨径总长 L(m)	单孔跨径长 L_0(m)
特大桥	$L>1000$	$L_0>150$

桥涵分类	多孔跨径总长 L(m)	单孔跨径长 L_0(m)
大桥	$100 \leqslant L \leqslant 1000$	$40 \leqslant L_0 < 150$
中桥	$30 < L < 100$	$20 \leqslant L_0 < 40$
小桥	$8 \leqslant L \leqslant 30$	$5 \leqslant L_0 < 20$
涵洞	$L < 8$	$L_0 < 5$

35. 什么是桥梁基础?

桥梁基础是指桥梁墩、台所承受的各种荷载传递到地基上的结构物。

36. 桥梁按其承重形式和行车道位置划分为哪几种?

桥梁按其承重形式和行车道位置可分为上承式桥、中承式桥和下承式桥3种。

37. 桥梁按上部结构的设计图案和荷载作用分为哪几种?

桥梁按上部结构的设计图案和荷载作用可分为梁式桥、拱桥、刚架桥、吊桥4种。

桥梁按上部结构的材料可分为木质桥、钢筋混凝土桥、钢桥和砖石桥。

38. 不同桥型中,多孔跨径总长的含义是什么?

对不同的桥型,多孔跨径总长的含义也不同。

(1)梁式桥、板式桥为多孔标准跨径的总长;

(2)拱式桥为两岸桥台内起拱线间的距离;

(3)其他形式桥为桥面行车道长度。

39. 桥梁跨径划分为哪几种?

桥梁跨径划分为标准跨径、计算跨径、净跨径3种。

(1)标准跨径——梁式桥、板式桥(涵)以两桥(涵)墩中线间距离或桥(涵)墩中线与台背前缘间距离为准。拱式桥(涵)、箱涵、圆管涵以净跨径为准;

(2)计算跨径——桥跨结构(上部结构)两支点间的距离;

(3)净跨径——设计洪水位线上两桥墩(台)之间的距离。

40. 桥梁全长(总长度)指的是什么?

(1)有桥台的桥梁全长应为两岸桥台侧墙或八字墙尾端间的距离;

(2)无桥台的桥梁全长应为桥面系行车道长度。

41. 公路桥涵设计的汽车荷载分为几种?

汽车荷载分为公路—Ⅰ级和公路—Ⅱ级两个等级。

汽车荷载由车道荷载和车辆荷载组成。

桥梁结构的整体计算采用车道荷载;桥梁结构的局部加载、涵洞、桥台和挡土墙土压力等的计算采用车辆荷载。

各级公路桥涵设计的汽车荷载等级应符合表2-2所列规定。

公路桥涵设计的汽车荷载等级 表2-2

公路等级	高速公路	一级公路	二级公路	三级公路	四级公路
汽车荷载等级	公路—Ⅰ级	公路—Ⅰ级	公路—Ⅱ级	公路—Ⅱ级	公路—Ⅱ级

42. 什么是桥梁支座? 如何分类?

支座是指在桥梁上部结构与下部结构之间,主要起支承、连结作用的部分。

支座分为:油毛毡支座、钢板支座、摆柱式支座、橡胶支座。

43. 什么是涵洞与涵洞全长?

(1)涵洞是横穿路堤内部的人工构造物。大多用作排泄横穿路堤的水流;有的在高路堤下作为通行人、畜、车辆的过道;有的作为穿越路堤的各种管线的护管。

多孔涵洞跨径总长小于8m,单孔涵洞跨径小于5m。用圆管、箱管做成的排水构造物,不论管径、跨径的大小,以及孔数的多少均叫做涵洞。

(2)涵洞全长是指顺涵洞流水方向的长度,多孔的全长就是几孔长度的总和。

44. 涵洞按横断面形式分为哪几类?

涵洞分为圆管涵、箱涵、拱涵、盖板涵。又可分为明涵和暗涵两类。涵洞顶上的填土厚度一般不小于50cm。

45. 什么是隧道? 如何分类?

公路遇到高山需要穿越,受地形限制,展线越岭有困难或不经济时,为降低纵坡,减少长度,采取开凿洞穴的方式,使公路从山体内穿过的构造物称隧道。

隧道长度是指进、出口洞门端墙墙面之间的距离,即两端墙墙面与路面的交线同路线中线交点间的距离。

隧道按其长度分为:特长隧道、长隧道、中隧道、短隧道4类。

特长隧道　　隧道长度 $L > 3000$m

长隧道　　1000m $< L \leqslant$ 3000m

中隧道　　500m $< L \leqslant$ 1000m

短隧道　　1m $\leqslant L \leqslant$ 500m

46. 什么是公路交叉？如何分类？

两条及两条以上公路的交会称为交叉。按交叉点的高程是否相同分为平面和立体交叉两大类。

平面交叉意为公路与公路在同一平面上的公路交叉。立体交叉意为公路与公路在不同高程上的立体空间交叉。

47. 公路与公路平面交叉应满足哪些条件？

公路与公路平面交叉应满足下列条件：

(1)平面交叉路线应为直线,并尽量正交;必须斜交时,交角应大于45°。

(2)交叉地点应设在水平地段,紧接水平地段的纵坡一般不应大于3%,困难地段不应大于5%。

(3)平面交叉的间距应根据其对行车安全通行能力和交通延误等的影响确定。一、二级公路平面交叉的最小间距应符合表2-3所列规定。

一、二级公路平面交叉的最小间距　　表2-3

公路等级	一级公路			二级公路	
公路功能	干线公路		集散公路	干线公路	集散公路
	一般值	最小值			
间距(m)	2000	1000	500	500	300

48. 什么是环形交叉？

环形交叉是指多条公路交会处设有中心岛的平面交叉。所有横穿交通流都被交织运行所代替,形成一个单向行驶的环行交通系统。

49. 公路与铁路平面交叉应满足哪些条件？

公路与铁路平面交叉应满足下列条件：

(1)交叉路线(公路)两侧应各有不小于50m的直线段。

(2)尽量正交,必须斜交时,交叉角应大于45°。

(3)铁路两侧应保证汽车在距离交叉道口相当于各该级公路停车视距并不小于50m 范围内,能看到铁路两侧规定距离以外的火车。铁路两侧规定距离见表 2-4。

铁路两侧规定距离　　表 2-4

铁路等级	Ⅰ级	Ⅱ级	Ⅲ级、工企Ⅰ级	工企Ⅱ级	工企Ⅲ级
视距长度(m)	400	340	270	230	180

(4)条件受限制时,在距铁路轨道外侧 5m 停车,应能看到规定距离(表 2 – 3)以外的火车。

(5)公路在平交道口两端钢轨的外侧,应有不小于 16m 的水平路段(上坡方向为 20m,该水平路段不包括竖曲线在内),紧接水平路段纵坡,一般不应大于 3%,困难地段不应大于 5%。

50. 公路与铁路立体交叉应满足哪些条件?

公路与铁路立体交叉应满足下列条件:

(1)公路与铁路立体交叉时,应尽量采用正交,必须斜交时,交叉的锐角不应小于 45°。

(2)当公路在铁路下穿过时,行车道部分在路面顶点处的净高一般为 5m。

(3)当公路在铁路上面穿过时,其净空宜符合《铁路工程技术规范》的要求,即:

①蒸汽及内燃机车牵引区段,净高不小于 6m,净宽(单轨 4. 88m,双轨 8. 88m);

②电力机车牵引区段,净高不小于 6. 55m,净宽(单轨不小于 4. 88m,双轨不小于 8. 88m)。

51. 公路与铁路立体交叉处固定资产是如何划分、移交及维修管理的?

立体交叉工程不论谁投资修建的,均按系统划分移交管理。即:铁路及其桥梁(包括附属工程及设施)的固定资产归铁路部门所有。公路及其桥梁(包括引道、附属工程及设施)的固定资产归公路部门所有,并按隶属关系各自配备人员负责维修管理。

52. 机动车通过铁路道口有何规定?

(1)机动车通过铁路道口最高时速不准超过 20km。大、中型拖拉机不准超过 15km,小型拖拉机不准超过 10km。

(2)所有机动车不得在道口内超车或停留,不准转弯掉头。

(3)在道口处发生故障的车辆,必须将车辆移出铁路限界(距钢轨外侧不少于

2m)。确实无法移出时,需立即采取防护措施,设法通知两端车站,并在该道口两端不少于800m处的铁路上用红色信号(白天用红旗、夜间用红色灯光)拦停列车;没有红色信号时,可用红色物品或两臂高举头上,向两侧急剧摆动。

(4)道口栏杆关闭、音响器发生报警、道口信号显示红色灯光或看守人员示意火车即将通过时,严禁车辆抢行,必须依次停在停止线以外,没有停止线的,停在距最外股钢轨5m以外。

(5)机动车通过无人看守道口时,必须停车瞭望。

53. 平交道口的管养界限是如何划分的?

(1)道口路面的改造、维修和管理。铁路产权单位负责道口上铁路两股钢轨之间及钢轨以外2m以内的部分。道路产权单位负责道口铺面以外的道路部分。

(2)铁路道口标志。停车(让步)让行标志属于道路交通标志,是道路的附属设备,铁路产权单位可代为设置、维修,由地方交通管理部门负责管理,铁路部门予以协助。

54. 各级公路主要技术指标是如何规定的?

各级公路主要技术指标的规定见表2-5~表2-10。

各级公路设计速度表　　表2-5

公路等级	高速公路			一级公路			二级公路		三级公路		四级公路
设计行车速度(km/h)	120	100	80	100	80	60	80	60	40	30	20

注:高速公路特殊困难的局部路段的设计速度可采用60km/h但长度不宜大于15km。

车道宽度表　　表2-6

设计速度(km/h)	120	100	80	60	40	30	20
车道宽度(m)	3.75	3.75	3.75	3.5	3.5	3.25	3(单车道时为3.50)

注:高速公路为八车道当设置左侧硬路肩时内侧车道宽度可采用3.50m。

圆曲线最小半径表　　表2-7

设计速度(km/h)	120	100	80	60	40	30	20
一般值(m)	1000	700	400	200	100	65	30
极限值(m)	650	400	250	125	60	30	15

最大纵坡表　　表2-8

设计速度(km/h)	120	100	80	60	40	30	20
最大纵坡(%)	3	4	5	6	7	8	9

高速公路一级公路停车视距表 表2-9

设计速度 km/h	120	100	80	60
停车视距(m)	210	160	110	75

二、三、四级公路停车视距会车视距与超车视距表 表2-10

设计速度 km/h	80	60	40	30	20
停车视距(m)	110	75	40	30	20
会车视距(m)	220	150	80	60	40
超车视距(m)	550	350	200	150	100

55. 各种管线与公路交叉或接近的基本要求是什么?

各种管线与公路交叉或接近的基本要求见表2-11。

各种管线与公路交叉或接近的基本要求 表2-11

<table>
<tr><th rowspan="3">项目</th><th colspan="2">电讯线</th><th colspan="5">电力线</th><th colspan="2">管道</th><th colspan="2">渠道</th></tr>
<tr><th rowspan="2">明线线路</th><th rowspan="2">埋式电缆</th><th colspan="2">配电线路</th><th colspan="3">送电线路</th><th rowspan="2">地上管道</th><th rowspan="2">地下管道</th><th rowspan="2">地上渠道</th><th rowspan="2">地下渠道</th></tr>
<tr><th>低压(1kV以下)</th><th>高压(1~10kV)</th><th>35~110kV</th><th>154~220kV</th><th>330kV</th></tr>
<tr><td>交叉角</td><td colspan="2">应尽量正交,斜交时≥45°,条件受限制不得已时≮30°</td><td colspan="5">应尽量正交≥45°,条件受限制不得已时≮30°</td><td colspan="2">一般采用正交,斜交时一般≥60°,受限制时≥45°,山岭地区特殊困难的个别地段≮30°</td><td colspan="2">应尽量正交,斜交时≥45°</td></tr>
<tr><td>最小垂直距离(m)</td><td>距路面≥5.5</td><td>一、二级公路:用管道保护。管道距路面基底≥1;受限制时≥0.8。三、四级公路:缆顶距路面基底≥0.8;受限制时≥0.7;距边沟≥0.5</td><td colspan="2">距路面≥6 | ≥7</td><td colspan="3">距路面≥7 | ≥8 | ≥9</td><td>石油管道底距路面≥5 天然气管道底距路面≥5.5</td><td>管顶距路面基底≥1 管顶距边沟底≥0.5</td><td>渠道底距路面≥5</td><td>按涵洞要求设计</td></tr>
</table>

续上表

项目	电讯线		电力线					管道		渠道	
	明线线路	埋式电缆	配电线路		送电线路			地上管道	地下管道	地上渠道	地下渠道
			低压(1kV以下)	高压(1~10kV)	35~110kV	154~220kV	330kV				
最小水平距离(m)	距路基边缘≥5,条件受限制时应设在公路用地范围以外	应尽量设在公路用地范围以外,条件受限制时距路基边缘≥1.0	应尽量设在公路用地范围以外,条件受限制时距路基边缘≥1.0 | ≥1.5		杆、塔外缘距路基边缘交叉时:8 平行时:最高杆、塔高当条件受限制时:≥5.0 | ≥6.0			油气管道的防护带至公路用地范围边缘间的安全距离: 1.石油管道≥10 2.天然气管道≥20 3.地形受限制地段或四级公路,距离可适当减小。地形特别困难的个别地段,当对管道采取安全防护措施后,其安全距离最小不得小于1m 4.油气管道距大中桥≮100,距小桥≮50 5.天然气管道不得利用桥梁或隧道通过,特殊情况须经双方协商同意,并采取必要保护措施		一般设在路基范围以外,并不致影响路基稳定	

56. 什么是公路建筑限界?

公路建筑限界是指为保证车辆、行人通行的安全,对公路和桥面上以及隧道中规定的高度和宽度范围内不允许有任何障碍物的空间界限。

57. 什么是公路的服务设施?

公路的服务设施是指在公路(特别是高速公路)沿线必要的地点建立为行车服务的一般服务性设置,以便驾驶人员和旅行者获得旅行途中的休息、添加燃料及供应饮食等服务。

58. 什么是交通量？

交通量是指在单位时间内通过公路某一断面的车辆数。一般以日、小时、昼夜计算。

59. 什么是停车视距？

停车视距是指汽车行驶时，驾驶人员自看到前方障碍物时起，至到达障碍物前安全停车止，所需的最短行车距离。

60. 什么是梁、简支梁、连续梁？

（1）梁是指承受横轴向荷载的直线线形构件。

（2）简支梁是指一端支承在固定支座上，另一端支承在活动支座上的梁。

（3）连续梁是指由 3 个或 3 个以上支座支承的梁。

它主要承受各种荷载产生的弯矩和剪力，有时也承受扭矩。

61. 什么是翻浆？

翻浆指春融期由于土基上层含水率过大，强度急剧降低，在行车作用下，路表出现不均匀起伏、松软或破裂、冒浆等现象。

（东北片区春融期一般指 4 ~ 5 月中旬，干季指 5 月中旬 ~ 7 月中旬，或 4 ~ 10 月。雨季指 7 月中旬 ~ 9 月末，冻前指 11 月，辽宁比黑龙江晚上冻半个月，早化冻半个月）。

62. 什么是老化？

老化是指材料受自然条件的影响，其性能随时间的增长而衰退的现象。

63. 什么是压实度？

压实度是指土或其他筑路材料压实后的干密度与标准最大干密度之比，以百分率表示。

64. 什么是油石比？

油石比是指混合料中沥青和矿料用量的重量百分比。

65. 什么是针入度？

针入度是指在规定温度（25℃）和时间（5s）内，附加一定质量（100g）的标准针垂直穿入试样的深度（单位为 1/10mm）。

66. 什么是延度?

延度是指规定形状的沥青试样,在规定温度(25℃)下,以一定的速度(5cm/min)延伸至拉断时的长度,以cm表示。

67. 什么是黏度?

黏度是指沥青试样在标准黏度仪中规定的温度,通过规定尺寸的流孔,流出50ml体积所需的时间(以s计)。

68. 钢筋有哪几种分类?

(1)按外形分为圆钢和螺纹钢。

(2)按钢筋的机械性能(屈服点和抗拉强度)分为1级、2级、3级、4级、5级。

(3)按化学成分分为普通碳素钢和普通低合金钢。

69. 什么是土的含水率?

土的含水率是指土在100~105℃下烘至恒重时所失去的水分重和达到恒重后干土重的比值,以百分数表示。

70. 砖的标号分为哪几种?

砖的标号是表示其抗压强度和抗折强度的大小。标号越大,强度越高。一般分为200号、150号、100号、75号和50号5种。

71. 路堤边坡塌陷应如何处置?

路堤边坡如有塌陷应自下而上挖成台阶,再分层填土夯实,夯实后整修切平,不能在坡面上用“贴土法”修铺。

72. 陡坡路段的土路肩易被暴雨冲成纵横沟槽,应如何采取措施?

应采取的措施是:

(1)设置截水明槽。

(2)用料加固土路肩或有计划地铺筑硬路肩。

73. 地面排水设施通常有哪几种?

地面排水设施通常有边沟、泄水槽、截水沟、排水沟、跌水、急流槽、拦水带等。

74. 桥涵养护和维修工作的范围是什么？

（1）技术状况检查；
（2）建立和健全完整的桥涵技术档案；
（3）桥涵构造的安全防护；
（4）桥涵构造物的经常保养、维修与加固。

75. 桥涵检查分几种？

桥涵检查分为经常检查、定期检查和特殊检查。

76. 防风雪流的设施有哪几种？

防风雪流设施包括：下导风板、屋檐式导风板、防雪墙、防雪堤和防雪栅等。

77. 养路管理的基本措施和目标是什么？

养路管理的基本措施，就是对养路护路的技术经济活动进行计划、组织、指导、协调、控制，来保证养路根本任务的完成。

养路管理的目标是以现代化管理为手段，实现公路现代化。

78. 公路养护工程资金主要来源有哪些？

公路养护工程资金主要来源于国家依法征集的公路养护资金、财政拨款、车辆通行费和国务院规定的其他筹资方式。

79. 如何编制公路养护工程计划？

公路养护工程计划由省级公路管理机构编制，报省级交通主管部门批准后执行。

公路养护工程计划编制时应遵循“先重点、后一般，先干线、后支线”的原则。对于国省干线公路和具有重大政治、经济、国防意义的公路养护工程、抗灾抢险工程，要优先安排。

公路管理机构在安排养护工程项目时，应参照公路路面和桥梁管理系统评定的结果，做到决策科学化。

经营企业经营的收费公路，其养护工程计划由经营企业编制并报省级公路管理机构核备。经营企业应根据《公路养护技术规范》的要求组织实施。

80. 公路养护按其工程性质、规模大小、技术性质划分为哪几类?

分为小修保养、中修、大修、改建工程4类。

81. 什么是小修保养工程?

小修保养是对管养范围内的公路及其沿线设施经常进行维护保养和修补其轻微损坏部分的作业。

82. 什么是中修工程?

中修工程是对公路及其沿线设施的一般性损坏部分进行定期的修理加固,以恢复公路原有技术状况的工程。

83. 什么是大修工程?

大修工程是对公路及其沿线设施的较大损坏进行周期性的综合修理,以全面恢复到原技术标准的工程项目。

84. 什么是改建工程?

改建工程是指对不适应现有交通量增长和载重需要的公路及其沿线设施,以提高其技术等级指标,显著提高其通行能力为目的的较大工程项目。

85. 国、省、县道里程碑的字和底色是什么?

里程碑的字和底色:

国道,白底红字;省道,白底蓝字;县道,白底黑字。

86. 什么是公路养护质量综合值?

衡量公路养护质量除统计好路率指标外,还可采用加权平均方法求得养护质量综合值。养护质量综合值用百分制表示。其计算方法是将优、良、次、差各等路的里程按顺序分别乘以100、80、50、20四个系数,相加后除以实际评定的养护里程,即为养护质量综合值。其计算式为:养护质量综合值=(优等里程×100+良等里程×80+次等里程×50+差等里程×20)÷实际评定的养护里程。

87. 公路养护的质量要求是什么?

公路养护的质量要求是:保持路面整洁,横坡适度,行车舒适;路肩整洁,边坡稳定,排水畅通;构造物完好,沿线设施完善;绿化协调美观,逐步实施 GBM 工程,力争构成畅、洁、绿、美的公路交通环境。

88. 公路养护技术管理包括什么内容?

公路养护技术管理的内容有:交通情况调查、公路路况登记、建立路况数据库、工程检查与验收、公路定期检查。

89. 公路养护应贯彻什么方针?

公路养护应贯彻预防为主,防治结合的方针。

90. 什么叫好路率?

公路养护质量的考核,根据路况实际达到质量要求的程度,划分为优、良、次、差 4 个等级,优良公路里程占实际检查养护里程的百分比即为"好路率"。

91. 对路面养护的一般要求是什么?

对路面养护的一般要求是:平整、坚实、抗滑、不透水、路容美观。

92. 路面保养、修理和改善应符合什么要求?

路面保养、修理和改善应符合以下要求:

(1)及时、经常地对路面进行保养和修理,防止路面松散、裂缝、壅包等各种病害的产生和发展。

(2)通过对路面修理和保养,保持和提高路面的平整度和抗滑能力,确保路面安全、舒适的行驶性能。

(3)通过对路面的修理和改善,保持和提高路面的强度,确保路面的耐久性。

(4)防止因路面损坏和养护操作污染沿线环境。

93. 雨季养护的原则是什么?

雨季养护要认真贯彻"四防、三勤、二及时"的原则。

四防是:防塌、防冲、防滑、防浮;

三勤是:勤保养、勤检查、勤巡路;

二及时是:及时汇报、及时抢修。

94. 路基养护的工作范围是什么?

路基养护的工作范围是:

(1)维修、加固路肩、边坡;

(2)疏通、改善、铺砌排水系统;

(3)维护、修理各种防护构造物及透水路堤,管、护两旁公路用地;

(4)清除坍方、处理塌陷、检查险情、预防水毁;

(5)观察、预防、处理翻浆、滑坡、泥石流等病害;

(6)有计划、有针对性地对局部路基进行加宽、加高,改善急弯、陡坡和视距不良路段,使之逐步达到所要求的技术标准。

95. 高速公路养护管理的目的及要求是什么?

随着国民经济的发展,交通量的增大,高速公路的路面及沿线设施必然出现一些病害。通过对高速公路路面及沿线设施进行经常的、及时的养护和维修,才能恢复原设计状态,充分发挥出建设投资的效益及高速公路的功能;才能确保安全、优质、舒适的运输条件和服务水平。因而必须加强日常养护和维修来满足日益增长的运输需要。

(1)经常保持高速公路及其附属设施的完好状态,及时修复损坏部分,保持良好的路容、路况,保证行车的"安全、快速、舒适",以提高运输经济效益和社会效益。

(2)采取现代化、科学化的管理手段与养护技术,提高养护管理水平,延长高速公路的使用寿命。

(3)通过积极的维修养护,不断完善和提高高速公路的技术状况,使之达到预期的设计能力和服务水平。

(4)采取正确合理的劳动组织、技术组织和措施,推广运用养护新方法、新工艺、新技术、新材料、新设备,以节省成本、减少养护开支,提高高速公路使用率。

(5)建立一支能适应高速公路养护管理工作的队伍。

96. 公路工程验收分哪几个阶段?

公路工程验收分为交工验收和竣工验收两个阶段。

97. 什么是交工验收?

交工验收是检查施工合同的执行情况,评价工程质量是否符合技术标准及设计要求,是否可以移交下一阶段施工或是否满足通车要求,对各参建单位工作进行初步评价。

98. 什么是竣工验收?

竣工验收是综合评价工程建设成果,对工程质量、参建单位和建设项目进行综合评价。

99. 公路工程竣(交)工验收的依据是什么?

公路工程竣(交)工验收的依据是:

(1)批准的工程可行性研究报告;

(2)批准的工程初步设计、施工图设计及变更设计文件;

(3)批准的招标文件及合同文本;

(4)行政主管部门的有关批复、批示文件;

(5)交通部颁布的公路工程技术标准、规范、规程及国家有关部门的相关规定。

100. 竣工验收管理权限是如何划分的?

竣工验收由交通主管部门按项目管理权限负责。交通运输部负责国家、部重点公路工程项目中100km以上的高速公路、独立特大型桥梁和特长隧道工程的竣工验收工作。其他公路工程建设项目,由省级人民政府交通主管部门确定的相应交通主管部门负责竣工验收工作。

101. 公路工程(合同段)进行交工验收应具备哪些条件?

公路工程(合同段)进行交工验收应具备以下条件:

(1)合同约定的各项内容已完成;

(2)施工单位按交通部制定的《公路工程质量检验评定标准》及相关规定的要求对工程质量自检合格;

(3)监理工程师对工程质量的评定合格;

(4)质量监督机构按交通部规定的公路工程质量鉴定办法对工程质量进行检测(必要时可委托有相应资质的检测机构承担检测任务),并出具检测意见;

(5)竣工文件已按交通部规定的内容编制完成;

(6)施工单位、监理单位已完成本合同段的工作总结。

102. 交工验收的主要工作内容是什么?

交工验收的主要工作内容是:

(1)检查合同执行情况;

(2)检查施工自检报告、施工总结报告及施工资料;

(3)检查监理单位独立抽检资料、监理工作报告及质量评定资料;

(4)检查工程实体,审查有关资料,包括主要产品质量的抽(检)测报告;

(5)核查工程完工数量是否与批准的设计文件相符,是否与工程计量数量一致;

(6)对合同是否全面执行、工程质量是否合格作出结论,按交通主管部门规定的格式签署合同段交工验收证书;

(7)按交通部规定的办法对设计单位、监理单位、施工单位的工作进行初步评价。

103. 参加交工验收单位的主要职责是什么?

(1)项目法人负责组织公路工程各合同段的设计、监理、施工等单位参加交工验收。拟交付使用的工程,应邀请运营、养护管理单位参加。参加验收单位的主要职责是:

(2)项目法人负责组织各合同段参建单位完成交工验收工作的各项内容,总结合同执行过程中的经验,对工程质量是否合格作出结论;

(3)设计单位负责检查已完成的工程是否与设计相符,是否满足设计要求;

(4)监理单位负责完成监理资料的汇总、整理,协助项目法人检查施工单位的合同执行情况,核对工程数量,科学公正地对工程质量进行评定;

(5)施工单位负责提交竣工资料,完成交工验收准备工作。

104. 公路工程进行竣工验收应具备哪些条件?

公路工程进行竣工验收应具备以下条件:

(1)通车试运营2年后;

(2)交工验收提出的工程质量缺陷等遗留问题已处理完毕,并经项目法人验收合格;

(3)工程决算已按交通部规定的办法编制完成,竣工决算已经审计,并经交通主管部门或其授权单位认定;

(4)竣工文件已按交通部规定的内容完成;

(5)对需进行档案、环保等单项验收的项目,已经有关部门验收合格;

(6)各参建单位已按交通部规定的内容完成各自的工作报告;

(7)质量监督机构已按交通部规定的公路工程质量鉴定办法对工程质量检测鉴定合格,并形成工程质量鉴定报告。

105. 竣工验收的主要工作内容是什么?

竣工验收的主要工作内容是:

(1)成立竣工验收委员会;

(2)听取项目法人、设计单位、施工单位、监理单位的工作报告;

(3)听取质量监督机构的工作报告及工程质量鉴定报告;

(4)检查工程实体质量、审查有关资料;

(5)按交通部规定的办法对工程质量进行评分,并确定工程质量等级;

(6)按交通部规定的办法对参建单位进行综合评价;

(7)对建设项目进行综合评价;

(8)形成并通过竣工验收鉴定书。

106. 参加竣工验收工作各方的主要职责是什么?

参加竣工验收工作各方的主要职责是:

(1)竣工验收委员会负责对工程实体质量及建设情况进行全面检查。按交通部规定的办法对工程质量进行评分,对各参建单位进行综合评价,对建设项目进行综合评价,确定工程质量和建设项目等级,形成工程竣工验收鉴定书;

(2)项目法人负责提交项目执行报告及验收所需资料,协助竣工验收委员会开展工作;

(3)设计单位负责提交设计工作报告,配合竣工验收检查工作;

(4)监理单位负责提交监理工作报告,提供工程监理资料,配合竣工验收检查工作;

(5)施工单位负责提交施工总结报告,提供各种资料,配合竣工验收检查工作。

107. 进行公路工程建设时如何保护文物?

(1)对于大型的公路建设项目,建设单位要事先会同省、自治区、直辖市文物行政管理部门在工程范围内有可能埋藏文物的地方进行文物的调查或者勘探工作。调查、勘探中发现文物,应当共同商定处理办法。

(2)对于已公布的文物保护单位,如确需在其保护范围内进行公路工程建设,应当经文物保护单位原公布的人民政府和上一级文物行政管理部门同意。

(3)在施工过程中如发现文物,应当立即报告当地文物行政管理部门,请求处理。

108. 施工中造成他人损害时应负民事责任吗?

《中华人民共和国民法通则》第一百二十五条规定:“在公共场所、道旁或者通道上挖坑、修缮安装地下设施等,没有设置明显标志和采取安全措施造成他人损害的,施工人应当承担民事责任。”这条规定属于过错责任,与公路部门关系较大,公路部门施工时常常在公路上挖坑,这时一定要依法设置明显标志和采取安全措施。

施工人不是挖坑的工人,而是指决定施工的公民或法人。

109. 因环境污染造成他人损害是否承担民事责任?

《中华人民共和国环境保护法》规定:“要保护自然环境,积极防治在生产建设或者其他活动中产生的废气、废水、废渣、粉尘、恶臭气体等对环境的污染和危害。”《中华人民共和国民法通则》第一百二十四条规定:“违反国家保护环境防止污染的规定,污染环境造成他人损害的,应当依法承担民事责任。”公路部门在铺沥青路面时,有时要在固定地点加温沥青,这时要蒸发出一些有害气体,如果防止不当,很可能造成环境污染,造成他人损害,对此,公路部门就要承担责任。

110. 什么是“GBM”工程?

“GBM”工程是实施具有中国特色的公路标准化、美化建设工程的简称。“GBM”是“公路、标准化、美化”的汉语拼音的缩写。

111. 什么叫可绿化里程?

可绿化里程是指在公路用地范围内,能栽植和自然生长乔木、灌木或花、草的路段。

112. 公路绿化的含义是什么?

公路绿化不仅仅是植树,它要求利用绿色的乔木、灌木、花草合理覆盖公路两侧边坡、分隔带及沿线空地等一切可绿化的公路用地。

113. 公路绿化的重要性及特殊性是什么?

公路绿化是国土绿化的重要组成部分,是公路建设中不可缺少的一个主要内容,它对巩固路基、保护路面、降低噪声、防治污染、维护公路的良好环境都有重要的作用。

另外,公路绿化还有以下特殊作用:

(1)诱导汽车安全行驶。路旁植树能向驾驶员预告在行驶过程中道路线形变化,从而使驾驶员安全驾驶。

(2)丰富路景,有利健康。绿色植物能增强公路的建筑艺术效果,丰富公路景观,使道路使用者处在一个优美舒适的环境之中。

(3)稳定路基,防止冲刷。由于树木根系的交织分布,树冠还能截留雨水,因此能大大减少路基被冲刷及湿软塌陷,使路基得到稳固。俗话说:"路基要稳固,必须多植树。"

(4)保护路面,调节温度。绿色植物能吸收日光辐射,减少路面光反射,有利于行车安全。

114. 公路养护管理策略有哪些内容?

(1)顺应高等级公路发展趋向和产业特征,在建立高等级公路养护管理体制时优先考虑集中统一原则。集中是指领导权的集中,要求必须实施严格的分级管理;统一主要是指对高等级公路的养护管理要统一标准、统一规划、统一调度。顺应社会主义市场经济要求,大力培育并开放高等级公路养护市场,真正实现管养分离。实现养护管理用人机制和用工方式走向社会化,公路养护维修要面向建筑市场,通过招标选择施工队伍,建立养护工程的竞争机制,养护工程实现从计划任务形式向合同管理形式的转变,以适应高等级公路养护工程特征。

(2)建设专业化的养护队伍。只有人员精干、技术全面、练习有素、机械配套、平安办法完备的专业化养护队伍,才能完成高等级公路各种突发事故的抢修工作。实现养护工程的决策,由经验型向专家系统型的转变,养护质量评价标准从"好路率"指标向综合服务水平指标的转变。建立和完善高等级公路养护管理数据库,充分发挥路面管理信息系统(PMS)、桥梁管理信息系统(BMS)及养护维修工程专家决策系统的主导功能;采用国际通行的服务类行业星级评价标准,对高等级公路的使用能力和服务水平进行综合评价。

(3)加强政府对公路行业的监管力度。明确经营性公司只有在依法履行了养护、维修义务和责任的前提下,才具有合法的收费、经营权力。养护的强制性通过地方交通主管部门来实施或委托实施。政府要尽快组织制定相应的运营高等级公路的养护技术标准、操作规程和规范,养护作业实行社会监理、政府监督。对新建高等级公路的设计和施工,明确规定有关养护管理方面的要求。强制设计中的养护管理技术储备,制定相应的公路养护方案,强调公路施工缺陷维修期施工单位养护的责任和义务,采用法律和经济手段进行约束。

(4)推广使用国外高等级公路养护适用新技术、新材料、新工艺,提高路面耐久性,延长公路使用寿命。利用高科技检测技术促进工程质量监测和公路养护智能化,通过利用高精度传感器、雷达技术、RS技术等高科技手段,实现由人工检测向自动化检测发展,由破损类检测向无损检测技术发展,使公路质量的检测、评估和病害分析更加快捷,使公路养护更加合理经济。

115. 养护管理的特点?

(1)养护实施的强制性;

(2)养护对象的广泛性;

(3)养护的高成本性;

(4)养护方式的独特性;

(5)养护技术的复杂性。

116. 高速公路养护管理的主要任务有哪些?

(1)进行路况及管理设施调查,通过管理数据库,建立高速公路及设施的综合评价体系。

(2)根据高速公路及设施的运营状况,制订可行的养护计划和规划,实施有针对性的及时养护,保证高速公路健全的服务功能。

(3)不断探索新的养护技术与管理措施,积极采用新技术、新材料、新工艺、新设备,以最经济的方式达到最佳养护效果。

(4)努力推行并建立合理、高效的机械化养护方式,不断提高机械配备率和机械作业的占有率,保证高速公路养护的速度与质量。

(5)建设一支能适应高速公路现代化养护的管理队伍,变被动养护为主动养护,变静态养护为动态养护,达到养护的高标准、高质量、高效率、高机动性。

第三章

公路路政管理（194问）

1. 什么是路政管理？

路政管理，是指县级以上人民政府交通主管部门或者其设置的公路管理机构，为维护公路管理者、经营者、使用者的合法权益，根据《中华人民共和国公路法》及其他有关法律、法规和规章的规定，实施保护公路、公路用地及公路附属设施（以下统称"路产"）的行政管理。

2. 路政管理工作遵循的原则是什么？

路政管理工作，应当遵循"统一管理、分级负责、依法行政"的原则。

3. 路政管理机构及其特征是什么？

路政管理机构是指为了完成国家赋予的路政管理职责，按法定程序组建的，具有一定层次和结构的有机整体，是一种广义和动态的行政组织。

它具有以下特征：

(1)路政管理机构是代表国家实施公路行政管理权的组织，是按法定程序组建的。

(2)路政管理机构能以自己的名义实施管理活动，能独立承担自己行为所引起的法律后果。

路政管理机构的结构可分为纵向结构和横向结构两个方面：

纵向结构，也称层次结构。每个层次的业务性质相同。上、下层次之间是隶属关系，下级对上级负责。

横向结构，即职能制。指按不同的工作性质，平行分成若干部门，每个部门业务不同，业务范围大体相同，不能脱离所在的路政机构。

理想的路政管理体制，应把层次制和职能制有机地结合起来，形成层级职能结构。

4. 什么是路政管理手段?

管理手段是管理主体对客体实施管理的桥梁,传递着管理者对管理对象的作用。如果路政管理手段缺乏,就会削弱管理者对管理对象的控制,从而无法实施路政管理活动,降低管理权威和效能。在路政管理中,管理手段主要有行政手段、经济手段、法律手段和技术手段。

所谓行政手段是指依靠路政管理机构的权威,运用各种行政的决定、命令、规章制度、工作程序、法律等手段,以鲜明的权威和服从为前提,直接左右被管理者的管理方法。行政手段具有权威性、强制性、无偿性和垂直性的特点。

所谓路政管理的经济手段,是指客观经济规律直接起支配作用的情况下,通过各种经济手段的运用,按照经济原则调节各种不同的经济利益的管理方法。经济手段具有间接性、关联性和平等性。

所谓法律手段,是指通过各种法律、法规、规章等,调整路政管理中所发生的各种社会关系,保证和促进公路事业发展的管理方法。法律手段具有稳定性、权威性和规范性的特点。

路政管理的法律手段有一定的特点,由于法律、法规是由国家权力机关与行政机关所制定和颁布的,任何组织和个人都毫无例外地要遵守,这就是法律手段的权威性。

路政管理的行政手段、经济手段和法律手段相辅相成,互相渗透,体现了路政管理科学化与法制化的统一。

5. 什么是路政管理方法?

路政管理方法,是指能够保证路政管理活动朝着预定的方向发展,达到路政管理目的的各种专门的方式、手段、技术措施的总称。

研究和建立科学而有效的管理方法,是一般管理科学和各门具体管理科学的任务。一般的管理方法主要有定量管理法、系统管理法和心理行为管理法。

(1)定量管理法,就是运用数学方法从量的角度分析、控制和协调管理对象及其运行过程,进行精确而迅速的决策。定量管理是管理的一个基本方面,这是由作为管理对象的客观事物固有的规律性决定的,它是管理发展的一个基本趋势。

(2)系统管理法,系统方法是以系统性原理为指导,把对象作为系统进行定量化、模型化和择优化研究的科学方法。具体地说,系统方法就是将对象放在系统的联系和结构中加以研究和处理的方法。运用系统方法进行管理,是现代管理的一个重要特征。

(3)心理行为管理法,就是通过调整或改变人们的社会关系和精神状态,满足人们的社会生活和精神生活需要来调动其工作积极性和创造性的管理方法。

6. 路政管理方法的实施内容有哪些?

路政管理方法的实施内容有:

(1)宣传先行的方法;

(2)行政干预的方法;

(3)行政沟通的方法;

(4)舆论监督的方法;

(5)经常性与突击性相结合的方法;

(6)典型示范、以点带面的方法。

7. 路政管理宣传有哪些形式?

路政管理宣传的形式有:

(1)文字宣传类,有标语、标志、布告、宣传稿、宣传手册等,这类宣传比较灵活,简单易行,是路政宣传普遍采用的形式。

(2)影视宣传类,有电影、电视剧、电视专题片、电视新闻发布会、电视讲话、电视新闻纪实、电视系列报道、电视知识竞赛、幻灯片等,这类宣传直观形象,覆盖面广,效果较好。

(3)广播宣传,有广播讲话、知识信箱、小品、广播剧等,这类宣传对广大农村效果较好。

(4)报纸宣传,有法规讲座、知识问答、新闻报道、知识竞赛等,这类形式影响较大。

(5)会议宣传,有茶话会、座谈会、咨询会等,也会收到预期的效果。

(6)其他形式,如宣传画、挂历、简报、贺年片及利用宣传车巡回宣传等,也是简单易行的宣传方法。

8. 什么是路政管理目标?

路政管理目标是指路政管理机构在一定时期内,激励全体路政管理人员积极参加路政工作目标的制定,并在管理工作中实行自我控制,自觉地完成工作目标,以保证路政管理总目标实现的管理过程。

9. 路政管理目标的特点及作用是什么?

(1)路政管理目标的特点有:

①目的性。实行目标管理,使路政管理机构在一定时期内各项活动的目的都用目标的形式表现出来,它不同于一般口号式的号召。

②整体性。路政目标管理对路政管理机构的管理过程是,实行全面的综合性管理,通过确定和落实目标,建立完整的层级管理综合性管理体制。

③层次性。为了实现路政总目标,就要把路政总目标自上而下,按路政管理机构的设置和层次依次分解,形成一层接一层、一环套一环的目标体系。在总目标统一的前提下,各层次做好各自的工作。

④民主性。在制定目标时,上级路政管理机构要广泛征求下级路政管理机构的意见,尤其是基层路政管理员的意见,做到共同协商,共同讨论。

(2)路政管理目标的作用:

①有利于充分调动广大路政人员的积极性和创造性。

②有利于提高路政管理效能、做到工作有检查、办事有标准、奖惩有依据。

③有利于促进路政人员学习理论,钻研业务,提高素质水平。

10. 路政管理目标的检查考核内容是什么?

实施路政管理目标要依靠路政人员自我控制,并从组织领导方面进行检查。

(1)检查次数。一般来说,省路政管理机构每年可组织检查一次;市(地)路政管理机构每年可组织两次;县(市)路政管理机构应根据实际,随时检查路政目标的实施情况。

(2)检查方式。主要有自检、上级检查、对口检查、全面检查等。

(3)检查内容。包括目标项目数和目标实施情况;目标实施的质量情况等。主要有:

①路政案件发案数;

②路政案件查处率;

③公路建筑控制区控制率;

④违法建筑拆除率;

⑤公路用地控制率;

⑥超限运输查处数;

⑦路政案件结案率;

⑧违法行政案件发生率;

⑨上路巡查率;

⑩其他。

考核从3个方面入手:

一是目标完成的程度,指实际完成目标值与计划值之比;

二是目标的复杂难易程度,指目标的困难程度、代价大小、客观环境的变化,据此进行综合考核评价;

三是目标完成时主观努力程度,指发挥主观能动性的实际情况。

11. 路政管理员及其工作守则是什么?

(1)路政管理员,是指依法任职于路政管理部门,从事路政管理工作,履行路政管理职能的个人。

(2)路政管理员守则包括:

①坚持原则,实事求是;

②秉公执法,公正廉明;

③语言和善,以理服人;

④举止文明,讲究风纪;

⑤标准公开,不谋私利;

⑥作风正派,纪律严明;

⑦服从领导,听从指挥;

⑧执行政策,敢查敢管;

⑨团结同志,热爱集体;

⑩谦虚谨慎,不骄不躁。

每个路政员都具有双重身份,即“自然人”和“行政人”。当路政管理员进行个人行为时,反映个人身份,而执行路政管理活动时,反映了行政人身份。

12. 县级以上地方人民政府交通主管部门或者其设置的公路管理机构的路政管理职责是什么?

(1)宣传、贯彻执行公路管理的法律、法规和规章;

(2)保护路产;

(3)实施路政巡查;

(4)管理公路两侧建筑控制区;

(5)维持公路养护作业现场秩序;

(6)参与公路工程交工、竣工验收;

(7)依法查处各种违反路政管理法律、法规、规章的案件;

(8)法律、法规规定的其他职责。

13. 路政管理法规效力层级是什么?

(1)宪法具有最高的法律效力,一切法律、行政法规、地方性法规、自治条例和单行条例、规章都不得同宪法相抵触;

(2)法律的效力高于行政法规、地方性法规、规章;

(3)行政法规的效力高于地方性法规、规章;

(4)地方性法规的效力高于本级和下级地方政府规章。省、自治区的人民政府制定的规章的效力高于本行政区域内的较大的市的人民政府制定的规章。

路政法规效力层级如图3-1所示。

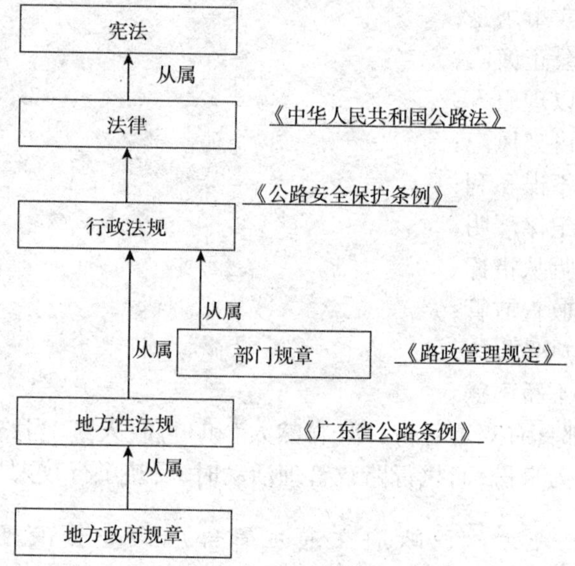

图3-1 路政法规效力层级示意图

14. 什么是路政管理行为?

路政管理行为,简称路政行为,是一种具体的行政行为。具体行政行为是指国家行政机关及其工作人员、法律法规授权的组织、行政机关委托的组织或者个人在行政管理活动中行使行政职权,针对特定的公民、法人或其他组织,就特定的具体事项,作出有关该公民、法人或其他组织权利义务的单方行为。

所谓路政行为,是指由路政管理机构作出,受公路管理法律、法规、规章调整,并能引起路政管理法律效果的行为。通俗地说,就是路政管理机构依法实施的路政管理行为。

15. 路政行为的特征是什么？

路政行为的特征是：

(1)路政行为是一种外部行政行为；

(2)路政行为是一种具体的行政行为；

(3)路政行为是一种自由裁量行为；

(4)路政行为是一种要式行为。

路政行为主体要合法，内容要合法，路政行为必须是路政员真实意思的表示。路政管理相对人必须有法定的权利能力和行为能力，路政行为必须符合法定程序。

16. 路政行为的效力包括哪些内容？

路政行为的效力内容是：

(1)确定力，也称不可变更力。指路政行为一经有效确定，便依法不得变更或撤销。已确定的路政行为，公民无权自行变更。同样，路政管理机构非经法定程序也不得随意变更。

需改变路政行为，对公民而言，必须提出复议或提起诉讼，经复议或诉讼，才能予以撤销或改变；对路政管理机构而言，非因形势变化，须经法律程序才能予以撤销或改变。

(2)拘束力，即约束的效力。有效的路政行为，对个人、组织和路政管理机构具有相同的拘束力。个人、组织必须按路政决定的要求充分履行义务，同样，路政管理机构也有义务维持原决定，除非经法定程序予以废止或撤销。例如，对一公路违法建筑，路政管理机构作出 7 日内由当事人自行拆除的决定，当事人必须充分履行义务，自行拆除；同样，路政管理机构也有义务维持这个决定，不能因人情等原因改变或撤销。

(3)执行力，是指路政管理机构依法采取一定手段，使路政执法行为得以完全实现的权利。

确定力、拘束力和执行力是路政行为效力的 3 种表现形式，是相互联系和渗透的，缺少其中任何一项，就谈不上执法效力。

17. 何为路政管理的自由裁量权？

路政管理的自由裁量权，是指路政管理部门对具体路政行为的方式、种类、幅度等的选择权。

18. 什么是路政管理许可?

路政管理许可是指路政管理机构根据公民、法人或者其他组织的申请,经依法审查,准予其从事特定活动的行为。

19. 路政管理许可的特征是什么?

(1)路政管理许可是依申请的行政行为;

(2)路政管理许可是一种经依法审查的行为;

(3)路政管理许可是一种授益性行政行为;

(4)路政管理许可是要式行政行为。

20. 路政管理许可有哪些程序?

(1)申请与受理;

(2)审查与决定;

(3)期限;

(4)听证;

(5)变更与延续;

(6)特别规定。

21. 路政管理许可的种类有多少?

路政管理许可共分1个大项,10个子项。

(1)因修建铁路、机场、电站、通信设施、水利工程和进行其他建设工程需要占用、挖掘公路或者使公路改线的;

(2)跨越、穿越公路,修建桥梁、渡槽或者架设、埋设管线等设施,以及在公路用地范围内架设、埋设管(杆)线、电缆等设施;

(3)因抢险、防汛需要在大中型公路桥梁和渡口周围200m范围内修筑堤坝、压缩或者拓宽河床;

(4)铁轮车、履带车和其他可能损害公路路面的机具需要在公路上行驶的;

(5)超过公路、公路桥梁、公路隧道或者汽车渡船的限载、限高、限宽、限长标准的车辆,确需在公路上行驶的;

(6)在公路用地范围内设置公路标志以外的其他标志;

(7)在公路上增设平面交叉道口;

(8)在公路两侧的建筑控制区内埋设管(杆)线、电缆等设施;

(9)更新砍伐公路用地上的树木;

(10)因工程建设需要占用、挖掘道路,或者跨越、穿越道路架设、增设管线设施,施工作业完毕验收合格。

22. 因修建铁路、机场、电站、通信设施、水利工程和进行其他建设工程需要占用、挖掘公路或者使公路改线的,建设单位事先应当向交通主管部门或者其设置的公路管理机构提交哪些材料?

因修建铁路、机场、电站、通信设施、水利工程和进行其他建设工程需要占用、挖掘公路或者使公路改线的,建设单位应当按照《中华人民共和国公路法》第四十四条第二款的规定,事先向交通主管部门或者其设置的公路管理机构提交申请书和设计图。申请书应包括以下主要内容:

(1)主要理由;

(2)地点(公路名称、桩号及与公路边坡外缘或者公路界桩的距离);

(3)安全保障措施;

(4)施工期限;

(5)修复、改建公路的措施或者补偿数额。

23. 跨越、穿越公路,修建桥梁、渡槽或者架设、埋设管线等设施,以及在公路用地范围内架设、埋设管(杆)线、电缆等设施,申请路政管理许可应提交哪些材料?

跨越、穿越公路,修建桥梁、渡槽或者架设、埋设管线等设施,以及在公路用地范围内架设、埋设管(杆)线、电缆等设施,应当按照《中华人民共和国公路法》第四十五条的规定,事先向交通主管部门或者其设置的公路管理机构提交申请书和设计图。申请书应包括以下主要内容:

(1)主要理由;

(2)地点(公路名称、桩号及与公路边坡外缘或者公路界桩的距离);

(3)安全保障措施;

(4)施工期限;

(5)修复、改建公路的措施或者补偿数额。

24. 因抢险、防汛需要在大中型公路桥梁和渡口周围200m范围内修筑堤坝、压缩或者拓宽河床,申请路政管理许可应提交哪些材料?

因抢险、防汛需要在大中型公路桥梁和渡口周围200m范围内修筑堤坝、压缩或者拓宽河床,应当按照《中华人民共和国公路法》第四十七条第二款的规定,事先向交通主管部门提交申请书和设计图。申请书应包括以下主要内容:

①主要理由;②地点(公路名称、桩号及与公路边坡外缘或者公路界桩的距离);③安全保障措施;④施工期限。

25. 铁轮车、履带车和其他可能损害公路路面的机具需要在公路上行驶的,申请路政管理许可应提交哪些材料?

铁轮车、履带车和其他可能损害公路路面的机具需要在公路上行驶的,应当按照《中华人民共和国公路法》第四十八条的规定,事先向交通主管部门或者其设置的公路管理机构提交申请书和车辆或者机具的行驶证件。申请书应包括以下主要内容:

①主要理由;②行驶路线及时间;③行驶采取的防护措施;④补偿数额。

26. 超过公路、公路桥梁、公路隧道或者汽车渡船的限载、限高、限宽、限长标准的车辆,确需在公路上行驶的,申请路政管理许可应提交哪些材料?

按照《公路法》第五十条和交通运输部制定的《超限运输车辆行驶公路管理规定》,申请人申请路政许可应提交下列身份证明材料原件及复印件:

①申请人为公民的,提交有效身份证复印件。②申请人为法人的,提交《营业执照》或者《事业单位法人证书》、《组织机构代码证》复印件和法定代表人证明书。③申请人为其他组织的,提交《组织机构代码证》复印件,没有《组织机构代码证》的,提交该组织合法成立的文件和主要负责人身份证明书。④委托代理人办理路政许可申请的,应当提交委托单位的授权委托书和被委托人的有效身份证复印件。

另外,按照相关法规规定,申请超限运输路政许可的,还应提交下列申请材料:

①《××省超限运输许可申请书》。②证明所运货物须是不可解体并装载合法的文件。③车前45度角和对角线车后45度角,车辆清晰彩色照片(4R或4D)各一张。④载货后车货总体示意图,标出车辆外廓尺寸、货物外廓尺寸、车货总体尺寸(长宽高)和货物重心位置。⑤运输车辆的厂牌型号、总质量、整备质量、轴载质量、轴距、轮数、轮胎单位压力等有关资料。⑥能证明货物重量的货运单、运输任务单、运输合同、设计图纸或其他文件。⑦货物运输的起讫点、申请经过的路线和运输时间。⑧车辆行驶证复印件。⑨安全运输保障方案。⑩涉及公路路产损失的,应提交公路赔(补)偿协议。⑪影响交通安全的,应当征得公安机关交通管理部门的同意。

27. 在公路用地范围内设置公路标志以外的其他标志，申请路政管理许可应提交哪些材料？

在公路用地范围内设置公路标志以外的其他标志，应当按照《中华人民共和国公路法》第五十四条的规定，事先向交通主管部门或者其设置的公路管理机构提交申请书和设计图。申请书应包括以下主要内容：

(1)主要理由；

(2)标志的内容；

(3)标志的颜色、外廓尺寸及结构；

(4)标志设置地点(公路名称、桩号)；

(5)标志设置时间及保持期限。

28. 在公路上增设平面交叉道口的，申请路政管理许可应提交哪些材料？

在公路上增设平面交叉道口，应当按照《中华人民共和国公路法》第五十五条的规定，事先向交通主管部门或者其设置的公路管理机构提交申请书和设计图或者平面布置图。申请书应包括以下主要内容：

(1)主要理由；

(2)地点(公路名称、桩号)；

(3)施工期限；

(4)安全保障措施。

29. 在公路两侧的建筑控制区内埋设管(杆)线、电缆等设施，申请路政管理许可应提交哪些材料？

在公路两侧的建筑控制区内埋设管(杆)线、电缆等设施，应当按照《中华人民共和国公路法》第五十六条第一款的规定，事先向交通主管部门或者其设置的公路管理机构提交申请书和设计图。申请书应包括以下主要内容：

(1)主要理由；

(2)地点(公路名称、桩号及与公路边坡外缘或公路界桩的距离)；

(3)安全保障措施；

(4)施工期限。

30. 更新砍伐公路用地上的树木，申请路政管理许可应提交哪些材料？

更新砍伐公路用地上的树木，应当依照《中华人民共和国公路法》第四十二条

第二款的规定,事先向交通主管部门或者其设置的公路管理机构提交申请书。申请书应包括以下主要内容:

(1)主要理由;

(2)地点(公路名称、桩号);

(3)树木的种类和数量;

(4)安全保障措施;

(5)时间;

(6)补种措施。

31. 因工程建设需要占用、挖掘道路,或者跨越、穿越道路架设、增设管线设施,施工作业完毕,应由哪些部门验收合格后方可恢复通行?

根据《中华人民共和国道路交通安全法》第三十二条的规定,因工程建设需要占用、挖掘道路,或者跨越、穿越道路架设、增设管线设施,应当事先征得道路主管部门的同意;影响交通安全的,还应当征得公安机关交通管理部门的同意。施工作业单位应当在经批准的路段和时间内施工作业,并在距离施工作业地点来车方向安全距离处设置明显的安全警示标志,采取防护措施。施工作业完毕,应当迅速清除道路上的障碍物,消除安全隐患,经道路主管部门和公安机关交通管理部门验收合格,符合通行要求后,方可恢复通行。

32. 什么是路政监督?

路政监督是指路政管理机构对路政管理相对人遵守路政管理法律规范所进行的监督检查活动。

33. 路政监督的特征是什么?

路政监督的特征是:

(1)路政监督的主体是指享有路政管理权的机构;

(2)路政监督的目的是以直接实现路政管理职能为宗旨;

(3)路政监督的对象是路政管理相对人;

(4)路政监督是路政管理机构的一种管理职能。

34. 什么是路政案件?

所谓公路路政案件,是指违反路政管理法规,并依照路政管理法规应当给予处罚的案件。构成路政案件必须具备下列条件:

(1)路政案件必须是法律、法规授权的路政管理部门确认,并进行查处的违法事实。其他任何单位和个人均无权查处;

(2)路政案件是以违反路政管理法律、法规为前提;

(3)对实施违反路政管理行为的当事人给予行政处罚。

35. 何为路政案件受理?

路政管理机构及路政管理人员在路政巡查中发现或公民及单位检举,以及当事人主动告知的路产、路权受损事实材料,经审查认为确有违法事实存在,并根据法律、法规需要追究法律责任的,经路政管理机构负责人审查决定立案后,应予以受理。

36. 什么是路政管理行政强制措施?

路政管理行政强制措施,是指交通主管部门或公路管理机构在实施路政管理职能过程中,为了制止违法行为或者在紧急、危险状态下依法采取的强制方式,对相对人的财产实施暂时性控制的措施。

37. 实施路政强制措施的目的是什么?

为了制止路政违法行为,防止证据灭失,避免危害发生,控制危险扩大,及时处理紧急情况。

38. 路政管理强制措施的特点有哪些?

(1)路政管理行政强制措施具有行政性,是交通主管部门或公路管理机构为了实现其行政职能而运用行政权力所作的行为,是一种行政决定;

(2)路政管理行政强制措施具有暂时性,交通主管部门或公路管理机构的临时性处置是在必要时才采取的,因而在时间的持续上以达到目的为限度;

(3)行政强制措施具有强制性。行政强制措施并不是通过说服教育来实现的,而是强行实施的。

39. 路政强制措施有哪些?

(1)查封。这是交通主管部门或公路管理机构对路政管理相对人的财物予以查实、封存,以便作为证据或执行标的的行政强制措施。

(2)扣押。这是交通主管部门或公路管理机构广泛运用的一种行政强制措施。

(3)强制卸载。这是公路管理机构对超限运输驾驶员通过说服教育拒不自行卸载的,强制卸载其超过规定部分的货物,使车辆按规定装载,阻止违法行为继续发生的一种行政强制措施。

40. 路政管理强制措施的具体内容有哪些?

(1)对公路造成较大损害、当场不能处理完毕的车辆,公路管理机构应当依据《中华人民共和国公路法》第八十五条第二款的规定,签发《责令车辆停驶通知书》,责令该车辆停驶并停放于指定场所。调查、处理完毕后,应当立即放行车辆,有关费用由车辆所有人或者使用人承担。

(2)违反《中华人民共和国公路法》第五十四条规定,在公路用地范围内设置公路标志以外的其他标志,依法责令限期拆除,而设置者逾期不拆除的,依照《中华人民共和国公路法》第七十九条的规定强行拆除。

(3)违反《中华人民共和国公路法》第五十六条规定,在公路建筑控制区内修建建筑物、地面构筑物或者擅自埋设管(杆)线、电缆等设施,依法责令限期拆除,而建筑者、构筑者逾期不拆除的,依照《中华人民共和国公路法》第八十一条的规定强行拆除。

依法实施强行拆除所发生的有关费用,由设置者、建筑者、构筑者负担。

41. 路政强制执行应具备哪些条件?

路政强制执行应具备的条件:

(1)个人或组织因法律规定或路政决定必须承担某一义务;

(2)个人或组织故意不履行义务的,而不是客观上的不履行;

(3)在当事人不履行义务时,法律规定可以采取强制执行措施;

(4)作出或执行强制执行的必须是有权作出路政强制执行决定的路政管理机构。

42. 依法实施路政强行措施应当遵守哪些程序?

(1)制作并送达路政强制措施告诫书,告知当事人作出拆除非法标志或者设施决定的事实、理由及依据,拆除非法标志或者设施的期限,不拆除非法标志或者设施的法律后果,并告知当事人依法享有的权利;

(2)听取当事人陈述和申辩;

(3)复核当事人提出的事实、理由和依据;

(4)经督促告诫,当事人逾期不拆除非法标志或者设施的,制作并送达路政强制措施决定书;

(5)实施路政强制措施;

(6)制作路政强制措施笔录。

实施强行拆除涉及路政处罚的,可以一并进行调查取证,分别进行处理。

43. 什么是申请人民法院强制执行?

申请人民法院强制执行,是指相对人逾期拒不履行或不完全履行路政管理机构作出的行政处罚和其他行政处理决定,路政管理机构依法申请人民法院强制执行的一种行政强制执行制度。这是路政管理行政强制执行的主要途径。

44. 申请人民法院强制执行应具备哪些条件?

根据《路政管理规定》的有关规定,依法申请人民法院强制执行的条件是:

(1)当事人拒不履行公路行政处罚决定;

(2)依法强行拆除受到阻挠。

①强制执行的内容必须是路政管理机构对相对人作出的处罚和其他处理决定,其标志是路政处罚决定书中列明的义务内容。

②强制执行的对象必须是负有行政义务的相对人,没有行政义务的人或相对人的直系亲属都不能成为申请人民法院强制执行的对象。这是责任自负、不株连无辜的法制原则在路政活动中的体现。

③在时间上必须逾期。就是说,路政管理机构所作出的处罚和处理决定已经产生执行效力,而且超过了路政管理法中所规定的自行履行的时间范围。

④必须是路政相对人有能力履行而拒不履行的,这是路政管理机构申请人民法院强制执行的一个必不可少的条件。如果当事人由于不可抗力的原因暂时不能履行的,或由于天灾人祸等不可抗力的原因,义务人实际上已不可能履行义务的,路政管理机构一般不立即申请人民法院强制执行。

45. 人民法院是如何对路政机构强制执行申请进行审查的?

(1)审查主体。审查该路政管理机构是否可以作出所申请强制执行的处罚和处理决定,路政管理机构是否有越权行为。

(2)审查内容。审查路政管理机构所作出的行政处罚和行政处理决定是否合法,即事实是否清楚、证据是否充分、适用法律法规是否正确。

(3)审查对象。审查申请强制执行的对象是否是拒不履行义务的当事人,是否逾期。

路政管理机构依法申请人民法院强制执行时,应当提交申请执行书,据以执行的法律文书和其他必须提交的材料。如果人民法院发现据以执行的法律文书确有错误,经院长批准,不予执行,并将申请材料退回申请人。人民法院通过审查上述内容后,若发现路政管理机构有越权行为,或所作出的处罚与法律抵触,则退回原申请的路政管理机构,并同时发出司法建议。若通过审查认为是合法的,则依法予以强制执行。

46. 什么是路政处罚?

路政处罚是指路政管理机构对违反路政管理秩序的公民、法人或其他组织给予法律制裁的行政行为。

(1)路政处罚是特定路政管理机构的行为,只有公路主管部门或授权的公路管理机构才有权行使路政处罚权。其他行政主体、国家机关均无权行使。

(2)路政处罚是对违反路政管理秩序的公民、法人或其他组织的制裁,是路政管理机构行使职权的行为,是一种外部的、具体的路政行为。

(3)路政处罚是因路政管理相对人不履行法定义务,或不正当行使权利受到相应损害的行为。因此,路政处罚以惩戒而不以实现义务为目的。一次处罚后,即告结束。

(4)路政处罚所指向的对象是违法者的财产等利益。

47. 路政处罚的原则是什么?

路政处罚的原则是:

(1)处罚法定原则;

(2)处罚与教育相结合的原则;

(3)公正、公开的原则;

(4)保障当事人程序权利原则;

(5)一事不再罚原则;

(6)过罚相当原则。

48. 路政处罚的适用范围有哪些?

路政处罚适用的范围有:

(1)不满14周岁的人有违法行为的,不予路政处罚,责令监护人加以管教。已满14周岁不满18周岁的人有违法行为的,从轻或者减轻路政处罚。

(2)精神病人在不能辨认或不能控制自己行为时有违法行为的,不予路政处罚,但应当责令其监护人严加看管和治疗。间歇性病人在精神正常时有违法行为的,应当给予路政处罚。

(3)主动消除或者减轻违法行为危害后果的,受他人胁迫有违法行为的,配合路政管理机构查处违法行为有立功表现的,其他依法从轻或者减轻行政处罚的,应当依法从轻或减轻路政处罚。

(4)违法行为轻微并及时纠正,没有造成危害后果的,不予路政处罚。

(5)违法行为在 2 年内未被发现的,不再给予路政处罚。时间从违法行为发生之日起算。如果违法行为有连续或者继续状态的,从行为终了之日起算。

49. 路政处罚的种类有哪些?

路政处罚的种类有:

(1)申戒罚,或称影响声誉的处罚。申戒罚的主要形式是警告和通报,这是路政管理机构对违反公路管理法律、法规、规章的管理相对人精神上的惩戒。

(2)财产罚,是强迫违法者交纳一定数量的货币或实物,或剥夺其某些财产权的一种处罚。财产罚的形式主要有 3 种:

①罚款,是路政管理机构依法强制违法人在一定期限内缴纳一定数量货币的处罚形式。罚款不同于刑罚中的罚金。罚金是一种附加刑,适用的对象主要是牟取非法利益的罪犯,而罚款是行政处罚的一种形式,其适用范围远远超过前者。

②没收违法所得,是指特定的路政管理机构依法将违法人的非法所得收归公有的一种处罚形式。行政处罚中的没收不同于刑罚的没收财产。后者是一种附加刑,是对犯罪分子个人所有财产的一部分或全部无偿收归公有。

③责令赔偿损失,是指路政管理机构依法责令侵犯国家利益的相对人,对其所造成的损害予以赔偿的一种处罚形式。它是路政处罚中运用较为广泛的一种。责令赔偿损失是路政管理机构依职权的单方面的主动行为,在路政管理中,接受赔偿的一方是国家。

(3)能力罚,能力罚也称行为罚,是限制或剥夺路政管理违法人某项行为能力的制裁。它是仅次于人身罚的一种较为严厉的行政处罚,能力罚的设定和实施,在我国比较严格。在路政管理能力罚中,主要形式有责令停工、责令停驶、吊销许可证等。

50. 什么是路政处罚程序?

路政处罚程序,是指在路政案件处罚过程中必须遵守的一系列前后相连的工作步骤和方式。

51. 路政处罚程序的原则有哪些?

(1)公正原则,是指路政管理机构在处罚时,要在程序上平等对待各方当事人,排除各种可能造成不平等或偏见的因素。公正原则主要由回避程序、合议程序、辩论程序和调查程序等表现出来。

(2)公开原则,是指重大的路政案件,与公民权利义务直接相关的路政案件,要通过一定的行政程序让公民了解。公开原则主要通过下列程序得到体现。

①表明身份程序,即路政管理机构及路政管理员通过出示证件让相对人了解自己的身份。

②通知程序,即路政管理机构及路政管理员在办理路政案件时,将应该让相对人了解的事项通过合法途径告知当事人。

③咨询程序,当相对人了解路政办案过程中的某些内容时,允许他们向路政管理机构提出咨询,并给予答复,如向哪个部门提出申诉、该部门的地址等。

④告知权利程序,即路政管理机构在使路政管理相对人承担某种义务时,应告知当事人在程序上享有何种权利,如告知其申诉和诉讼权利。

⑤说明理由程序,对于某些路政案件,路政管理机构不但要把处罚结论告知相对人,而且应当说明事实根据、法律依据或其他理由。

(3)听证原则,是指在路政案件办案程序上保障相对人对处罚结论发表意见,并且使这种意见得到应有重视的权利。

(4)顺序原则,是指路政处罚程序的各项制度表现为一定的顺序性,如果违反了法律所规定的顺序,就是程序违法。

(5)效率原则,这一原则是路政处罚程序时间性的另一表现,它是指为了保证办案的高效率,路政办案程序的各个环节应当有时间上的限制,如超过法定时限,就构成违法,即所谓时效制度。

(6)路政管理办案的格式化,即各种路政法律文书应当作出统一的格式规定,这是保证相对人享有法律上平等权的必要保障。

52. 什么是路政处罚的简易程序?

路政处罚的简易程序是相对于一般程序而言的,它是指在某些条件下,实施路政处罚所适用的程序比较简单。违法事实确凿并有法定依据,对公民处以50元以下,对法人或者其他组织处以1000元以下罚款或者警告的处罚,可适用简易程序,当场作出路政处罚决定。

53. 什么是路政处罚的一般程序?

路政处罚的一般程序是指路政管理机构在处罚路政案件时除适用简易程序外,应按一般程序,即按立案、受理、调查取证、处罚、送达、执行的步骤进行处罚。

54. 如何调查、询问证人或当事人及制作笔录?

调查、询问证人或当事人是取得证据的重要手段之一,为保证其合法性,应注意以下几点:

(1)调查、询问证人或当事人必须有 2 人以上进行。调查时应记明调查时间、地点及调查人,查明被调查人的身份情况,特别是被调查人的住址以及与当事人或案件本身的关系等情况。

(2)调查时应向当事人讲明调查人的工作单位、所要调查的案件,并向被调查人讲明要如实提供证据,不得作伪证以及作伪证的责任。

(3)调查时应要求被调查人就所询问的情节始末连续陈述。

(4)证人或当事人陈述后,为了明确事实和判断真伪,调查人应根据案件所应判明的事实和有关情节,有目的地详尽地进行询问。如证人所知道的情况是耳闻的,应问明是谁说的,其工作单位、住址、与证人(或当事人)的关系等。如证人所知道的情况是目睹的,则应问明是在什么时间、什么地点、什么情况下看到的,还有什么人可以证明等。

(5)调查时不能使用恫吓、威胁、引诱、欺诈及其他不正当的方法。

(6)调查询问应个别进行,不能把两个以上的证人(或当事人)召集在一起进行调查询问,已调查询问过的证人(或当事人)不应与其他证人(或当事人)互通情况,以便证据的印证核实。

(7)调查询问结束后,笔录应交被调查人核对。对于没有阅读能力的证人,应当向其宣读。被调查人认为笔录没有差错后,应交其签名盖章,注明调查日期。

调查询问证人集知识、技巧于一体,不同的案件、不同的证人(或当事人),调查询问的情况也不同,这要在办案实践中加以锻炼、提高。

55. 路政法律文书的送达方式有几种?

路政法律文书的送达方式有:

(1)路政法律文书一般应当在宣告后直接送达当事人签收,并填写送达回证。当事人不在场的,交通管理部门应当在 7 日内送达当事人,当事人不在的,交其同住的成年家属签收,并且在备注栏内写明与当事人的关系。

(2)受送达人已指定代收人的,交代收人签收。

(3)直接送达路政法律文书有困难的,可以委托其他交通管理部门代为送达,或者以邮寄、公告的方式送达。邮寄送达,挂号回执上注明的收件日期为送达日期。公告送达,自发出公告之日起经过60天,即视为送达。

(4)受送达人拒绝接收的,送达人应当邀请有关基层组织的代表或者其他人员到场,说明情况,在送达回证上写明拒收事由和日期,由送达人、见证人签名或者盖章,把交通行政处罚文书留在受送达人的住处,即视为送达。

56. 路政处罚决定的执行情况有哪几种?

违反路政管理行为人接到行政处罚决定书后,往往有3种表现情况:

(1)当事人服从路政管理机构作出的行政处罚决定,在行政处罚决定的期限内,予以履行。

(2)当事人不服依法作出的行政处罚决定,申请行政复议或者提起行政诉讼的,除法律另有规定外,此时行政处罚不停止执行。

(3)当事人拒不履行已经生效的处罚决定的,由作出处罚决定的交通管理部门依法强制执行或者申请人民法院强制执行。到期不缴纳罚款的,路政管理机构每日可按罚款数额的3%加处罚款。

57. 交通管理部门组织的听证会是按什么程序进行的?

(1)听证会主持人宣布听证会开始,宣布案由和听证会纪律,宣布和核对听证参加人员名单。

(2)案件调查人员介绍案件的违法事实和调查过程,宣读或者出示案件的证据,说明拟作出的行政处罚的内容及依据。

(3)当事人或者其委托代理人对案件的事实、证据、适用的法律依据及拟作出的行政处罚内容进行质证和申辩。

(4)听证会主持人就案件的有关问题向当事人、案件调查人员、证人询问。

(5)当事人或者其委托代理人作最后陈述。

(6)当事人或者其委托代理人阅读、修改《交通行政处罚案件听证会笔录》,并签字或者盖章。

58. 什么是公路的路产、路权?

(1)路产是指公路管理部门依法管理使用的所有有形的和无形的公路路产。它包括公路、公路用地、公路附属设施、机械设备、科研成果、专利所有权和知识产权等。

(2)路权是指公路管理部门对公路财产享有占用、使用、处分和收益的权利,以及对损害路产的行为拥有的行政管理权和民事权益。

59. 什么是公路路产损失赔(补)偿费?

公路路产损失赔(补)偿费是公路路政管理部门根据国家有关规定,经省财政、物委等有关部门批准,向损坏或占用公路及其附属设施的责任人收取,专门用于补偿公路路产损失修复(占用)的费用。

60. 公路路产损失赔(补)偿费有哪些特点?

公路路产损失赔(补)偿费有以下 2 个特点:

(1)与其他规费相比,不具有预先收取、分摊收取,也不要预先提供服务。只有产生损坏行为或占用公路及其附属设施后,才会产生收取赔(补)偿费这样的行为。如果不产生这种行为或即使产生了这种行为,但相关责任人逃跑而最终无法认定,则收取的行为也不能成立。

(2)收取的费用具有赔偿性或补偿性,不具有处罚性。这就决定了该费用在使用上的特殊性,即必须专款专用。

为了保证公路的完好畅通,不断提高公路的社会效益和经济效益,任何单位和个人不得擅自占用和挖掘公路是完全必要的。历年来,交通部、铁道部在这方面曾多次联合规定,如《关于各部门基本建设工程占用公路暂行规定》等。规定的主要内容有:凡各部门基本建设工程有必要占用公路、公路用地和公路设施,甚至使公路改线时,不论路线长短,应由使用单位事先与当地公路管理机构协商同意后办理,但一切修复工程及相应费用,应由使用单位承担。《公路条例》和《公路条例实施细则》也有此类规定。《公路法》在综合过去法规执行情况的基础上,结合新的变化情况,对相关损坏公路及公路设施的行为作了更权威的规定。如前所述的《公路法》第 44 条中对占用、挖掘公路或者使公路改线的,建设单位应当按照不低于该段公路原有的技术标准予以修复、改建,或者给予相应的经济补偿。经济补偿的标准,按照交通部和县级以上人民政府的有关规定办理。这样就为遇有特殊情况必须占用、挖掘公路有了相应解决的办法,这对双方都是必要的。

61. 公路路产损失赔(补)偿费有哪些管理内容,现状如何?

(一)公路路产损失赔(补)偿费管理内容

结合收取公路路产损失赔(补)偿费这一行为的特点,我们可以按性质将其管理内容分为两部分:一部分是行政管理行为,这是法律赋予公路管理的职责,如挖掘、占用公路管理,包括相关法规的制定、标准的确定、控制和审批等,损坏行为的取证、法律文书的制定、赔(补)偿费索赔的行政执法程序等;另一部分是经济管理行为,如票证管理、资金使用规定、会计核算方式等。

(二)公路路产损失赔(补)偿费管理的现状

对挖掘、占用公路等造成的损坏,应当给予经济补偿,是法律赋予的权力,不容置疑。据有关资料显示,相当一部分省、市、自治区根据《公路法》、《路政管理规定》和地方法规,制定发布了赔(补)偿费管理办法及赔(补)偿的标准,但目前全国没有统一的模式,各地在管理模式上不尽相同。主要表现在:

(1)在资金管理上,有的纳入预算外管理,收取的资金解缴财政专户,如浙江省规定:赔偿费属预算外资金,上缴财政厅专户,按收支两条线的办法进行管理。各级公路管理部门必须按规定,及时足额将收入上缴同级财政专户。

(2)在票证管理上,制定了管理办法和标准的省、市,基本上按规定印制了由省财政监制的《公路路产损坏赔(补)偿收费专用收据》,而有的地方是领用同级财政部门的赔偿罚款收据,票据使用中存在着处罚行为,票据管理模式的不同,导致了该资金性质发生了变化。

(3)在资金使用方面,主要用于修复公路及公路设施。

(4)会计核算模式不统一和名称不规范。目前各地使用的科目有:其他往来、专用基金、路政收入、其他损益等。名称上有的称路产损失赔(补)偿费,有的称路政收入,有的称路政赔偿费等。

62. 收取公路路产损失赔(补)偿费的作用有哪些?

收取路产损失赔(补)偿费的主要作用有以下几点:

(1)加强了对公路、公路用地、公路设施的管理和保护,减少了因损坏、挖掘、占用公路行为所造成的损失,真正做到了依法治路。同时,利用经济手段也有效遏止了违章挖掘、占用、搭接公路行为的发生,较好地维护了公路路产路权的完好。

(2)使公路部门得到了一定的经济补偿,有效地弥补了公路维修养护经费的不足。

(3)为路政管理技术装备的配置和现代化积累了资金,并使之有了一定的保障。

(4)调动了沿线干群和路政人员爱路护路的积极性。

63. 路产损失赔(补)偿经费的使用原则有哪些?

(1)依法收取的路产损失赔(补)偿费遵循专项使用原则,不得截留、挪用,并按规定的比例分配;

(2)凡属恢复路产的经费必须及时、全额用于路产恢复,年终不得有结存余额;

(3)弥补路政经费不足部分应考虑本辖区具体情况及时进行补助,市处一级年终一般不得保留余额。

64. 路产损失赔(补)偿费的日常管理有哪些要求?

收取公路路产损失赔(补)偿费,必须使用专用票据,即必须是省财政部门监制的专用收据,而不得使用其他收据。如财政部门印制的行政事业单位使用的非商事收据或非经营性收据、在市场上购置的普通收据(三联单)、财政部门的罚没收据、公路部门其他规费的统一收据,甚至本部门印制的内部收据等,用于收取路产损失赔(补)偿费都是不合法的收据。当然也不得使用该专用收据去代收其他规费或其他非公路设施损坏的赔偿款。

公路路产损坏赔(补)偿收费专用票据的印制、领用、保管、使用、核销、作废必须按照路政票据管理规范严格进行。

现金、支票管理。除有协议的挖掘、占用和超限运输工本费外,收取的赔(补)偿费大部分是现金业务。现金管理的重点是确保其安全性,同时不能坐支、挪用、公款私存等。根据开票部门的不同应采取不同的管理方法。

对财务部门直接开票收款的,开票人应及时填写现金交款单,将现金交存银行,并将专用收据记账联和现金交款单交记账人员记账。交款不及时或记账不及时的,均可从记账凭证上发现。

对路政部门开票收款的,规范做法应是开票人将现金及时交给财务部门的出纳人员。在交接现金时,为明确双方责任,双方在专用收据记账联都要签署日期,这样就可以反映哪个部门的工作做得不够及时。路政部门收款的不能图方便,而将现金存放在部门或个人手中,不及时交存,由此出现的问题则要承担全部责任,更不能以个人名义采用存折的方式存取路产损失赔(补)偿费。

65. 什么是路产赔(补)偿费的内部监督工作?

由于路产损失赔偿(补)费在收取、支用管理上的特殊性,加强对收取行为和收取资金使用的业务检查、监督是必要的,这对于规范行为,完善制度、专项使用和廉政行风建设是有促进作用的。

内部监督有以下主要内容:

(1)对索赔行为规范性的检查。主要核查收取费用是否属规定范围之内,行政执法文书是否规范,索赔程序是否合规等。检查是否严格按标准进行索赔,有无擅自提高,降低标准的行为及该行为的主客观因素,减免收取的问题及套用标准是否合规,损失程度是否经科学或权威的鉴定。

(2)对专用票据管理的检查。对票据领发、使用填制、报核、作废、交接、保管诸环节进行检查,看是否符合规定要求,是否存在扩大专用收据使用范围或其他收据收取路产损失赔(补)偿费的问题。

(3)对收取资金是否按规定比例进行分割、使用、奖金发放、现金(支票)管理及会计核算进行检查。

(4)评审被检查单位。在收取路产损失赔(补)偿费过程中,内部控制制度的建立和健全。

(5)上级业务部门根据人民来信、来访所举报的案件进行查处、核实。

66. 公路赔(补)偿的程序是什么?

公路赔补偿的程序分为简易程序和一般程序。

(1)对于路产损坏事实清楚,证据确凿充分,赔偿数额较小,且当事人无争议的,可以当场处理。当场处理公路赔(补)偿案件,应当制作、送达《公路赔(补)偿通知书》收取公路赔(补)偿费,出具收费凭证。

(2)按照《路政管理规定》第三十三条的规定可以当场处理的公路赔(补)偿案件外,处理公路赔(补)偿案件应当按照下列程序进行:

①立案;

②调查取证;

③听取当事人陈述和申辩或听证;

④制作并送达《公路赔(补)偿通知书》;

⑤收取公路赔(补)偿费;

⑥出具收费凭证;

⑦结案。

调查取证应当询问当事人及证人,制作调查笔录,需要进行现场勘验或者鉴定的,还应当制作现场勘验报告或者鉴定报告。

对公路赔(补)偿案件处理程序的具体事项未作规定的,参照《交通行政处罚程序规定》办理。

办理公路赔(补)偿案件涉及路政处罚的,可以一并进行调查取证,分别进行处理。

67. 公路路产损害的种类有哪些?

按照侵害公路行为的外在表现形态为标准进行划分,公路路产损害包括侵占公路路产和损坏公路路产两大类。

(1)侵占公路路产,是以公路路产的非法占有为特点,使公路路产的合法占有人对该公路路产丧失占有乃至丧失所有权。最典型的侵占公路路产行为是偷窃,诸如偷窃公路行道树、标志牌、防撞护栏等设施。侵占路产最典型的表现形态是“位移”,即所有权人或者合法占有人占有、支配的特定财物,转而被侵权行为人所占有,物的所在位置发生了变化。

(2)损坏路产,是以对公路路产进行损毁为特点,使该路产的价值和使用价值受到破坏以至完全丧失,使路产拥有人的财产拥有量减少以至丧失。损坏路产最典型的表现形态是“质变”,即公路路产的外在形态和内在质量受到破坏。公路路产虽然还在所有权人的控制支配之下,但是由于公路路产的“质变”,使公路路产所有权人所拥有的公路路产价值发生了变化,受到了损失。损坏公路路产包括对路产的毁灭和损坏。公路路产的损毁,只能进行赔偿,如果路产损坏后还有残存的价值,则适用损益相抵的原则。路产损坏,可以使用恢复原状的方法救济,也可以使用折价赔偿的方法救济。

68. 公路路产损坏赔(补)偿的原则有哪些?

公路路产损害赔(补)偿,是指因公民、法人或者其他组织的侵权行为造成公路路产损害时应承担赔(补)偿损失的民事责任。

(1)公路路产损害赔(补)偿数额的大小,只能以实际损害为标准。对实际公路路产损害的确定,不能以侵害人过错程度的轻重及社会危害性大小作为公路路产损害赔(补)偿数额的依据,而只能以公路路产的实际损失作为赔(补)偿大小的标准,侵害人的过错通常对受害人的损害赔(补)偿请求权的大小并不具有实际意义,只是对责任的有无起作用。在路政管理中,行为的社会危害性在路政处罚时起重要作用,但在确定民事赔偿责任时,只能以所造成的实际公路路产损害为依据。

(2)公路路产全部赔(补)偿包括直接损失和间接损失。在路产损害中,包括直接损失和间接损失。直接损失是现有路产的减少,间接损失是可得利益的丧失。全部赔偿不仅要赔偿直接损失,而且对确定的间接损失也要予以赔偿。《民法通则》第 117 条规定:“受害人因此遭受其他重大损失的,侵害人应当赔偿损失。”这里所指的损失,就是间接损失。如超限运输车辆行驶公路,有些虽然没有造成公路、桥梁、隧道等构造物以及沿线设施的直接损坏,但对此如果不能予以全部赔(补)偿,公路路产路权就得不到全面的保护,超限运输这种违法行为也得不到有效扼制。

(3)赔(补)偿范围必须是合理的。实行全额赔(补)偿的损失必须是合理的,不合理的损失不应赔偿。

(4)全额赔(补)偿必须从全部损失中扣除新生利益,注意实行损益相抵。损益相抵就是被侵害公路路产的原物价值和残存价值之间的差额,即原物价值就是全部损失,残存价值就是新生利益。全部损失扣除新生利益,损益相抵以后,即为应当赔偿的范围。

69. 路产损害赔(补)偿责任方式主要有哪些?

(1)排除妨碍。是指公民、法人或其他组织的侵权行为,使公路产权主体无法行使或不能正常行使自己的财产权利,公路管理机构责令侵害人将妨碍实施的障碍予以排除。如在公路上堆放物品,影响车辆通行,公路管理机构责令其将物品搬走。

(2)返还原物。是普遍适用的财产损害赔(补)偿方式。《民法通则》117条规定,侵占国家、集体的财产或者他人财产的,应当返还财产。返还原物责任因违法行为人非法占有公路路产而产生,其适用的条件是侵占路产,但原物依然存在。如果原物已经灭失,返还原物在客观上已经不可能,所有人只能要求赔偿损失,而不能要求返还原物。

(3)恢复原状。是指恢复权利被侵犯前原有的状态。适用此种责任形式应当具备的条件必须是有恢复的可能,同时须有恢复的必要。如果公路路产被破坏已无法修复,或者虽可修复,但所有人已不需要,或者在经济上已经不合理,则不能适用恢复原状的民事责任,而应当折价赔偿。如挖掘公路或使公路改线的,建设单位应当按照不低于该段公路原有的技术标准予以修复、改建,或者由公路管理机构负责修复,所需经费由建设单位承担。

(4)赔偿损失。赔偿损失是最主要、最基本的路产损害责任方式,是指行为人因侵权行为而造成公路路产损害,应以财产赔偿路产损失。适用赔偿损失的侵权责任方式,是路产遭受不法侵害,致使公路路产不能修复,或者原物已经灭失,不能返还的,由侵害人以货币形式赔偿路产损失。

70. 公路路产赔(补)偿的具体内容有哪些?

(1)挖掘、占用公路的赔(补)偿。因修建铁路、机场、电站、通讯设施、水利工程或进行其他建设工程需要占用、挖掘公路或跨越、穿越公路以及在公路用地内修建桥梁、渡槽,架设、埋设管线、电缆等造成公路损坏的,建设者应承担路产损坏赔(补)偿。

(2)超限运输车辆行驶公路造成公路桥面、桥梁、涵洞等公路路产直接损坏的赔偿,以及超限运输行驶公路早期损坏的赔(补)偿。

(3)铁轮车、履带车和其他可能损害公路路面的机具在公路上行驶造成路产损坏应承担的赔(补)偿。

(4)因车辆行驶不当或交通事故造成公路路产损坏以及抛洒滴漏污染、损坏公路应承担的赔(补)偿。

(5)擅自移动、涂改、损坏交通标志、安全设施、收费设施等公路附属设施以及公路绿化等应承担的赔(补)偿。

(6)在公路用地设置非公路标志及在公路建筑控制区内埋设设施应承担的赔(补)偿。

(7)其他赔(补)偿。

71. 公路赔(补)偿案件中当事人如何维护自身的正当权益?

当事人对《公路赔(补)偿通知书》认定的事实和赔(补)偿费数额有疑义的,可以向公路管理机构申请复核。公路管理机构应当自收到公路赔(补)偿复核申请之日起 15 日内完成复核,并将复核结果书面通知当事人。复核的同时并不影响当事人依法向人民法院提起民事诉讼的法定权利。

72. 公路穿越城镇规划区应怎样管理?

凡是由公路部门建设、养护、管理的穿过县(市)和县(市)以下城镇的公路路段,无论是否属于城镇规划范围,其两侧建筑控制区必须按《公路安全保护条例》规定控制。凡是经协商改由城建部门负责管理和养护的公路路段,其两侧建筑控制区界限由城建部门按有关规定负责管理。

73. 《公路法》对公路监督检查人员提出了哪些要求?

《公路法》对公路监督检查人员的要求是:熟悉法律、公正廉洁、热情服务、秉公执法。

74. 路政管理人员录用应具备哪些条件?

路政管理人员录用应具备以下条件:

(1)年龄在 20 周岁以上,但一线路政执法人员的年龄不得超过 45 岁;

(2)身体健康;

(3)大专毕业以上文化程度;

(4)持有符合交通部规定的岗位培训考试合格证书。

75.《公路法》的基本原则是什么?

《公路法》的基本原则是:

(1)公路的发展应当遵循全面规划、合理布局、确保质量、保障畅通、保护环境、建设改造与养护并重的原则;

(2)发挥中央和地方两个积极性发展公路的原则;

(3)合法使用公路和公路受国家保护的原则;

(4)严格管理、热情服务的原则。

76.《公路法》的基本制度是什么?

《公路法》的基本制度是:

(1)统一领导,分级管理的公路管理体制;

(2)公路规划制度;

(3)公路建设制度;

(4)公路养护制度;

(5)公路路政管理制度;

(6)参照国际通常做法,肯定和规范了收费公路的制度;

(7)公路监督检查制度。

77.《公路法》确立了哪些重要方针?

《公路法》确立的重要方针是:

(1)各级人民政府扶持、促进公路建设的方针;

(2)国家鼓励、引导国内外经济组织依法投资建设、经营公路的方针;

(3)国家帮助和扶持少数民族地区、边远地区和贫困地区发展公路建设的方针;

(4)国家鼓励公路工作方面的科学技术研究的方针。

78.路政法律文书的含义及其特点是什么?

路政法律文书是指路政管理机构作出的可能引起行政诉讼以及在路政管理行政诉讼中所形成的法律文书的总和。

法律文书可以分为规范性法律文书和非规范性法律文书两种。根据路政法律文书的性质、意义、法定程序,以及法规、规章的严格规定,其特点是:

(1)制作的合法性。路政法律文书既是路政管理机构依法行使职权的一种形式,也是公民维护自身合法权益的一种工具。因此,路政法律文书不同于一般文书,其制作由法规、规章赋予,只有按照路政管理法律、法规规定的内容、程序和手续制作才合法,才能具有效力。反之,任何违反法规、规章、规定而制作的法律文书,都是不合法的,不具有法律效力、法律作用和法律意义的,因而也就不存在法规、规章上的约束力。

(2)事实的真实性。路政法律文书所认定的事实必须真实,必须符合事物的本来面目,既不夸大,也不缩小,更不许歪曲或虚构。路政法律文书必须如实地认定行为人的违法事实。事实既是制作路政法律文书的根据,又是路政法律文书作出处理结论的客观基础。因此,路政法律文书所认定的事实,包括人名、地点、时间、起因、结果、经过、数字等,都必须准确无误。

(3)格式的规定性。路政法律文书有其固定的格式,必须严格遵循。这样做,一方面是为了文书的起草、签署、收发、存档的需要,也是为了保持路政法律文书的严肃性。

79. 路政法律文书是如何分类的?

(1)路政处罚文书。包括:

①询问笔录;

②勘验检查笔录;

③抽样取证凭证;

④鉴定意见书;

⑤证据登记保存清单;

⑥交通违法行为调查报告;

⑦案件讨论记录;

⑧交通违法行为通知书;

⑨交通行政处罚决定书;

⑩交通行政处罚文书送达回证;

⑪听证会通知书;

⑫交通行政处罚案件听证会笔录;

⑬交通行政处罚案件听证会报告书;

⑭交通行政处罚结案报告。

(2)路政赔补偿文书。包括:

①公路赔(补)偿案件询问笔录;

②公路赔(补)偿案件勘验检查笔录;

③公路赔(补)偿案件抽样取证凭证;

④公路赔偿和补偿案件鉴定意见书;

⑤公路赔(补)偿案件证据登记保存清单;

⑥公路赔(补)偿案件调查报告;

⑦案件讨论记录;

⑧公路赔(补)偿通知书;

⑨公路赔(补)偿案件管理文书送达回证;

⑩责令车辆停驶通知书;

⑪公路赔(补)偿案件结案报告。

(3)路政许可文书。包括:

①路政管理许可申请表;

②路政管理超限运输申请表;

③路政管理许可证。

80. 路政内业管理的内容及意义是什么?

路政内业管理是指路政内勤人员和内勤业务的管理,是相对于外勤管理而言的。路政内业以路政外业为基础,路政外业要靠路政内业来反映。

(1)路政内业管理的内容:

①信息管理工作,包括路政信息的收集、积累、分析、加工、传递、反馈等。

②文字材料工作,主要包括路政常用公文的写作、路政事务文书的写作、路政法律文书的写作。

③统计和统计分析工作,主要包括路政统计报表、统计图表、统计报告等。

④档案管理工作,包括公路赔(补)偿档案、行政处罚档案、路政管理许可档案、公路设施档案、文书档案等。

⑤许可证的核发工作,主要包括挖掘、占用公路许可证、超限许可证等。

⑥其他,主要包括证件、票据、印鉴、经费管理,装备、服装管理,负责群众来访等事务工作。

(2)路政内业管理的意义:

①通过统计手段和统计分析报告,向本部门领导和上级业务主管部门提供研究问题、指导工作、了解情况、制定政策的依据。

②通过统计数字和文字材料,反映本单位的实际工作情况,体现路政外勤工作。

③路政内业是路政管理规范化的基础,是规范化管理的重要组成部分,路政内业工作的正规、科学,为整个路政管理规范化创造条件。

81. 路政内业人员的基本要求是什么?

路政内业人员的基本要求是:

(1)要熟练掌握法律、法规和政策。路政管理工作是一种执法活动,路政管理机构的法律行为最终要落实到每个路政管理人员身上。因此,路政内业人员必须掌握法律、法规和政策,尤其是路政管理方面的法律、法规和政策。平时,要多学一点法学理论,熟练掌握重要的法律条文及重要的方针政策。

(2)要有一定的写作能力。路政内业人员必须具备一定的写作能力和文学水平,要掌握一些语法、修辞和逻辑知识。要熟悉各种常用公文、事务文书、法律文书的格式、要求和写作重点。要有较强的事业心和工作责任感及吃苦耐劳的精神。在实际工作中要手勤多记、耳勤多听、眼勤多看、口勤多问、立足本职有上进心。

(3)要精通路政业务。路政管理工作是一项系统工程,必须运用行政的、法律的、经济的、技术的手段进行管理。因此,路政内业人员必须具有跨学科的知识,要学习和理解交通工程学、公路工程学、行政管理学等有关的重要内容。

82. 什么是路政业务统计?

为了掌握研究对象的某些性质,对研究对象做若干次观察,并对观察所得数字资料进行整理和分析,这些活动总称路政业务统计。

路政业务统计一般分为3类。一类是属于路政管理机构本身的统计,如路政管理机构和路政管理人员的基本情况。一类是属于社会方面的,如超限运输单位车辆的构成情况。还有一类是路政业务方面的,如统计宣传工作量,统计路政许可、合同情况,统计查处路政案件情况等。

83. 路政统计工作目的和意义有哪些?

路政统计工作是社会统计的组成部分,它的统计工作程序和分析方法与社会统计相同。路政统计工作一般可分为3类。一类是属于路政管理机构本身的统计,如路政管理机构的基本情况,路政管理员的工作情况等。一类是属于社会方面的,如超限运输单位车辆的构成情况,汽车修理、制造厂家的经营情况等。还有一类是路政业务方面的,如统计宣传工作量、统计路政许可、合同情况、统计查处路政案件情况等。

路政业务统计工作的目的是通过调查收集有关各项路政业务的基本资料,利用统计报表、统计分析报告或统计图表等形式,如实反映路政管理机构工作的情况。为制定路政工作计划,研究政策措施提供依据,从而为保障公路设施完好,保障公路安全畅通服务。

路政业务统计主要有以下几项工作:

(1)调查收集统计对象基本情况的材料,分类归纳,填写统计报表。

(2)对调查收集来的统计资料进行汇总整理,系统积累。

(3)对占有的统计资料进行分析研究,提出统计报告,绘制统计图表。

路政业务统计工作的意义重大,一方面统计能客观反映路政管理机构的工作情况,对于及时、准确、全面地了解和分析各个时期的路政工作现状、特点、发展规律具有重要意义,同时对于路政管理机构内部提高管理水平和服务质量具有参考价值。另一方面,路政统计资料为了解情况、研究问题提供依据。路政管理机构可以通过统计数据,来分析、研究和探讨路政管理现象。例如路政管理机构办理的许多路政案件,必须进行分类统计才能得出全貌。这种全面性数据所起的作用,是单个案件材料代替不了的。因此,路政业务统计是了解路政情况的唯一手段。但不能认为掌握了数字就等于掌握了全部的实际情况,还必须深入实际进行调查,获得对事物的全面了解,才能做出正确的判断,更好地发挥路政统计应有的作用。

84. 路政统计中的常用指标有哪些?

(1)事件响应平均时间。该指标反映路政人员服务意识和快速反应能力,指路政人员在接到公路案件处理通知后,到达现场的平均所需时间。其计算公式如下:

$$\text{事件响应平均时间}=\frac{\text{各路面事件(到达现场时间、接报事件处理时间)之和}}{\text{路面处理事件总数}}$$

(2)违章建筑控制数。它是反映一个地区公路两侧建筑红线内违章建筑得到控制的绝对值,是衡量从根本上杜绝违章建筑的一个重要指标。它主要从审批公路两侧建筑红线内建筑的面积来体现。

(3)路政案件发生数。是指违反路政管理法、造成公路路产损坏、并依照路政管理法应当给予处罚的案件发生数量。

(4)路政案件查处数。是指对违反路政管理法的单位和个人进行了路政处罚,依照路政管理法作出了损失赔偿、罚款等处罚的路政案件数量。

(5)路政索赔额。是指对违反路政管理法规造成产损失的单位和个人,依照路政管理法的规定进行索赔,为国家挽回经济损失的数额。

(6)违章车辆查处数。是指查处违反路政管理法规的超限运输车辆、履带车、铁轮车上路、在公路上试刹车以及因车辆行驶不当造成路产损坏车辆数。

(7)违章建筑拆除率。是指一个地区在一定时期内查处的违章建筑拆除面积

的数量占违章建筑总面积的比率,其计算公式如下:

$$拆除率(\%) = \frac{拆除违章建筑面积}{违章建筑总面积} \times 100\%$$

(8)路政案件查处率。是指一个单位在一定时期内查处路政案件的数量占路政案件发生总数的比率。其计算公式如下:

$$案件查处率(\%) = \frac{路政案件查处数}{路政案件发生数} \times 100\%$$

(9)平均上路率。是指一定时期内路政管理人员在法定劳动时间内上路巡查公路的出勤程度的指标。其计算公式如下:

$$人均上路率(\%) = \frac{巡查工作日数与巡查人数乘积之和}{制度工作日数与外勤人员总数之乘积} \times 100\%$$

85. 什么是路政统计调查?

路政统计调查是路政统计工作的基础,是路政统计分析的前提条件。路政统计调查就是按照预定的调查要求,采用科学的调查方法,有组织、有计划地搜集路政资料的过程。

统计调查是直接占有原始资料、初步了解实际情况,属于感性认识阶段。统计调查既是统计研究的初步手段,又是整个统计工作的基础,因此,它在整个路政统计研究中占有十分重要的地位。如果对统计调查没有一个正确的认识和科学的方法,势必给统计综合、统计分析带来不利影响,直接影响整个路政统计工作的效果。

路政统计调查是一项复杂而严格的科学研究工作,必须有目的、有计划、有组织地按一定程序进行。在整个调查程序中,制定统计调查方案是一项首要工作。在进行某一项调查前,首先应制定一个周密的调查方案,以确定调查的目的、对象,确定调查提纲和制定调查表,制定调查的组织实施计划。调查方案制定以后,选择合适的调查方法,对于取得项调查资料尤为重要。采用何种调查方法,要根据调查方案所确定的调查内容、调查范围、时限要求等决定。

86. 路政统计调查主要包括哪些内容?

(1)路政管理工作现状调查;

(2)路政管理工作目标完成情况;

(3)路政管理对象的增减变化情况;

(4)路政处罚、复议、诉讼及申请强制执行情况;

(5)路检路查情况;

(6)路政管理机构设置情况,路政管理员的基本情况,路政管理机构基础设施与技术装备工作;

(7)路政管理从业人员作业情况;

(8)其他。

87. 路政统计调查方案应怎样制定?

(1)确定调查目的。制定一项路政调查方案,首先要确定调查的目的,明确进行调查所要研究和解决的问题。

(2)确定调查对象和调查单位。所谓调查对象,就是要进行研究的现象总体,它是由性质相同的许多调查单位所组成,确定调查对象,明确所要调查了解的总体界限。而确定调查单位,则可以知道从哪里调查取得有关标志的情况和资料。

(3)确定调查内容、方法和时间。统计调查时所要了解的内容包括基本的统计数据和基本情况。确定调查内容时,应该注意少而精的原则,应规定得明确具体,使路政统计人员不致产生误解。路政统计调查对象比较单一,可以根据调查目的和内容确定调查方法,如调查服务对象对路政员工作满意度情况,一般选择抽样调查的方法。确定调查时间包括确定调查实施时间和调查期限两部分的内容。

(4)制定调查表。制定相关的调查表就是把要了解的项目列在调查表中。为了准确地填写调查表格,必须附必要的填表说明。填表说明应包括项目的解释、指标内涵、表格的填写方法、计算单位和有关注意事项。

(5)组织实施统计调查。组织实施统计调查包括落实调查人员、明确调查起止时间,规定调查步骤和汇总上报时间等。

88. 路政管理工作的原始记录有哪些?

原始记录指路政管理工作活动的最初记录。它包括:

(1)路政巡查登记情况(登记簿);

(2)案件处理文书。如违章通知书、立案登记表、处罚决定书、复议决定书、强制执行申请书;

(3)审批文书(凭证)。包括挖掘(占用)公路许可证(存根)公路沿线开采许可证(存根)、协议书、通行证(存根)、建筑审批表;

(4)其他。如加班加点天数、廉政建设情况、基础工作情况,等等。

这些原始记录是路政管理机构取得基本统计资料的基础。正确的统计数字,来源于调查表中准确的原始记录。

89. 路政管理工作的原始记录有哪些特点?

(1)广泛性。原始记录记载着路政管理活动的各个方面,涉及范围广泛。既有路政管理人员的素质情况,也有路政管理机构的装备情况;既有路政案件的查处情况,也有路政事宜的审批情况;既有宣传方面的情况,也有巡查方面的情况。

(2)具体性。原始记录所登记的都是路政管理活动的具体事项,要求如实准确地记载。

(3)经常性。路政管理活动是不断进行的,这就要求原始记录必须对各个方面做及时的、经常的登记。

(4)群众性。由于原始记录涉及的范围广泛,因此,这项工作必须由每个路政管理员动手,分别记录,而不仅仅是内业人员的事情。

90. 什么是路政工作统计台账?

统计台账是路政管理机构收集统计资料的一种主要方式,它广泛应用于统计工作的各个领域。

在路政管理中,路政统计台账的资料来源于路政原始记录或经过加工整理以后的资料,它是按照时间顺序,对统计资料的循序登记,它是路政内业人员设置的一种积累资料的工具。

路政统计台账主要有以下作用:

(1)有利于系统地整理资料。路政统计台账按时间顺序进行系统地登记,它把路政统计整理工作分散在平时来做,便于日清月结,按时汇总、计算,不致忙中出错,保证准确及时地编制各种统计报表。

(2)便于系统地积累资料。通过台账对统计资料加以分类、综合、归纳,按日、月、季、年进行登记,使资料积累做到“每日统计资料条理化,月度统计资料系统化,年度统计资料档案化。”

91. 什么是路政统计报表?

路政统计报表是路政管理机构收集统计资料的一种主要方法。它是按省路政管理机构统一规定的表格形式,统一报送程序和报送时间,自下而上定期向上级部门和有关领导报告路政管理统计资料的一种报告制度。

92. 制定路政统计报表的注意事项有哪些?

在制定路政统计报表时,要掌握以下几点:

(1)标题要有概括性,能反映统计报表的主要内容。统计报表的期限、地域、范围,有的在标题上方表达,有的在标题的下方表达。

(2)项目力求简明扼要,通俗易懂,如果分组项目过多,可选择主要的列入,而把次要的并入“其他”项,特别是涉及面广、工作量大的统计调查,报表的项目要尽可能简单、明确。避免产生误解。

(3)各统计分组的项目之间要合乎逻辑,不要把概念交叉的项目放在一个分组内,也不能把性质不同的项目放在一个分组内。

(4)有些统计报表的项目应注意计量单位。

(5)在统计的报表的左上方应注明“填报单位”,下方列上“填表人”、“审核人”。

路政业务统计报表由省路政管理机构制发,对制发统计表要严格管理,不层层加码,不滥发报表,以尽量减少基层单位的负担。

93. 填写路政业务统计报表的方法有哪些?

路政业务统计报表的填写,就是把统计调查所得的大量材料,经过分类归纳,用数字反映在统计报表上的工作过程,这是一项极其细致、严肃的工作。准确地填写统计报表,是保证统计质量的一个重要环节。填写统计报表常用的方法有:

(1)分类划正法。即用一划代表一个单位计数,“正”代表5个单位计数。这种划正法,在调查对象较少或统计项目较简单时,使用比较方便。但在面大、数多时,不宜采用。

(2)卡、表点数法。用卡或单张登记(一案填写一张)点数,优点是比较准确,可以及时发现和纠正差错。但必须注意,在进行卡、表点数前,要保证原始卡、表的全面完整,防止遗漏、散失。

(3)整理表法。就是把统计调查所得的资料,先记录在整理表上,然后进行汇总。在汇总前,要把汇总用的报表格子放大些,然后把同类的数字摘录在有关项内,待一一填完后,把在一格内记录的数字汇总起来,填入统计报表,即成总表。这是一种广泛运用的方法,其优点是可以一目了然,防止差错,便于互相比较。

94. 路政管理机构填写和上报统计报表有哪些规定?

路政管理机构填写和上报统计报表必须按照报表制度的规定,做到“准、快、全、明”,以便上级部门和领导及时掌握情况。

(1)准。是指报表的数字资料准确无误。路政内业人员必须实事求是如实反映情况,反对弄虚作假,防止“水分”报表。

(2)快。是指严格按规定时间上报。各县(市)路政队统计时间界限为每月 20 日。每月 25 日前报(市)地,每月 30 日前由市(地)报省路政管理机构。

(3)全。是指按报表制度统一规定的内容和指标逐页填写,必须完整无缺。

(4)明。是指除统计表以外,要有简要的文字说明或综合分析。

95. 什么是路政统计分析?

统计分析是在统计调查和统计汇总的基础上,对已获得的各种统计资料进行加工、整理、分析、研究,以揭示路政管理活动的特征和规律。

路政管理机构的统计分析大致可分为综合分析、专题分析和典型分析 3 种。

(1)综合分析。它是对一定时期内各项路政业务统计资料进行全面系统的分析。从而反映路政管理活动的基本情况和发展变化,为总结经验、吸取教训、制定计划提供依据。

(2)专题分析。它是运用统计材料对路政工作某一方面的情况进行分析。

(3)典型分析。它是选择某一方面有代表性的材料进行分析,以补充综合分析和专题分析的不足。

96. 路政统计分析方法有哪些?

(1)运用总量指标进行分析。所谓总量指标,是指通过统计调查和统计汇总收集整理得来的,反映统计研究对象特征的总数值。总量指标都是绝对数。路政管理工作情况,主要运用总量指标来表示。它是计算相对指标、平均指标的基础。

(2)运用相对指标进行分析。相对指标是两个相关联的绝对数之比,进一步又可分为结构相对指标、比较相对指标、强度相对指标和动态相对指标。

①结构相对数分析法,是研究现象占总体的比重或比率。其计算公式为:

$$\text{结构相对指标}=\frac{\text{现象部分数值}}{\text{现象总体数值}}\times 100\%$$

②比较相对数分析法,是同一内容路政现象的指标在不同时期或不同单位的对比。其计算公式为:

$$\text{比较相对指标}=\frac{\text{某时间或空间条件下的一数值}}{\text{另一时间或空间条件下的同类数值}}\times 100\%$$

③强度相对指标,是两个性质不同但有一定联系的总量指标的相互对比,用来表明现象的强度、密度和普遍程度,如交通事故发生率。计算公式为:

$$\text{强度相对指标}=\frac{\text{某一总量指标数值}}{\text{另一有联系的总量指标数值}}\times 100\%$$

④动态相对数分析法,是把不同时期内反映同一路政现象的不同时期数值对比,从而研究这一路政现象在时间上的发展变化情况。一般公式为:

$$动态相对指标 = \frac{报告期指标数值}{基期指标数值} \times 100\%$$

(3)运用平均指标进行分析。所谓平均指标,即平均数。平均数也是一种综合指标,它是在一定条件下,某一同性质的总体内,各个有差异的个体数值,经过计算加以抽象化了的,反映一般水平的代表值。路政管理实践中常用的是算术平均数。算术平均数是指由某一路政现象的总体标志总量(即某一项统计数字的总和)被总体单位数(即统计单位数的总和)相除所得。计算公式如下:

$$算术平均数 = \frac{标志总量}{总体单位总量}$$

(4)统计图。在进行路政统计分析时,除了运用统计表、统计报告形式表达外,还有一种表达形式就是统计图,即利用几何图、象形图等,来表达统计指标之间的对比关系、结构、分布变化等状况。统计图通俗易懂,对比鲜明,基层单位喜闻乐见,经常采用。在路政管理实践中统计图的形式有:

①按时间排比列图,见图3-2。

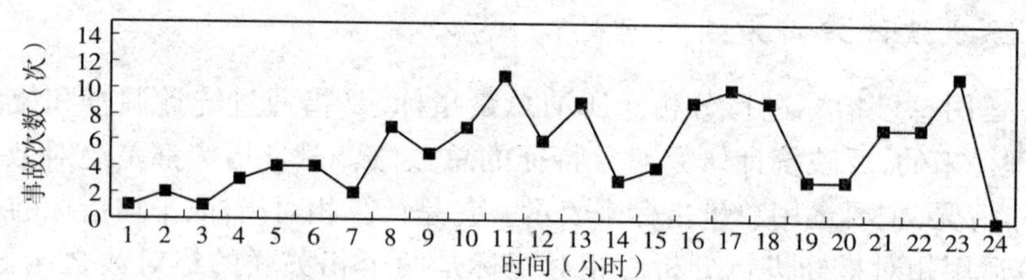

图3-2 某高速公路2003年8月事故发生时间分布图

②按地域单位排比图,见图3-3。

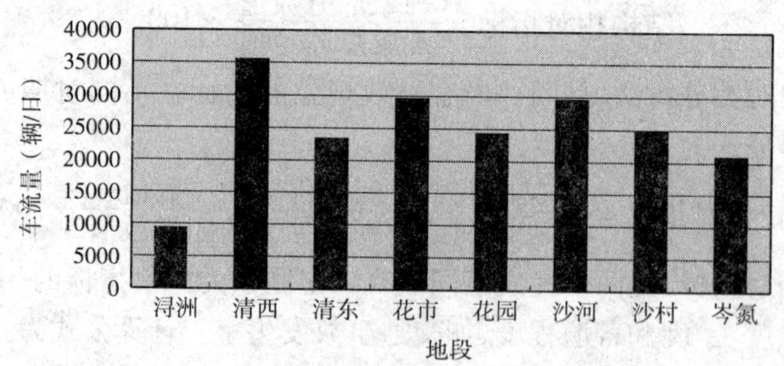

图3-3 某高速公路车流分布图

③按总体的各个部分列图,见图3-4。

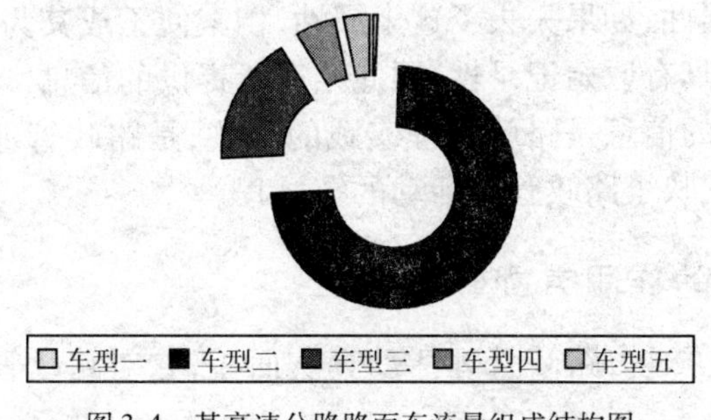

图3-4　某高速公路路面车流量组成结构图

④按两类事物的相互关系列图,见图3-5。

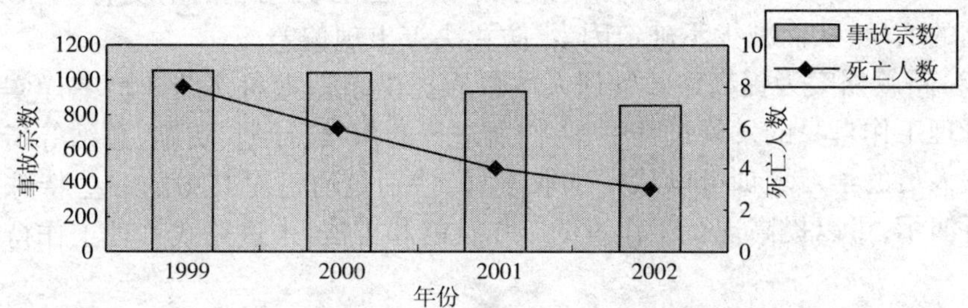

图3-5　某高速公路年度事故宗数及死亡人数对比图

97. 什么是路政管理档案?

路政管理档案是指路政管理机构在路政管理活动中形成的,有保存价值的各种文字、图表、声像等不同形式的历史记录。这一概念的基本涵义有以下几点:

(1)路政管理档案是路政管理机构在过去和现在活动中的历史记录。路政管理工作中随做随记录时所留下的文件材料,是路政管理档案的前身。

(2)路政管理档案直接形成于路政管理工作,路政管理过程中的各项活动都会留下相关记录,其中有价值部分将作为档案保存。

(3)路政管理档案是由路政管理机构实施活动的原始记录转化而成的,是经过加工整理以后的资料。转化为档案的文件材料通常具备已使用或办理完毕,有保存价值,按照规定集中保存好等3个条件。

(4)路政管理档案的物质载体和记录形式是多种多样的,档案信息的表达方式主要有文字、图表、声音、图像等许多种,其物质载体可以是纸张、胶片、磁带、磁盘、光盘等许多种。

路政档案具有一般档案具备的原始性和真实性。原始记录性是档案的根本特征,是档案的本质属性,如果失去了这个属性,档案便不成其为档案,也没有了存在的价值。由于档案具有原始记录性,因此档案所提供的信息,才具有原始性和真实性。路政档案保存的信息是路政管理实践的真迹,是路政管理活动过程留下的重要原始凭证,真实反映了路政管理活动的全过程。

98. 路政档案的作用有哪些?

路政档案保存了过去路政管理活动真实面貌,它对路政管理工作起着非常重要的作用。

(1)路政档案是科学决策的重要依据。因为路政档案记录了过去工作的情况、经验和教训,它可以帮助现行决策者了解掌握有关问题的历史背景和现状,分析问题的实质,从而减少不确定因素,防止决策出现偏差。

(2)路政档案为提高路政管理人员素质提供培训素材。路政档案详实记录了路政管理工作自身的发展过程中,人们所进行的探索、计划、实施、总结等情况。路政管理人员的学习培训可以从中选取素材,特别是通过对其中的一些特殊案例进行分析演示,可以提高现行工作者的工作技能和方法,推进路政管理工作持续高效进行。

(3)路政档案是路政工作依法行政的真实凭证。现代社会人们法律意识不断增强,路政管理机构建立完善的档案,最原始、最真实、最具体地反映路政管理过程中的情况,一方面可以自我保护,另一方面也利于取证,是可靠的法律依据。

(4)路政档案是研究路政发展情况的可靠材料。路政档案是由各级路政管理机构作为办或办案工具的各种文字、图表、声像资料转化而来的,这些是研究路政管理发展规律的可靠资料。

99. 路政管理档案种类有哪些?

由于档案工作的需要,档案要分类管理。根据不同分类标准,档案有许多种类型,以档案内容为标准,可分为文书档案、科技档案和专门档案;以历史时期为标准,可分为历史档案和现行档案;按专业分,可分为诉讼档案、会计档案、路政档案、医疗档案等等。

在路政管理工作中,路政档案以档案内容分,可分为日常文书档案、路产档案、路政处理档案、路政处罚档案、路政审批档案、违章建筑档案等。

(1)日常文书档案。日常文书档案由路政管理机构处理完毕的文书资料转化而来。路政的日常文书资料包括常用公文和事务性文书两大类。常用公文包括通知、通报、报告、请示、批复、意见、函及会议纪要等;事务性文书包括路政简报、路政调查报告、计划、总结及合同等种类。

路政日常文书归档工作必须按照国家的有关规定,依据归档范围,通过一定的方法将路政管理机构中处理完毕的有价值的文件集中在一起,完成系统分类和立卷整理工作。

(2)路产档案。路产档案是指对辖区内的公路路产通过调查摸底,按照一定规律和要求整理而成的文书资料,其目的是为了长期备查。建立健全路产档案是路政管理工作的一项长期而艰巨的基础工作,只有做好该项工作,才能对辖区内公路的路产做到心中有数,才能对这些路产实行有效保护。

路产档案的常见形式是建立分类台账和路产示意图。分类台账应包括线路的名称、类别、辖区公路的里程以及公路设施情况。如标志、标牌、界碑、里程碑、苗圃、道班房、行道树、示警桩等的数量。桥梁名称、桥位桩号、桥梁结构、设计载重、跨径、全桥长、桥梁的完成情况等。

(3)处理档案。路政处理档案是指在辖区内处置交通事故、治安案件及其他未涉及处罚事件时的相关记录。一般应包括:

①卷宗目录;

②违法通知书;

③调查笔录;

④有关证据材料,如现场照片、现场平面图等。

(4)路政处罚档案。路政处罚档案指在涉及处罚的路政案件处理过程中形成的记录。包括的内容有:

①卷宗目录;

②违法通知书;

③立案登记表;

④调查笔录;

⑤证据材料(包括示意图、照片、登记表、征地议书、鉴定意见书、勘查笔录等);

⑥案件讨论记录;

⑦处罚决定书;

⑧送达回证;

⑨申请强制执行书;

⑩结案报告;

⑪其他。

(5)路政许可档案。路政许可档案保存了路政管理机构所审批的有关挖掘、

占用公路或发放免费通行证等的有关记录。包括的内容有:

①卷宗目录;

②申请书;

③许可证(存根);

④其他(如工程设计图、平面示意图等)。

(6)违法建筑档案。违法建筑档案包括以下内容:

①卷宗目录;

②违法建筑登记表;

③违法建筑平面示意图;

④现场照片;

⑤调查笔录;

⑥其他。

(7)交通、通讯工具、取证设备档案。交通、通讯工具、取证设备档案包括以下内容:

①交通工具、汽车、摩托车等;

②通讯器材、照相机、摄像机、手电、车载电话等;

③办案用测量器材等。

100. 路政档案工作的内容是什么?

档案工作有广义和狭义之分,广义的档案工作是指国家规模的档案事业,狭义的档案工作是指围绕档案的收集、整理、鉴定、保管、统计到开发利用而形成的一系列具体业务工作。路政档案管理工作包含在狭义档案工作之中,其主要工作内容是路政档案的收集、分类立卷、保管统计及开发利用等方面。

101. 怎样进行路政档案的收集和整理工作?

档案的收集工作是指文件由分散到集中的过程,它是档案工作的起点。路政档案收集一般是指对路政管理机构工作中分散的文件进行收集,加以挑选,择其重要部分集中归档保存的过程。

路政文件资料收集的范围一般包括以下几类:上级机关文件,本机关文件,下级机关文件,声像资料,路政处罚、复议、审批材料等。符合以下条件的音像资料均应收集并及时编目整理:

(1)反映路政业务工作面貌的;

(2)反映路政管理机构全局性情况的;

(3)反映路政管理机构各个时期的重要会议、重大事件、重大成就、深刻教训的;

(4)重要领导人讲话及其活动情况;

(5)办理路政案件的视听资料;

(6)认为需要保存的其他音像资料。

音像档案的编目应根据它们制成的材料、外形特点和便于管理利用的原则进行。对不同类型、不同载体的音像档案区别分类整理,然后按类编号,并建立登记簿,分别登记目录。

照片目录包括分类号、照片号、内容、摄影者、拍摄地点、时间、照片数量、来源、收到日期、备考等。

录音(像)带目录包括编号、收到日期、录音(像)日期、内容、作者、录制单位、录音(像)地点、放送时间、数量、备注。

磁带的编号与附加文字材料的编号要一致,同一内容而分录的几盘磁带应该统一编号,各盘另编分号,以免遗失。

102. 路政档案应如何立卷?

立卷是手工管理档案的方法。路政档案是零散的,文件是一份份形成的,档案立卷的工作就是将有密切联系的文件组成一个保管单位的过程。路政档案立卷程序如下:

(1)编制案卷类目。按照立卷的原则和方法拟制出的归卷条目,这是一种比较详细具体的立卷计划,以指导文书立卷工作。

(2)文件的平时归卷。就是将收集的文件资料,按照案卷类目的条款,及时归入柜格和卷盒、卷夹之内,以便及时归卷。对于路政处理、处罚、复议、审批卷宗的平时归卷,应做到一件案件办完后立即立卷。

(3)全面调整定卷。在年终或次年初,对已经办理完毕的文件资料在平时归卷的基础上,按照立卷的原则和方法,进行全面复查和调整,正式组成案卷。

(4)案卷的编目与装订。编目和装订是组卷工作完成后所进行的工作,一般按以下顺序进行:

①拟写案卷标题(即案卷名称),一般包括发文机关、问题、名称三部分;

②对卷内文件进行排列、编号,一般是正文在前,附件在后;批复在前,请示在后;

③填写卷内文件目录与备考表;

④填写案卷封面与装订案卷。

103. 路政档案保管的要求是什么?

为保证路政档案的质量,要建立科学的管理制度,逐步实现保管的规范化、标准化。应明确规定归档时间期限、归档范围,根据档案的物质载体的不同特性,选择适当保管方法、技术环境和相关版本格式等归档要求,以保证其完整与齐全,尽量延长其寿命。

电子文档应有严格的管理制度和技术措施,确保其真实性、完整性、有效性和安全。应对电子文件的形成、收集、积累、鉴定、归档实行全过程管理,保证管理工作的连续性。电子文件与相应的纸质或其他载体形式的文件同时归档时,应在内容、相关说明及描述上保持一致。

104. 路政档案存档的要求是什么?

路政档案的存档的要求是:

(1)统一装订份数。路政处罚和复议档案一案一卷。路政文书档案可按上行文和下行文分别装订,对于文件较多装订成两卷有困难的,可按收发文机关的不同分别装订。公路赔(补)偿档案、路政管理许可档案按每卷10案装订。

(2)统一装订格式。各种文书一律按16开纸装订,有的证明材料小于16开纸的,可附在16开大小的白纸上,如大于16开纸的,可折叠装订。

(3)装订要有顺序。各种档案的装订顺序要按照时间先后或办案程序、审批程序、处理程序装订。各部分内也要有规律地排列,一般可以按时间顺序的先后装订,如原始材料在先,复查材料在后。

(4)证据材料要齐全,法律手续应完备。装订前要首先检验法律手续是否完备,与案情有关的证据材料和各类法律文书是否全部收集齐全。经检查、整理、确认齐备后再进行装订。

(5)整洁规范。装订案卷时,封面要整洁干净,书写要工整,为了便于长期保存,还要剔除钉书针、大头针、回形针等金属物,防止腐蚀物侵蚀案卷,还要给案卷编码。

105. 路政装备的种类有哪些?

路政装备分为以下几种:

(1)交通工具。用于路政监督检查、巡逻、救援等的车辆,这类车与民用车不同,必须有明显的颜色和标志,以便公众识别和监督。《公路法》第73条规定:“用于公路监督检查的专用车辆,应当设置统一的标志和示警灯。”

(2)通讯器材。用于路政执勤过程中的联络工具,包括车载电话、对讲机等;

(3)测量器材。用于路政办案取证的测绘工具和其他器材,包括照相机、摄像机、尺等;

(4)其他器材。

106. 路政装备管理的内容有哪些?

路政管理机构必须建立路政装备管理制度对各类型装备的购置、领用、使用、保管、养护维修和报废等过程进行规范化管理,有效利用路政装备为路政工作服务。

(1)路政装备的购置。路政内业人员根据交通主管部门的有关装备配置标准和数量的规定,结合本机构的实际需要,制定购置路政装备计划,经相关部门审批后进行采购,验收合格,价值超过2000元的办理固定资产增加手续,路政内业人员建立路政装备台账。

(2)路政装备的领用。使用部门办理领用手续,领取相关设备。

(3)路政装备的使用。路政装备只能在执行路政公务时使用,使用者必须是路政岗位人员,并按规定着装,佩带执法证件。在使用路政装备期间,路政人员必须按照有关操作要求操作。路政人员交接班时,同时办理路政装备交接手续,接班人员认真检查装备的完好性和数量,发现问题及时报告。

(4)路政装备的保管。路政使用部门必须按照路政装备的特性选择正确保管方法,如照相器材等要注意防潮、防霉。

(5)路政装备的养护维修。路政内业人员根据路政装备的使用手册和具体使用情况,做好路政装备的养护和维修计划,并负责监督计划实施情况,完成后在路政装备台账上予以记录。

(6)路政装备的报废。路政内业人员根据路政装备规定使用年限和装备的性能,做好路政装备报废申请,经相关部门同意后报废,并在路政装备台账中注明报废日期和情况。

107. 路政内务管理制度的内容包括哪些方面?

为了保证路政管理工作顺利进行,建立健全路政内务管理制度,加强各项内务管理工作,提高路政管理效率,而制定的一些行为规范,即为路政内部规章制度。主要有:

(1)路政管理人员岗位职责;

(2)路政管理人员行为规范;

(3)路政管理人员执法考核、评议制度;

(4)路政执法和办案程序;

(5)路政巡查制度;

(6)路政管理统计制度;

(7)路政档案管理制度;

(8)其他路政内务管理制度。

108. 什么是公文?公文的作用、格式、行文关系是什么?

(1)公文。公文就是公务文书。它是指机关、团体、企事业单位在处理各种事务中形成的体式完整、内容系统的各种书面材料。

(2)公文的作用包括:

①有上传下达,互通情况的作用。

②具有工作依据和凭证的作用。

③有宣传教育的作用。

④有规定人们行为规范的作用。

(3)公文的格式:

公文一般由秘密等级和保密期限、紧急程度、发文机关标识、发文字号、签发人、标题、主送机关、正文、附件说明、成文日期、印章、附注、附件、主题词、抄送机关、印发机关和印发日期等部分组成。

①涉及国家秘密的公文应当标明密级和保密期限,其中,“绝密”、“机密”级公文还应当标明份数序号。

②紧急公文应当根据紧急程度分别标明“特急”、“急件”。其中电报应当分别标明“特提”、“特急”、“加急”、“平急”。

③发文机关标识应当使用发文机关全称或者规范化简称。联合行文,主办机关排列在前。

④发文字号应当包括机关代字、年份、序号。联合行文,只标明主办机关发文字号。

⑤上行文应当注明签发人、会签人姓名。其中,“请示”应当在附注处注明联系人的姓名和电话。

⑥公文标题应当准确简要地概括公文的主要内容并标明公文种类,一般应当标明发文机关。公文标题中除法规、规章名称加书名号外,一般不用标点符号。

⑦主送机关指公文的主要受理机关,应当使用全称或者规范化简称、统称。

⑧公文如有附件,应当注明附件顺序和名称。

⑨公文除会议纪要和以电报形式发出的以外,应当加盖印章。联合上报的公

文,由主办机关加盖印章;联合下发的公文,发文机关都应当加盖印章。

⑩成文日期以负责人签发的日期为准,联合行文以最后签发机关负责人的签发日期为准,电报以发出日期为准。

⑪公文如有附注(需要说明的其他事项),应当加括号标注。

⑫公文应当标注主题词。上行文按照上级机关的要求标注主题词。

⑬抄送机关指除主送机关外需要执行或知晓公文的其他机关,应当使用全称或者规范化简称、统称。

⑭文字从左至右横写、横排。在民族自治地方,可以并用汉字和通用的少数民族文字(按其习惯书写、排版)。

(4)公文的行文关系:

①下级机关一般应按照直接的隶属关系行文,不要越级。

②联合行文的机关应当是同级机关。

③平行或不相隶属的机关之间,应当使用平行文(函、通知)。

④要分清主送机关与抄送机关。

⑤要注意防止党政不分的现象。

⑥要明确发文权限。

109. 公文的种类有哪些?

中华人民共和国国务院于 2000 年 8 月 24 日发布,自 2001 年 1 月 1 日起施行的国务院国发[2000]23 号《国家行政机关公文处理办法》,把公文分 13 种。

行政机关的公文种类主要有:

(1)命令。适用于依照有关法律公布行政法规和规章,宣布施行重大强制性行政措施,嘉奖有关单位及人员。

(2)决定。适用于对重要事项或重大行动做出安排,奖惩有关单位及人员,变更或者撤销下级机关不适当的决定事项。

(3)公告。适用于向国内外宣布重要事项或者法定事项。

(4)通告。适用于公布各有关方面应当遵守或者周知的事项。

(5)通知。适用于批转下级机关的公文,转发上级机关和不相隶属机关的公文,传达要求下级机关办理和需要有关单位周知或者执行的事项,任免人员。

(6)通报。适用于表彰先进,批评错误,传达重要精神或者情况。

(7)议案。适用于各级人民政府按照法律程序向同级人民代表大会或人民代表大会常务委员会提请审议事项。

(8)报告。适用于向上级机关汇报工作,反映情况,答复上级机关的询问。

(9)请示。适用于向上级机关请求指示、批准。

(10)批复。适用于答复下级机关请示事项。

(11)意见。适用于对重要问题提出见解和处理办法。

(12)函。适用于不相隶属机关之间相互商洽工作、询问和答复问题,请求批准和答复审批事项。

(13)会议纪要。适用于记载、传达会议情况和议定事项。

110. 路政常用公文的处理程序是什么?

(1)收文办理。指对收到的公文的办理过程,包括签收、登记、审核、拟办、批办、承办、催办等程序。

(2)收到下级机关上报的需要办理的公文,文秘部门应当进行审核。审核的重点是:是否应由本机关办理;是否符合行文规则;内容是否符合国家法律、法规及其他有关规定;涉及其他部门或地区职权的事项是否已协商、会签;文种使用、公文格式是否规范。

(3)经审核,对符合规定的公文,文秘部门应当及时提出拟办意见送负责人批示或者交有关部门办理,需要两个以上部门办理的应当明确主办部门。紧急公文,应当明确办理时限。对不符合规定的公文,经办公厅(室)负责人批准后,可以退呈报单位并说明理由。

(4)承办部门收到交办的公文后应当及时办理,不得延误、推诿。紧急公文应当按时限要求办理,确有困难的,应当及时予以说明。对不属于本单位职权范围或者不宜由本单位办理的,应当及时退回交办的文秘部门并说明理由。

(5)收到上级机关下发或交办的公文,由文秘部门提出拟办意见,送负责人批示后办理。

(6)公文办理过程中遇有涉及其他部门职权的事项,主办部门应当主动与有关部门协商;如有分歧,主办部门主要负责人要出面协调,如仍不能取得一致,可以报请上级机关协调或裁定。

(7)审批公文时,对有具体请示事项的,主批人应当明确签署意见、姓名和审批日期,其他审批人圈阅视为同意;没有请示事项的,圈阅表示已阅知。

(8)送负责人批示或者交有关部门办理的公文,文秘部门要负责催办,做到紧急公文跟踪催办,重要公文重点催办,一般公文定期催办。

111. 通知的含义是什么?

通知,是传达上级机关的指示,要求下级机关办理或者需要知道的事项的告知性文件。

目前在我国公文中，通知是使用范围最广的文种，也是路政管理机构应用最多的文种之一。它的用途主要有：

(1)发布行政法规、决议、决定；

(2)传达上级机关和领导的指示；

(3)批转下级机关的公文或者转发上级机关、同级机关和不相隶属机关的公文；

(4)要求下级机关执行、办理或者需要知道的事项。

通知应用广泛，内容较多，但归纳起来主要有：发布法规的通知；布置工作、传达领导意见的指示性通知；批示性通知；召开会议、启用印章等事务性通知。

如因工作需要，须由两个或两个以上单位联合发文的，可用“联合通知”；通知发出后遇有新情况需加补充的，可在发一个“补充通知”；遇有紧急情况时，可发“紧急通知”。

写指示性通知时，交代问题要清晰明了，使下级机关一看就知道要求他们解决什么问题、为什么要解决这些问题，采取什么措施等。同时，提出的措施要符合实际，切实可行。

领导机关在批转下级机关的公文或者在转发上级机关、同级机关和不相隶属机关的公文时，用批示性通知。上级机关转发下级机关的文件时，可用“批转”、“印发”；对上级机关、同级和不相隶属机关的文件需要转发时，只能用“转发”，不能用“批转”。

批示性通知要写明对所批转或转发文件的意见或评价，并根据情况表明批转、转发的目的，如要求下级机关“参考”、“参阅”、“参照执行”、“遵照办理”、“研究执行”、“认真贯彻执行”等。

批示性通知一般都比较正规，如以文件形式出现，则应严格按照公文有关规定办理。

上级机关的有关事宜需要下级机关知道或办理，如成立、撤销某个机构，启用印章，召开会议，更正文件差错，传递信息等，都可用这种通知。

事务性通知要交代清楚所要通知的事项、如何办理、有何要求等。如会议通知要交代清楚会议名称、内容、起止时间、参加人员、会议地点，主持单位，携带材料等。切不可顾此失彼而影响会议的正常进行。事务性通知的语言要简明扼要，一般是几十字到上百字。

通知的时间要求，应符合实际情况。如通知要下级办理的事情，应考虑下面的实际情况，能否在规定的时间内完成。

112. 通报的含义是什么?

(1)通报按其内容分3类。

①表彰先进的通报。主要是表扬先进个人和先进单位,介绍先进事迹,分析主要经验,以鼓舞斗志、推动工作。

②批评错误的通报。主要是批评不良倾向和错误行为,概括问题性质,分析主要原因,找出教训所在,以防止类似事件的发生。

③情况通报。主要是向一定范围内告知重要的情况、动向和信息,使人们心中有数,工作时可供参考。

(2)通报的格式主要有标题、正文。组成通报的正文主要由4部分组成:

①通报缘由。这部分要粗线条地概括出通报事项的主要事实,同时要表明通报机关给予肯定或否定的态度。

②通报事项。一般要叙述事件的起因、发展和结果,诸如事件发生的时间、地点、背景、有关单位和人员、基本过程、主要情节、后果和影响等。

③分析概括。这部分要对通报事项进行分析评论,揭示问题的实质,概括说明事件的意义。无论是表扬性还是批评性通报,都要注意实事求是,一分为二地概括出经验或教训的要点所在。切莫脱离实际,妄加评论,或者把经验拔高,漫无边际;或者把教训说重,任意上纲。

④处理决定。是指对有关人员或单位进行具体的表彰和处分。这部分要求注意实事求是,分清是非,无论是嘉奖还是告诫都必须恰如其分,合情合理。

(3)撰写通报注意事项。

①所通报的事件或人物必须是典型的,具有普遍意义的,能使人们从中学习到先进经验,感受榜样的力量,或吸取教训,引以为戒,达到教育人和改进工作的目的。

②叙事部分要把时间、地点、人物、数据、事例、背景都写清楚。

③要对其原因、影响、经验、教训进行科学总结,指出重要意义或严重后果,揭示其实质。

④通报主要运用叙述的表现手法,但同样要遵守公文语言朴实无华的要求。

⑤通报的时间性较强,尤其是协查通报,时效性要求更高,在写作上要求及时迅速,抓住时机才能起到作用,指导当前工作,否则,事过境迁,将会失去价值。

113. 报告的含义是什么?

报告是下级机关向上级机关汇报工作、反映情况、回答询问的陈述性文件。回答上级机关的询问或向上级机关汇报重要事项和报送文件、物件等,均应用报告行文。

(1)报告按其用途分工作报告和情况报告两大类。

①工作报告,又可分为综合性和专题性两种:

综合性工作报告,是指向上级汇报一个地区或部门在一段时间内工作完成情况所写的报告。它的写作要点是:工作任务的完成情况,取得的成绩和经验,存在的问题及解决问题的意见。

专题性工作报告,是指向上级汇报某一特定工作的完成情况。这种报告针对性强,问题集中、明确。

②情况报告,也可分为综合性报告和专题性报告两种:

综合性的情况报告,是指将某一地区或系统在一段时间内某一方面的重大情况,汇总后向上级写的书面材料。

专题性的情况报告,是指为把某一重大的专门问题或事件的情况向上级汇报而写的书面材料。

(2)报告的格式:

①标题。内容简单的也可只写"报告"两字。

②称呼。受文的上级机关或机关首长的称呼,写在标题下面一行,顶格写。

③正文。报告的正文是由报告目的、报告内容和结束语 3 部分组成。

报告目的。应直接写明根据上级哪一号文件的布置,或根据领导的有关指示、电话通知或口头询问,并用"现将有关情况报告如下"之类的承启语转入报告内容。

报告内容。一般要写清工作进行的情况(包括过程、措施、结果或成效),存在的问题,有些什么经验教训,以及下一步的打算,这几个方面是否都要写,要视具体情况而定。

④结束语。习惯用语如"特此报告"、"以上报告请审阅"、"以上报告如有不妥之处,请指正",但不能写成"报告当否?请批示"之类的请求语作结束语。最后由单位盖章并注明时间。

(3)撰写报告注意事项:

①要客观。所用材料必须认真核实,不能有丝毫虚假,更不允许任意夸大或缩小。

②要突出重点。对于纷繁复杂的全面工作或几个方面的工作情况,一定要突出重点,并注意点面结合,使报告内容丰富,有血有肉,以增强说服力。

③要有综合分析。报告不能只简单地罗列堆砌事实,使人看后不得要领。要想写出好的工作报告,必须对工作任务进行分析,有了好的工作设想,才会写出好的工作报告。

114. 请示的含义是什么?

请示是向上级机关请求对某项工作或问题作出指示、给予答复、审批批准时所用的请求性公文。文中要写清请示的问题,并附上自己的看法和意见,从而使上级领导了解问题的真实情况和性质,以便做出正确的决定和指示。

请示与报告是相当接近的,但毕竟是不同的文种,把“请示”写作“报告”或“请示报告”,是不确切的。如某县乡公路养护管理所,有一份请示却写成“关于公路两侧建筑控制范围的请示报告”。如又有一份请示,却写成“关于要求设立××高速公路路政大队的报告”,就没有把报告与请示严格区分开来。是请示就不能够写作“请示报告”,否则,会使上级机关误解为就是报告,不利于问题及时解决。是报告就不要提出请示事项。

(一)请示与报告的相同点

(1)行文方向一致。请示与报告皆属于上行文,是公文中运用较为广泛的两大类。

(2)标题构成相同。一般都由事由和文种两部分构成,都用介词“关于”领头。

(3)报送要求一样。一般都只能主送一个上级机关。如需同时报送另一个或几个上级机关,则是“抄报”的形式。

(4)签署形式一样。都放在正文之后。

(二)请示与报告的不同点

(1)行文目的不同。报告的目的只是为了让上级机关了解、掌握情况,沟通上下联系。而请示则是为解决某一问题而请求上级机关指示或审核批准。

(2)性质要求不同。报告属陈述性公文,不需要上级批复。而请示属请求性公文,需要上级机关给予批复回答。

(3)行文时限不同。请示必须在事前行文,而报告则事前、事后及事情进行中皆可。

(4)内容含量不同。请示必须坚持“一文一事”、即“一事一请示”的原则,而报告则一事数事皆可。

(5)正文构成不同。请示是由请示缘由、请示事项和请求语3部分构成,报告则是由报告目的、报告内容和结束语3部分构成。

①请示缘由。这部分应简要说明为什么要请示,讲清提出请求的背景或依据。

②请示事项。应写明需要上级机关审批的问题并作出具体分析,然后提出自己的看法或处理意见。要求阐述客观事实,引用数字准确,说明问题具体。同时,提出的看法或处理意见要具体明确,切实可行,既不能模糊混乱或过于概括,使领

导难以迅速作出决断;也不能不顾实际可能,提出过高的要求,随意给领导出难题。

③结尾。习惯用语如"以上意见是否妥当,请领导审核批准"等作结尾。

(三)请示常用的类型

(1)请求批示的请示。因情况特殊或关系重大,提出处理意见后需报请上级机关批准后再办的,如增设机构、增加编制、机构改革等。

(2)请求审核的请示。要办一件事却因缺少一定的财力、物力而报请上级机关审核批拨或调配使用。这类请示一般只涉及经济或物质问题。

(3)请求批转的请示。一个职能部门制定出解决问题的办法或措施后,不能直接要求行政机关去执行,因此,必须通过请示上级党委或政府认定后形成上级机关指示性的批转文件,方可下达各有关单位执行。

(4)请求指示的请示。遇到疑难问题须请求上级机关作出指示意见的,如对上面的有关文件理解把握不准,请求有关机关作出明确的解释;对某一案件的定性意见有分歧,须请求上级机关给予指示等。

(四)撰写请示的注意事项

(1)主题要明确。向上级机关请示的问题必须十分明确,并提出如何处理的意见,供上级批复时参考。

(2)理由要充分。凡向上级机关请示某一事项都必须理由充分,使所请示的事宜容易被接受,以达到请求的目的。

(3)请求问题应当一文一事,以便于上级答复处理问题,切忌一文数事。

(4)请示要严格控制,不能滥用。在本身职权范围内确有请示之必要,可用请示行文。

(5)不得先斩后奏,为难上级。请示应写在欲做事情之前,凡需要上级机关审批的事宜都要事先请示,特别是涉及人、财、物等方面的问题更应如此,以免上级机关工作被动。

(6)不得越级请示。因特殊情况,必须越级行文时应抄报越级的机关。请示也不要直接送领导者个人,不要同时抄送同级和下级机关。

115. 批复的含义是什么?

批复是上级机关答复隶属单位请示事项的文件。它的答复面较窄,是就所请示的单位而发,是对所请示事项的答复,它是一种下行文。

(1)批复的格式:

①开头。这部分要写明收到来文单位的请示(包括引用来文的日期,字号和请示的事项或标题),作为复文的依据,便于受文机关查考。

②正文。它是“批复”的主体,要针对下级机关请示的事项给予明确的答复。如果同意下级的意见,还可以再写一些必要的补充指示。如果不同意,则要阐明不同意的理由,并且指出如何解决,使下级机关有所遵循。

③结尾。一般只用“此复”、“专此复”、“特此批复”等习惯用语作结尾,也可以不用。

(2)撰写批复注意事项:

①批复针对性要强,态度要明确,当行则行,当止则止,不能含糊其辞、模棱两可。

②批复具有指示性,它是下级部门行动的根据,因此,批复要及时、准确、语气肯定,以免贻误工作。

③对于内容复杂、涉及面广的批复,可将原请示附在批复后面(可用复印件),以便下级和涉及单位遵照办理。

116. 意见的含义是什么?

意见是对重要问题提出见解和处理办法的公文。

(1)意见有如下特点:

①行文关系的多向性。可以上行,又可以平行、下行。

②作用的多样性。有的近于计划,有的近于通知,有的近于报告。

③效力的灵活性。下行的“意见”可带指示性,对受文者有一定约束力,但又不是强制性规定。上行、平行则不具约束力。

(2)意见按其性质和内容可分为4类:

①建议性意见。用于向上级及平级机关提出建议。

②上复性意见。对上级机关征求意见作出回复。

③质疑性意见。向同级或下属单位提出不同看法。

④工作性意见。向下级机关布置安排工作,提出工作措施和要求。

(3)意见的格式:

①标题。意见的标题一般采用完全式,有时也可省略发文机关名称。

②主送机关。绝大多数意见都要写明主送机关。

③正文。多数意见采用总分条文式结构,一般由提出意见的缘由和意见内容两部分构成,两者之间通常以“现提出以下意见”作为过渡。如果意见内容较多,可分条列款,逐项分析,提出解决问题的办法。文末常用“以上意见如无不妥请(或建议)批转有关部门执行”,“以上意见,请予考虑”,“以上意见供参考”等惯用语结尾。

④落款。写明发文单位、发文日期。

117. 函的含义是什么?

函是用于不相隶属机关之间商洽工作,询问和答复问题,请求批准和答复审批事项的商洽性平行文。有下列特点:

(1)多向性。一般公文只有一个行文方向,而函主要为平行文,送给平行机关和不相隶属的机关。也可以为上行文,报上级机关,主要是汇报或联系一般性事务。也可以为下行文,发给下级机关,往往带有批复、通知性质。

(2)多属性和多种语气。函由于发文方向不一,功能各异,因而没有统一的语气。商洽工作用商量语气,请求对方答复问题用询问语气,答复对方问题用肯定或否定语气,请求批准和答复审批事项用请求语气。

函按性质和格式可分为公函和便函。按用途可分为商洽函、询问函、答复函、请批函。按行文方向可分为发函(去函与来函)、复函。函的具体格式如下:

(1)标题。常见的有完全式和省略发函机关两种标题。有时还将受函机关名称书于标题之中,并根据不同类别选用“申请”、“请求”、“商请”、“复”等字样。

(2)发文字号。函的发文字号与其他公文有所不同,即要在机关代字中加上“函”字。例“×办函[2004]11 号”

(3)主送机关。函必须写受文单位全称。

(4)正文。函的正文通常由发函缘由、事项、结语 3 部分构成。去函应在开头写明发函的原因和目的,复函则需先引依据。事项部分应开门见山,写明商洽、询问、答复、请求的事项。内容较多时宜分条列述。公函一般用惯用语作结语。去函常用“敬请函复”、“盼复”等,复函往往用“特此函复”、“此复”等。也可自然结束,不写结语。

(5)落款。应写明发文机关全称、发函日期,加盖印章。

118. 会议纪要的含义是什么?

会议纪要是用于记载、传达会议情况和议定事项的一种记录性公文。

(一)会议纪要的特点

(1)内容的记实性。要求忠于会议精神,真实、准确地反映会议内容和成果。

(2)叙述的概括性。要求围绕会议主旨,在会议记录的基础上进行归纳整理,突出要点与主要精神。

(3)称谓的规定性。通常在段首采用特定的称呼。

(二)会议纪要的格式

(1)标题。通常有 3 种形式:一是由机关名称、会议名称和文种构成,有的还要在会议名称前标明会议的界次。二是有会议名称和文种构成。三是用双行式标题,正题揭示会议主要精神,副题交代会议名称和文种。

(2)正文。一般由开头、主体、结尾3部分组成。

①开头。介绍会议概况,主要包括会议的指导思想、目的、时间、地点、会议名称、主持单位、主持人、参加人员、领导同志参加情况、会议议题等。具体表达方式有两种:一种是概括式,将内容贯通,用一个或两个自然段写出,专项会议纪要多采用此法。另一种是条目式,将时间、地点、参加人员等内容分条列项写明,日常例行会议多用此法。

②主体有3种写法。

综述式写法,即把会议内容和情况按性质分为若干部分,然后分段逐一写出。篇幅长的,可用序数标记。还可拟小标题。

条目式写法,即把讨论的问题和决定的事项分条款进行表述。

摘录式写法,即直接摘录会上发言要点,按内容性质归类或发言顺序编排。

③结尾。一般是对与会单位和个人提出要求、希望或发出号召,有的还对会议作简要评价。

④落款。会议纪要的落款一般由会议名称和纪要形成日期组成。

119. 怎样写路政调查报告?

路政调查报告是指对路政事务进行调查以后,将所得的结果记录下来的书面报告。它是路政管理机构常用的一种文字写作形式。

(一)路政调查报告的特点

(1)真实性。调查报告的内容必须如实反映事实真相。对事实的情况、背景、引用的数字、事例都必须真实、准确。

(2)典型性。调查报告的目的是路政管理机构为了摸清情况,解决问题,总结经验等而写作的。因此,需适当选择典型性的问题。

(3)叙议结合性。调查报告的写作以叙为主、叙议结合、兼有记叙文和议论文相结合的特点。

调查报告与工作总结比较接近,其共同点在于都需要反映事实的基本面貌和发展过程,在大量事实的基础上,找出带规律性的认识,但是,作为不同的文体,它们各自的特点和写作要求仍然是不能混淆的。

(二)调查报告与工作总结的区别

(1)工作总结一般要等到某项工作完成或告一段落之后才能写出。而调查报告则可以根据需要,当工作尚在进行中,截取其某一横断面或抓住某一问题,经过调查研究后就可写出。

(2)工作总结是本单位、本部门工作实绩的反映。调查报告往往是上级机关或调查人员根据工作需要，抓住带普遍性的为群众关心的突出问题，站在通观全局的角度写出来的，取舍上具有灵活性。

(3)工作总结用第一人称，而调查报告一般都用第三人称。

调查研究是路政工作基本的工作方法，在路政工作中出现的困难和问题，需要我们深入实际，研究新情况，解决新问题，总结新经验，创立新章法。因此，掌握这种文体更显重要。

(三)调查报告的内容

调查报告取材广泛，路政管理机构常用的调查报告的基本内容大致可分4类。

(1)社会情况的调查报告。有基本情况（包括开展某项工作，贯彻执行某项政策、法律的情况，基础工作的情况，路政队伍状况等）的调查，这种调查报告比较系统、全面、深入地解剖某一方面的工作情况或动态反映。

(2)介绍经验的调查报告。这类调查报告与经验总结相类似。它往往是充分列举所取得的成绩，并从中分析概括出一些成功的经验和行之有效的做法，给人以启发和参考。文中所介绍的经验具有政策性、说服力，能起到以点带面、典型引路的指导作用。

(3)揭露问题真相的调查报告。这类调查报告，主要是揭露违反路政法规、规章的各种不良现象和弊端，以引起有关部门和社会的注意从而达到解决问题、教育群众的目的。这类调查报告要披露确凿的事实真相，尖锐地指出其严重性、危害性，提出解决问题的具体建议和方法。

(4)事件的调查报告。这是路政管理机构经常写作的一类调查报告，大致可分为事故、事件调查两种。在工作中发现某违反法律、法规的事件，对其进行周密调查，把调查所得的材料整理成书面材料，为领导处理问题或制作其他文书提供基础。

(四)调查报告的结构

调查报告的写法多种多样，但一般说来，调查报告必须具备标题、正文两大部分。

(1)标题。调查报告的标题必须观点明确，使读者见题明义。标题通常有两种写法：

①正副标题形式。即用调查报告的主要观点作为正标题，再用副标题对调查内容和对象进行补充说明，并且要写明“调查报告”、“调查”、“调查附记”等字样。

②一个标题形式。这种标题有两种写法，一是直接写明关于什么问题的调查

报告,另一种是用调查报告的中心思想作标题。

(2)正文。正文包括前言、主体、结论3个部分。

①前言。即开头部分,一般用来介绍调查对象的基本情况,如调查的时间、地点、对象、方式、经过、目的等,给人以概貌性的了解。

②主体。这是全文的主干部分,调查报告写得成功与否,关键在于主体,这一部分包含全文的主要事实及其评论。主体内容主要包括两大方面:一是调查到的事实情况,包括事件产生的前因后果,发展经过等。二是研究这些事实材料所得出的具体认识或经验教训。

主体不管采用何种写法,都应该做到言之有物、主次分明、虚实结合、紧扣主题。

③结论。结论是全文的结束,主要是对所调查问题总的看法或结论性的意见。它是分析问题、解决问题的必然结果。

(五)怎样写好调查报告

(1)做好调查前的准备工作。

①掌握调查有关的方针政策、上级指示,了解其主要内容和精神实质,搞清楚本次调查的意义。

②拟定调查提纲。为了使调查有的放矢,调查者必须经过充分酝酿,共同拟定调查提纲。它主要包括以下几个方面:

一是调查的目的要求,二是调查的方法、对象、要点,三是调查的顺序及谈话方式。

(2)深入基层调查。在通常情况下,写作调查报告时会由于没有深入调查只是片面了解,或只知一些皮毛,达不到调查研究的目的。因此,在调查报告时,不能只凭汇报、看资料、道听途说,一定要深入基层,进行详细周密的调查,如实地反映事实。

(3)充分占有材料。进行周密细致的调查,是为了大量占有材料,一般说来,材料越丰富,写的时候就越能得心应手、左右逢源。因此,在调查时应掌握以下几种材料:

①直接材料和间接材料;

②历史材料和现实材料;

③正面材料和反面材料;

④概括全貌的材料和典型事例的材料;

⑤背景材料;

⑥专门性的材料。

充分占有材料,并不等于堆砌材料、记流水账。选材的标准是看它是否表现主题,凡是和调查内容无关的,即使本身很生动,也不要硬写进去。

(4)综合分析、揭示问题的本质。通过调查分析、研究材料,找出解决问题办法的基本途径,并揭示调查问题的本质。

120. 怎样写路政简报?

路政简报是路政管理机构处理问题、汇报工作、交流经验、沟通情况的一种专用文体。

(一)路政简报的作用

(1)对下有指导作用。通过简报,把党和政府关于路政工作的方针、政策及时传达下级部门,使路政管理人员更好地贯彻执行。同时通过简报把各方面的经验进行总结,以指导下面的工作。

(2)对上起报告作用。路政简报能及时地把各级路政管理机构贯彻执行党和政府关于路政管理工作的方针、政策的情况向上反映,把各项工作中的成绩、经验、缺点、问题及时向上级报告,为各级领导了解情况、制定政策提供依据。它是上级机关掌握情况、了解实际的一个渠道。

(3)具有交流作用。平级路政管理机构通过简报,可以学习兄弟单位的先进经验,弥补自己的不足,起到相互学习、相互交流的作用。

(4)具有宣传作用。主要表现在能及时地把各地的新成绩、新经验、新思想、新情况传播出来,起到激励、鼓舞、推动作用,同时又把工作中的问题、教训和不良现象报道出去,起到教育作用。

应当指出的是,尽管路政简报在工作中有多种作用,是路政管理机构利用率很高的一种文体,但它只能起到汇报工作、反映问题、帮助领导掌握情况的作用,不能代替正式公文。

(二)路政简报的分类

目前,路政管理机构的简报,由于使用范围广,种类相应繁杂,各有千秋,但就其反映的内容可分为两类。

(1)工作简报。这是最常用的一种。主要是反映本单位在贯彻执行政策、法律和上级指示中的工作情况和遇到的问题,介绍各项工作的典型经验等。它的内容比较广泛,包括某项工作经验教训的总结,各种典型调查、专题调查汇报,表扬好人好事以及政策法令、领导指示、会议精神的贯彻情况等。

(2)会议简报。它是反映会议的过程、经验、做法、措施等内容的简报,适用于会期较短或小型的会议。

(三)路政简报的写法

简报的格式同其他公文有所不同,它分为报头、正文、报尾3部分。

(1)报头。整个报头一般在第一页上方约占全页1/3的位置。它由5部分组成。名称,写在简报最前面的中央,可以套红,如"路政简报",也可只用"简报"两字;期数,一般只写顺序号,如"第×期""总第×期";编印单位;印发日期;密级。

(2)正文。它是简报的核心部分。有时在标题前加一段"按语",以说明编写这份简报的原因和目的。"按语"的字号比正文要小,两侧天地留的比正文要宽。简报的正文一般由标题、导语、主体、结尾和背景材料等部分组成。

①标题。简报的标题有两种,一种是只有一个标题。另一种是正、副标题形式。书写标题时应注意以下3点:

要确切。就是题文一致、恰如其分,应力求简要地概括出正文内容的中心,使读者看了标题后对文章内容有个大致了解。

要醒目。就是鲜明、简洁,使人一目了然。鲜明的标题能吸引读者,并留给读者深刻的印象。

要新颖。简报的标题力求新颖,但要反对华丽和夸张。所有的简报标题都是一个类型,一个样板,老生常谈式的标题起不到应有的作用。

②导语。就是简报的开头,它用提纲挈领的一句话或一段话,概括全文的主旨和所反映的事实,给读者一个总的印象。一份简报如果只有一段话,那么第一句话就是导语,如果有几个部分或几段组成,那么第一段就是导语。有的可以省略导语。

导语没有固定的写作模式,允许有不同的方法,不同的风格。这里介绍几种常见的导语:

说明主要问题,介绍基本情况;

说明时间、地点及主要内容。这种导语,会议简报用得较多;

直接说明意图;

提出问题。有的简报导语提出问题,以唤起读者的注意;

交代背景。有些简报的导语是交代背景的,说明某个问题、某一事件、某种情况的历史背景,使读者有一个全面的了解;

倒叙法。即先写出人物或事件的结局,然后再叙述它的来龙去脉。这种写法能更好地表现主题,增加感染力。

③主体。这部分要求用典型的、有说服力的材料,对导语提出的内容,进行翔实的阐述。这是写好简报的关键所在,它直接关系到简报的效果和作用。主体内容是反映本单位本部门工作的具体做法,取得成绩的原因和经验,存在的问题和失

败的教训等。主体内容确定后,必须恰当安排主体部分的层次,这里介绍几种写法。

横式结构。即在主题统帅下,从不同方面,不同角度,分别组成材料,安排结构,各个部分独立成段,又相互联系,共同说明主题。经常采用的横式结构,有列小标题叙述和分项叙述两种。

纵式结构。即以事件发生、发展和结果的时间顺序或以事件出现的方位来安排结。

纵横式结构。既考虑时间发展的先后顺序,体现事件发展过程,又考虑内容的逻辑性,把纵式和横式两种结构有机地结合起来。这种结构形式在简报中经常应用。

④结尾。简报是否要写结尾,应根据内容而定。如内容单一,篇幅较短,可以不另写结尾,一气呵成,干净利落。篇幅较长,内容复杂的,可以用一句话或一段话对全文作一小结,以深化主题。简报的结尾有 5 种;

补充说明正文;

说明成绩、效果;

指出方向,提出奋斗目标;

提出要解决的问题。

指出存在的问题和不足。

(3)报尾。在正文之后,空两三行写报尾。报尾的内容写明本期简报报送、分发的范围和印发份数。

(四)撰写路政简报的注意事项

(1)选材要得当。简报的材料应选择本系统、本单位中具有典型意义的情况,或者是带有倾向性的萌芽问题,有发展趋势的雏形经验等。简报的材料不仅要选择那些正面的事例、成功的经验,而且也应报道反面的情况、失败的教训,不能只报喜不报忧。

(2)材料要真实。简报的生命力在于真实,因此,编写简报的人员要力争下去调查。对时间、地点、人物、事件发生的来龙去脉、前因后果皆要核实准确。

(3)要及时。简报是机关内部的"快报"。"快"是简报的一大特点,它类似新闻报道中的"消息",简报所反映的应当是最近发生或了解到的、真实可靠的情况。这就要求编写者集中精力、争分夺秒地整理成简报。

(4)要简要。"简"是简报的另一大特点。即要以较少的语言文字、较短的篇幅,容纳进较丰富的内容,简洁的文章给人以清爽利索的感觉。

(5)文风要朴实,语言要明快。

121. 怎样写路政计划?

(一)路政计划的概念

计划是指机关团体、企事业单位在某一时期内关于学习、工作、生产等所作的设想和安排的书面材料。它是在总结前段实践经验的基础上,规定明确的任务、指标、要求,制定完成任务的时间、进度、步骤和采取相应措施的文字材料。

(二)路政计划的作用

计划是一种科学的工作方法。具体说来,计划有以下3个作用。

(1)指导作用。各级路政管理机构为完成某项任务,搞好某项工作,往往需要根据党和国家的方针、政策以及本系统、本单位的实际情况,制订出计划,用以指导一个时期的工作。

(2)推动作用。各级路政管理机构制订的活动计划的内容,是全局工作的组成部分,上级机关可以参照计划,定期检查监督计划执行情况,及时发现和解决问题,掌握工作进程,推动工作前进。

(3)依据作用。计划是检查、总结工作的一种依据。计划经过基层路政管理机构的贯彻和实践检验,通过总结,从中得出经验教训,找出规律性的东西,为今后制订计划提供经验。

(三)路政计划的分类

计划的分类繁多。按内容分,有工作计划、学习计划、生产计划。按规模分,有单项计划、综合性计划。按范围分,有国家计划、部门计划、单位计划和个人计划。按时间分,有多年计划、年度计划、季度计划和月度计划等。按形式分,有条文式、表格式、条文表格兼用式等。

路政管理机构最常见的是综合性计划和单项计划。综合性计划就是一个单位制定的一个时期比较全面的工作计划。单项计划,是就未来一项工作单独制定的计划,这种计划内容单一、集中,政策性较强,在实际工作中应用广泛。

(四)路政计划写作的格式

普通计划的写法比较灵活自由,没有固定的格式。文件计划一般涉及面较宽,写作时讲究格式。通常可分为3部分:

(1)标题。文件计划的标题。类似文件标题,要写明计划的内容、期限和计划的类型,如标题为《关于做好1996年公路路政管理工作的几点意见》,计划的内容是"公路路政管理工作"、"计划的期限是1996年",计划类型是"意见"。如果计划不成熟或没有经过讨论通过,可在标题后面(或下面)用括号注明"草案"或"讨论稿"字样,待正式定稿时再去掉括号与说明。

(2)计划正文。计划正文的拟写,既可以成文叙述,也可以分条列项的写,还可以采用表格的形式,或者把这几种写法结合起来,拟写计划应包括"做什么,怎样做,达到的要求和完成的时间"3 个要素。

①概括情况。这是计划的前言,简要地说明制订计划的指导思想,为下文拟订计划事项提供依据。

②明确任务。这是计划的核心内容,应写清楚在该计划时间内,要完成的主要任务是什么,完成这些任务达到什么要求。

③制定措施是实施计划的切实保证,是解决"怎么做"的关键。

(3)结尾。计划的末尾,要写明制订的单位和日期。如果是要上级批准的文件计划,结尾可写明"以上意见,如无不当,请批转各有关单位贯彻执行"等说明。如果需要上报下发,文件计划最后应写明主送、抄送单位。

在制定路政计划时,应从实际出发,根据人、财、物力的情况量力而定计划,保证计划实施切实可行。

122. 怎样写路政情况反映?

路政情况反映,是下级路政管理机构向上级路政管理机构写作的方式。向上级反映本单位、本辖区的各种情况,是路政机构的一项重要任务,也是行政执法领导机关了解情况的一个渠道。

(一)情况反映的内容

(1)反映各级路政管理机构的工作情况;

(2)反映重大违反公路安全保护条例等情况;

(3)反映工作中存在的带有普遍性的问题;

(4)反映队伍自身建设情况,如路政管理机构加强思想政治工作,提高路政队员思想觉悟的做法,进行组织建设,加强业务学习的方法、成绩、经验;路政管理人员中的好人好事,先进事迹等。

(二)情况反映的种类

(1)单项反映。它的特点是一事(如一起情况、一项工作、一个问题等)一反映,内容明确,文字简短,一般不超过二三百字,其要求是人物、地点、时间、原因、后果、经过六要素齐全。

(2)综合反映。它有以下几种写法:

①按违反公路管理法律、法规的性质程度综合进行反映;

②以时间为限,将某一时间内的情况进行反映;

③集纳式,即将几个不同的情况或案件在同一时期中反映出来,不受事件性质

的限制,也不受时间的束缚,只要把问题、情况集中归纳起来进行反映即可;

④新闻式,主要是反映路政管理机构适宜公开报道的情况,如路政管理工作中的新经验,广大路政管理人员中涌现出来的优秀事迹等。

路政情况反映应本着实事求是的原则,真实地反映一切事实,不能有弄虚作假,而且情况反映应及时迅速、报告完整、重点突出,否则就失去应有的作用。

123. 路政规章制度的特点是什么?

路政规章制度是由国家行政机关或公路路政管理机构在一定范围里制定的一种具有法规性和约束力的文件,它要求有关人员必须按章办事、共同遵守。

规章制度是一种有效的约束、控制、管理和指导手段,因此,使用相当广泛。它具有以下特点:

(1)约束性。规章制度的目的在于约束、控制和管理有关单位或个人的行为、职责、道德、规范、学习生活秩序等各个方面。

(2)法规性。无论是哪一种、哪一级的规章制度都具有法规性的特点,都是依据上级有关规定或精神制定的。

(3)权威性。规章制度作为预先的命令是一级组织制订,表现出明显的指示性,执行者必须服从;同时它又要求执行对象按其规定去办事,具有指导性。

(4)鲜明性、程式性。所有的规章制度的内容所规定的条款含义确切,要便于执行,具有一定的程序形式。

124. 路政规章制度的种类有哪些?

路政规章制度主要可以分为行政规章和一般规章两大类:

(1)行政规章,是指交通运输部或省政府、省府所在地的市政府、国务院批准的较大的市的政府制定的路政管理方面的规范性文件。主要名称有规定和办法。如交通部已颁布的《路政管理规定》,某省政府颁布的《××省公路条例》等,均属此类。

(2)一般规章,是在符合国家法律、法规、规章前提下,为了使路政管理某一方面的工作有秩序地进行,由路政管理机构及其主管部门制订的有关人员共同遵守的事项。在路政管理实践中,一般的规章制度主要有路政巡查制度、路政装备管理制度、路政廉政制度、办事制度、票据管理制度、路产档案管理制度、办公室管理制度等。

125. 路政规章制度的结构是什么?

路政规章制度一般有标题、正文、结尾3部分。正文和结尾又可以分为章条式和条款式两种。内容较系统全面、条文较多、包括的范围比较广泛的，通常采用章条式，如《××省公路条例》。内容比较单一的，一般用条款式，如《路政巡查制度》。

章条式规章制度的第一章通常是总则，主要内容是概括制定本规章制度的目的、根据、适合范围及基本原则等。最后一章是附则，说明主管部门、施行日期、有关概念的说明等。中间各章是分则，规定具体的行为规范和奖惩办法。各章又分若干条，条下可设款、项、目，各款不冠数字，项和目冠数字。

条款式规章制度全文分若干条，条下设款，也有的款下分项和目；有的条款式规章制度的第一段不写“第一”或“一”的字样，直接写制定的目的或依据，从第二段开始用数字标出有关条文的顺序。

126. 路政规章制度的写作要求是什么？

路政规章制度的写作要求如下：

（1）依据充分，切实可行。必须依据国家有关路政管理方面的法律、法规、规章和政策，以及上级的指示精神，根据实际情况来撰写，既要与国家规定相一致，又要切实可行，达到推动工作的目的。

（2）高度概括，具体实在。如果只是概括和抽象，没有具体内容，不仅会失去制定规章制度的意义，还会给工作带来损失。

（3）语言应严谨。规章制度要条文清晰、逻辑性强、文字浅显易懂、便于记忆执行。

127. 什么是路政巡查？

路政巡查是路政外业勤务工作最主要的环节。只有经常巡护查验公路，才能及时发现和处理侵害路产、路权的行为，对侵害路产、路权行为的人与事起威慑作用，也能及时了解掌握路况、路面情况，协调处理各种路政案件和交通事故，充分发挥辖区路政管理网作用。

128. 路政巡查人员的分工职责及规定是什么？

（1）路政巡查不得少于两人；

（2）具备执法资格，携带有效执法证件；

（3）着统一规定的路政制服，不得擅自改变路政制服及各种标志，不得佩戴各种饰物；

（4）着装整洁、风纪严明、举止端正、礼貌待人；

(5)备齐路政办案所需的法律文书、票据、取证器材及通讯设备;

(6)实事求是填写路政管理巡查记录;

(7)坚持文明执法,教育为主,处罚为辅。

129. 路政巡逻车驾驶员的行为规范有哪些?

路政巡逻车驾驶员的行为规范是:

(1)讲究交通公德和职业道德,文明驾驶,礼貌行车,严格遵守交通法规;

(2)坚持车辆"三检制度",保持安全设备齐全有效,不驾驶机件失灵、违章装载的车辆,车容要保持整洁;

(3)要随身携带驾驶证,不准驾驶与车型不符的车辆。严禁将车交给非司机驾驶,不驾驶超员、超载的车辆;

(4)驾驶车辆时要精力集中,不超速行驶,不强行超车,不乱掉头,不走单、禁行线,严禁疲劳驾驶、酒后开车;

(5)驾车行经人行横道,电、汽车站或车多人多的繁华街道,要减速慢行或停车礼让;

(6)要安全礼让礼宾车队,严禁穿插礼宾车队;

(7)停放车辆要按规定,严禁乱停乱放。停放时要关闭电路,拉好制动器,锁好车门,确保安全;

(8)行驶中遇到重伤和危急病人时,在无特殊任务的条件下应积极给予帮助,对其他行人、骑自行车的、驾畜力车的,要讲究文明,礼貌相待。

在巡逻中发生交通事故要保护现场,积极抢救伤者,并按职责做好事故现场的抢救等工作,通知有关单位处理。

130. 路产、路权的管理及路政执法的范围是什么?

(1)公路路产。公路路产是公路、公路用地、公路设施的总称。

(2)路权管理。路权管理是指对公路的管理权、它是路政人员应用法规对公路财产进行管理的具体表现。

(3)执法范围。执法范围是:公路两侧建筑控制区管理、超限运输车辆行驶公路管理、公路路产管理和路政内业管理。以上管理行为,除路政内业管理外,都属于外部行政行为,都是路政法规授权的行政管理机构,依照法律、法规和规章的规定,对公民、法人或者其他组织采取的直接影响其权利义务、对其权利义务的行使和履行情况直接进行监督检查的具体行政行为。

(4)路政外业(外勤)管理的范围。按公路法及管理法规,对公路实施管理的勤务叫路政外业管理。对公路与公路路产保护有关的事情路政外勤都要管。具体说,路政宣传、巡路、保护路产、处理案件、维护公路及其合法权益是路政外业的主要工作。

路政外勤管理的路产主要是:路基、路面、桥梁、涵洞、隧道、防护工程(护栏、挡土墙)排水设施(边沟、截水沟、盲沟、跌水、急流槽、渡水槽、过水路面、流水路堤)、山区特殊构造物(半山桥、路台、明沟、明洞)标志、标线、道班房、通讯设施、绿化栽植及有关公路交通安全保障设施等。对上述范围路产发生的案件都属于路政外业,由路政外勤负责调查处理。

131. 路政案件处理的原则是什么?

路政案件处理是路政人员的主要业务,路政管理人员,首先要注意培养处理路政案件的能力。处理路政案件要遵守的原则是:

(1)按法律法规办案的原则,即与现行的政策相符,要符合处理程序。因为只有按法律、法规处理路政案件,路政人员所处理的每个案件才能有法律依据,经得起推敲,才符合依法办案的原则。

(2)两个依靠的原则。即依靠当地政府支持路政管理工作,依靠人民群众提供路产破案线索,对广大群众协助处理路政案件的应采取适当奖励的政策。政府的支持,群众的理解协助,会大大提高处理路政案件的速度和稳定性,执行法规会收到极大的效果。

(3)教育为主的原则。即通过各种宣传教育手段,各种不同形式宣传公路路政管理的法规,使之深入人心,才能使路政案件处理的基础。

(4)认真求实的原则。处理路政案件,在调查时,对案发现场的勘察要认真、细致,不能马虎大意。因为对案发现场的勘察和调查,直接涉及案件性质、赔偿数量,因此,要实事求是。否则,对一个案件调查出现偏差,明明是过失损坏路产,却定为故意损坏路产,甚至定为破坏公路路产,这就产生了不同的处理办法和处理结果。作为路政人员,要在调查时要认真分析案件性质,遵守认真求实原则。

(5)违法必究,执法必严的原则。路政人员要秉公办案,不徇私情,无论对哪个案件的当事人,都应按法规办事,按一个标准处理,不能因送礼、说人情或关系等原因,在办案中就因人而异。

(6)采取"变通"的原则。这是实践中总结出来的经验。所谓变通分为消极变通与积极变通。消极变通是指不按法规办事,处理案件大事化小、小事化了的做法。消极变通会损害法规的严肃性,产生有法不依、执法不严的后果,不能有效的保护路产。积极变通是指按法律、法规办事,不局限于教条,既处理了路政案件,又有利于教育发案人的处理办法。如损坏路产的单位或个人是亏损单位或拿不出赔偿费,但愿意出人在保障安全的情况下修复路产或要求出汽车拖运修复的材料等来抵偿路产赔偿费。遇有类似与法律、法规无抵触的情况,这是允许的,类似这样的变通,在处理路政案件时应灵活掌握。

以上6条路政案件处理原则是互为补充、相辅相成的,不能互相对立起来。只要注意灵活运用这些原则,路政人员处理案件的质量就会提高,在实践中认真掌握好这些原则,路政人员才能处理好路政案件。

132. 路政现场勘查的基本内容是什么?

现场勘查的基本内容是:

(1)现场访问,主要通过事主,发现人和其他知情人了解路政案件发生的经过,了解案发前后现场变化、变动的情况及群众的看法。

(2)运用各种技术手段进行勘查检验,搜查。提取物证和痕迹,按有关规定拍摄现场照片,制作现场笔录和现场图。重大案件,有条件的要录像。特殊案件,为证实情节的可能性,还要模拟现场情况进行实验。

(3)进行综合研究、判断、分析对比,确定工作处理方案。

上述3项内容相辅相成。要尽量同时进行、齐头并进,提高办案效率。

133. 路政现场勘查的注意事项有哪些?

现场勘查是获取证据和路产损失情况的重要手段。现场勘查应注意以下事项:

(1)现场勘查应由两名以上的路政管理员共同进行。

(2)现场勘查应制作笔录,笔录的记载顺序应与勘查顺序相一致(多次勘查的现场,亦应制作笔录)。

(3)现场勘查笔录应记明勘查的时间、地点、现场中心部位详细情况及周围环境,尤其是现场中心情况应绝对避免遗漏。如:违章建筑的现场勘查,如果遗漏违章建筑的情况(如高度、结构等),那将是一次极不完善的现场勘查。

(4)笔录中语言要准确、严肃、尽量避免使用各种专业术语、业务名词,对非用不可的,应加以解释,不要使用方言土语,也不能出现“大概”、“不远”、“较近”等模糊词语。

(5)现场丈量的尺寸、数字必须准确无误。如:损坏路面壹点玖平方米($1.9m^2$)以贰平方米($2m^2$)计,则是不太负责任的。

(6)现场路产损失程度必须详细记入笔录。例如,桥栏杆是被撞折,还是撞碎,钢筋是否裸露等。

(7)勘查人、记录人、在场人、当事人应分别在笔录上签字盖章。拒绝签字的，应注明情况。

(8)必要时可以将现场拍照(或录像等)附于现场勘查笔录后，证明现场情况。

134. 路政现场勘查的步骤和方法有哪些?

(1)现场勘查步骤：

①做好现场勘查的准备工作。包括了解保护现场，发现问题及时采取措施，向事主、报案人、发现人了解情况。

②视察现场。划定勘查范围、勘查顺序。

③实地勘查。在统一指挥下，分步骤进行实地勘查。

(2)实地勘查方法：

①初步勘查又称静态勘查，是在不变动现场物体位置状态的条件下进行勘查，要进行拍照，把原始状况记录下来。

②详细勘查又称动态勘查，是在不破坏物体痕迹的情况下，进行紧急抢救或翻转移动物体，同时进行的察看检验。进行动态勘查时，可以采用技术方法保留痕迹和进行拍照、录像。

静态与动态勘查有时也不是截然分开的，根据案件的不同可以同时进行。

135. 路政现场勘查的工作要求是什么?

现场勘查要坚持实事求是的科学态度，切忌主观片面。勘查现场要及时、全面、细致、客观和按法律程序办事。无论是发现或提取物证，还是叫群众或当事人反映现场情况，都不能偏听偏信，要如实记录现场实际情况，按法律规定的程序、规则进行勘查、取证、制作笔录、进行拍照，要对现场进行全面细致的勘查。

136. 什么是路政案件现场照相?

路政案件现场照相是对路政案件现场发生的地点以及与案件有关的一切场所，用摄影纪实的方法，将现场状况、损害物证、物与物之间的位置和相互关系，按照交通事故现场勘查的要求和规定，迅速、准确、真实无误地拍摄固定下来，为研究案件发生的原因提供可靠的依据。路政案件现场照相是勘查工作的重要组成部分，是现场勘查的主要技术之一，同时也是现场勘查人员必须掌握的基本技能。

137. 路政案件现场照相有哪些特点?

路政案件现场照相是在普通照相的基础上，根据案件现场勘查的要求而发展

起来的一种专业照相技术。它具有以下特点:

(1)拍摄内容客观、真实。现场照相绝不允许摆拍或夸张,记录的内容必须是客观事实。

(2)拍摄过程迅速、准确。这主要是路政案件现场的特点所决定的。

(3)拍摄方法科学、先进。现场照相既是一种记录手段,同时也是一种记录检验手段。它不仅要求把通常视力能识别的物象记录下来,而且要求把通常视力不能识别的和被掩盖的事实显现出来。

(4)拍摄要求标准、规范。

138. 路政案件现场照相有哪些要求?

(1)路政案件现场照相的内容应当与交通事故勘查笔录的有关记载相一致。勘查现场时,可根据需要和实际情况确定拍摄项目,使现场照片、勘查笔录和现场图能够相互印证、相互补充,有力地证明交通事故事实。

(2)路政案件现场照相应当客观、真实、全面地反映被拍摄对象。

(3)路政案件现场照相不得有艺术夸张,影像应当清晰、反差适中、层次分明、成像完整。

(4)路政案件现场照相一般使用标准镜头。因为标准镜头成像与人眼观察物体一致,透视关系合理,变形量小,真实感强。

路政案件现场照相做到目的明确、中心突出,每一张现场照片都应有其特定的内容,能独立说明整个问题。

139. 路政案件现场照相按照表现目的可以分为几类?

按照照相的表现目的不同,可以分为方位照相、概览照相、中心照相和细目照相等4种,每种照相方式反映的内容与范围各有侧重点。

(1)方位照相。从远距离采用俯视角度拍摄案件现场所处的位置及周围环境情况。照相应摄取现场周围的地形、地物,而且还应同时摄入能够显示现场位置的永久性标志物,如路标、里程桩等。如图3-6所示。

(2)概览照相。从中远距离采用平视角度拍摄案件案件现场范围内的物证情况。概貌照相应从不同的角度,不同的方向和位置进行拍摄,表现出各物证之间的位置关系,防止与案件有关的物证被遮盖或遗漏。如图3-7所示。

(3)中心照相。在较近距离拍摄案件现场重要物证和中心位置的状态,主要损害物体及他们之间的相互关系。中心照相应用不同位置拍摄同一物体,以便反映物证完整和确切的形状。如图3-8、图3-9所示。

图 3-6　方位照相

图 3-7　概览照相

图 3-8　中心照相(一)

图 3-9　中心照相(二)

(4)细目照相。在近距离或微距拍摄那些不能在物体整体照片上清楚看到的细节,表现物证局部的状态。拍摄镜头应与拍摄对象垂直,并将有厘米刻度尺与拍摄对象平行放置,同时摄入画面。如图 3-10 所示。

图 3-10　细目照相

140. 现场照相的基本方法有哪些?

(1)直线相向拍摄。它是从两个相对方向上的两个位置分别拍摄同一物体,可表现拍摄对象在现场中的状态和位置。即把现场的中心部分和相对的情况拍入两张照片中,如图 3-11 所示。

(2)直线平行拍摄。沿着所拍摄物体的平面由一端向另一端直线平行移动,分段拍摄,然后将照片拼凑成一张完整的照片,如图 3-12 所示。

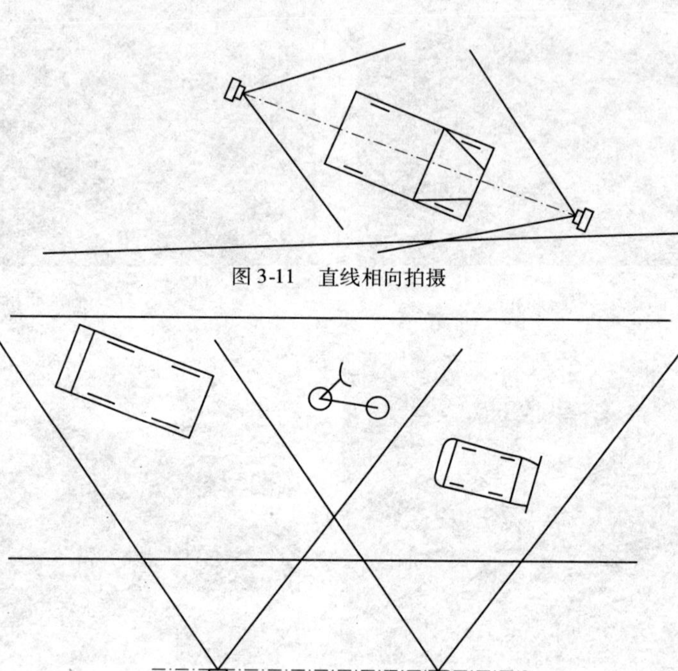

图3-11　直线相向拍摄

图3-12　直线平行拍摄

(3)原地回转拍摄。在选好的固定点上,每拍摄一次将相机原地转一定角度分段拍摄,如图3-13所示。

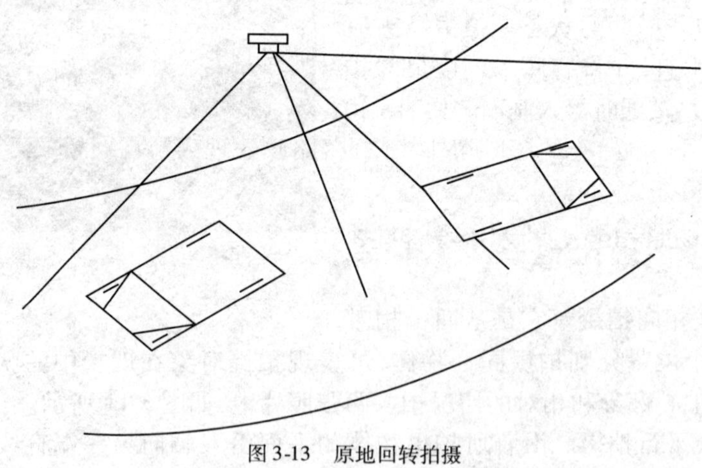

图3-13　原地回转拍摄

141. 路政案件照片应如何编排、标记与说明？

根据案件的需要，首先对现场照片进行分类和挑选，照片的内容应当与勘查笔录的有关记载一致。一般情况下，照片编排顺序是从案件现场方位到概貌、中心和细目，也可以根据拍摄的顺序编排。

现场照片必须辅以标记和文字说明，否则不易看出它要说明的具体内容。标记用直线画在照片上，顶端为所示物，下端伸出照片下沿5mm，由左向右依次编号，再按编号分别加以文字或数据注释。也可以在局部后部照片处划框形向，用箭头指向整体照片中心具体位置，或者用各种符号表明照片中的具体物品位置，另加文字或数据注释。标注适用红色，文字用蓝黑墨水书写。

142. 路政勘查现场人员应遵守的纪律是什么？

路政案件现场勘查，应统一指挥、组织。无论是实地勘查还是进行现场访问，都应遵守以下纪律：

（1）服从统一指挥、组织，按分工进行工作。

（2）注意保护公、私财务，任何人不得擅自拿走或任意损坏现场上的任何物品。

（3）现场上的对案件处理有重要作用的痕迹、证据要注意保护，不得损坏。

（4）勘查现场和调查访问中所获得的情况应根据路政案件的需要进行保密，不得在外议论和泄露。

（5）勘查现场时，应根据案件需要邀请有关专业人员参加。

143. 路政管理人员在履行职责中可否要求公民将身份证作为抵押？

根据《中华人民共和国居民身份证法》第十五条第三款的规定：“任何组织或者个人不得扣押居民身份证。但是，公安机关依照《中华人民共和国刑事诉讼法》执行监视居住强制措施的情形除外。”因此，路政管理人员在履行职责时不能要求公民抵押身份证，亦不得扣留。

144. 路政人员应怎样勘查记录和保护交通事故现场？

交通事故现场是指发生交通事故的车辆、伤亡人员和与事故有关的痕迹、物体及其所在的场所。保护好交通事故现场，对顺利进行现场勘查、搜集物证和了解事故发生情况，正确判断分析事故原因，分清事故责任以及追查潜逃肇事人都有着重要作用。保护现场的办法是：

（1）遇有交通事故发生或接到群众报告后，应迅速赶赴现场，划定保护范围，禁止无关人员进入,防止现场遭到破坏,并立即报告事故处理机关。

(2)积极抢救受伤者。当现场受伤者有生命危险时,应立即设法将伤者送往附近医院抢救,并对伤者在现场躺卧形状、地点等划上标记,尽可能不使现场受到破坏,变动的范围越小越好。

(3)监护肇事人。对重大事故的肇事者,应指定专人监护,不准同其他人员谈话,并防止发生意外。

(4)寻找见证人。发生交通事故后,证人开始一般都在现场,要积极设法寻找目睹事故全部或部分过程的有关人员,听取并记录证人谈话内容。有的可留下单位、姓名、住址、电话等,以便于以后查询。

(5)报告事故现场情况。当事故勘查人员到达现场后,保护现场人员应扼要介绍事故发生前后的情况,以便通过勘查现场作出符合实际的结论。

(6)路政人员要做好现场记录和拍照。选定坐标测绘现场草图,对现场附近的道路条件,交通设施损坏程度要进行拍照,拍照可分为概览、方位、中心、细目4种。

(7)一般事故损坏交通设施轻的可拍照后在现场草图上做简要记录。重大事故和交通设施等路产损坏严重的,必须专门做出包括:地点、时间、路面情况、车辆的方位形态及车辆与现场勘查记录,交通安全设施路面接触痕迹等的记录。

145. 几种特殊情况的现场怎样保护?

(1)遇有首长、外宾乘坐的车辆发生事故或其他重大保卫任务时发生的事故现场,应当立即记下车号和驾驶员姓名、单位,标清车辆停放位置,标定事故接触地点和部位后,协助交通警察先让驾驶员将首长、外宾送走,然后返回现场接受处理,并立即报告领导机关。如车辆损坏或驾驶员失去驾驶能力,应该设法寻找车辆,或协助保卫人员,让首长、外宾安全离开现场。

外国驻华大使、代办等人乘坐的车辆发生事故,可按首长、外宾车辆事故方法处理,但要记清乘车人姓名、职务、国籍、车号并查验驾驶员的证件,然后按章处理。

(2)遇有执行任务的警车、消防车、救护车和工程救险车发生事故时,应记下车号、单位、划定车位和接触痕迹等,尽快放行,事后处理。如果是非执行任务或执行任务后返回途中发生的事故,仍按正常情况处理。

(3)在交通流量大的干线上发生事故,应及时通知交通警察。如属一般事故,可先记下事故时间、车号、驾驶员姓名,固定车辆位置和接触痕迹后,与交警协同将车辆移往支线进行勘查。如属重大事故可与交警协同局部封闭交通,指挥车辆临时改道或全部封闭交通,但应迅速进行路政索赔勘查,尽早恢复正常交通秩序。

146. 路产索赔案件勘查现场图的定义与要求是什么?

(一)路产索赔案件现场图的定义

(1)地形图的定义。测量学上把自然物和构造物叫地物,用地物符号(图例)表注在图上,一张表注这一地区的地形和地物的图叫地形图。

(2)路政案件。是指违反路政管理法规、规章,并依照路政管理法规应当给予处罚的案件。构成路政案件应具备以下 3 个条件:

①路政案件必须是法律、法规授权的路政管理机构确认,并进行查处的违反事实。其他单位和个人均无权查处。

②路政案件是以违反路政法规为前提。

③对违反路政管理法规行为的当事人给予路政处罚。

(3)路产赔偿案件现场图实质上是由于违反《中华人民共和国公路法》,在高速公路和公路用地范围内进行侵占、破坏、污染路产的行为或车辆故障等其他原因引起路产设施损毁的路政索赔案件的现场地形图,加上交通事故的元素(如车辆、路产设施、行人等)及其相关位置的图。

(二)路产索赔案件现场图的要求

在路产索赔案件现场勘查中,必须绘制肇事现场图,通过图纸全面地反映出路形、地物和各种损坏路产事故中各元素的位置,以及它们之间的距离尺寸与相互关系,如实描绘现场,作为处理路产索赔案件调查取证、现场勘查的主要依据和案卷材料。测绘路产索赔案件现场图的具体要求是:

(1)准确无误。即要求对整个现场测绘正确,所标图例符号无误。

(2)定向正确。即图上的东西南北,公路走向一目了然,符合公路实际走向。

(3)比例符合要求。在确定了图纸比例尺后,图中各部分均按选定的比例尺绘制。

(4)全面反映情况。要求现场图既能反映出现场的路形、地物,又能反映案件发生及肇事因素。

(5)测量尺寸要准确。现场摄影虽能反映出现场的真实形象,但缺点是缺乏尺寸概念,不能反映实际距离尺寸。而路产索赔案件现场图,可以正确反映出公路宽度,违章构筑物及人、车、路之间的关系尺寸,对处理、分析路产案件作用颇大。因此测量时必须丈量准确。

(6)标注齐全。对案件现场所处的公路走向,违章构筑物的尺寸数据、路产设施等应标注齐全。

(7)文字说明。对图上不便表注的符号,应作简要的文字说明。

(8)测绘时态度认真。现场图是分析、鉴定路产索赔案件责任的现场勘查记录,是处理路产损失赔偿案件的依据。因此,要求路政管理人员测绘时要严肃认真,绝不允许草率从事,更不得弄虚作假。

147. 路产索赔勘查现场图的基本规格线形及尺寸标准是如何规定的?

要使路产损失索赔案件现场图图形准确、图面清晰,符合使用和存档要求,必须按路政部门制定的基本规格绘制。具体要求如下:

(1)图幅。按现行路政规定图幅,16开纸。路产索赔案件现场勘查图格式,如图3-14所示。

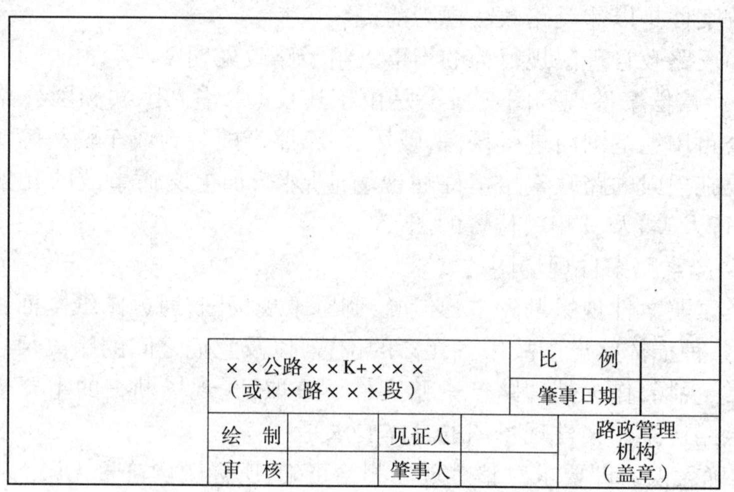

图3-14 路产索赔案件现场勘查图格式

(2)比例尺。测绘现场图时,必须把道路、地物、违章构筑物、车辆等实际尺寸缩小若干倍之后画在图上。这种缩小的倍数关系,为现场图的比例尺。如图上某一线段长度A与地面上相应线段的水平距离B之比,M为缩小倍数。即:

$$\frac{l}{M}=\frac{A}{B} \qquad M=\frac{B}{A}$$

例如,地面上两点间的水平距离是10m,在图上以0.1m(10cm)的长度表示,则这张图的比例尺就是$M=0.1\text{m}/10\text{m}=1/100$,常记为1:100。

(3)线形。现场图中的各种图例符号是由不同形式、不同粗细的线条所构成,每种线条都有不同的用途和意义,如图3-15所示。

(4)尺寸标准。现场图除了绘出案发区内的地物、道路、车辆、构筑物等形状外,还必须准确、完整、清晰地有关的尺寸数据,如道路宽度、弯道半径,损坏路产设施尺寸,漏滴、倾洒出柴油硫酸等对路面有损毁的化学物品的面积,刹车、拖引损毁路面的长度等,作为分析赔偿路产损失的主要依据。应当注意的是,在测绘损坏路面案件现场图时,不仅要测绘出实际损坏的面积,而且按路面修复工程的要求测出实际赔偿面积,即实际损坏的路面面积再加上修复时所需清除的面积。

序号	名　称	线　形	宽度b(mm)	适用范围
1	标准实线		(0.4~1.2mm)b	一般可见轮廓线(包括车辆，房屋设施、桥梁等的轮廓线)
2	粗实线		>b	公路线形、图框线、标题栏框线等
3	中实线		b/2~b/3	标志牌、指路牌、信号灯、电杆、树木等非比例符号
4	虚线	1mm 2~6mm	b/2	运动中的车辆轮廓线、行驶、行走路线
5	细实线		b/4	尺寸界线，尺寸线，边坡线，车辆翻滚路线
6	点划线	5mm 10~20mm	b/4	公路中心线
7	折断线		b/4	假设断开部分的边线
8	指示线		b/4	指示某一部分并加以说明的标志线

图 3-15　各种线形标准式样

(5)尺寸标注的一般规则:

①图上所标的尺寸数字应是地面物体的实际大小,与图的比例无关。

②在现场图中,公路的里程桩是以 km 为单位,这里统一以 m 为单位,在注解中应注明尺寸单位。

(6)定向:

①现场图方向的确定。阅读和使用现场图,都要确定它的方向。现场图上方向的表示方法是在图上画出指北针的符号。案发现场图采用磁北方向为基本方向。磁北方向可以用黑色针尖指北。

②方位角。以磁北起顺时针方向转动,以指北针测量。

148. 现场勘查图的地物符号及交通元素符号是如何规定的?

交通元素符号包括各种车辆,行人及倒洒落物品等的表示符号。一般应以比例缩绘。

(1)地物符号,如图3-16所示。

名　称	符　号	名　称	符　号	名　称	符　号
建筑物		树木		反光镜	
护拦		道路分隔带绿化地		田地	
铁道		隔离栏		障碍物	沙滩
道路		围墙篱笆		水塘	
小道		草地		道路照明	
边坡		里程碑		公共车站	
人行横道		电杆		桥梁	
河流		邮筒	邮	指路牌	

图3-16　地物符号

表示地物的符号分为比例符号、非比例符号和注记符号3种。

①比例符号。现场图上对房屋、道路、桥涵、路边构筑物等的绘制,其图例符号应按图纸确定的比例尺绘在图上,它既表明地物的位置,也表明了地物的形状和大小。

②非比例符号。当地物很小或没有必要按实际尺寸缩绘的,如里程碑、电杆、树木等,采用一种特写的符号表示即可。

③注记符号。现场图上用文字或数字标明的地名、公路走向等。

(2)交通元素符号,如图3-17所示。

①动态符号。动态符号包括车辆行驶经过的路线、刹车痕迹、车辆翻滚的路线以及各种情况下产生的车辆碰撞与刮擦接触点对路产设施损坏程度的符号记录。

名　称	符　号	名　称	符　号	名　称	符　号
载重车		摩托车(倒地)		人力三轮车	
小轿车		摩托车(行走)		吊车	
大客车		自行车(倒地)		行人位置	
运动中的车辆位置		自行车(行走)		死伤人员	
车辆挂擦碰撞痕		人力车		血迹	
拖挂车		蓄力车		遗留物位置	提包　鞋
三轮汽车		拖拉机		吉普车	
侧三轮摩托车		手扶拖拉机			

图 3-17　交通元素符号

正确标注这些符号,对正确分析路产索赔案件过程的鉴定结论有很大的作用。

②路产设施符号。路产设施符号包括:表示道路上的安全设施、养护设施、通讯设施、监控设施等的图例。如路面交通标志、标线,中央分隔带、防撞栏、隔离栅以及收费亭设施、电动栏杆、金额显示器、闭路电视、摄像机、紧急电话、配电箱等设施。

149. 现场勘查图的内容及分类是什么?

现场图以正投影原理绘制。它实质上是路产索赔案件现场及周围环境的平面图,加上交通元素、动态元素和动态痕迹,再加上经过及时测量,用一定比例的线和相应的图例,按实际的方位位置绘制而成的平面图纸。

(1)现场图的基本内容应包括:

①表明案发现场地物位置和主要交通条件;

②表明主要交通元素及与案发有关的损毁物、散落物的位置;

③表明案发过程中车、人等的动态痕迹;

④表明道路状况设施和障碍物;

⑤表明与案发有关的其他因素;

⑥注明与案发有关的各种数据。

现场图是研究分析、调查路政案件、现场勘查的取证手段,因此,现场图不仅绘图者自己能看懂,而且能令没有到过现场的其他有关人员也能从现场图中了解案发概况。

(2)根据现场图按绘制过程,可分为现场草图和现场比例图。

①现场草图。现场草图是路产索赔过程中,边测、边绘、边标注(在现场草绘)的示意图,是现场勘查的主要记录材料之一。发生路产索赔案件时,为了尽快清理现场、不影响交通,要求现场勘查快速、认真、准确、全面。在现场测绘时,由于操作时间较短,对草图并不要求十分工整,但现场所包含的内容和数据必须完整、准确。勾绘草图的方位应大致符合实物尺寸,距离也力求符合比例,图例正确,线条可以徒手勾画,现场校核图纸时发现问题可以修改、补充。

②现场比例图。现场比例图是根据现场草图所标注的地物、道路、交通元素动态痕迹的位置、方向、相互关系和数据,在室内按照绘图的基本规定,按选定的比例工整地绘制出的正式图。在重大的或特大的路产索赔案件处理中,作为鉴定或诉讼的依据。

150. 现场勘查草图的测绘步骤有哪些?

测绘现场草图是路政案件现场勘查的重要内容。要求在勘查结束时当场出图,由于勘查过程时间较短,要把现场复杂的情况全面、准确地反映在图画上,绘图者必须具有一定的业务水平和熟练的测绘技能。测绘步骤如下:

(1)了解情况。测绘前应首先对现场状况进行初步观察,对现场的地形、地物、道路状况、车辆、路产设施损失情况等要有一个轮廓印象。并了解案发现场的概况,判断哪些是与案件有关的,哪些是间接的,哪些是与案件无关的,从而确认案发中心,确认损毁设施等测绘对象。

(2)确定草图比例尺。根据案件发生现场范围的大小,选定图纸合适的缩绘比例,草图的图形也应大致按选定的比例绘图,一幅图内不能出现两种不同的比例尺。比例确定后依据现场情况,进行图画构思,使图画布置恰当、不偏不倚。

(3)画出路形。测量出道路宽度和中心线及公路走向,然后将路形绘制到图上去。

(4)画出各种图例。依照现场图测量方法，将现场车辆、路产设施的损坏情况及位置以图例标在图上。

(5)绘出地物。测量地物及路产设施位置，用图例标在图上。

(6)文字说明。对一些与案件有关的情况，又难以用图形表示出来的，则应以文字说明。先选定文字说明在图上书写的位置，逐条整齐书写，以保证图画整洁和阅读方便。

(7)画附加图。根据案发现场和地形、道路的复杂程度，需要画出附加图，可按要求的图式绘制，作为分析案发原因的补充资料。

(8)核对。现场图测绘记录是调查和取证的依据，它必须由两名以上的路政管理人员共同进行。在执行取证时应向被调查人员出示证件，现场图应真实反映案发事实，同时要注明勘测绘图时间、地点和调查人、被调查人、记录人的姓名，经核对无误后，由他们分别签字。

对有些重大或特大路政路产索赔案件需绘制正式现场比例图，比例图可根据现场图的图形和尺寸数据绘制。绘图前应选定图幅及比例尺，然后打底稿，再描黑或加深。

151. 什么是道路？

道路是指公路、城市道路和虽在单位管辖范围但允许社会机动车通行的地方，包括广场、公共停车场等用于公众通行的场所。

152. 什么是机动车？

机动车是指以动力装置驱动或者牵引，上道路行驶的供人员乘用或者用于运送物品以及进行工程专项作业的轮式车辆。

153. 什么是临时性建筑？

临时性建筑是指使用时间在半年以下，建筑材料和结构采用泥、木杆、砖石干砌、无基础的简易建筑物，以及可拆卸的铁皮建筑物等。

154. 什么是“永久性工程设施”和“永久性构造物或设施”？

“永久性工程设施”和“永久性构造物或设施”是指在公路两侧建筑控制区范围内的地面或地下，用耐久性建筑材料（如钢、钢筋混凝土、水泥、砖、木、石及其他材料等）构筑的，使用期限在半年以上的各种构造物或设施（不包括公路设施）。

155. 什么是交通标志?

道路交通标志是用图形符号、颜色和文字向交通参与者传递特定信息,用于管理交通的设施。交通标志分为主标志和辅助标志两大类。

(一)主标志

(1)警告标志,警告车辆、行人注意危险地点的标志。

(2)禁令标志,禁止或限制车辆、行人交通行为的标志。

(3)指示标志,指示车辆、行人行进的标志。

(4)指路标志,传递道路方向、地点、距离信息的标志。

(二)辅助标志

附设在主标志下,起辅助说明作用的标志。

(1)警告标志包括:

①警告标志的颜色为黄底、黑边、黑图案。

②警告标志的形状为等边三角形,顶角朝上。

③警告标志尺寸与计算行车速度的关系见表3-1。

警告标志尺寸与计算行车速度的关系 表3-1

计算行车速度(m/h)	100~120	71~99	70~40	<40
三角形边长 A(cm)	130	110	90	70
黑边宽度 B(cm)	9	8	6.5	5
黑边圆角半径 R(cm)	6	5	4	3
衬底边宽度 C(cm)	1.0	0.8	0.6	0.4

④警告标志到危险地点的距离与计算行车速度的关系见表3-2。

警告标志到危险地点的距离与计算行车速度的关系 表3-2

计算行车速度(km/h)	100~120	71~99	70~40	<40
标志到危险地点的距离(m)	200~250	100~200	50~100	20~50

(2)禁令标志包括:

①禁令标志的颜色,除个别标志外,为白底,红圈,红杠,黑图案。图案压杠。

②禁令标志的形状为圆形、八角形、顶角向下的等边三角形。

③禁令标志尺寸与计算行车速度的关系见表3-3。

禁令标志尺寸与计算行车速度的关系　　表 3-3

计算行车速度(km/h)		100~120	71~99	40~70	<40
圆形标志	标志外径 D(cm)	120	100	80	60
	红边宽度 a(cm)	12	10	8	6
	红杠宽度 b(cm)	9	7.5	6	4.5
	衬边宽度 c(cm)	1.0	0.8	0.6	0.4
三角形标志	三角形边长 a(cm)	—	—	90	70
	红边宽度 b(cm)	—	—	9	7
	衬边宽度 c(cm)	—	—	0.6	0.4
八角形标志	标志外径 D(cm)	—	—	80	60
	白边宽度 b(cm)	—	—	3.0	2.0
	衬边宽度 c(cm)	—	—	0.6	0.4

(3)指示标志包括：

①指示标志的颜色为蓝底白图案。

②指示标志的形状分为圆形、长方形和正方形。

③指示标志的尺寸与计算行车速度的关系见表 3-4。

指示标志的尺寸与计算行车速度的关系　　表 3-4

计算行车速度(km/h)	100~120	71~99	40~70	<40
圆形(直径)D(cm)	120	100	80	60
正方形(边长)A(cm)	120	100	80	60
长方形(边长)$A \times B$(cm)	190×140	160×120	140×100	—
单行线标志(长方形)$A \times B$(cm)	120×60	100×50	80×40	60×30
会车先行标志(正方形)A(cm)	—	—	80	60
衬边宽度 c(cm)	1.0	0.8	0.6	0.4

(4)指路标志包括：

①指路标志的颜色，一般道路为蓝底白图案，高速公路为绿底白图案。

②指路标志的形状，除地点识别标志、道路编号标志和街名标志外，为长方形和正方形。

③指路标志的汉字采用国家标准矢量汉字,标准黑体(简体)。

(5)旅游区标志。为吸引和指示人们从高速公路或其他道路上前往邻近的旅游区,应在通往旅游景点的岔路口设置一系列旅游标志,使旅游者能方便的识别通往旅游区的方向和距离,了解旅游项目的类别。旅游区标志分为:

①指引标志。

②旅游标志。

(6)道路施工安全标志及设施包括:路栏、锥形交通路标、施工警告信号、道口标桩、隔离墩、施工标志、移动性施工标志。

(7)辅助标志包括:

①凡主标志无法完整表达或指示其规定时,为维护行车安全与交通畅通之需要,应设置辅助标志。

②辅助标志的颜色为白底、黑字、黑边框。

③辅助标志的形状为长方形。其尺寸由字高、字数确定,按字高10cm为下限值。字的间隔、行距等按道路交通标志和标线GB5768-86执行。如有需要可增加辅助标志板的尺寸。

④辅助标志安装在主标志下面,紧靠主标志下缘。

(8)可变信息标志包括:

①可变信息标志的显示方式有多种,如:高亮度发光二极管、灯泡矩阵、磁翻版、字幕式、光纤式等。可根据标志的功能要求、内容、控制方式等进行选择。

②可变信息标志的板面应进行专门设计。

③可变信息标志是一种因交通、道路、气候等状况的变化而改变显示内容的标志。一般可用作速度限制、车道控制、道路状况、交通状况、气象状况及其他内容的显示。主要用于高速公路城市快速路的信息显示。

156. 什么是道路交通标线?

(一)什么是道路交通标线

道路交通标线是由标划于路面上的各种线条、箭头、文字、立面标记、突起路标和轮廓标等所构成的交通安全设施。它的作用是管制和引导交通,可以与标志配合使用,也可单独使用。

高速公路、公路和城市快速道路、主干道路应按规定设置反光交通标线。其他道路可根据需要按本标准设置反光或不反光标线。

(二)道路交通标线按设置方式可分为3类

(1)纵向标线,沿道路行车方向设置的标线。

（2）横向标线，与道路行车方向成角度设置的标线。

（3）其他标线，字符标记或其他形式标线。

（三）道路交通标线按功能可分为 3 类

（1）指示标线，指示车行道、行车方向、路面边缘、人行道等设施的标线。

（2）禁止标线，告示道路交通的遵行、禁止、限制等特殊规定，车辆驾驶人及行人需严格遵守的标线。

（3）警告标线，促使车辆驾驶人及行人了解道路上的特殊情况，提高警觉，准备防范应变措施的标线。

（四）道路交通标线按型态可分为 4 类

（1）线条，标划于路面、缘石或立面上的实线或虚线。

（2）字符标记，标划于路面上的文字、数字及各种图形符号。

（3）突起路标，安装于路面上用于标示车道分界、边缘、分合流、弯道、危险路段、路宽变化、路面障碍物位置的反光或不反光体。

（4）路边线轮廓标，安装于道路两侧，用以指示道路的方向、车行道边界轮廓的反光柱（或片）。

（五）道路交通标线的标划区

（1）白色虚线，划于路段中时，用以分隔同向行驶的交通流或作为行车安全距离识别线。划于路口时，用以引导车辆行进。

（2）白色实线，划于路段中时，用以分隔同向行驶的机动车和非机动车，或指示车行道的边缘；设于路口时，可用作导向车道线或停止线。

（3）黄色虚线，划于路段中时，用以分隔对向行驶的交通流。划于路侧或缘石上时，用以禁止车辆长时在路边停放。

（4）黄色实线，划于路段中时，用以分隔对向行驶的交通流。划于路侧或缘石上时，用以禁止车辆长时或临时在路边停放。

（5）双白虚线，划于路口时，作为减速让行线。设于路段中时，作为行车方向随时间改变之可逆向车道线。

（6）双黄实线，划于路段中时，用以分隔对向行驶的交通线。

（7）黄色虚实线，划于路段中时，用以分隔对向行驶的交通流。黄色实线一侧禁止车辆超车、跨越或回转，黄色虚线一侧在保证安全的情况下准许车辆超车、跨越或回转。

（8）双白实线，划于路口时，作为停车让行线。

（六）禁止标线，警告标线的分类及轮廓标

（1）禁止标线的分类：

①纵向禁止标线分为禁止超车线、禁止变换车道线、禁止路边停放线。

②横向禁止标线分为停止线、停车让行线、减速让行线。

③其他禁止标线分为非机动车禁驶区标线、导流线、网状线、专用车道线、禁止掉头线。

(2)警告标线的分类:

①纵向标线分为车行道宽度渐变段标线、路面障碍物标线、近铁路平交道口标线。

②横向标线分为减速标线、减速车道线。

③其他标线,立面标线。

(3)轮廓标:

用以指示道路的方向、车行道的边界。高速公路,以及互通立交、服务区、停车场的进出匝道或连接道,应连续设置轮廓标。

轮廓标在公路前进方向左、右侧对称设置。在直线段,其设置间隔为50m,(附设于护栏上时,其设置间隔可为48m)。主线或匝道曲线段,其设置间隔可按表3-5中的规定选用。路宽变化及有其他危险的路段,应适当的加密轮廓标的间隔。

曲线段轮廓标的设置间隔表 表3-5

曲线半径(m)	小于30*	30~89*	90~179	180~274	275~374	375~995	1000~1990	2000以上
设置间隔(m)	4	8	12	16	20	30	40	50

注:*一般指互通立交匝道曲线半径

轮廓标结构按设置条件可分为埋设于土中和附着两种。

157. 交通标志的构造是怎样的?

(1)标志板可用铝合金板、合成树脂类板材,如玻璃钢、硬质聚氯乙烯板等材料制作。也可将上述板材与蜂窝状纸组合成蜂窝板,用于大型标志。

标志板背面可选用美观大方的颜色,最好用乳白色或浅灰色。

标志板厚度参见表3-6所列。

标志板最好采用型钢加固,以便和立柱连接。

标志板边缘应进行卷边加固,以增加强度和美观。

(2)交通标志立柱可选用角钢、槽钢、钢管及钢筋混凝土等材料制作,临时性的也可用木柱。钢柱应进行防锈处理,钢管顶端应加帽。钢筋混凝土柱应考虑预埋连接件。

立柱应涂以单一的颜色,最好用乳白色或浅灰色。一条道路应采用同一颜色。

各种标志立柱的断面尺寸,应根据风力、板面大小及支持方式由计算确定。

(3)标志板和立柱的连接可采用多种方法。在设计连接部件时,应考虑安装方便、连接牢固,连接螺钉应进行强度验算。

(4)各种标志立柱的埋设深度,决定于地基的承载力,一般应浇注混凝土基础,立柱的埋设部分要做防腐及防锈处理。

(5)参考件的选择使用参见表 3-6。

标志板厚度　　表 3-6

标志名称		铝合金板(mm)	合成树脂板(mm)
警告标志	小型	1.5	3
	大型	2.0	4
禁令标志	小型	1.5	3
	大型	2.0	4
指示标志	小型	1.5	3
	大型	2.0	4
指路标志	小型	2.0~3.0	4
	大型	3.0~3.5	5
辅助标志		1.5	3

158. 交通标志的设置原则与方法是什么?

(1)交通标志以确保交通畅通和行车安全为目的而设置的。应结合道路线形、交通状况、沿线设施等情况,根据交通标志的不同种类来设置,以利向道路使用者提供正确的、及时的信息,通过交通标志的引导,顺利、快捷地抵达目的地。不允许发生错向行驶。

(2)交通标志的设置应进行总体布局,防止出现信息不足或过量的现象。对于重要的信息应给予重复显示的机会。

(3)交通标志的设置应充分考虑道路使用者的行动特性,即充分考虑在动态条件下发现、判读标志及采取行动的时间和前置距离。

(4)交通标志应设在车辆行进正面方向最容易看见的地方。可根据具体情况设置在道路右侧、中央分隔带,或车行道上方。

(5)同一地点需要设置两种以上标志时,可以安装在一根标志柱上,但最多不应超过 4 种,应避免出现互相矛盾的标志内容。解除限制速度标志、解除禁止超车标志、干路先行标志、停车让行标志、减速让行标志、会车先行标志、会车让行标志应单独设置。

标志牌在一根支柱上并设时,应按警告、禁令、指示的顺序,先上后下,先左后右的排列。

(6)路侧式标志应尽量减少标志板面对驾驶员的眩光。在装设时,应尽可能与道路中线垂直或成一定角度。禁令和指令标志为0～45°,指路和警告标志为0～10°。

159. 交通标志的反光及反光材料的应用与选择是什么?

(一)交通标志反光材料的分类

用于标志面的反光材料按其结构的不同可以分透镜埋入型、密封胶囊型、微棱镜型等品种。其反光原理为:射向标志面的光线应沿入射光线的反方向返回光源。由于标志位置和车辆行驶条件的不同,用于标志面的反光材料应具有优良的广角性和逆反射性能。在不同入射角(汽车前照灯光线与标志反射回驾驶者眼睛的光线间的夹角)的条件下,用于标志面的反光膜的逆反射系数值不应低于表3-7至表3-11的规定。

一级反光膜　　表3-7

观测角	入射角(°)	最小逆反射系数(cd·lx^{-1}·m^{-2})				
		白色	黄色	红色	绿色	蓝色
12′	-4	600	400	100	75	40
	15	400	250	60	45	25
	30	180	120	30	22	12
20′	-4	360	240	60	45	25
	15	240	160	40	30	16
	30	120	80	18	15	8

二级反光膜　　表3-8

观测角	入射角(°)	最小逆反射系数(cd·lx^{-1}·m^{-2})				
		白色	黄色	红色	绿色	蓝色
12′	-4	400	250	60	50	30
	15	250	100	35	30	18
	30	100	70	15	12	8

续上表

观测角	入射角(°)	最小逆反射系数(cd·1x^{-1}·m^{-2})				
		白色	黄色	红色	绿色	蓝色
20′	-4	240	150	35	30	18
	15	170	100	25	20	12
	30	80	50	12	10	6

三级反光膜

表 3-9

观测角	入射角(°)	最小逆反射系数(cd·1x^{-1}·m^{-2})				
		白色	黄色	红色	绿色	蓝色
12′	-4	250	170	35	30	20
	15	200	120	30	20	15
	40	120	80	16	12	9
20′	-4	180	120	25	20	14
	15	150	80	20	15	10
	40	95	65	13	10	7
1′	-4	20	12	2	1.5	1
	15	15	8	1.5	1	0.7
	40	5	3	1	0.8	0.5

四级反光膜

表 3-10

观测角	入射角(°)	最小逆反射系数(cd·1x^{-1}·m^{-2})				
		白色	黄色	红色	绿色	蓝色
12′	-4	70	50	14	9	4
	15	55	35	11	7	3
	40	15	8	3	1.5	1
20′	-4	50	35	10	7	3
	15	45	20	8	5	2
	40	10	5	2.5	1.2	0.8
1′	-4	5	3	2	1	0.6
	15	3	2	1	0.5	0.3
	40	1.5	1	0.5	0.2	0.1

五级反光膜 表3-11

观测角	入射角(°)	最小逆反射系数(cd·lx^{-1}·m^{-2})				
		白色	黄色	红色	绿色	蓝色
12′	-4	50	25	8	5	3.5
	15	35	14	6	4	2.5
	40	10	3.5	1.5	1.2	0.5
20′	-4	30	15	5	4	3
	15	21	11	4.2	3	2
	40	7	2.5	0.8	0.6	0.4
1′	-4	4	2	0.8	0.5	0.4
	15	2.5	1.3	0.5	0.3	0.2
	40	1.2	0.6	0.3	0.1	—

(二)反光材料的应用与选择

(1)各级道路的交通标志原则上均应用采用反光材料制作标志面。标志面底色与字符或图案,应采用同等级的反光材料。对于采用丝印工艺的情况,应选用反光材料及与之配套的丝印油墨。

(2)高速公路、一、二级公路及城市主干道路的交通标志应采用一至三级反光膜;三级公路及城市次要道路的交通标志可采用四级以上的反光膜。四、五级反光膜可用于四级公路和交通量很小的其他次要道路。

(3)高速公路、一、二级公路、城市快速道路上的曲线段标志及城市地区的多路交叉路口,宜采用广角性能优良的三级以上反光材料。

(4)高速公路、一、二级公路、城市快速道路上的门架标志和悬臂标志,为获得与路侧标志相同的反光效果,宜选用比路侧标志所用反光膜等级为高的反光材料,或把门架标志和悬臂标志的字符改用反射器,以改善其夜间视认性。在有条件的重要路段,也可采用照明标志。

160. 道路平面交叉路口标线的设置原则是什么?

道路与道路平交路口的标线包括:人行横道线、停止线、车行道中心线、车道分界线、导向箭头等。上述标线在设置时,应考虑交叉路口的型式、交通量、车行量、车行道宽度、转弯车辆的比率、非机动车辆的混入率等因素,遵循下列原则设置:

(1)平交路口驶入段的机动车车道数,不能少于与其他相连路段上的车道数。

但驶入段的车道宽度可以小于相连路段的车道宽度,但不得小于 3m。

(2)要积极开辟附加车道,特别是左转弯车道。左转弯附加车道可以利用削去中央分隔带的方法,也可利用缩窄车道宽度和偏移车行道中心线的方法开辟。

(3)平交路口驶入段的导向车道线与停止线连接,其最小长度为 30m。导向车道线应划白色或黄色单实线,表示不准车辆变更车道。

(4)平交路口驶入段的车道内,应用导向箭头标明各车道的行驶方向。距路口最近的第一组导向箭头,一般设置在距停止线 30m 的位置。导向箭头重复设置的次数和距离,应根据平交路口驶入段的具体情况确定。一般计算行车速度大于 60km/h 的道路,导向箭头重复 3 次;计算行车速度小于 60km/h 的道路,导向箭头重复 2 次。

161. 路面标线是用何种材料制作的?

(1)标线可用路标漆、塑胶标带和其他材料(如:突起路标用的黄铜、不锈钢、合金铝、合成树脂以及陶瓷、白石头、彩色水泥等)制作。

(2)标线材料应尽可能耐久、耐磨耗、耐腐蚀,与路面黏结力强。

(3)在恶劣的气候条件下,标线材料能具有较好的辨认性。

(4)标线材料应尽可能采用防滑材料,保持一定的粗糙度。

(5)标线材料应便于施工,对人畜无害。

162. 什么是超限运输?

超线运输是指在公路上行驶的各种机动车辆装载货物超过路政管理法律、法规规定的行为。

163. 什么是超限运输车辆?

超限车辆是指在公路上行驶的,有下列情形之一的运输车辆:

(1)货物装载高度从地面算起超过 4m 以上(集装箱车货总高度从地面算起 4.2m 以上)。

(2)车货长度超过 18m 以上。

(3)货物宽度超过 2.5m 以上。

(4)单车、半挂列车、全挂列车车货总质量 40000kg 以上,集装箱半挂列车车货总质量 46000kg 以上。

(5)车辆轴载质量在下列规定值以上。

单轴(每侧单轮胎)载质量6000kg;

单轴(每侧双轮胎)载质量10000kg;

双联轴(每侧单轮胎)载质量10000kg;

双联轴(每侧各一单轮胎、双轮胎)载质量14000kg;

双联轴(每侧双轮胎)载量18000kg;

三联轴(每侧单轮胎)载量12000kg;

三联轴(每侧双轮胎)载质量22000kg。

164. 超限运输车辆行驶公路的管理工作的原则是什么?

超限运输车辆行驶公路的管理工作实行“统一管理、分级负责、方便运输、保障畅通”的原则。

165. 轴载质量作用次数的换算公式是怎样的?

汽车对路面的破坏作用与汽车轴载质量的 n 次方成正比。

$$EF = \left(\frac{P}{P_0}\right)^n$$

式中:$n = 4 \sim 5$

P_0——标准轴载质量;

P——任一载质量;

EF——P 对路面的作用次数换算成 P_0 对路面的作用次数。

166. 超限车辆载轴载质量超过部分简易算法是什么?

$$\sum P_C \approx P_Z - \sum P_W + n$$

式中:P_Z——车货总量;

$\sum P_W$——各个车轴载限值总和;

n——为误差调整系数。车辆为2、3、4、6个轴时,$n = 1$ 车辆为5个轴且货重35t以上,$n = 1$ 车辆为5个轴且货重35t以下,$n = 5$。

167. 超限平板车行驶公路补偿费计算公式是什么?

$$T_{补} \leqslant T_{单} \times P_{载} \times L \times \sum Pc \times 5\%$$

式中:$T_{单}$——单位运价,元/t·km;

$P_{载}$——该车的额定最大载质量 t;

L = 行驶公路里程,km;

$\sum Pc$——轴载质量超限部分总和;

$T_{补}$——补偿费。

168. 超限集装箱行驶公路补偿费计算公式是什么?

$$T_{补} \leqslant T_{单} \times L \times \sum P_C \times 5\%$$

式中:$T_{单}$——单位运价,元/箱·公里;

L——公路里程,km;

$\sum Pc$——轴载质量超限部分总和,t;

$T_{补}$——补偿费,元。

169. 已知全程运费的超限平板车公路补偿费如何计算?

$$T_{补} \leqslant T_{全} \times \sum P_C \times 5\%$$

式中:$T_{全}$——全程运费,元;

$\sum Pc$——轴载质量超限部分总和,t;

$T_{补}$——补偿费,元。

170. 超限运输车辆行驶的公路审批程序是什么?

超限运输车辆行驶公路的审批程序是:

(1)超限运输单位提出申请,说明该货物的用途、产地、到达地点及使用单位。并填写超限运输车辆行驶公路申请表。

(2)审查申请。

(3)选定运输路线,并验算路桥承载能力,签订运输协议。

(4)核发超限运输车辆通行证。

附:申请表的格式,16 开本。申请表一式 3 份,申请单位 1 份,审核单位 1 份。

171. 超限车过桥应注意什么?

超限车过桥应注意:

(1)其速度不得超过 5km/h,并匀速行驶。

(2)居中行驶。

(3)严禁车辆制动或变速。

(4)限制多车过桥。

(5)采取必要的桥梁加固措施。

172. 超限车辆过桥应采取哪些措施?

超限车辆过桥应采取的措施有:

(1)在桥面上临时铺设钢梁或木梁,大梁上铺设木桥面板,全部或部分减轻该桥负担,以供车辆直接行驶。常用的有全桥跨越法或部分跨越法。

(2)进行桥梁上部、下部局部加固。

(3)在不影响梁式桥受力性能的前提下,可设临时排架以减小跨径。

(4)设临时拱盔支架以分担拱桥荷载。

173. 超限运输的审批权限是如何设定的?

(1)跨省(自治区、直辖市)行政区域进行超限运输的,由途经公路沿线省级公路管理机构分别负责审批,必要时可转报国务院交通主管部门统一进行协调。

(2)跨地(市)行政区域进行超限运输的,由省级公路管理机构负责审批。

(3)在本地(市)行政区域内进行超限运输的,由地(市)级公路管理机构负责审批。

174. 申请超限运输的期限是如何规定的?

超限运输车辆行驶公路前,其承运人应根据具体情况分别依照下列规定的期限提出申请:

(1)对于车货总质量在40000kg以下,但其车货总高度、长度及宽度超过(①车货总高度从地面算起4m以上,②车货总长18m以上,③车货总宽度2.5m以上)规定的超限运输,承运人应在起运前15日提出书面申请。

(2)对于车货总质量在40000kg以上(不含40000kg)、集装箱车货总质量在46000kg以上(含46000kg),100000kg以下的超限运输,承运人应在起运前1个月提出书面申请。

(3)对于车货总重在100000kg(不含100000kg)以上的超限运输,承运人应在起运前3个月提出书面申请。

175. 超限运输的单位和个人应向有权审批的公路管理机构提供哪些资料?

超限运输的单位和个人向公路管理机构申请超限运输车辆行驶公路时,除提交书面申请外,还应提供下列资料和证件:

(1)货物名称、重量、外廓尺寸及必要的总体轮廓图。

(2)运输车辆的厂牌型号、自载质量、轴载质量、轴距、轮数、轮胎单位压力、载货时总的外廓尺寸等有关资料。

(3)货物运输的起讫点,拟经过的路线和运输时间。

(4)车辆行驶证。

176. 超限运输的审查内容是什么?

(1)掌握超限运输车辆的基本情况;

(2)掌握运输货物的基本情况;

(3)掌握超限运输车辆所经过的路线、桥梁的基本情况。

177. 对超限运输车辆行驶公路的处罚有哪几种?

超限运输车辆在行驶中必须悬挂超限运输标志,如限制宽度标志、高度标志、质量标志、轴重标志、速度标志。超限运输标志的设置,按照《道路交通标志和标线》(GB576886)标准执行。

违反超限运输规定的应按以下方式处罚:

(1)责令停驶;

(2)补办手续;

(3)吊销通行证;

(4)赔偿损失;

(5)罚款。

178. 超限运输对路面有何影响?

超限运输对路面的影响有:

(1)直接影响路面使用期的长短。路面设计的标准轴载为10t(三、四级公路柔性路面的标准轴载为6t),超限运输车辆(指轴载质量超过规定值)在公路上行驶,其轴载质量对路面形成复杂性的疲劳作用,轴载质量增大后,在公路路面的有效使用期内,能够承受弹性变形次数即汽车行驶次数减少。因此,汽车轴载质量的大小直接影响路面使用期的长短。

(2)超限运输导致公路早期破坏,使建设改造费用、养路费用大大增加。由于超限运输会导致公路早期破坏,而增加公路建设改造费和养路费。因此,对超限运输车辆收取公路损失补偿费是合情合理的。目前,一般的超限运输按超限运输通过该辖区段的运输费用的5%收取。而公路机构为保障超限运输车辆安全通过,采取的技术保护措施和修复损坏部分所发生的费用,也应由承运单位或个人承担,费用估算可采取预算包干或后决算的方式,由承运单位或个人负担。

179. 擅自跨越、穿越公路修建桥梁、渡槽或架设埋设管线等设施,以及在公路用地范围内架设、埋设管线、电缆等设施应如何处理?

根据《中华人民共和国公路法》第四十五条的规定,跨越、穿越公路修建桥梁、渡槽或者架设、埋设管线等设施的,以及在公路用地范围内架设、埋设管线、电缆等设施的,应当事先经有关交通主管部门同意,影响交通安全的,还须征得有关公安机关的同意。所修建、架设或者埋设的设施应当符合公路工程技术标准的要求。对公路造成损坏的,应当按照损坏程度给予补偿。

180. 在公路上及公路用地范围内不得进行哪些活动?

根据《中华人民共和国公路法》第四十六条的规定,任何单位和个人不得在公路上及公路用地范围内摆摊设点、堆放物品、倾倒垃圾、设置障碍、挖沟引水、利用公路边沟排放污物或者进行其他损坏、污染公路和影响公路畅通的活动。

181. 在大中型公路桥梁和渡口周围200m、公路隧道上方和洞口外100m范围内,以及在公路两侧一定距离内,不得进行哪些活动?

根据《中华人民共和国公路法》第四十七条的规定,在大中型公路桥梁和渡口周围200m、公路隧道上方和洞口外100m范围内,以及在公路两侧一定距离内,不得挖砂、采石、取土、倾倒废弃物,不得进行爆破作业及其他危及公路、公路桥梁、公路隧道、公路渡口安全的活动。

182. 哪些车辆不得在公路上行驶?必须通行时该怎么办?

根据《中华人民共和国公路法》第四十八条的规定,除农业机械因当地田间作业需要在公路上短距离行驶外,铁轮车、履带车和其他可能损害公路路面的机具,不得在公路上行驶。确需行驶的,必须经县级以上地方人民政府交通主管部门同意,采取有效的防护措施,并按照公安机关指定的时间、路线行驶。对公路造成损坏的,应当按照损坏程度给予补偿。

183. 公路附属设施包括哪些?

根据《中华人民共和国公路法》第五十二条的规定,公路附属设施是指为保护、养护公路和保障公路安全畅通而设置的公路防护、排水、养护、管理、服务、交通安全、渡运、监控、通信、收费等设施、设备以及专用建筑物、构筑物等。

184. 公路用地范围内能否设置非公路标志？

根据《中华人民共和国公路法》第五十四条的规定，任何单位和个人未经县级以上地方人民政府交通主管部门批准，不得在公路用地范围内设置公路标志以外的其他标志。

185. 在公路建筑控制区修建建筑物、地面构筑物及擅自在公路建筑控制区埋设管线、电缆等设施应如何处理？

根据《中华人民共和国公路法》第八十一条的规定，在公路建筑控制区内修建建筑物、地面构筑物或者擅自埋设管线、电缆等设施的，由交通主管部门责令限期拆除，并可以处 5 万元以下的罚款。逾期不拆除的，由交通主管部门拆除，有关费用由建筑者、构筑者承担。

186. 造成公路损坏未报告应如何处理？

根据《中华人民共和国公路法》第七十八条的规定，造成公路损坏未报告的，由交通主管部门处 1000 元以下的罚款。

187. 公路养护车辆进行作业时，在不影响过往车辆通行的前提下，其行驶路线和方向不受什么限制？过往车辆对公路养护车辆和人员应当注意什么？

根据《中华人民共和国公路法》的规定，为保障公路养护人员的人身安全，公路养护人员进行养护作业时，应当穿着统一的安全标志服。利用车辆进行养护作业时，应当在公路作业车辆上设置明显的作业标志。公路养护车辆进行作业时，在不影响过往车辆通行的前提下，其行驶路线和方向不受公路标志、标线限制。过往车辆对公路养护车辆和人员应当注意避让。改建公路及公路养护工程施工影响车辆、行人通行时，施工单位应当在施工路段两端设置明显的施工标志、安全标志。需要车辆绕行的，应当在绕行路口设置标志。不能绕行的，必须修建临时道路，保证车辆和行人通行。

188. 出现哪些违法行为由交通主管部门责令停止违法行为，可以处 3 万元以下罚款？

根据《中华人民共和国公路法》第七十六条的规定，有下列违法行为之一的，由交通主管部门责令停止违法行为，可以处 3 万元以下的罚款：

(1)违反《公路法》第四十四条第一款的规定,擅自占用、挖掘公路的;

(2)违反《公路法》第四十五条的规定,未经同意或者未按照公路工程技术标准的要求修建桥梁、渡槽或者设埋设管线、电缆等设施的;

(3)违反《公路法》第四十七条的规定,从事危及公路安全的作业的;

(4)违反《公路法》第四十八条的规定,铁轮车、履带车和其他可能损害的路面的机具擅自在公路上行驶的;

(5)违反《公路法》第五十条的规定,车辆超限使用汽车渡船或者在公路上擅自超限行驶的;

(6)违反《公路法》第五十二条、第五十六条的规定,损坏、移动、涂改公路附属设施或者损坏、挪动建筑控制区的标桩、界桩,可能危及公路安全的。

189. 对擅自在公路上设卡,拦截过往车辆的单位和个人应如何进行处理?

违反了《中华人民共和国公路法》第九条:"禁止任何单位和个人在公路上非法设卡、收费、罚款和拦截车辆"的规定。根据《中华人民共和国公路法》第七十四条的规定,擅自在公路上设卡、收费的,由交通主管部门责令停止违法行为,没收违法所得,可以处违法所得3倍以下的罚款,没有违法所得的,可以处2万元以下的罚款。对负有直接责任的主管人员和其他直接责任人员,依法给予行政处分。

190. 将公路作为试车场地的应如何进行处理?

根据《中华人民共和国公路法》第七十七条的规定,将公路作为试车场地的,由交通主管部门责令停止违法行为,可以处5000元以下的罚款。

191. 未经批准在公路上增设平面交叉道口的应如何进行处理?

根据《中华人民共和国公路法》第八十条的规定,未经批准在公路上增设平面交叉道口的,由交通主管部门责令其恢复原状,处5万元以下的罚款。

192. 擅自移动公路施工禁止通行标志牌,造成车辆轻微损伤,尚不够刑事处罚的,应如何进行处理?

根据《中华人民共和国公路法》第八十三条的规定,损毁公路或者擅自移动公路标志,可能影响交通安全,尚不够刑事处罚的,依照治安管理处罚条例第二十条:"有下列妨害公共安全行为之一的,处十五日以下拘留、二百元以下罚款或警告"的规定进行处罚。

193. 违反《公路法》有关规定，构成犯罪的，应当依法承担何种法律责任？

根据《中华人民共和国公路法》第八十四条的规定，违反本法有关规定，构成犯罪的，依法追究刑事责任。

194. 违反《公路法》有关规定，造成公路损害的，应当依法承担何种法律责任？

根据《中华人民共和国公路法》第八十五条的规定，违反本法有关规定，对公路造成损害的，应当依法承担民事责任。

第四章

交通安全管理（107问）

1. 为什么要大力宣传交通法规？

交通法规是国家行政管理法规的一部分。贯彻交通法规要经常开展交通安全的宣传教育，提高人民群众的法制观念，树立交通规则人人必须遵守，维护交通秩序人人有责的社会风尚。

（1）充分运用报纸、广播、电视等宣传工具，采取群众喜闻乐见的形式，广泛开展交通安全教育。宣传的内容应根据不同的对象，采取不同的方式进行，讲究宣传艺术，注重宣传实效，避免空洞说教。要努力做到思想性、艺术性、知识性、趣味性相结合，具有丰富多彩的形式和新颖、生动的感染力。

（2）要充分依靠和发挥工厂、企业、机关、学校、街道、乡村的行政组织和各级交通安全委员会、治保会、安全组，安全员的积极作用，实行责任包干（单位包职工、学校包学生、街道包居民、乡村包村民）的制度，把宣传交通法规、保障交通安全，落实到群众中去。

（3）设立专职交通宣传员扎扎实实开展交通安全宣传教育。交通宣传员的职责和主要任务：一是搜集和编写交通安全宣传材料，提供给有关单位开展宣传教育。二是经常深入单位对机动车驾驶员、骑自行车人员进行行车安全教育，组织和指导安全小组的工作，开展安全行车竞赛评比等活动。

2. 交通秩序和管理的含义是什么？

交通秩序是人们在社会生活中为维护交通安全与道路畅通必须遵守的共同准则。主要是指以下3种秩序：一是行人秩序。二是车辆行驶与停放秩序。三是路面秩序，即占用街道进行施工、堆料、堆物作业和各种摊商的秩序。搞好交通秩序，必须实行综合治理，从城市规划、道路建设、公共交通、安全教育等方面做好工作。就加强交通管理来说，应做到：

（1）提高交通指挥技能，改进指挥系统。城市道路交叉路口是交通流量的集中点,实施交通指挥自动化是科学地指挥车辆、行人安全迅速通过,提高交叉路口的通行流量,防止发生交通事故的重要途径。近几年来,我国城市使用了交通自动控制信号机,对一个交叉路口实行单独的点控制。目前有几个大城市正在研究试验在交叉路口实行点控制的街道上,把各个路口信号灯开绿灯的时间前后协调起来,相互配合,实行车辆按规定速度行驶的线控制,也叫"绿波通行带"的指挥方法,这样,可以加速流量,提高通行能力。随着我国城市交通现代化管理的发展,采用电子计算机控制交通,将会从根本上改变我国城市交通管理的落后面貌。

(2)整顿交通秩序,排除交通障碍。良好的交通秩序,要靠广大人民群众来维护,交通管理部门要把经常性的交通管理和和临时突击整顿结合起来,把整顿交通秩序和交通安全宣传结合起来。根据各个时期的突出问题和季节特点,结合重大节日,一年大抓几次。

(3)合理使用道路,调整疏导交通流量。在调整疏导交通流量时应从深入细致的调查研究入手,切实掌握主干道在高峰、低峰时的车辆和行人流量,以交通分离、各行其道和均衡交通流量为原则,有计划有重点地逐步加以调整。对路面宽阔的主要干道,应划分机动车道和非机动车道,实行快、慢车分离,各行其道,防止各种混行争道。对路面较窄,交通流量大而又有两条平行、距离较近的道路,可实行单方向行驶;对路面狭窄,交通流量大的道路,可禁止或在某一时间内禁止某一种或几种车辆通行;对流量大的路口,要处理好各种车辆的左转弯,有的还可以禁止某种或几种车辆左转弯,减少车辆交叉。

(4)完善交通安全设施。根据道路特点和交通流量情况,按照交通规则要求,设快、慢车道线;在繁华交叉路口、铁路道口、危险陡坡、回转路、狭路口及渡口等危险地段设置警告标志;在禁行线、单行线的入口以及限制速度、装载高度、宽度和重量的地方,设置相应的禁令标志;在道路上尽可能的设置护栏、安全岛、反光镜等交通安全设施。

3. 什么是交通设施?

交通设施是指用于交通管理的设备,大体上可分为 3 大类:

(1)交通指挥设备,即用以指挥交通的设备,包括:信号灯、指挥棒、岗台和岗楼等。

(2)交通安全设备,如指引驾驶员行驶方向和停车的指示标志,为驾驶人员和行人指示行驶和走路的路线安全示意线、护栏、安全岛;为驾驶人员预示道路状况的警告标志、路口反光镜;为了疏导交通保证安全而对车辆加以适当限制的禁令标志。

(3)其他交通管理设备,如岗位照明、岗位电话、岗伞、地名牌、路名牌、指路牌等。

4. 交通标志、道路交通标线有几种?

根据《中华人民共和国道路交通安全法实施条例》第三十条的规定,交通标志分为:指示标志、警告标志、禁令标志、指路标志、旅游区标志、道路施工安全标志和辅助标志。

道路交通标线分为:指示标线、警告标线、禁止标线。

5. 汽车驾驶室乘坐人数的安全技术条件是什么?

(1)驾驶只有一排座位的或双排座位的前排座位,以驾驶室内部宽度(系指驾驶室车窗下缘,并在车门后支柱内侧量取)等于或大于1200mm核定2人;等于或大于1650mm核定3人;小型汽车驾驶室内宽度等于或大于1550mm核定3人。

(2)驾驶室内双排座位的后排座位,座垫长度(从中间位置测量)每400mm核定1人。

6. 汽车载乘人数的安全技术条件是什么?

汽车载乘人数的安全技术条件是:

(1)按载质量核定,每吨折合15人,长途客车每吨核定13人。

(2)按座垫长度和面积核定,座垫长度每400mm核定1人;允许站立面积每平方米核定4人,城市公共汽车及无轨电车每平方米核定5人。

(3)以上(1)、(2)两项分别计算人数,按最小值核定。

7. 汽车标记的安全技术条件是什么?

汽车标记的安全技术条件是:

(1)在车前外表面上应有车辆的厂牌、型号标记。

(2)应有标明型号、发动机功率、总质量、载质量或载客人数、出厂编号、生产厂及出厂日期等内容的产品铭牌。

(3)发动机上应有打印的出厂号码。

(4)车架上应有打印的底盘型号和出厂编号。

8. 汽车外廓尺寸的安全技术条件是什么?

汽车外廓尺寸的安全技术条件是:

总长：载货汽车、客车及铰接式客车、无轨电车不得超过18m，牵引车拖半、挂车不得超过16m，汽车拖带挂车不得超过20m。

总宽：不得超过2.5m。

总高：不得超过4m。

9. 汽车载质量的安全技术条件是什么？

汽车载质量的安全技术条件是：

车辆允许总质量，以发动机额定功率、厂定最大轴载质量、轮胎的承载能力、车厢面积及正式批准的技术文件进行核定。

10. 车辆的安全监测设备有哪几种？

车辆安全监测设备有：

(1)车辆行驶速度监测设备。常见的是雷达测速仪，又叫多普勒雷达，既能测速，又能报警，告诉哪辆车速度。有的还装有照相机、摄像机，可以立刻自动地将超速车辆的号牌拍摄下来。该仪器还可以进行交通量统计和超速违章车辆统计。

(2)车辆检测设备。分为压力感应型、形状感应型、电磁感应型、声音感应型。目前车辆检测设备正向大规模集成电路和微机处理、多功能以及图像处理技术等方面发展。

(3)交通环境监测设备。目前有非接触式的冰冻监测器，用以判断路面的干燥、湿润、积雪和冰冻等4种状态。路面积雪计用以测定路面积雪深度，交通噪声监测器用以监测交通噪声，汽车尾气污染监测器用以监测汽车尾气。

(4)车辆制动监测器。目前主要有3类：即静态制动试验台、动态制动试验台、减速度测试仪。

(5)交通违章监测器。主要有测速雷达、闯红灯监测器、酒精检测器等。

11. 交通警察的指挥分几种指挥形式？

根据《中华人民共和国道路交通安全法实施条例》第三十一条的规定，交通警察的指挥分为：手势信号和使用器具的交通指挥信号。

12. 指挥棒信号有几种？都起什么作用？

指挥棒信号分为3种：即直行信号、左转弯信号、停止信号。

直行信号。交通人员随立正姿势右手持棒向右平伸，继之向左挥棒，然后挥棒下垂，保持立正姿势。直行信号准许左右两方直行车辆通过，其他方向车辆禁止通行。

左转弯信号。交通人员持立正姿势,身体左侧对向来车,右手持棒向前平伸,准许左方车辆左转弯、掉调头或直行。交通人员左手向右前方示意,准许机动车小回转,其他方向车辆禁止通行。

各方右转弯车辆,在不妨碍被放行车辆行驶的情况下,准许通过。

停止信号。交通人员持立正姿势,右手持棒向上伸,各方车辆禁止通行。

13. 怎样安全地指挥车辆?

车辆指挥主要在危险地段,车辆调头、倒车时进行,主要方法是:

(1)指挥前的准备。

指挥前,指挥员应对驾驶员的技术程度、车辆刹车性能、路面及周围的障碍情况心中有数,如需要,驾驶员可下车看一下,心里有底。

(2)指挥员的位置。

指挥前进时,指挥员应站在前保险杠的右侧前方,距离以驾驶员能看清指挥员的手势,听清指挥员的口令为宜。指挥后倒时,指挥员应站在后车厢板的右侧后方,距离以驾驶员能听清指挥员的口令为宜。此外,如果需要,后倒时也可在车前指挥。

(3)指挥车辆的信号及使用方法:

①是口令指挥。

注意——“注意了”;

前进——“走、走、走……停”;

后倒——“倒、倒、倒、……停”。

②是手势指挥。

注意——双手在胸前半举,不动;

前进——半举双手,手背向车,前后摆动为“走”,双手合拢握紧为“停”;

后倒(指车前指挥)——半举双手、手心向车,前后摆动为“倒”,双手合拢握紧为“停”。

以上指挥信号在使用时,最好结合使用,并用左手或右手曲臂向上,向左或向右摆动,以示向左或向右转方向。

驾驶员在被指挥时,要集中精力,看好或听好指挥信号,与指挥员密切配合。车速要慢(学会用半联动控制车速),停车要快,不明了时要停车。

14. 交通信号灯有几种?

交通信号灯由红灯、绿灯、黄灯组成。红灯表示禁止通行,绿灯表示准许通行,黄灯表示警示。根据《中华人民共和国道路交通安全法实施条例》第二十九条的规定,交通信号灯分为:机动车信号灯、非机动车信号灯、人行横道信号灯、车道信号灯、方向指示信号灯、闪光警告信号灯、道路与铁路平面交叉道口信号灯。

15. 机动车信号灯和非机动车信号灯的红、黄、绿色灯亮时对通行时的机动车、非机动车和行人各有什么要求?

根据《中华人民共和国道路交通安全法实施条例》第三十八条的规定,机动车信号灯和非机动车信号灯表示:

(1)绿灯亮时,准许车辆通行,但转弯的车辆不得妨碍被放行的直行车辆、行人通行;

(2)黄灯亮时,已越过停止线的车辆可以继续通行;

(3)红灯亮时,禁止车辆通行。红灯亮时,右转弯的车辆在不妨碍被放行的车辆、行人通行的情况下,可以通行。

在未设置非机动车信号灯和人行横道信号灯的路口,非机动车和行人应当按照机动车信号灯的表示通行。

16. 如何按照车道信号灯表示通行?

根据《中华人民共和国道路交通安全法实施条例》第四十条的规定,车道信号灯表示:

(1)绿色箭头灯亮时,准许本车道车辆按指示方向通行;

(2)红色叉形灯或者箭头灯亮时,禁止本车道车辆通行。

17. 方向指示信号灯的箭头方向分别表示什么意思?

根据《中华人民共和国道路交通安全法实施条例》第四十一条的规定,方向指示信号灯的箭头方向向左、向上、向右分别表示左转、直行、右转。

18. 闪光警告信号灯如何表示,有何意义?

根据《中华人民共和国道路交通安全法实施条例》第四十二条的规定,闪光警告信号灯为持续闪烁的黄灯,提示车辆、行人通行时注意瞭望,确认安全后通过。

19. 道路与铁路平面交叉道口有两个红灯交替闪烁或者一个红灯亮时以及红灯灭时,分别表示什么意思?

根据《中华人民共和国道路交通安全法实施条例》第四十三条的规定,道路与铁路平面交叉道口有两个红灯交替闪烁或者一个红灯亮时,表示禁止车辆、行人通行。红灯熄灭时,表示允许车辆、行人通行。

20. 机动车道是如何划分的,应怎样行驶?

《中华人民共和国道路交通安全法》和《中华人民共和国道路交通安全法实施条例》规定,根据道路条件和通行需要,道路划分为机动车道、非机动车道和人行道的,机动车、非机动车、行人实行分道通行。没有划分机动车道、非机动车道和人行道的,机动车在道路中间通行,非机动车和行人在道路两侧通行。道路划设专用车道的,在专用车道内,只准许规定的车辆通行,其他车辆不得进入专用车道内行驶。

在道路同方向划有2条以上机动车道的,左侧为快速车道,右侧为慢速车道。在快速车道行驶的机动车应当按照快速车道规定的速度行驶,未达到快速车道规定的行驶速度的,应当在慢速车道行驶。摩托车应当在最右侧车道行驶。有交通标志标明行驶速度的,按照标明的行驶速度行驶。慢速车道内的机动车超越前车时,可以借用快速车道行驶。

在道路同方向划有2条以上机动车道的,变更车道的机动车不得影响相关车道内行驶的机动车的正常行驶。

21. 机动车行驶的限速有何规定?

根据《中华人民共和国道路交通安全法实施条例》第四十五条的规定,机动车在道路上行驶不得超过限速标志、标线标明的速度。在没有限速标志、标线的道路上,机动车不得超过下列最高行驶速度:

(1)没有道路中心线的道路,城市道路为每小时30公里,公路为每小时40公里;

(2)同方向只有1条机动车道的道路,城市道路为每小时50公里,公路为每小时70公里。

22. 机动车行驶中遇有哪些情形,最高行驶速度不得超过30km/h,其中拖拉机、电瓶车、轮式专用机械车不得超过15km/h?

根据《中华人民共和国道路交通安全法实施条例》第四十六条的规定,机动车行驶中遇有下列情形之一的,最高行驶速度不得超过30km/h,其中拖拉机、电瓶车、轮式专用机械车不得超过15km/h:

(1)进出非机动车道,通过铁路道口、急弯路、窄路、窄桥时;

(2)掉头、转弯、下陡坡时;

(3)遇雾、雨、雪、沙尘、冰雹,能见度在 50m 以内时;

(4)在冰雪、泥泞的道路上行驶时;

(5)牵引发生故障的机动车时。

23. 机动车超车应遵守哪些规定?

根据《中华人民共和国道路交通安全法实施条例》第四十七条的规定,机动车超车时,应当提前开启左转向灯,变换使用远、近光灯或者鸣喇叭。在没有道路中心线或者同方向只有 1 条机动车道的道路上,前车遇后车发出超车信号时,在条件许可的情况下,应当降低速度靠右让路。后车应当在确认有充足的安全距离后,从前车的左侧超越,在与被超车辆拉开必要的安全距离后,开启右转向灯,驶回原车道。

24. 怎样安全超车?

(1)要文明有礼地发信号。鸣号是提醒对方注意的一种方式,不要认为我一鸣号,对方就该马上让道。如无视前车情况,一意鸣号要让路,是不安全也不礼貌的。万一前车突然出现情况,采取紧急制动而超车者就会措手不及,撞上前车。有的驾驶员遇到前车一时不让,便要惩罚前车,以解心头之气,紧跟前车左后方,连续不断鸣喇叭,既不超越又不减速,保持在约 10m 左右的距离,造成一种“大兵压境”之势。近者追击几公里,远者追击十几公里,为了摆脱困境,有的投降就范,减速让路;有的抗衡到底,你赌气我也不服气,决心来场龙争虎斗。这样,就容易盲目开快车,严重者则发生下沟、碰山或来车相撞等事故。还有驾驶员超车时故意不鸣号,悄悄接近前方驾驶室时,突然喇叭长鸣,前车驾驶员一惊,不由自主地转动方向盘,往往使车辆失去控制而发生事故。

(2)要正确估计行车速度。超车时,在对面有来车的情况下,必须判断对方的车速,再根据自己的超车距离和时间,判断出是否会出现冲突点和交织点相遇,做出超与不超的决定。有些青年驾驶员缺少经验,按正常向固定目标行驶的速度来估计两车相遇的时间,那是非常错误的。因为近几年汽车种类越来越多,性能差别越来越大,一些人用老眼光判断车速,易造成判断错误。

(3)不能高速超车。超车时速度需要加快,但是超车速度不能超过《中华人民共和国道路交通安全法实施条例》中对该路段所规定的速度。

(4)超停驶车应减速鸣号。在超越停放的车辆时,应减速鸣号,保持警觉,防止该车辆突然起步驶入行车道,也要防止其车门突然打开,还要注意被车遮蔽处突然出现横穿公路的行人。在超越停车站的客车时,更应该注意这一点。

(5)夜间超车要倍加谨慎。夜间超车困难更大,视线只能局限于灯光之内,常常由于观察不够、识别不清、判断不准,造成超越前方障碍时失误。再则,夜间行车单调,容易疲劳,甚至有的驾驶员夜以继日地赶路,过度疲劳,致使思考判断受影响,反应迟钝、缓慢,超车容易出事故。另外,夏夜乘凉的人多,超车如疏忽大意,也容易出事故。

(6)严防右边超车。超车要靠左边,这对驾驶员来说,恐怕是最起码的常识。但总有连起码的常规都不遵守的,这样的人大都是行路心急,左边又没条件超越,见右边有机可乘,便抱侥幸心理超越,这是十分可怕的行为。

25. 怎样安全交会车辆?

(1)窄路上会车减速靠右。在较窄的路面上会车要特别小心,驾驶员一定要靠右侧行驶,把道路多让给对方车辆,如路面土质松软,注意不要因让路翻车。同时,会车时要降低车速,并做好随时停车避让的准备。

(2)障碍路段上需减速避让。在有障碍物,如沙石堆、停放车辆等的路段上会车,有障碍物的一方须减速,让对方车辆先行;如有障碍一方车辆正在越过障碍时,对方车辆必须减速避让。驾驶员必须记住许多事故就发生在抢绕障碍物的时候。

(3)傍山险路和陡坡弯道上应鸣号。车辆在傍山险路处和陡坡、连续弯道上行驶时,视线受阻,应鸣号注意前方来车。无车当有车,走自己的路线,没有特殊情况,不能驶入路左边。遇对方来车交会时,应根据路基坚实情况,选择安全地点会车。如会车没有把握时,应遵照"宁停三分,不抢一秒"的原则,切不可你争我抢,否则两败俱伤。

(4)冰雪泥泞湿路上防侧滑。车辆行驶在路面泥泞和翻浆地段,遇前方来车时,应提前鸣号,并用手势上下摆动向对方来车示意,请求对方提前减速,停让,待汽车越过该路段后与停让车辆主动介绍情况或示意,以免对方误会。冰雪或泥泞滑路上必须会车时,车速要降到最低范围,并且不准使用制动,预防侧滑而碰撞。

(5)对方超车时防止三角会车。行进前方遇对方来车正在超车时,应提前主动做到"礼让三先"使对方安全通过,防止形成三角会车,避免发生事故。

(6)在城区街道上观察情况要全面。在城区街道上,特别是在快慢车道不分的街道上会车,思想应高度集中,观察情况一定要全面,因车、行人较多,要特别注意应付突然发生的情况,如车辆争道抢行,行人横穿马路等。还要注意对方车后的情况,当心突然窜出的自行车和人。

(7)驾驶汽车挂车应减少侧向位移。驾驶汽车挂车会车要倍加小心,因为挂车有一定的侧向摆动和位移。所以会车中侧向最小安全距离要适当放大。若是两个汽车列车相会,最好相遇前降低车速,相遇时稍加速使之拉直,减少侧向位移,交会中一般不能带制动,交会一半以后徐徐驶入路中。在转弯处要尽量避免会车。

(8)视线不清时加大横向间距。在阴、雨雾、雪天或黄昏时、天亮前,视线不清晰的情况下会车,应降低车速,开放小灯或防雾灯,并加大两车交会的横向间距。必要时,应停车避让。

(9)夜间要合理使用灯光。夜间会车是很复杂的,既要变灯光,又要变档位,既要看来车又要顾右边,驾驶员真要有"眼观六路,耳听八方"的本事。因此行驶中要及时利用大灯光线察看前边方向的道路宽窄和路面交通情况,做到心中有数,稍一疏忽,就可能出车祸。有的人总结了一套夜间行车的小经验:灯光照路肩,前方要转弯;灯光照上天,汽车正上山,汽车到坡顶,路面看不清;灯光束较短,汽车近坡度;灯光横穿道路,前方是支叉路口;灯光上、下忽闪,路面不够平坦;汽车正转弯,侧方看不见。

(10)要严格执行让车规定。一般情况下会车,应严格执行让车规定。但遇到急弯、狭路、路边障碍、桥梁等处,万不可带着"狭路相逢勇者胜"的观点,猛冲硬顶,应以安全为重,讲文明、讲礼貌。锱铢必较谁该谁不该,一旦出了事故,谁也不该。对驾驶员来说,许多事故都是由于缺乏忍让精神造成的。在目前混合交通情况下,有不少青年驾驶员认为忍让就是"掉价"有失大男子汉的气概,岂不知"气是事故根,十斗九丧生"。你不让我,我不让你,理屈气盛,以怨报怨,最终会酿成车祸。

驾驶员应记住:谨慎驾驶记心窝,会车麻痹出车祸。头脑清醒不急躁,宁停三分不抢一秒。超车会车别心慌,三点一线是灾殃。雨雪天气路发滑,会车慢行不急刹。通过村镇要警惕,人畜障碍多留意。交叉路口看信号,突然情况留心瞧。转弯注意事三件,减速鸣号靠右边。你抢我停不斗气,礼让三先要牢记。

26. 让车应遵守哪些规定?

非机动车让机动车,大汽车让小汽车,低速车让高速车,无轨电车让有轨电车,空车让重车,拖拉机让汽车,教练车让其他车,转弯车让直行车,支线车让干线车。下坡车让上坡车,下坡车已行至中途而上坡车未上坡时,则上坡车让下坡车。

27. 在没有中心隔离设施或者没有中心线的道路上,机动车遇相对方向来车时应当遵守哪些规定?

根据《中华人民共和国道路交通安全法实施条例》第四十八条的规定,在没有中心隔离设施或者没有中心线的道路上,机动车遇相对方向来车时应当遵守下列

规定:

(1)减速靠右行驶,并与其他车辆、行人保持必要的安全距离;

(2)在有障碍的路段,无障碍的一方先行;但有障碍的一方已驶入障碍路段而无障碍的一方未驶入时,有障碍的一方先行;

(3)在狭窄的坡路,上坡的一方先行;但下坡的一方已行至中途而上坡的一方未上坡时,下坡的一方先行;

(4)在狭窄的山路,不靠山体的一方先行;

(5)夜间会车应当在距相对方向来车150米以外改用近光灯,在窄路、窄桥与非机动车会车时应当使用近光灯。

28. 怎样保持行驶中的安全距离?

汽车行驶时,必须与周围的车与行人以及障碍物保持一定的距离。距离过近就是险情,易造成事故。

同向行驶车辆间的距离,在公路上应保持30m以上,在市区应保持20m以上,在繁华区应保持5m以上,在冰雪道路上应保持50m以上。

汽车的侧向间距与车速有关。一般,车速在40~60km/h,同向行驶车辆的侧向最小安全间距应为1.0~1.4m,异向行驶车辆的侧向最小安全间距应为1.2~1.4m,汽车与人行道的间距应为0.5~0.8m。时速30km/h,车辆的侧向最小安全间距为0.57m,汽车与人行道的间距为0.6m。

汽车的侧向间距要根据气候、道路的不同而变化,如雨、雪、雾天、路滑、视线不清时,间距应适当加大。汽车与静止物体间距可以适当小些,与运动物体,特别是畜力车、三轮车、自行车和行人间距要大些。若条件不允许保持足够的安全侧向间距时,则应降低车速,徐徐通过,确保行车安全。

29. 机动车掉头应遵守哪些规定?

根据《中华人民共和国道路交通安全法实施条例》第四十九条的规定,机动车在有禁止掉头或者禁止左转弯标志、标线的地点以及在铁路道口、人行横道、桥梁、急弯、陡坡、隧道或者容易发生危险的路段,不得掉头。

机动车在没有禁止掉头或者没有禁止左转弯标志、标线的地点可以掉头,但不得妨碍正常行驶的其他车辆和行人的通行。

30. 机动车倒车应遵守哪些规定?

根据《中华人民共和国道路交通安全法实施条例》第五十条的规定,机动车倒车时,应当察明车后情况,确认安全后倒车。不得在铁路道口、交叉路口、单行路、桥梁、急弯、陡坡或者隧道中倒车。

31. 机动车通过有交通信号灯控制的交叉路口,应当按照什么规定通行?

根据《中华人民共和国道路交通安全法实施条例》第五十一条的规定,机动车通过有交通信号灯控制的交叉路口,应当按照下列规定通行:

(1)在划有导向车道的路口,按所需行进方向驶入导向车道;

(2)准备进入环形路口的让已在路口内的机动车先行;

(3)向左转弯时,靠路口中心点左侧转弯。转弯时开启转向灯,夜间行驶开启近光灯;

(4)遇放行信号时,依次通过;

(5)遇停止信号时,依次停在停止线以外。没有停止线的,停在路口以外;

(6)向右转弯遇有同车道前车正在等候放行信号时,依次停车等候;

(7)在没有方向指示信号灯的交叉路口,转弯的机动车让直行的车辆、行人先行。相对方向行驶的右转弯机动车让左转弯车辆先行。

32. 机动车通过没有交通信号灯控制也没有交通警察指挥的交叉路口,应当遵守哪些规定?

各种机动车辆通过交叉路口时,应在50~100m以内减速,用方向标(灯)表示行进方向,严禁争道抢行。

在交叉路口各方同时来车时,应遵守下列规定:

(1)准备进入环形路口的让已在路口内的机动车先行;

(2)向左转弯时,靠路口中心点左侧转弯。转弯时开启转向灯,夜间行驶开启近光灯;

(3)有交通标志、标线控制的,让优先通行的一方先行;

(4)没有交通标志、标线控制的,在进入路口前停车瞭望,让右方道路的来车先行;

(5)转弯的机动车让直行的车辆先行;

(6)相对方向行驶的右转弯的机动车让左转弯的车辆先行。

33. 机动车遇有前方交叉路口交通阻塞或遇有前方机动车停车排队等候或者缓慢行驶时,应如何行驶?

根据《中华人民共和国道路交通安全法实施条例》第五十三条的规定,机动车遇有前方交叉路口交通阻塞时,应当依次停在路口以外等候,不得进入路口。

机动车在遇有前方机动车停车排队等候或者缓慢行驶时,应当依次排队,不得从前方车辆两侧穿插或者超越行驶,不得在人行横道、网状线区域内停车等候。

机动车在车道减少的路口、路段,遇有前方机动车停车排队等候或者缓慢行驶的,应当每车道一辆依次交替驶入车道减少后的路口、路段。

34. 机动车载物有何要求?

根据《中华人民共和国道路交通安全法实施条例》第五十四条的规定,机动车载物不得超过机动车行驶证上核定的载重量,装载长度、宽度不得超出车厢,并应当遵守下列规定:

(1)重型、中型载货汽车,半挂车载物,高度从地面起不得超过4m,载运集装箱的车辆不得超过4.2m;

(2)其他载货的机动车载物,高度从地面起不得过2.5m;

(3)摩托车载物,高度从地面起不得超过1.5m,长度不得超出车身0.2m。两轮摩托车载物宽度左右各不得超出车把0.15m。三轮摩托车载物宽度不得超过车身。

载客汽车除车身外部的行李架和内置的行李箱外,不得载货。载客汽车行李架载货,从车顶起高度不得超过0.5m,从地面起高度不得超过4m。

35. 机动车载人有何规定?

根据《中华人民共和国道路交通安全法实施条例》第五十五条的规定,机动车载人应当遵守下列规定:

(1)公路载客汽车不得超过核定的载客人数,但按照规定免票的儿童除外,在载客人数已满的情况下,按照规定免票的儿童不得超过核定载客人数的10%;

(2)载货汽车车厢不得载客。在城市道路上,货运机动车在留有安全位置的情况下,车厢内可以附载临时作业人员1人至5人。载物高度超过车厢栏板时,货物上不得载人;

(3)摩托车后座不得乘坐未满12周岁的未成年人,轻便摩托车不得载人。

36. 机动车转向灯的使用有何规定?

根据《中华人民共和国道路交通安全法实施条例》第五十七条的规定,机动车应当按照下列规定使用转向灯:

(1)向左转弯、向左变更车道、准备超车、驶离停车地点或者掉头时,应当提前开启左转向灯。

(2)向右转弯、向右变更车道、超车完毕驶回原车道、靠路边停车时，应当提前开启右转向灯。

37. 夜间行车的特点是什么?

夜间驾驶车辆时，由于对向车的大灯或道路上其他灯光的照射，使驾驶员产生炫目现象，严重时可产生视盲。如从明亮的道路上突然驶入隧道，又会产生明－暗现象，从隧道驶出后，又会产生暗－明现象，从而引起视觉的暂时失灵。一般要经过 2～10s 才能恢复到正常视觉。

由于夜间道路视界不清，视线不良，并失去空间观念，给汽车驾驶带来困难。主要表现在以下 4 个方面：

(1)据测定，驾驶员在汽车行驶时的动态视力要比表态视力低 10% 以上，特别是夜间的视力只有白天的 1/2。可见，就是双眼静态视力为 1.5 的驾驶员，在夜间驾车时，动态视力也只有 0.7。

(2)夜间行车时，在前大灯的照射下，驾驶员首先看到的是衣服反光的行人。如发现穿白色衣物的距离为 82.5m，而发现穿灰色衣物的距离只有 66.3m，穿黑色衣物的视距仅为穿白色衣物的一半。

(3)通常驾驶员双眼的视野为 200 度左右，其中能够分辨色彩的视野有 70 度，而当驾驶员紧盯住一个物体时视野将缩小到 30 度之内。此外，视野与速度有很大的关系，如驾驶员的静止视野是 200 度，而当他以 40km/h 的速度行驶时，双眼视野将降为 100 度；当速度达到 100km/h 时，双眼视野仅为 40 度。

(4)由于驾驶员的职业特性打破了白天工作夜间休息的习惯，容易产生疲劳过度和打盹现象。

38. 机动车在夜间没有路灯、照明不良或者遇有雾、雨、雪、沙尘、冰雹等低能见度情况下行驶时，应当如何使用车灯?

根据《中华人民共和国道路交通安全法实施条例》第五十八条的规定，机动车在夜间没有路灯、照明不良或者遇有雾、雨、雪、沙尘、冰雹等低能见度情况下行驶时，应当开启前照灯、示廓灯和后位灯，但同方向行驶的后车与前车近距离行驶时，不得使用远光灯。机动车雾天行驶应当开启雾灯和危险报警闪光灯。

39. 机动车在夜间通过急弯、坡路、拱桥、人行横道或者没有交通信号灯控制的路口时,应当如何示意?

根据《中华人民共和国道路交通安全法实施条例》第五十九条第一款规定,机动车在夜间通过急弯、坡路、拱桥、人行横道或者没有交通信号灯控制的路口时,应当交替使用远近光灯示意。

40. 机动车驶近急弯、坡道顶端等影响安全视距的路段以及超车或者遇有紧急情况时,应当如何行驶?

根据《中华人民共和国道路交通安全法实施条例》第五十九条第二款的规定,机动车驶近急弯、坡道顶端等影响安全视距的路段以及超车或者遇有紧急情况时,应当减速慢行,并鸣喇叭示意。

41. 牵引故障机动车有哪些要求?

根据《中华人民共和国道路交通安全法实施条例》第六十一条规定,牵引故障机动车应当遵守下列规定:

(1)被牵引的机动车除驾驶人外不得载人,不得拖带挂车;

(2)被牵引的机动车宽度不得大于牵引机动车的宽度;

(3)使用软连接牵引装置时,牵引车与被牵引车之间的距离应当大于4m小于10m;

(4)对制动失效的被牵引车,应当使用硬连接牵引装置牵引;

(5)牵引车和被牵引车均应当开启危险报警闪光灯。

汽车吊车和轮式专用机械车不得牵引车辆。摩托车不得牵引车辆或者被其他车辆牵引。

转向或者照明、信号装置失效的故障机动车,应当使用专用清障车拖曳。

42. 机动车牵引挂车应当符合哪些规定?

根据《中华人民共和国道路交通安全法实施条例》第五十六条的规定,机动车牵引挂车应当符合下列规定:

(1)载货汽车、半挂牵引车、拖拉机只允许牵引1辆挂车。挂车的灯光信号、制动、连接、安全防护等装置应当符合国家标准;

(2)小型载客汽车只允许牵引旅居挂车或者总重量700千克以下的挂车。挂车不得载人;

(3)载货汽车所牵引挂车的载重量不得超过载货汽车本身的载重量。

大型、中型载客汽车,低速载货汽车,三轮汽车以及其他机动车不得牵引挂车。

43. 怎样进行汽车拖带挂车前的安全检查?

(1)必须保持牵引装置连接可靠。发现裂痕、变形、磨损以及其他薄弱环节,应当及时修复,不可侥幸出车。挂钩与挂环间活动量不可过大,以减少冲击与磨损。

(2)挂车的转盘应保持良好的润滑,铰链的销轴安全可靠,以维持挂车的转向性能良好。

(3)挂车的钢板骑马螺栓必须坚固,轮毂轴承的松紧要适度,轮胎气压应保持正常标准,以减少挂车的摇摆和维持正常的稳定性能。

(4)挂车制动时的动力和灯具的电源都由牵引车供给,应当注意制动管路与电缆的连接可靠,并须确保制动与灯光的功能正常。

(5)安装在牵引车与挂车之间以及挂车前、后轮之间的防护栏,应保持完好,不可忽视。检查车辆时,应选择在平坦道路或场地上。

44. 怎样安全拖带挂车?

汽车拖带挂车时,车体长度比主车加长了 40% 以上,阻力增大,由此给车辆的起步、加速、转向、倒车和停车等加大了难度。因此,驾驶拖挂的车辆比驾驶单一的主车技术要求更高,一般来说应特别注意以下问题:

(1)起步时要先把发动机预热到 50℃以上,采用一档起步。

(2)缓慢而且均匀地踩下加速踏板,逐渐提速。

(3)转弯时提前减速,加大转弯半径,缓慢转弯,转弯时注意主车与挂车的角度,当发现主车与挂车有角度接近 90 度时应立即回方向,以防将挂车拉翻。

(4)超车时要在确认被超车辆的速度明显低于自己车辆且具备充分的超车条件时再超车,超过被超车辆后,要比单一的主车多向前行驶一段距离再回右侧车道,以防挂车擦剐被超车辆。

(5)尽量避免使用紧急制动。要有预见并学会判断情况,先减速后制动,防止挂车制动与主车不同步时发生冲撞。

(6)中速行驶并掌握经济车速,避免急起急停。

(7)拖带挂车上、下坡驾驶难度较大,上坡时为防止汽车乏力应用低速档;下坡时应控制好车速,应多点刹车,避免紧急制动。

(8)调头时应选择宽阔和很少有车辆过往的地段,不得在车辆过往较多的公路上调头。

(9)停车时应直线停放,停稳后主车和挂车的手制动器都要拉紧。

45. 怎样安全进行汽车的软连接牵引?

软连接牵引的方法,通常用于汽车拖曳汽车。软连接的工具是钢丝索、铁链或粗绳。其一端可靠地套装在牵引车后部的牵引钩上,另一端可靠地拴系在被牵引车车架前端的拖钩上。牵引索的长度,一般为5~7m,在城镇繁华街道或弯、狭路段上应适当缩短,但不可少于3m,涉水或行驶坡道时,则应适当放长。软连接牵引不能用于正常的运输生产,也不适于长距离牵引,它只能是一种应急方法。例如拖出被陷汽车,接应途中发生故障不能行驶的汽车或把停放着的汽车移动位置等。

软连接牵引的安全性能较差,要注意连接可靠,应在牵引途中停车检查。凡制动器坏或转向有故障的汽车,禁止用软连接牵引。用空车牵引重车情况要避免。

46. 怎样安全进行汽车的硬连接牵引?

硬连接牵引的式样较多,通常采用单杠连结、三角架连结、绞接式连结和伸缩连结。

单杠连结是用长约3m的金属杠杆,两端各镶焊圆环一只,即为牵引单杠。主要用来从途中拖回有故障的汽车。使用时,一端圆环套装在牵引车后端的牵引钩上,一端在被牵引车的车架前端用插销连结。

三角架连结被广泛用于拖曳挂车。顶角置有挂环,套装在牵引车的牵引钩上,另外两角制成叉式,用销子连结在挂车前轮转盘架的前端。这种连结方法能使挂车前轮转向协调,并调节主挂车位置高低的变化。

铰接式连结也叫做鞍式连结,用于半挂车和通道式客车上。牵引车的边架上设置鞍式磨盘,半挂车的车架前端下方也置有磨盘,主、挂车的磨盘叠合后,中间插入轴销便完成铰接。半挂车的铰接装置附有灵活的锁解机构,便于半挂车的临时脱开与连接。用铰接式的牵引装置,使车辆形成整体,行驶性能好,并便于保养。

伸缩连接一般专装长料挂车,它的牵引装置分成两端,能够伸长和缩短。后半段是一个狭长中空的叉形,平面上有2~3个等距离销孔,是挂车车架前端的延伸部分。前半段是一根单杠,杠身上设有多个销孔,可以用2~3个插销与后半段连接,前端置一挂环,套装在牵引车的牵引钩上。单杠的伸长或缩短,可以适应装载物资的需要。

47. 机动车在道路上临时停车,应当遵守哪些规定?

根据《中华人民共和国道路交通安全法实施条例》第六十三条的规定,机动车在道路上临时停车,应当遵守下列规定:

(1)在设有禁停标志、标线的路段,在机动车道与非机动车道、人行道之间设有隔离设施的路段以及人行横道、施工地段,不得停车;

(2)交叉路口、铁路道口、急弯路、宽度不足 4m 的窄路、桥梁、陡坡、隧道以及距离上述地点 50m 以内的路段,不得停车;

(3)公共汽车站、急救站、加油站、消防栓或者消防队(站)门前以及距离上述地点 30m 以内的路段,除使用上述设施的以外,不得停车;

(4)车辆停稳前不得开车门和上下人员,开关车门不得妨碍其他车辆和行人通行;

(5)路边停车应当紧靠道路右侧,机动车驾驶人不得离车,上下人员或者装卸物品后,立即驶离;

(6)城市公共汽车不得在站点以外的路段停车上下乘客。

48. 机动车应当怎样通过漫水路或者漫水桥?

根据《中华人民共和国道路交通安全法实施条例》第六十四条的规定,机动车行经漫水路或者漫水桥时,应当停车查明水情,确认安全后,低速通过。

49. 机动车载运超限物品应当如何通过铁路道口?

根据《中华人民共和国道路交通安全法实施条例》第六十五条第一款的规定,机动车载运超限物品行经铁路道口的,应当按照当地铁路部门指定的铁路道口、时间通过。

50. 机动车应当如何通过渡口?

根据《中华人民共和国道路交通安全法实施条例》第六十五条第二款的规定,机动车行经渡口,应当服从渡口管理人员指挥,按照指定地点依次待渡。机动车上下渡船时,应当低速慢行。

51. 机动车在单位院内、居民居住区内应当如何行驶?

根据《中华人民共和国道路交通安全法实施条例》第六十七条的规定,在单位院内、居民居住区内,机动车应当低速行驶,避让行人,有限速标志的,按照限速标志行驶。

52. 驾驶员的职业守则是什么?

驾驶员的职业守则是:

一勤。勤检查。

二慢。起步慢,转弯慢。

三注意。注意制动是否失灵;注意转向是否正常;注意选择路面和行人的动态。

四不开。不开英雄车;不开赌气车;不开带病车;不开违章车。

五不超。前车不示意不超;道路狭窄不超;前车不让不超;急弯、陡坡和傍山险路不超;情况不明不超。

六牢记。牢记行车的关键是安全;牢记自己担负的职责;牢记遵守交通规则;牢记驾驶操作规程;牢记文明礼貌;牢记血的教训。

53. 怎样搞好文明行车?

(1)讲礼貌。以礼待人,不盛气凌人;理直气和,不强词夺理;文雅和气,不恶语伤人;少鸣喇叭,不逞能欺人;互相尊重,相敬如宾。

(2)讲风格。来车有障碍,主动靠边;情况复杂,主动停让;别人有困难,主动帮助;热情待人,助人为乐。

(3)讲秩序。不争道,不抢行;服从指挥,服从检查;谦虚谨慎,安全为重;自觉遵守并维护交通秩序。

(4)讲道德。不损人利己,不故意坑人;不押人东西,热爱本职工作;一心为公,忠诚老实;关心四化,遵纪守法。

54. 驾驶员行车要注意的"十个一点"是什么?

"十个一点"是:

(1)思想素质高一点;

(2)检查车况勤一点;

(3)交叉路口小心点;

(4)超会车时谦让点;

(5)路滑刹车轻一点;

(6)弯道冲坡慢一点;

(7)距离前车远一点;

(8)道路不熟多问点;

(9)中途停车注意点;

(10)行车经验积累点。

55. 安全行车“八注意、八不开”是什么?

“八注意、八不开”是:

(1)道路宽敞:注意中速行驶,不开麻痹车;

(2)道路复杂;注意大胆细心,不开冒险车;

(3)通过闹市:注意集中精力,不开鲁莽车;

(4)气候炎热:注意睡眠充足,不开迷糊车;

(5)发现故障:注意及时排除,不开凑合车;

(6)抛锚修车:注意防止急躁,不开赶路车;

(7)受到表扬:注意戒骄戒躁,不开英雄车;

(8)遭到批评:注意吸收教训,不开赌气车。

56. 驾驶员行车的 20 种禁忌是什么?

(1)气压不足,仓促起步;

(2)起步停车,快起急停;

(3)道宽视好,大意开车;

(4)同向行车,车距太近;

(5)险道转变,不减车速;

(6)狭路行车,互不相让;

(7)交叉路口,抢道先行;

(8)通过城镇,精力分散;

(9)生疏道路,盲目高速;

(10)为赶路程,疲劳开车;

(11)贪图省油,长坡空档;

(12)只求效益,拼命挤超;

(13)视线不良,侥幸行车;

(14)见酒贪杯,酒后开车;

(15)喇叭命令,盲目抢行;

(16)互相逞能,开英雄车;

(17)要你让我,开霸道车;

(18)前车未让,抢行超车;

(19)偏不让你,开赌气车;

(20)车带故障,开凑合车。

57. 驾驶员行车哪些行为必须禁止?

根据《中华人民共和国道路交通安全法实施条例》第六十二条的规定,驾驶机动车不得有下列行为:

(1)在车门、车厢没有关好时行车;

(2)在机动车驾驶室的前后窗范围内悬挂、放置妨碍驾驶人视线的物品;

(3)拨打接听手持电话、观看电视等妨碍安全驾驶的行为;

(4)下陡坡时熄火或者空挡滑行;

(5)向道路上抛撒物品;

(6)驾驶摩托车手离车把或者在车把上悬挂物品;

(7)连续驾驶机动车超过4小时未停车休息或者停车休息时间少于20分钟;

(8)在禁止鸣喇叭的区域或者路段鸣喇叭。

58. 为什么车辆必须靠右行驶?

车辆靠右行驶有个过程。1300年罗马教皇发布指示:凡赴罗马的朝圣者须靠左行走。此法律影响很大,历时500年。18世纪交通工具有了进步,赶车的人都习惯用右手执鞭,坐在车左辕上方便,车辆靠左行,如遇两车交会,特别是道路狭窄时,车夫必须将车左移才看见右侧车辆以免撞上,这样渐感靠左行驶不方便。1792年美国宾夕法尼亚州公布法令,规定该州公路上行驶的车辆必须靠右行驶。19世纪世界大多数国家都有了大货车,推动了靠右行驶规定的实施。中国是在1946年国民党时期规定靠右行驶,直至现在。

59. 弯道对行车有什么影响?

(1)车辆行驶于弯道时,其运动轨迹要发生变化。一是宽度增加,如CA141型汽车的总宽度为2.46m,而该车转弯宽度可达4.5m左右。二是前后轮迹不重合,前轮转半径大于后轮,从而出现内轮差。如果行车时疏忽了这些变化,就会出现顾前不顾后,前轮通过,后轮通不过。因而发生“掉沟”或撞击建筑物。

(2)车辆在转弯时出现离心力,车速越高,转弯半径越小,则离心力越大。如车速增加2倍,离心力就增加4倍,车速增加3倍,离心力则增加9倍。如转弯时车速较高,加之弯道较急,路面又滑,很可能由于离心力的作用发生侧滑。如装载的货物较高或偏载,则易使车辆侧翻。

(3)由于弯道的地形特点,使得弯道视线受阻,出现视线盲区,使驾驶员的视距减小,不能及时发现对方车辆。

60. 车辆在弯道上为什么必须减速?

车辆在弯道上行驶时产生离心力,车速越快,离心力越大,当离心力大到一定值时,使车辆产生内外侧侧滑或翻覆现象。为了避免这种危险,在设计、修建公路时,使弯道外侧高于内侧。但由于长期使用,水土流失或养护不善等原因,可能使弯道外侧超高逐渐减小,甚至个别弯道外的内侧高于外侧,即所谓反超高。这种情况对行车安全是极为不利的。再者,有些弯道半径小于设计标准,有的弯道视线不好,因此,车辆在弯道上行驶时司机不能麻痹大意,必须降低车速,谨慎驾驶,以保行车安全。

61. 直线道路对安全行车有什么影响?

直线道路反而会发生较多的交通事故,问题就出在条件好上。一般说来,在道路条件较差,交通环境复杂的地区,驾驶员一般始终处于紧张状态,注意力高度集中,因而遇到紧急情况临危不慌,可转危为安。相反,在条件较好时,驾驶员易放松警惕,遇到意外情况没有足够的思想准备,操作不及时,以致造成交通事故。

62. 为什么下坡出事故多数在坡底?

下坡出事故多在坡底的原因是:

(1)开始下坡时较谨慎,而快到坡底时易放松警惕;

(2)从坡顶下看感觉到坡度较大,而快到坡底时觉得坡度平缓,造成错觉;

(3)有的驾驶员在坡顶不敢放空档滑行,而到坡底前就无所顾忌;

(4)在快到坡底时,视线往往盯在较远的对面坡道上,准备加速冲坡,却忽视突然情况,而造成事故。

63. 通过隧道、涵洞易发生哪些危险?

(1)通过隧道涵洞时,有些驾驶员思想麻痹,容易忽视涵洞和隧道净空高度,致使车上的人或物撞在隧道或涵洞洞壁上;

(2)进入隧道或涵洞,由于光线不好,容易与对方来车发生碰撞。

64. 紧急情况对行车有什么影响?

驾驶员在行车中常常会遇到一些意外的紧急情况,据统计,平均每 800 公里出现一次。紧急情况对驾驶操作可造成多方面的损害。

(1)注意范围缩小,注意力难于分配和转移,容易顾此失彼;

(2)易沉浸在内心的紧张体验中,而减少对外界情况的主动了解;

(3)对道路情境的辨识可能变得粗略;

(4)对情境线索往往只能作有和无的两极判断,难以作程度和数量上的确切估计;

(5)下判断和作决策往往缺乏周密的思考,仅仅根据局部片断的认识,带有一定的冲动性和盲目性;

(6)对情境综合判断的能力下降;

(7)动作不平稳,容易用力过猛;

(8)动作不准确,容易出现错误动作;

(9)动作的随意程度下降,反射性、习惯性动作增加,无目的的多余动作增加;

(10)难于完成两个以上的互相协调的动作;

(11)在极端情况下,可能完全丧失操作能力。

65. 交通环境中的视觉干扰对安全行车有什么影响?

视觉,是驾驶员获取信息的主要途径。在交通信息量增加、新异信息出现、空气透视不良和灯光干扰时,会引起驾驶员的视觉干扰。尤其在繁杂的交通环境中,噪声、振动严重的路段,视觉干扰更加明显。驾驶员的视觉受到干扰,便难以观察收集交通信息,即使获得少量信息也易失真,必然导致驾驶操作失误。因此,驾驶员一般应采取减速慢行,开灯照明,显示车位,保持驾驶室玻璃和后视镜清晰度,或停驶察看等措施。切不可盲目驾驶。

66. 交通环境中的听觉干扰对安全行车有什么影响?

听觉,是驾驶员感知交通信息的重要渠道。但在繁杂的交通中,听觉经常处于较强的噪声环境里,会引起听觉的干扰。驾驶员受到听觉干扰时,同样会影响收集、分析交通信息,导致驾驶操作失误。驾驶员在较强噪声条件下行车时,要紧闭车窗、控制车速、细心观察。需要指出的是有的小车内播放强劲音乐,或音量过大,也会干扰听觉,引发烦躁心理,决不可掉以轻心。

67. 交通环境中的群体干扰对安全行车有什么影响?

交通过程可看成是机动车、自行车、行人3种群体的独立运动和相互干扰的合成,他们在运动特性、空间占有、速度变化、行动轨迹等均有相互干扰。即使在同一群体内部也会因体积、速度、运动状态的不同,引起内部的干扰。交通群体的干扰,会使驾驶员眼花缭乱,难以观察危险的、主要的、隐蔽的交通信息,引起驾驶员高度紧张,疲劳开车,驾驶失误。因此,驾驶员必须专心致志,减慢速度,严守规章,随时做好预防事故的应急准备。

68. 交通环境中突发事件引起的干扰对安全行车有什么影响?

道路交通的突发事件,是指意外发生或瞬间突然发生在交通环境中的情况。其干扰强度大,影响范围广,常使驾驶员只有条件反射性的反应,没有主观迅速决策的可能,更谈不上驾驶操作优化,因而常使人防不胜防,发生交通事故。所以驾驶员要有高度的安全意识与责任感,做到思想重视,驾驶谨慎,车辆控制留有余地,以避免或减少因突发事件干扰而产生的损害。

69. 城市交通对安全行车有什么影响?

(1)城市道路骑自行车的人多。自行车是城市居民的主要交通工具之一,它有很多优点,但稳定性差,违章现象严重,容易造成交通秩序混乱。

(2)城市道路机动车多。南来北往的公共汽车、大车、小车、摩托车川流不息,络绎不绝,增添了车与车、车与人的冲突。

(3)城市道路的交通设施和管理措施多。有的地方单行,有的地方禁行,有的地方禁止左转弯,有的地方不准停车,这些地方,多数有交通标志或有交通民警指挥,因而行车受到限制,驾驶员如果不注意,轻者违章,重者发生事故。

(4)城市道路行人多。有的浏览市容,有的寻找合适的商店,有的是赶路,有的上下班,有的来自农村,有的来自不同国家,他们对交通安全常识掌握的程度不同,有的会不顾车辆来往突然横穿马路,有的走到马路中间由于惊慌又往后退,有的对汽车视而不见,不予理睬等。

(5)城市道路交通阻塞多。驾车时经常走走停停,缓缓蠕动,汽车变速多,刹车多,有时在一个堵塞的路口就要等一二十分钟,这样容易引起驾驶员的急躁情绪,一旦能行驶时,便提高车速,并放松驾驶行为控制,从而对出现的危险情况感知不全。

(6)城市道路“新鲜”事多(视线转移多)。商店、广告、霓虹灯以及汇集的人流等,都容易使驾驶员注意力分散。

70. 混合式交通对安全行车有什么影响?

(1)车辆相互干扰大,平均车速低。由于不同档次、型号、方向、速度的车辆充斥于同一条道路,相互干扰相对增大,呈现“挤、钻、抢”的现象,大型车互不相让,小型车、自行车见缝就钻,抢道行驶,车辆平均车速普遍下降。有些“卡脖子”路段,由于疏通不及时,一堵就是半小时,甚至几小时。

(2)交通肇事比例大。在混合交通中,由于不同车型、不同速度的车辆相互干扰,驾驶员稍有疏忽大意或操作技术不熟练,处理情况不及时、不得当,都容易发生交通事故。

(3)各种不同车辆有不同的行驶特点。由于我国车辆组成上的特殊性,又以自行车、拖拉机、摩托车对行车安全的影响最大。驾驶员必须熟悉这几种车的行驶特点,以做好防事故工作。

71. 什么是疏忽大意、操作不当、判断失误、违反规定、交通违章?

(1)疏忽大意,是指当事人由于心理或生理方面的原因,没有正确的观察和判断外界事物而造成的失误。如心里烦恼,情绪急躁,身体疲劳都可能造成精力不集中、反应迟钝,表现出观察不周,措施不及时或不当。也有的当事人凭主观想像判断事物,或过高地估计自己的技术,过分自信,引起行为不当而造成事故。

(2)操作不当,是指驾驶员技术生疏,经验不足,对车辆道路情况不熟悉,遇有突然情况惊慌失措,发生错误操作。如有的机动车驾驶员制动车辆时误踩加速踏板或有的骑自行车者遇情况不能停车,而造成事故。

(3)判断失误,是指实际危险,而判断认为不危险。判断错误主要有:凭自己的想像判断对方的行动;看错了公路的情况和线形,判断错了对方车辆的速度和距离;对自己的技术过分自信,搞错了自己车的性质、速度和外形尺寸。

(4)违反规定,是反映当事人由于思想方面的原因,不按交通法规和其他交通、安全规定行驶或行走,致使正常的道路交通秩序紊乱,而发生事故。如酒后开车,非驾驶人员开车,超速行驶,争道抢行,故意不让,违章超车,违章装载,非机动车走机动车道,行人不走行人道等原因造成的交通事故。

(5)交通违章,是指凡是违反《中华人民共和国道路交通安全法》、《中华人民共和国道路交通安全法实施条例》以及各省、自治区、直辖市制定的条例和各级政府及行政职能部门颁布的有关交通安全管理的规定、通知等。

72. 什么是人体生物钟三节律?

指以近似一个月为周期的生物钟。人的体力周期为23d,情绪为28d,智力为33d,它们的组合叫作人体生物钟三节律。如图4-1所示。

当前,世界上许多国家,包括我国许多运输单位,已将人体生物钟三节律理论应用于运输工作,取得了显著成效。河北省张家口地区第一运输公司,从 1988 年用生物钟三节律科学派车(计算机控制)车辆事故死亡率比前三年下降 85%,事故数量下降 57.5%。同时还得出一令人吃惊的结论,70% 的肇事发生在司机生物钟节律临界期。他们对全公司的驾驶员用计算机算出生物钟节律,实行凡是驾驶员处在双临界日,一律停驾休息,对不服从调度而肇事的驾驶员从重处理。这使传统的安全管理方式,逐步实现自觉、科学和预防型格局。人体生物钟节律状态有高潮期、低潮期和临界期 3 种,不同程度地影响着人的行为。

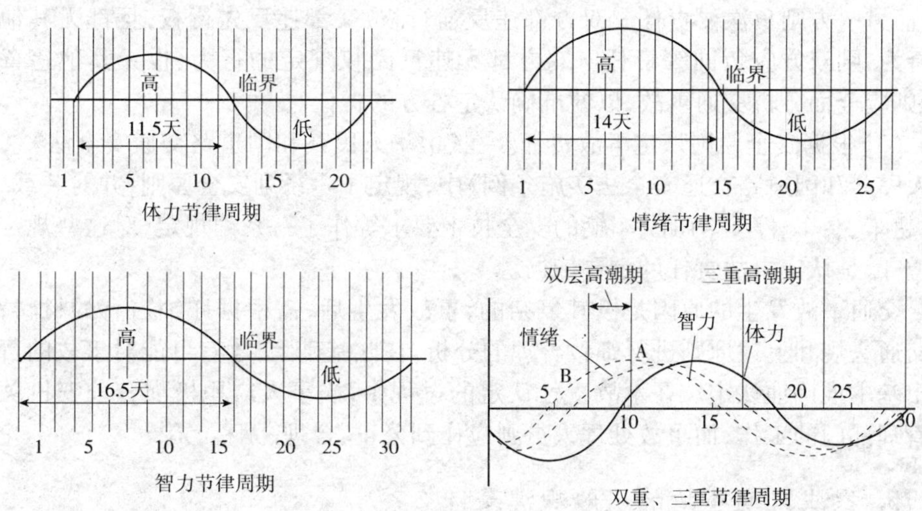

图 4-1　人体生物钟三节律示意图

73. 什么是交通事故?

交通事故是指车辆在道路上因过错或者意外造成的人身伤亡或者财产损失的事件。

74. 怎样认定事故责任?

交通事故发生之后,首先是现场勘查和对目击者及当事人进行调查,接下来便是事故责任的认定,这是处理事故的基础。交通事故的责任认定一般遵循下述原则:

(1)根据因果联系确定有无责任。当事人在交通过程中有违章行为,而且这种违章行为与事故后果有必然的联系,这样当事人对此起交通事故负有责任。反之,交通事故的当事人无任何违章行为,或虽然有轻微的违章行为,但与事故无必然联系,那么,当事人对此起交通事故并无责任,其违章行为应另作处理。

(2)根据路权确定责任大小。路权由通行权和先行权构成。通行权是人和车辆在一定时间内享有的通过某种道路的权利。先行权是指人和车辆在享有通行权的道路上,在一定时间内和特定条件下优先通行的权利。根据路权的两个基本因素,可以对交通事故中的各方进行分析,以确定其责任之大小。事故的一方违反通行权,而另一方不违反通行权,则应由前者负事故的主要责任,后者负次要责任。双方都有通行权,其中一方违反先行权,应由违反先行权的一方负事故的主要责任,而另一方则负次要责任。双方都违反通行权,又都违反先行权,且都无其他违章行为,则双方应负同等责任。双方都无违反路权规定的行为,也无其他违章行为,则应全面分析交通事故,以便准确认定各方的责任。

(3)根据安全原则认定事故责任。在《中华人民共和国道路交通安全法》、《中华人民共和国道路交通安全法实施条例》中,规定了一系列安全原则,并对装载、车速、超车、会车、停车、车距、车辆的安全技术要求等作了一系列规定,对这些规定是否遵守,是认定事故责任的重要依据。

交通事故发生的原因是极其复杂的,事故发生后,需根据详细占有的材料,依据交通法规和上述原则进行细致合理的分析,在此基础上,才有可能对事故的责任作出基本准确地认定。在事故责任认定的过程中,当事人应积极配合公安机关交通管理部门的工作,而事故处理人员则应作到公正、合理、无私、无畏。

75. 发生交通事故的一般规律是什么?

尽管交通事故具有突发性、偶然性和确定性,但偶然性中有必然,现象之中有本质。主要有5个普遍规律。

(1)可测性。在不同时间、不同地点和不同天气的事故发生是不平衡的。加强事故预测,把可能出现的问题想在前,把预防工作做在前,未雨绸缪,防患未然,具有十分重要的意义。

(2)潜在性。交通事故发生前,往往都潜伏着一些隐患和苗头。一旦其中的某种条件发生作用时,就可能酿成事故。认真把握潜在因素,见微知著,及时发现和化解事故隐患,就能避免和减少事故发生。

(3)动态性。交通事故是在车辆动态之中,没有牢固的安全设施作保障的条件下发生的,只有掌握这一规律,提前做好防范措施,并贯穿于车辆动态之中,才能争取安全行车主动权。

(4)关联性。事故与驾驶员管理有密切联系。凡是平时管理严格、事故就少;管理功夫浅,事故就多。有的单位事故较多,原因是管理不严,松、散、乱现象比较突出。松必散,散必乱,乱必出问题。有时即使眼前安全,因一时侥幸,发生事故是迟早的事,这已成为不可逆转的客观规律。

(5)周期性。从事故发生月份看,二、三季度为多发期。从某个单位看,有周期性起伏,要么不发生事故,要么接二连三,这客观反映了预防工作中的冷热病。往往安全形势好,就松劲麻痹,出了事故又警惕,警惕了就安全,接着又侥幸,事故又发生。形成了一种"警惕—安全—麻痹—事故—再警惕—再安全—再麻痹—再出事故"的怪圈。因此,必须居安思危,始终保持清醒头脑,从安全中查找不安全因素,在解决不安全因素中保持安全。

76. 怎样寻找交通事故规律?

规律是可以被发现并可以利用的,找到了交通事故规律,就抓住了预防事故的大头。寻找规律的具体方法是:

(1)建立完善的交通事故档案。占有大量的交通事故调查统计资料是分析事故原因,寻找事故规律的基础工作。道路交通管理部门和车属单位应对管区内本单位发生的交通事故情况,进行详尽的记载,全面地、客观地记载每起事故发生的时间、地点、天气、道路交通情况;肇事双方的车况、驾驶员的驾驭经历、违章情况,甚至驾驶员的生理、心理变化情况;事故瞬间的处置情况等。在登记、统计交通事故时,力求做到准确、科学、统一、手段先进、报表简明、直观,以利于分析。

(2)对统计资料的分组、利用。登记、统计所得到的交通事故资料是杂乱无章的原始资料,数量大,种类多,必须根据分析的需要,将所有统计资料按一定原则分组,把同一性质和不同性质的要素区别开来,从而正确反映造成交通事故的本质特征,找出事故发生的规律。交通事故资料的分组必须注意合理性、针对性和全面性。分组一般可按时间、天气、道路、车型、驾驶员类型、事故的性质来区分,这就要求具体问题具体分析,区别对待,科学合理分组。

(3)交通事故规律的确定。交通安全工作可以引用现代管理科学中全面质量管理的方法,发生交通事故,可以看成是交通安全的某一要素发生了质量问题。在全面质量管理中,利用排列图是寻找影响产品质量主要因素的方法之一,运用此方法找到影响安全的主要因素,也就找到事故规律。排列图如图4-2所示。

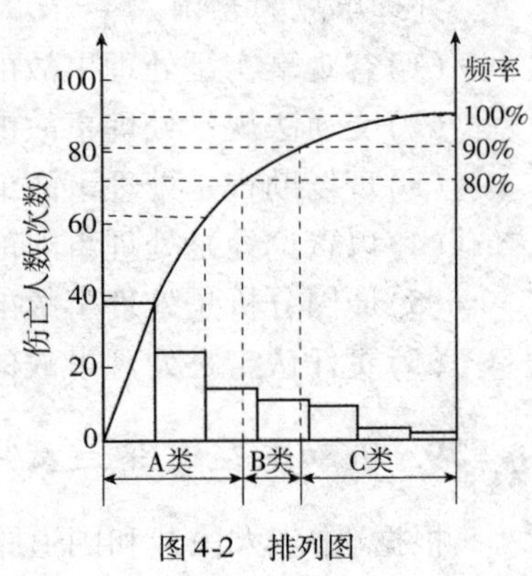

图4-2　排列图

排列图是由两个纵坐标,一个横坐标,几个长方形和一条曲级或折线(称巴雷特曲线)组成的。

左边的纵坐标表示事故次数(或死伤人数),右边的纵坐标表示频率(以百分比表示)。横坐标表示要分析的各个要素,按影响程度的大小,从左到右排列。长方形的高度表示某个因素影响的大小,从左到右排列。长方形的高度表示某个因素影响的大小,曲线表示各影响因素大小的累积百分比。通常把累积百分比分成3类:A类,0~80%,它是主要影响因素;B类,80%~90%是次要因素;C类,90%~100%是一般影响因素。由此来确定事故防范的重点。

当然,事故规律的确定也有其他方法,如事故多发地段地确定,可根据管辖路段事故发生的情况,逐步累计,确定比重大小,找出事故大比重的峰值点,即为事故多发地段。

77. 交通事故的等级是怎样划分的?

公安部公通字(1991)113号关于修订道路交通事故等级划分标准的通知中对道路交通事故等级划分如下:

轻微事故,是指一次造成轻伤1~2人,或者财产损失机动车事故不足1000元,非机动车事故不足200元的事故。

一般事故,是指一次造成重伤1~2人,或者轻伤3人以上,或者财产损失不足3万元的事故。

重大事故,是指一次造成死亡1~2人,或者重伤3人以上10人以下,或者财产损失3万元以上不足6万元的事故。

特大事故,是指一次造成死亡3人以上,或者重伤11人以上,或者死亡1人,同时重伤8人以上,或者死亡2人,同时重伤5人以上,或者财产损失6万元以上的事故。

78. 处理事故应掌握哪些要领?

处理事故的要领:

(1)客观事实是处理事故的依据;

(2)交通法规是处理事故的准绳;

(3)现场勘查是处理事故的基础;

(4)以责论处是处理事故的原则;

(5)原因分析是处理事故的关键;

(6)责任认定是处理事故的核心。

79. 机动车在道路上发生故障或者事故时应当怎么办?

根据《中华人民共和国道路交通安全法实施条例》第六十条的规定,机动车在道路上发生故障或者发生交通事故，妨碍交通又难以移动的，应当按照规定开启危险报警闪光灯并在车后 50m～100m 处设置警告标志，夜间还应当同时开启示廓灯和后位灯。

80. 对机动车的灯光使用有何规定？

夜间行车每小时的速度不超过 30km 时，车灯光线须照出 30m；如时速超过 30km 时，须照出 100m 以外。夜间两车相遇时，应在距离对面驶来车辆 100m 以外改用近光灯。夜间在通过交叉路口时，须将大光灯改用近光灯。

81. 对机动车安装、使用警报器、标志灯具有何规定？

（1）警车、消防车、救护车、工程救险车应当按照规定喷涂标志图案，安装警报器、标志灯具。其他机动车不得喷涂、安装、使用上述车辆专用的或者与其相类似的标志图案、警报器或者标志灯具。

（2）警车、消防车、救护车、工程救险车应当严格按照规定的用途和条件使用。

（3）公路监督检查的专用车辆，应当依照公路法的规定，设置统一的标志和示警灯。

（4）警车、消防车、救护车、工程救险车执行紧急任务时，可以使用警报器、标志灯具。在确保安全的前提下，不受行驶路线、行驶方向、行驶速度和信号灯的限制，其他车辆和行人应当让行。

（5）警车、消防车、救护车、工程救险车非执行紧急任务时，不得使用警报器、标志灯具，不享有前款规定的道路优先通行权。

只有经过批准的车辆才准装置相应的警报器和标志灯具，其他车辆非法安装警报器、标志灯具的，根据《中华人民共和国道路交通安全法》第九十七条的规定由公安机关交通管理部门强制拆除，予以收缴，并处 200 元以上 2000 元以下罚款。

82. 警车、消防车、救护车、工程救险车在执行紧急任务遇交通受阻时使用警报器有什么要求？

警车、消防车、救护车、工程救险车在执行紧急任务遇交通受阻时，可以断续使用警报器，并遵守下列规定：

（1）不得在禁止使用警报器的区域或者路段使用警报器；

（2）夜间在市区不得使用警报器；

（3）列队行驶时，前车已经使用警报器的，后车不再使用警报器。

83. 对专用车的附加安全技术条件是什么?

(1)救护车。车身颜色为白色,本身左、右两侧及车后正中喷红色“十”字,标志灯为蓝色回转式,警报器音调为“慢速双音转换调”。

(2)消防车。本身颜色为R03大红色,标志灯具为红色回转式,警报器音调为“连续调频调”。

(3)工程救险车。本身颜色为Y07黄色,标志灯具为黄色回转式,警报器音调为“单音断鸣调”。

(4)警车。标示灯具为红色回转式,警报器音调为“双音换调、紧急调频调”。

(5)公路监督检查专用车辆的示警灯为红、黄、蓝3色固定式排灯,安装在车顶前部。

上述各类警报器,音调声音为110~115dB。

84. 怎样安全驾驶特种车辆?

所谓特种车辆是指执行特别任务的专用车辆,比如,警车、救护车、监理车、消防车、洒水车等。特种车一般都有特殊标志或具有特种车型。特种车辆的驾驶有不同于普通车辆之处,其具体表现是:

(1)特种车辆可以按《中华人民共和国道路交通安全法》给予的特权行驶。比如,警车、消防车、救护车、工程救险车等在执行任务途中可以不受行驶速度、行驶路线、行驶方向和指挥灯信号的限制,其他车辆和行人应当让行。但法律也规定警车、消防车、救护车、工程救险车非执行紧急任务时,不得使用警报器、标志灯具,不享有规定的道路优先通行权。道路养护车辆、工程作业车进行作业时,在不影响过往车辆通行的前提下,其行驶路线和方向不受交通标志、标线限制,过往车辆和人员应当注意避让。洒水车、清扫车等机动车应当按照安全作业标准作业,在不影响其他车辆通行的情况下,可以不受车辆分道行驶的限制,但是不得逆向行驶。驾驶特种车辆的司机如果懂得这些特殊规定,就可以加快车速,为完成任务争取时间。

(2)特种车辆的驾驶必须为执行特殊任务。比如,消防车是为灭火用的,在停驶时驾驶员应帮助检修消防设备,作好命令一到立即出发的准备。而救护车是抢救伤病人员用的,因此,驾驶救护车时必须注意运行过程的平稳性,为危重病人的救治创造条件。

(3)特种车辆是专用车辆,不得挪作他用。特种车辆的专用性已经为全社会所接受,如果改作其他用途,必须取消特殊装置并去掉专用标志。

85. 气候条件对行车有什么影响？

(1) 视线影响。如雨、风尘、雪雾等均使视线受阻，而强烈的阳光使驾驶员炫目，影响驾驶员辨认前方的障碍物。

(2) 气候条件对路面附着系数有很大的影响，如冰雪、雨雾等都会使路面附着系数下降，强烈的阳光也会使沥青路面变软，甚至泛油，从而使路面附着系数下降。上述情况均会影响车辆的制动效果。

(3) 天气太热，容易使驾驶员产生疲劳、打瞌睡，容易导致事故的发生。

驾驶员遇到上述天气情况时，必须采取有效措施，谨慎驾驶，以防车祸，确保行车安全。

86. 炎热气候对安全行车有什么影响？

我国南方大部分地区和西北高原部分地区的夏季气温较高，最高可达40℃，驾驶室内的温度更高。另外，南方地区雨水多，西北高原尘土多，给行车安全带来不利影响。

高温条件下，空气密度下降，发动机充气量下降，进入汽缸的混合气燃烧不正常，润滑油容易变质，零件磨损严重，供油系统易产生气阻，因此，车辆的故障率增高，技术性能下降，有可能增多事故。另外，气温高驾驶工作环境变差，车外强烈光线照射，沥青路面变软等，驾驶员较长时间驾驶车辆，生理、心理状况会发生变化，或导致急躁情绪，或导致疲倦、瞌睡，对行车安全带来种种不利影响。

87. 怎样在天气炎热季节安全行车？

(1) 入夏之际，应对汽车进行换季保养，并配备夏季行车必备品，如水桶、防雨用品等。

(2) 炎热季节中行车，容易产生水箱“开锅”、供油系气阻、蓄电池“亏水”、液压制动因气阻失灵、轮胎爆破等故障，应随时检查，加强例行保养。长途行车中可选择阴凉地方停车休息。

(3) 夏季行车，驾驶员要防止瞌睡和中暑，稍感不适，应及早选择安全地点停车休息。

(4) 要注意夏季行人动态特点。如夜间道旁乘凉人多、儿童追逐打闹上街多、公路上早晚行人赶路多，要采取相应的安全措施。夏季雨多，遇雨要按雨天安全行车方法驾驶。

88. 严寒气候对安全行车有什么影响?

冬季我国大部分地区最低气温在0℃以下,西北、东北最低气温可达-40℃左右。车辆在严寒地区行驶,不仅发动机起动困难,轴承磨损严重,而且行驶条件差。严寒气候条件对安全行车还有以下几个方面的影响:

(1)路面结冰现象普遍,气温升高后又会化冻形成泥泞路或翻浆路,路面的附着系数小,从而使制动非安全区增大。

(2)由于气温偏低,驾驶员对机件的操作熟练程度降低,另外寒冷天气行人和骑车人穿着衣服较多,特别是有些人帽子罩住面部,反应也相应变慢。

(3)严寒条件下,由于挡风玻璃结霜,影响行车视线,应设法及时消除。

(4)严寒条件下车辆的润滑条件变差,机件易出故障。

89. 冰雪路对安全行车有什么影响?

(1)冰雪路车轮附着力小,极易滑溜、横滑和倒滑(车轮向前转,车子反朝后退),制动距离明显延长,约为干燥沥青路面的3~4倍以上。只要油门、方向、制动作用不当,就会发生伤人损车的严重事故。

(2)在冰雪路上起步,如果挂1档,反而容易打滑,这是车轮的转动力超过轮胎附着力的缘故。要是挂适当高一些的档位,就能使两种力适当平衡,避免滑溜。

(3)冰雪路对交通安全的影响还会因路面的状况、冰雪的厚度、驾驶员的技术能力、交通流量的大小、汽车的技术状态(包括防滑性能)、汽车的载重量和早中晚时间的不同,而有所区别。

90. 车辆打滑原因是什么?

(1)花纹磨光的轮胎,在泥泞路上运动时,轮胎与地面的附着系数会迅速下降。轮胎花纹被泥土填平时,会出现同样后果。

(2)各车轮的轮胎花纹不一样,或磨损程度不一致,或气压存在差异,以及由于路面不平整等原因,必然造成各车轮的附着力或行驶阻力的不一致,当其中一个车轮的附着力不足时,便出现打滑。

(3)在横向倾斜的路面上,汽车重力产生一个倾斜分力,具有横向推力的性质,其作用是把车轮推向低下的一侧。

(4)制动时,各车轮的制动效果很难获得一致,在附着条件差的情况下,会迅速引起车轴的甩动。

(5)由转向所引起的离心力,当其超过轮胎附着力时,车轮便产生侧滑。

在行车中应当考虑这些因素,以改进驾驶操作,预防和减轻车轮的打滑。

91. 雨、雾天气对安全行车有什么影响?

(1)能见度低、驾驶员视线受影响,尤其大雨和浓雾中,虽有雨刮器不停刮水,但光线透过率减少,浓雾时视距仅几米,能见度很低。

(2)浓雾和雨天路面湿滑,汽车容易发生横滑和侧滑,其原因:一是轮胎与路面之间的附着力降低;二是轮胎对地面附着力不均匀。

(3)久雨天气,行车条件变差,事故增多。长时间下雨,会引起路基塌陷与疏松,行车时稍有不慎,汽车会陷入路基,严重时造成车损人亡。

(4)行人走路急,避让不及时。刚下雨时,许多人低头急跑,不顾其他情况,骑自行车的人也会低头猛蹬,不注意来往车辆。此外,行人身穿雨衣及防寒物,听觉、视觉均受影响。

(5)雨雾会将轮胎制动毂浸湿,造成制动器失灵。

(6)驾驶员外出运输,遇到雨雾担心货物受淋,加快车速赶回家,结果适得其反。

92. 怎样在沙漠地区安全行车?

(1)出车前要认真检查。以免在前不着村,后不靠店的地方发生故障,影响正常行车。

(2)做好充分的物资准备。一是自救工具,如铁锹、钢丝绳、木板、木棒等;二是一些易损器材;三是淋水装置;四是带足干粮、食用水、车用水、御寒服等。

(3)行驶中的注意事项。出车前对行驶路线及沿途情况要做到胸中有数。车队行驶应选好勘察车。行驶中准确判定沙的结构、厚度、流向,在危险地段做好标记,遇高低不平的沙漠应选择较低地段行驶,独立的大沙梁应尽量沿其边缘行驶或沿沙丘结合部行驶。

(4)车辆使用要领。起步要平稳,不能猛然起步,只能沿车辙行车,转向要缓,尽量采用发动机牵阻制动,不得使用紧急制动,行驶中尽量减少换档,适当增大车间距离到 150 ~ 200m。行驶前,轮胎气压应比标准的气压降低 4.9kPa(0.5 kgf/cm^2),以防沙漠温度升高,轮胎气压增大,引起轮胎爆破。

93. 怎样在沿海岛屿地区安全行车?

沿海岛屿地区空气湿度大,含盐分多,夏季炎热,受海洋季风影响大,且道路少,弯多坡陡,路面质量差,对车辆表面的锈蚀、腐蚀均较严重。炎热条件下散热器易开锅,供油系统易产生气阻。由于雨水对路面的冲刷,路面容易被破坏。因此,在上述地区行车,既要参照炎热条件与雨天行车安全要领,又要做好防台风的行车安全工作。

94. 怎样在混合道路上安全行车?

在我国公路运输环境中,混合交通道路占公路通车里程的绝大部分,机动车、非机动车和行人混道而行,快慢车道不分,相向车道不分,形成高度复杂的混合道路局面。在混合交通道路上安全驾驶车辆应注意以下几个方面:

(1)驾驶员应注意磨炼和提高自己的耐心及随机应变能力。在轿车、卡车、拖拉机、自行车同道而行的路面上,高速车超不过低速车,交通阻塞、非机动车的横冲直撞等现象时有发生,这些现象需要驾驶员有良好的修养和耐心,才能正确处理。混合交通,人车嘈杂,意外情况防不胜防,这要求驾驶员在精力高度集中的前提下,还要具备随机应变能力。

(2)严格遵守各项交通管理规则,正确判断车辆和行人的动态,运用预见性驾驶方法,妥善处理路面情况,这是混合道路上安全行车的保证。预见性驾驶方法是以预防以主的预防事故方针的具体体现,它是建立在正确判断、预先估计的前提之上的。因此正确判断混合交通中的机动车、拖拉机、自行车、行人的运动态势,预测可能发生的情况,设法减少或避免与他们的冲突点和交织点,是保障行车安全的一个要点。

(3)摸索混合交通中的各种交通元素的运动规律,积累资料数据,总结经验教训及安全行车规律,提高自觉性,争取混合道路上安全驾驶的主动权。

95. 怎样在雷雨天气安全行车?

(1)注意道路条件的变化。如果是突然一场大雨,会降低路面附着系数,开车时要注意防止侧滑。如果是连续下雨,则要防止路肩被泡软或路面出现塌陷,还要警惕路面积水处是否被冲出深沟。如果是暴风雨,则要防止路旁的树木被风刮倒形成路障。

(2)雷雨天能见度明显下降,要开灯行驶,擦干净挡风玻璃并打开雨刮器,保持玻璃的透明度。

(3)特别注意行人的动向。在雷雨天气,行人急于躲避雷雨可能会乱冲乱撞,不遵守交通规则,驾驶车辆通过有行人活动的区域要特别注意行人的动向。

(4)在雷雨天气行车要防止遭受雷击。遇有雷暴天气,最好寻找安全的停车场所暂时躲避。

(5)雨天行驶应控制车速,避免使用紧急制动,谨防侧滑翻车。

(6)途中出现积水需要涉水过渡时,应先下车察看确认可通行后再开车通过。

(7)雷雨天需要临时停车时,不得把车停在坡道、山脚、河边以及大树下,谨防发生意外。如果能见度较低,停车时需开示宽灯和停车灯。

96. 道路交通安全法第七十六条中的保险公司的无过错责任是指什么?

道路交通安全法第七十六条第一款规定,机动车发生交通事故造成人身伤亡、财产损失的,由保险公司在机动车第三者责任强制保险责任限额范围内予以赔偿。该款规定确立了保险公司对保险事故的无过错责任。对于该款规定的理解,以下3点值得注意:

(1)如果肇事车辆参加了机动车第三者责任强制保险,那么一旦发生交通事故导致他人人身伤害或者是财产损失,保险公司就应当首先予以赔偿,不论交通事故当事人各方是否有过错以及当事人的过错程度如何。

(2)保险公司在机动车第三者责任强制保险责任限额范围内承担责任。如果交通事故所导致的各种损害(包括人身伤亡和财产损失)超出了责任保险的责任限额,对于超出部分保险公司不予赔偿。只有超出责任限额的部分,才由交通事故当事人按照道路交通安全法确定的归责原则进行分担。

(3)第三者责任强制保险制度的确立。依道路交通安全法第十七条的规定,国家实行机动车第三者责任强制保险制度。所谓机动车第三者责任保险是指以汽车所有人或使用人对汽车事故受害人应当承担的损害赔偿责任为标的的责任保险。这里所规定的机动车第三者责任保险为强制保险,因此以后机动车要投入运行,必须要投保机动车第三者责任强制保险。

在诉讼法意义上,道路交通安全法第七十六条赋予了受害人直接请求权,即受害人可以直接以保险公司为被告提起诉讼主张损害赔偿。在保险责任限额内保险人对受害人负有无条件支付义务。这种请求权是法定的请求权,并且独立存在。

日本《机动车损害赔偿保障法》和我国台湾地区《强制汽车责任保险法》也赋予受害人以直接请求权。

97. 道路交通安全法第七十六条中的机动车之间的过错责任是指什么?

道路交通安全法第七十六条第一款规定,机动车之间发生交通事故的,由有过错的一方承担责任;双方都有过错的,按照各自过错的比例分担责任。该款规定确立了机动车之间发生交通事故时适用过错责任的原则。

过错包括故意和过失。故意从主观恶性程度上可以分为一般故意与恶意,过失依其程度可分为重大过失、一般过失以及轻微过失。侵权行为法理论关于过错的判断主要有所谓主观标准和客观标准。主观标准主要是通过判断行为人的心理状况来确定其有无过错,其核心在于判断行为人能否预见其行为的后果。客观标准主要是通过某种客观的行为标准来衡量行为人的行为以及实施行为时的心理状态。这实际上是从行为人行为的外在特征来推定其主观方面有无过错。我们认为,判断加害人是否在实施加害行为时存在过错,其标准是客观的而不是主观的。但客观标准又是多元的。在一般情况下,对于他人权利和利益负有一般注意义务的人,应当尽到一个诚信善意之人的注意义务。对于他人之权利和利益负有特别义务的人,应当尽到法律、法规、操作规程等所要求的特别注意义务,例如机动车驾驶员对于行人和非机动车辆的注意义务比一般注意义务要高。

司法实践中确定过错比例大小的原则应当是:故意大于过失,恶意大于一般故意,重大过失大于一般过失,一般过失大于轻微过失。

98. 道路交通安全法第七十六条中的机动车对行人、非机动车的无过错(严格)责任是指什么?

依据道路交通安全法第七十六条第一款第(二)项和第二款的规定:

(1)机动车与非机动车驾驶人、行人之间发生交通事故的,由机动车一方承担责任。该款规定确立了机动车和行人、非机动车之间的无过错(严格)责任原则,机动车驾驶人不得以自己没有过错主张免责。

(2)减责事由。有证据证明非机动车驾驶人、行人违反道路交通安全法律、法规,并且机动车驾驶人已经采取必要处置措施的,机动车驾驶人可以主张减责。

(3)免责事由。如果交通事故的损失是由非机动车驾驶人、行人故意造成的,机动车一方不承担责任。在受害人故意造成损害发生的情形下,依原《道路交通事故处理办法》第四十四条的规定,机动车与非机动车、行人发生交通事故,造成对方人员死亡或者重伤,机动车一方无过错的,应当分担对方10%的经济损失。但按照10%计算,赔偿额超过交通事故发生地10个月平均生活费的,按10个月的平均生活费支付,非机动车、行人一方故意造成自身伤害或者进入高速公路造成损害的除外。新的道路交通安全法没有对此做出规定,我们认为在实践中如果受害人故意造成损害的发生,机动车驾驶人也应该分担对方10%的经济损失。

无过错责任适用的法理依据,一是报偿理论,即"谁享受利益谁承担风险"的原则。机动车的所有人、驾驶人在享受机动车带来的方便快捷的同时,自然应由他们承担因机动车运行所带来的风险。对报偿理论的正确理解是针对那些直接的、持续的享受利益者来说的,而非针对那些间接获得利益者。二是危险控制理论,即"谁能够控制、减少危险谁承担责任”的原则。机动车驾驶人在上路之前受过专业的训练,对于道路交通规则也很熟悉,因此他们能够最好地控制危险,要求其承担赔偿责任,能够促使其谨慎驾驶,尽量避免损害发生。三是危险分担理论,也即学者所称之“利益均衡说”。道路交通事故是伴随现代文明的风险,应由享受现代文明的全体社会成员分担其所造成的损害。在道路交通事故中,受害人经常被撞伤或撞死,而肇事者一般不会有人身伤害,此时要求肇事者分担一些经济上的损失仍不失公允。

机动车和行人、非机动车之间发生交通事故适用无过错责任原则,是对所谓“行人违章撞了白撞”说法的否定,但我们所称的无过错责任也不是在任何情况下都由机动车驾驶员承担全部的损害赔偿责任。道路交通安全法对于机动车驾驶人一方的减责和免责事由做出了明确的规定,在符合法定的条件下,机动车驾驶人是可以减轻或免除责任的。无过错责任是从整个社会利益之均衡、不同社会群体力量之对比,以及寻求补偿以息事宁人的角度来体现民法的公平原则的,它反映了高度现代化社会化大生产条件下的公平正义观,也带有社会法学的某种痕迹。无过错责任对于个别案件的适用可能有失公允,但它体现的是整体的公平和正义。为限制无过错责任原则的局限性,法律通常设定一些免责或减责事由。

需要强调的是,机动车和行人、非机动车之间发生交通事故后,首先由保险公司承担第三者责任强制保险,对超出第三者责任强制保险的责任限额的部分才由机动车驾驶人承担无过错责任。因此,实际上机动车驾驶人的赔偿责任已经大大减轻了,不会因为一次交通事故而深陷其中不能自拔。部分媒体所称“发生交通事故司机负全责”的观点并不正确,容易误导司机和行人。

另外,如果受害人属于70岁以上的老人、10岁以下的儿童以及残疾人,法院可不适用过失相抵(至少应该在适用过失相抵时对于他们的过错打上较大的折扣),以充分救济这些在生理上和智力上存有缺陷的社会弱者,进一步体现道路交通安全法以人为本的立法精神。

99. 精神损害的赔偿数额根据哪些因素确定?

(1)侵权人的过错程度,法律另有规定的除外;

(2)侵害的手段、场合、行为方式等具体情节;

(3)侵权行为所造成的后果;

(4)侵权人的获利情况;

(5)侵权人承担责任的经济能力;

(6)受诉法院所在地平均生活水平。法律、行政法规对残疾赔偿金、死亡赔偿金等有明确规定的,适用法律、行政法规的规定。

100. 道路交通事故人身损害赔偿案主要适用的法律法规是什么?

适用法律包括:《中华人民共和国道路交通安全法》、《中华人民共和国道路交通安全法实施条例》、《北京市实施〈中华人民共和国道路交通安全法〉办法》、《最高人民法院关于审理人身害赔偿案件适用法律若干问题的解释》、《最高人民法院关于确定民事侵权精神损害赔偿责任若干问题的解释》。

101. 对交警的认定书不服的,还要申请复议吗?

原规定对交警的责任认定书不服的可以申请上级机关行政复议,一些法院还受理对此不服的行政诉讼。但是现在,交警的认定书只是民事诉讼证据的一种。在当事人共同申请的交警调解中认定书是当然的依据;在法院的民事赔偿诉讼中,交警的认定书只是比较重要的证据,已经不再是法院审理案件的当然依据。法院根据当事人各方举证证明的事实,完全可能依据不同的责任分担比例作出判决。

102. 当事人可以选择检验、鉴定、评估机构吗?

《交通事故处理程序规定》第四十条第四款规定:"具备资格的检验、鉴定、评估机构应当向省级人民政府公安机关交通管理部门备案,公安机关交通管理部门可以向当事人介绍符合条件的检验、鉴定、评估机构,由当事人自行选择。"《交通事故处理程序规定》第四十四条规定:"公安机关交通管理部门应当在接到检验、鉴定结果后二日内将检验、鉴定结论复印件交当事人。"

103. 医疗机构对交通事故中的受伤人员可以因抢救费用未及时支付而拖延抢救吗?

《中华人民共和国道路交通安全法》第七十五条规定:"医疗机构对交通事故中的受伤人员应当及时抢救,不得因抢救费用未及时支付而拖延救治。"第七十五条还规定:"抢救费用超过责任限额的,未参加机动车第三者责任强制保险或者肇事后逃逸的,由道路交通事故社会救助基金先行垫付部分或者全部抢救费用,道路交通事故社会救助基金管理机构有权向交通事故责任人追偿。"

104. 受害者一方当事人在交通事故处理中应当注意哪些事项?

首先,观念要更新。由于以前保障交通事故受害人及其亲属获得赔偿是交警的职责,现在交警已经没有这个职权和职责,受害人应当及时通过起诉来保证赔偿权利的实现。通过诉讼,可以采取保全措施。其次,受害人及其近亲属还应当注意收集赔偿相关的证据,注意及时申请相关检验、鉴定等。受害人及其近亲属不能独立完成调查、收集相关证据的,应当及时寻求专业律师等人员帮助。

105. 非道路交通事故谁来处理?

按原来的规定,并不是所有的车祸都归公安交警部门处理,公安交通管理部门只按既定的权限,受理那些符合《道路交通事故处理办法》所定义的交通事故,即道路交通事故。而新的《道路交通安全法》明确规定,车辆在道路以外通行时发生的事故(如学校、厂区、公园内),公安机关交通管理部门接到报案后,也要参照交通事故处理的规定予以办理。

106. 事故当事人可否直接诉至法院?

《道路交通安全法》改革了交通事故赔偿的救济途径。除自行协商、向保险公司索赔外,不再把公安机关交通管理部门的调解作为民事诉讼的前置程序,而是规定对交通事故损害赔偿的争议,当事人可以请求公安机关交通管理部门调解,也可以直接向人民法院提起民事诉讼。

107. 什么情况下给予拘留?

拘留是最为严厉的、限制人身自由的行政处罚,适用于严重危害道路交通安全的违法行为。《道路交通安全法》对 7 种交通违法行为规定了拘留处罚:

(1)对醉酒后驾驶机动车或营运机动车的;

(2)对未取得机动车驾驶证、机动车驾驶证被吊销或者被暂扣期间驾驶机动车的;

(3)将机动车交由未取得机动车驾驶证或者机动车驾驶证被吊销、暂扣的人驾驶的;

(4)造成交通事故后逃逸,尚不构成犯罪的;

(5)强迫机动车驾驶人违反道路交通安全法律、法规和机动车安全驾驶要求驾驶机动车,造成交通事故,尚不构成犯罪的;

(6)违反交通管制的规定强行通行,不听劝阻的。故意损毁、移动、涂改交通设施,造成危害后果,尚不构成犯罪的;

(7)非法拦截、扣留机动车辆,不听劝阻,造成交通严重阻塞或者较大财产损失的。

第五章

高速公路管理（92问）

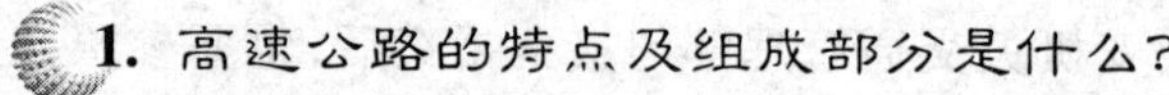

1. 高速公路的特点及组成部分是什么？

（1）高速公路的特点：

①行车速度高。最高时速为120km/h，较普通公路平均高60%～70%；

②通行能力大。比一般公路高几倍甚至几十倍；

③采用立体交叉，排除横向来车和行人横穿马路时的干扰；

④具有完善的现代化交通管理及交通安全设施；

⑤行车安全性好。事故率只是一般公路的1/3～1/4，但发生事故后的死亡率是一般公路的2倍；

⑥经济效益和社会效益好。

（2）高速公路的组成：

高速公路是全封闭、多车道、具有中央分隔带、全立体交叉、集中管理、控制出入、多种安全服务设施配套齐全的高标准汽车专用公路。其组成：

①中央分隔带；

②主车道；

③路肩；

④加速车道；

⑤减速车道；

⑥服务区；

⑦上坡车道。

2. 高速公路、城市快速路的道路交通安全管理工作由谁承担？

根据《中华人民共和国道路交通安全法实施条例》第八十五条第二款的规定，高速公路、城市快速路的道路交通安全管理工作，省、自治区、直辖市人民政府公安机关交通管理部门可以指定设区的市人民政府公安机关交通管理部门或者相当于同级的公安机关交通管理部门承担。

3. 高速公路路政管理新的管理观念及特点是什么?

由于高速公路路政管理的方式及特点不同,其违章占用、毁坏、盗窃公路设施等现象随着营运通行时间的增加正在逐步减少,随之增加的是故障车辆的牵引拖带、事故现场的救援清障、施工养护作业及恶劣气候条件下的交通管制、环保监督等一系列新的内容。

(1)新的管理观念有:

①高速公路路政管理的主要职责是保证安全畅通。除保证路产设施完整、维护路权不受侵犯外,还应包括维持行车秩序、提供路面信息、清理路上障碍、参与抢险救护、提供中旁服务等其他管理功能,从而拓展了路政管理的外延。

②路政管理的重点应由监管向综合管理服务转移。高速公路营运的目的吸引车流、快速到达,因此提供优质报务、提倡路政管理服务意识,直接影响高速公路通行营运水平,也决定高速公路管理者声誉,具有举足轻重的作用。

③高速公路路政管理是一种全新的动态管理。普通公路的路政管理一般是对管理范围内的所有客体行为进行静态管理。而高速公路路政管理是指在管理职权范围内,要依据高速公路路政管理内容及要素变化进行全天候24小时昼夜不间断巡查管理。

(2)高速公路新型管理的特殊性可归纳如下:

①管理方式的特定性。高速公路是一个全封闭,实行昼夜营运的系统,路政管理一般在系统内运作,管理对象主要是高速流动车辆,管理的特定方式是一种全时间段、全方位、全区域的路上跟踪管理。

②管理手段的先进性。由于高速公路是汽车专用、设施先进、车流量大、车速快、事故(件)突出性强,因此要求路政管理要具备先进的监控通信手段、优良的路巡清障设备、专用的抢险救援物品,以便于及时获得路面信息,做出快速反应,采取及时有效对策。

③管理内容的复杂性。高速公路实行全面的多维立体管理,决定了路政管理内容的复杂性。人、车、路、环境与社会组织等管理与服务对象的交织,高速公路管理者中不同业务的交织等,这种直接间接的管理关系同时也存在着各种矛盾,决定着高速公路路政工作的复杂程度。

4. 高速公路路政管理的意义是什么?

路政管理是高速公路运营中的重要组成,其管理对象是人、社会组织、路产、路权、信息资源。加强路政管理,可以保持高速公路使用服务质量,提高车辆运输效

率,促进社会经济发展,规范保护交通安全设施。具体有以下几方面:

(1)有利于维护路产权,保护高速公路完好。要保证高速公路主体工程和附属设施处于完好运行状态,必须依靠路政管理行政执法的规范管理手段,监督检查处理侵占、破坏、损毁公路、公路用地及公路附属设施的行为。

(2)有利于保障高速公路的使用质量。通过路政行政执法手段,控制履带车、铁轮车、起重车、超限运输车辆在高速公路上行驶;加强对超载、超限危险物品运输车辆行驶的审核管理;以及加强对各种管线、管道与公路接近或交叉的路政管理许可等;从而保障高速公路的使用质量。

(3)有利于改善高速公路的交通运营环境。加强对立交出入道口的路政管理,指导监督作业人员及时牵引拖带清障、协调,及时处理交通事故。加强高速公路两侧不准建筑控制区的管理,从而创造一个畅通无阻的行车环境和两侧无行车视线障碍的交通环境。同时,依靠路政管理手段维持高速公路运营收费广场出入口秩序、疏导车辆、防止堵塞、也便于高速公路征费工作的顺利进行。

5. 对进入高速公路的车辆有何要求?

《中华人民共和国道路交通安全法》规定,行人、非机动车、拖拉机、轮式专用机械车、铰接式客车、全挂拖斗车以及其他设计最高时速低于70公里的机动车,不得进入高速公路。《中华人民共和国道路交通安全法实施条例》规定,摩托车可以进入高速公路但在高速公路上行驶时不得超过每小时80公里。

6. 高速公路上高速行驶对车辆性能有哪些影响?

高速公路上高速行驶对车辆性能的影响有以下几方面:

(1)高速公路车辆行驶速度超过一般公路60%~70%的速度,车辆操纵稳定性中,由于速度过快而使给定方向行驶的车辆方向盘灵敏度增加。如果驾驶员在高速行驶操纵方向过猛,超过了操纵稳定性的限度,车辆会发生侧滑、甩尾翻车、失去控制等现象。

(2)制动距离延长。制动前车速越高,制动距离越长;制动强度越大,制动距离越短。

(3)制动侧滑甩尾的危险性增加。制动侧滑甩尾是车辆在制动时发生的一种严重失去稳定的现象。侧滑甩尾时,车辆失去控制,一方面向前滑动,一方面剧烈回转,严重时可回转180度,形成车头朝后车尾朝前的状态,往往导致重大事故。

(4)高速行驶车辆轮胎使用寿命缩短、老化,磨擦发热会造成轮胎爆胎现象。

(5)高速行驶车辆燃料消耗增加。其燃料消耗总量是一般道路上的 $1.6\times2=3.2$ 倍。

7. 在高速公路上高速行驶对人有哪些影响?

(1)高速行驶使驾驶员的视力下降(即动态视力随运动速度增加而降低)。

(2)有效视野变狭窄。人在面对正前方保持头部和眼球不变情况下所能看到的范围,随着车辆行驶速度的提高,视野周围景物在驾驶员眼内停留的时间缩短,意味着有效视野变狭窄了。

(3)判断能力下降。由于行驶环境变化小,使精神松懈、速度感减弱,人的适应性等引起判断能力下降。

(4)平衡感觉的变化。在高速公路弯道行驶时,由于曲线运动时速度很高,会出现平衡感觉失调的感觉,影响安全行车。

(5)高速催眠现象。有利的道路条件,操纵动作减少,环境单调,路面情况刺激少,易引起大脑活动的抑制和怠倦,表现出注意力涣散,反应迟缓,最后导致瞌睡。

8. 行驶高速公路时驾驶员应注意什么?

行驶高速公路时驾驶员应注意:

(1)行车前,驾驶员要精神饱满。如果身体不适,或醉酒,不应在高速公路上行驶。长途行驶,要利用沿途服务区、休息站休息,若连续 2 小时以上行驶,至少每 2 小时休息 15 分钟。

(2)在上高速公路前,驾驶员、乘客应系安全带,同时要确认车门关牢。

(3)行车前,驾驶员应了解高速公路上速度感觉有误差(由于无行人、自行车等慢行驶的比较物,因而车速很高时不感觉快)。

(4)上高速公路前,应做好车辆检查。此外,还要检查修理工具、随车工具是否齐全,同时还应检查有无灭火器、紧急信号用具、手电筒等。

9. 行车驶上高速公路前,为什么必须检查车辆控制系统?

汽车的控制系统是车辆操纵性能的关键机构,是降低车速、停止车辆行驶的控制与安全机构,是车辆安全性能的核心部分。汽车高速行驶是以迅速转向和迅速停车为存在条件的。因此,上高速公路前,车辆必须严格检查转向系统和制动系统,及时排除一切故障,使控制系统保持完好的技术状态。

10. 高速公路上行车正确驾驶姿势的基本要求是什么?

正确的驾驶姿势,便于驾驶员正确判断车身周围情况、前后车轮的位置、车身运动规律、道路情况和仪表,具有良好的视野,便于操作准确灵活,便于保持肌肉放松、血液循环正常,不会麻木,减少疲劳。

驾驶姿势的基本要求是:坐稳在驾驶座上,脊背靠在座椅背上,腿在驾驶室能屈伸自如,并能将踏板踏到位。调节座椅靠背,握方向盘时,使手臂呈自然弯曲状。

驾驶姿势不变未必是好事。一般道路上,由于速度慢,可将靠背稍微立起来,抬高视点,便于行车。而在高速公路上,由于速度较高,注视点更远,故可将座椅靠背放倒一些,以满足高速行车要求,同时减少疲劳。

11. 机动车行驶高速公路不得有哪些行为?

根据《中华人民共和国道路交通安全法实施条例》第八十二条的规定,机动车在高速公路上行驶不得有下列行为:

(1)倒车、逆行、穿越中央分隔带掉头或者在车道内停车;

(2)在匝道、加速车道或者减速车道上超车;

(3)骑、轧车行道分界线或者在路肩上行驶;

(4)非紧急情况时在应急车道行驶或者停车;

(5)试车或者学习驾驶机动车。

12. 进、出高速公路应注意什么?

高速公路的进、出口是事故的多发地段,进、出口均设在右侧车道,此处车流量大,且主干道与支道车速相差较大,应特别注意。

(1)要想迅速地进入高速公路车流中,先要在加速车道的入口处看清车流动向,然后决定跟在哪台车后面进入高速公路,打开左转向灯,再一鼓作气,加速前进,当车速接近高速公路车流时,轻轻操纵方向盘,汇入车流,决不能在未加速前直接驶入行车道,这是驶入高速公路的一般原则。

(2)当高速公路上车辆连续跟进时,车辆驶入应在打开左转向灯后,注意准备跟随的车辆速度,然后在加速车道上加速,与跟随车辆同行,接着稍微降低车速,在跟随车辆后面插入车流。如果第二台车与准备跟随的车辆很近,就从第二台车后面汇入车流。

(3)如果准备跟随的车辆速度较慢,自己车的加速性能很好可加快车速从该车前插入。如果准备跟随的车辆速度很快,就调节自己的速度,等紧密跟行的所有车辆全驶过后,加速进入行车道。

(4)如果加速车道前端停有汽车,高速公路上的车辆又在路上连续不断地行驶,此时不要急于驶入,应在加速车道上等待时机,并注意与停在加速车道前端的车辆保持一定的距离,以备驶入高速公路加速时使用。进入加速车道时应注意观察车流情况,避免在加速车道前端停车的危险情况。

(5)在驶离高速公路时,应注意交通标志,及早了解出口处的位置或服务区的设置。在2~3km前就可以开始减速。当看到距出口或服务区还有500m的指示标志时,打开右转向灯,徐徐驶入减速车道,再慢慢减速,循出口路线驶出。

(6)驶离高速公路时,万一错过出口,即使只有50m,也应继续行驶至下一出口,方可离去,决不可擅自停车、倒车或者回转逆行。否则,可能引起交通事故。

(7)驶离高速公路后,在收费出口前常发生追尾事故,所以要充分减速,谨慎驾驶,不要变换车道争抢出口。出收费口之后,最好停车休息一会,因高速公路长时间高速行驶,离开后总是低估车速,易发生事故,休息一会,使速度判断误差减小,以保障在一般公路上能安全行车。

13. 在高速公路上行车的要领是什么?

在高速公路上行车的要领是:

(1)行驶高速公路要保持正确的驾驶姿势。这样可减轻驾驶工作的疲劳和防止操作失误。

(2)注视点及注意力分配要合理。由于高速驾驶的催眠现象和注视点远移,不能使注视点呆呆盯住远处有效视野狭小区域,因此要适当有意识地转移注视点,增加视觉刺激,保持精力,掌握车行驶信息,发现意外可采取有效措施。

(3)制动与转向操作要符合高速行驶要领,力求避免实施紧急制动。因高速行驶实施紧急制动,车辆惯性大,车辆重量转移到前轴上,后轴会浮起左右滑动,严重时将引起后轴侧滑、车辆甩尾,甚至平地翻车,造成重大事故。此外,由于制动力不均匀而发生跑偏,导致与其他车辆或路边护栏相撞的事故。

14. 夜间在高速公路上行车应注意什么?

高速公路夜间的车辆数量比白天少得多,夜深人静,不少驾驶员认为,夜间行车比白天容易。其实不然,夜间行车光照度变差,道路视界窄小,能见度低,空间观念被破坏。进入夜间,驾驶员的兴奋度较差,容易疲劳,尤其是午夜以后最易瞌睡,有的接近于半清醒状态。开灯驾驶,由于灯光的跳动和移动或后车灯的照射都会影响驾驶员观察和判断路面情况的能力。还有黑夜不便于检查车辆,有些故障如漏水、漏油等不易发现。

调查资料表明驾驶员在夜间条件下高速行车,有两类事故特别容易发生:一类是驾驶员以前方慢速行进的汽车尾灯为目标高速追赶跟进,由于大型车尾灯较小,目测距离不准,当发现过于跟近时为时已晚,追尾相撞。另一类是对停靠路肩的车辆尾灯,误判断为行进车尾灯,也易发生追尾相撞事故。所以,在高速公路上夜间行车应该注意:

(1)入夜前,应检查车辆技术状况,特别是电路部分,要保障完好无故障。

(2)在同样的交通条件下,夜间行驶通常要比白天降低车速10km/h左右,以弥补夜间视力降低、视野窄小、能见度差的缺陷。

(3)驾驶员应努力培养自己善于视认前方物体的动态的能力,特别是在车辆少的时候,尽早判明前方汽车尾灯是否在动。

(4)夜间行车中,除万不得已外,应当避免在路肩停靠车辆。

(5)应善于用灯光及车速判断上、下坡。若灯光照射距离近、发动机负荷增大、车速减慢时,则为上坡;相反现象出现时,则为下坡。

(6)在高速公路上夜间高速行驶,必须对路上的散落物百倍警惕,努力用眼光搜索,以便安全避开行驶。驾驶员对自车的装载物也应捆绑牢靠,以防行驶中落物,造成交通影响。

(7)夜间长时间行车,应对车内或驾驶室应适当通自然风,以克制睡意和疲劳,恢复体力和精力。

(8)行车中,注意本车的异常气味,如强烈的汽油味、胶皮味、蒸汽味等,大多是故障的反映。应及时采取治理措施,以防事态扩大,危及安全。

15. 怎样利用高速公路提供的信息和服务区?

(1)高速公路具有车速高,车流量大和无交通信号控制等特点,所以利用高速公路上的交通标志、各种感应器、道路情报板等提供情报,尤显重要。高速公路上的可变信息标志用来显示速度限制、车道控制、道路状况、交通状况、气象状况及其他内容。高速公路上长圆桶形的风标必须注意观察,当高速行驶的汽车受强风作用时,会失去稳定的直线行驶,甚至可能被推出原车道。如风标下垂,风速在2m以下,是安全的;风标45度左右摆动、风速为5m左右;风标完全横向摆,风速超过10m,这是危险信号,此时应控制行驶速度,并握牢方向盘。

(2)在高速公路上长途行车,精神极易疲劳,往往想打瞌睡,如继续行车极易出危险。这时应利用服务区停车休息。服务区对高速行车安全有重要作用,应充分利用,同时还可利用服务区加油、维修车辆、就餐、打电话等。

16. 怎样在高速公路上安全操纵方向盘与通过弯道?

同样大小的方向盘转动,汽车在一般道路上和在高速公路上所经过的路线是不同的,转向操作开始 2 秒后,低速行驶时路线迅速弯曲,并接近稳定的圆周运动。但高速行驶时则呈现急转弯状,出现了汽车转弯比预想的要快的“过渡”转向现象,这是高速行车时,方向盘发飘的原因。因此,在高速公路上行车、方向盘要少打少回。

经过高速公路弯道时,汽车应沿车道内侧曲线的切线方向直线行驶,前进时,方向随切线方向的变化而改变,也就是遵循“外、内、外”的原则。先向外直线行驶,由于切线改变,再向内一点,接着又沿切线再向外行驶,如此往复,通过弯道。这是高速转弯时的基本方法。

转弯时的另一个技巧是,边转弯边徐徐踏下加速踏板,增加向前的推力,使汽车行驶平稳。但是若达到规定速度以上,超过转弯的极限速度时,应在转弯前的直线区域内充分减速,以取得和极限速度之间的差值。进入弯道后,尽快达到加速状态,在保持平稳行驶的同时,逐渐完成转弯。但往往有人一边转向,一边踩制动,从行驶的平稳来说,这是危险因素。

17. 行驶到高速公路收费站时应注意什么?

我国高速公路收费绝大多数是采取闭式收费方式,即在入口处领取通行券,在出口处计算距离交款。因此,收费站就是高速公路的出、入口,安全驶近或驶离收费站,就是指在高速公路的出、入口地段的安全驾驶方法,既要迅速又要缓行。

要迅速是因为高速公路收费处车辆均制动减速,后续车一辆跟着一辆,如果驾驶员动作迟缓,速度太慢,会造成长距离压车,影响高速公路的通行能力。

要缓行是因为高速公路的出、入口是各个方向车流的汇合部。有的是刚刚驾驶完高速干道的“速度反应迟钝”者,有的是刚刚摆脱混合交通环境,“曙光就在前头”的性急者。前者车速判断有误,疲劳、麻木、精神松弛,后者急于求成,争道抢行。在这种心理态势下,车辆的减速缓行尤其重要,在收费站口附近,争先恐后地猛出猛进都是很危险的。为了减少车辆因交费而造成的滞留,要求驾驶员动作迅速;为了防止在收费口因车辆密度大且走走停停而造成意外追尾事故,要求驾驶车辆时要缓行。把迅速的操作与均匀柔缓的车速结合起来,才是进、出收费口的有效安全措施。

18. 通过高速公路立体交叉路口应注意什么?

立体交叉结构形式可分为 2 种:分离式立体交叉和互通式立体交叉。分离式是车流在各自道路上流动，互不影响，比较安全。互通式是高速公路的危险路段。

(1)三支交叉的互通式立交的代表形式是喇叭形互通式立交，它由准定向坡道、环形坡道和左转弯坡道构成。另一种形式叫定向型互通式立交，或者都用定向型坡道构成，或者其中含有准定向式坡道。准定向Y形互通式立交形式，如图5-1所示，三支交叉互通式立交如图5-2所示。车流流动方向为图中箭头所示方向。

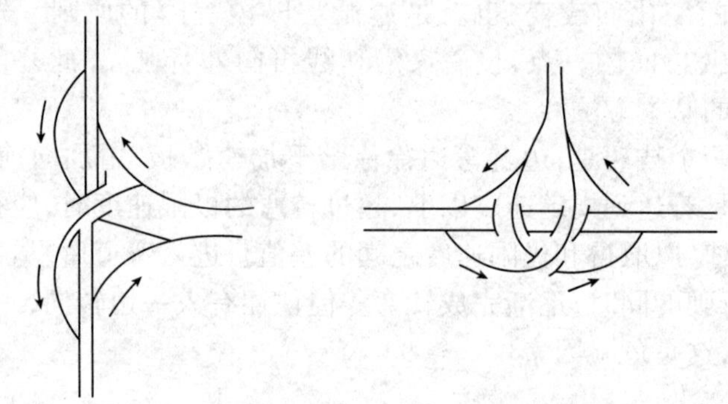

图5-1　准定向Y形互通式立交

图5-2　三支交叉互通式立交

(2)菱形互通式立交，如图5-3所示。这种形式的优点是：用地省，车辆能以较高速度进入，对左转车辆不致因需绕匝道而增加行驶距离，且无难以设置交通标志的问题。可能缺点是：从所交叉的一般道路看，因为有2个平交路口，交通量大时，左右转弯的通行的能力有影响。另外，当车辆从高速公路驶入一般道路时，由于右转弯入口处对着立体结构物，没有明显标志，驾驶员不知如何行驶，可能会造成交通混乱，所以，特别要注意交通标志。交通组织是：直线车辆为立交，右转弯在匝道上行驶，左转弯车辆在一般道路上采用平面交叉形式。

(3)部分苜蓿叶形互通式立交，如图5-4所示。由于高速公路上左转的车辆通过匝道，而不用在一般道路上平交，通行能力较高。

(4)苜蓿叶式立交是一种完备的立交系统，没有左转弯车道，所需左转弯一律改为右转弯行驶,没有冲突点,可以连续安全通过。如图 5-5 所示。这种立交道口左转弯车辆先绕环行向右转 270 度后,才能转到所需的转弯方向,不仅使行距增长,而且易弄错,因此,一定要按标志行驶。

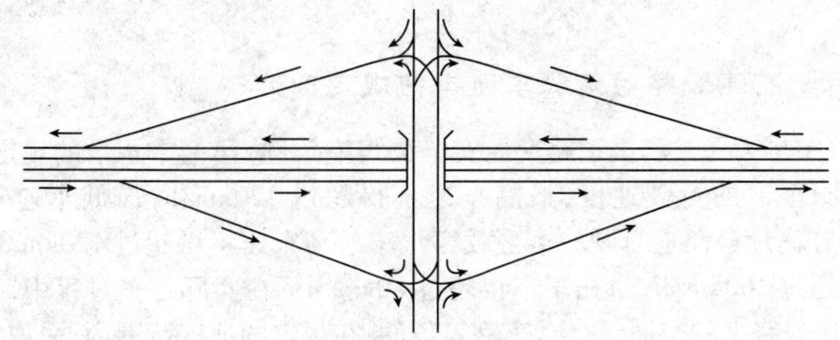

图 5-3　菱形互通式立交

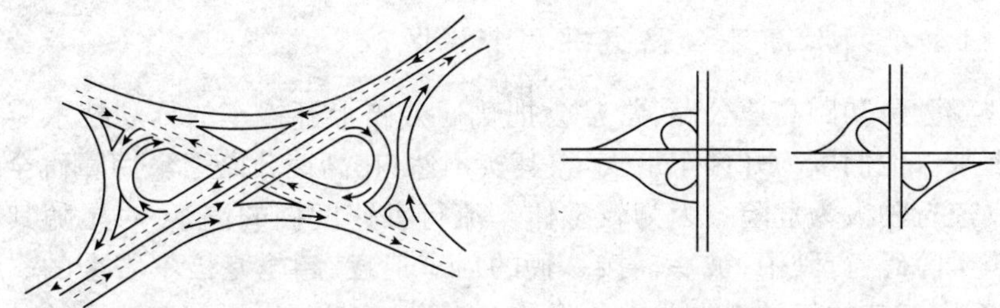

图 5-4　部分苜蓿叶式立交

(5)5 条或 5 条以上的道路在一个地方交叉叫多支交叉。其交通线路复杂,一般采用环岛形互通式立交,如图 5-6 所示。其主干道上跨或下穿直接通过路口,其他车辆均驶入环道,按逆时针方向绕环形中心作单向行驶,选择所去的路口方向驶出环道。

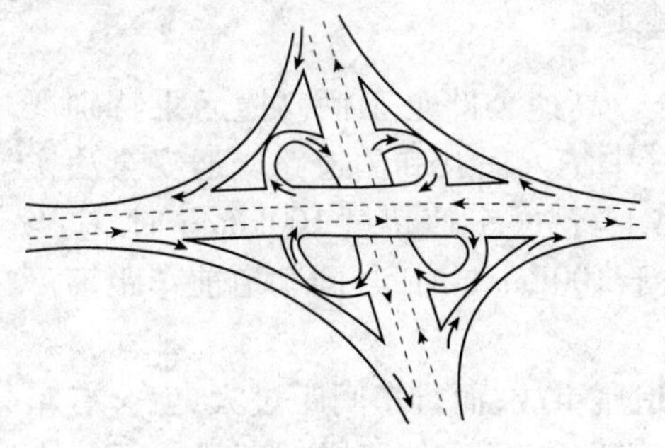

图 5-5　苜蓿叶式立交

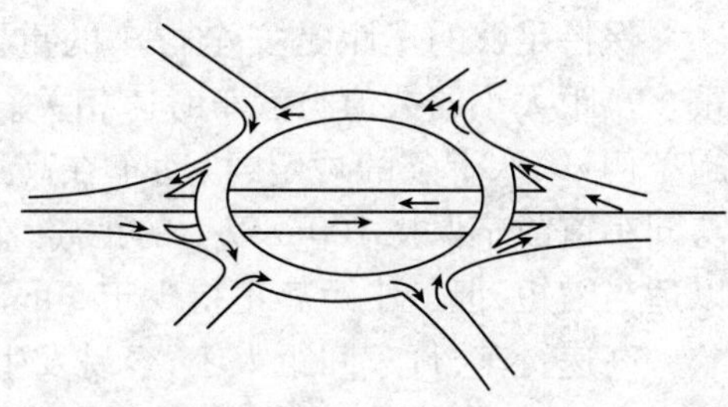

图 5-6　环岛互通式立交

(6)虽然高速公路指示标志完备,但也有驶过出口的情况,有时由于匝道呈漩涡状起伏,容易迷失方向,误入与自己目标相反的干道。发生这种情况时,绝不应后退或回转逆行,到下一个立体交叉,再重新走,除此以外,没有其他更安全的办法了。

19. 行驶高速公路对行驶车速有何规定?

根据《中华人民共和国道路交通安全法实施条例》第七十八条的规定,高速公路应当标明车道的行驶速度,最高车速不得超过120km/h,最低车速不得低于60km/h。在高速公路上行驶的小型载客汽车最高车速不得超过120km/h,其他机动车不得超过100km/h,摩托车不得超过80km/h。在实际行车过程中,驾驶员总是依据高速公路上的交通、气候、车辆等条件,在规定的速度范围内,采取一个既经济又安全地最佳行车速度。

20. 机动车行驶高速公路有哪两个误区?

有些驾驶员初跑高速公路,常常会把普通公路上开慢车的驾驶技术应用到高速公路上来。他们以为开慢车最安全,其实不然,在高速公路上采用障碍全线车辆流动的慢速行驶极为危险。因为较整体车流行驶速度慢的汽车,对尾随其后的车辆来说是个障碍,行驶中,被一辆接一辆的后车追逐、超越是极不安全的。与此相反,超过标定车速的行驶也是非常危险的。因为超速行驶,增加车流中的冲突点和交织点,破坏汽车的操纵性和稳定性,扩大汽车的制动非安全区,增大汽车冲击力,还会使发动机、传动系统等负荷加重,易损坏机件,也易造成事故。因此,在高速公路行驶,驾驶员应时刻遵照路标上的标定车速,以顺应车流的速度行驶,一面观察,确认车内速度表,一面握稳方向盘。

21. 行驶高速公路对行驶车距有何规定?

保持足够的车距是安全行车的重要一环。高速公路上车辆碰撞后果特别严重。车距大小的数值与汽车时速相关。根据《中华人民共和国道路交通安全法实施条例》第八十条的规定,机动车在高速公路上行驶,车速超过100km/h时,应当与同车道前车保持100m以上的距离,车速低于100km/h时,与同车道前车距离可以适当缩短,但最小距离不得少于50m。

高速行车,行车间距太小,容易发生撞车追尾事故;而行车间距过大,就会有车从一旁挤进,车流的交织点增多,也不利于行车安全,还会使路段的车辆通行能力下降。所以,行驶中必须保持规定的车距,这个车距的大小取决于车辆的制动非安全区的范围。

制动非安全区的范围与驾驶员的反应时间、操作熟练程度、行车速度、路面状况、载重量及制动系统的技术状况等因素有关。行车间距的大小应充分考虑以上诸因素的影响,以前车突然停车,后车随之制动能保证不撞上前车为原则,即行车间距必须大于后车的制动非安全区。高速公路上专门设有为驾驶员确认行车间距的标志牌,驾驶员要保障行车安全,经常校验、始终保持规定车距尤其重要。

22. 行驶高速公路为什么要尽量少超车?

各种车辆在高速公路上行驶,由于各自的型号、动力、载重量及驾驶员操作水平等的不同,行驶速度时有不等,这就必然出现超车现象。超车的形式大致可分为两大类。一类是等速超车,即前后两辆汽车的行驶速度不变,前车速度慢,后车速度快,经过一段时间,就可以越过被超车。等速超车又可分为等加速和等减速两种;另一类是不等速超车,即超越车加速行驶,被超车减速行驶,直至越过被超车。不等速超车亦可分为不等加速和不等减速两种。但不管采用何种形式超车,超车都是一个比较复杂和危险的车辆运动过程,直接危及交通安全。

据资料统计,超车中发生的交通事故,一般道路上通常占整个交事故的10%左右,而高速公路上通常占交通事故的50% ~60%。事故形式大多是车辆间的碰擦、冲撞和追尾等。譬如,前车(被超车)因在未确认其左后方已有了一行驶在超车道上的汽车(欲超车)的情况下向左方变更了车道,后方已在超车道上的汽车势必强行采取紧急制动、猛打方向盘等措施,结果是要么撞在护栏上,要么就地翻车。高速公路限制了车速达不到规定(60km/h)的汽车、拖拉机的驶入;限制了驾驶技术尚未熟练的司机开的教练车、实习车驶入高速公路,还限制了那些制动不灵、发动机性能不良、轮胎破旧等经常发生故障的车在高速公路上行驶。因此,在高速公路上行驶的车辆,形成等速车流的条件是具备的,所以,在高速公路上行驶应尽量少超车。

23. 行近高速公路出、入口时为什么要避免超车?

高速公路的出、入口,是保证车辆顺利进出高速公路的控制点,也是通过匝道将高速公路与一般公路安全联系的必要设施。它担负着交通流的集结或分散的重要使命,是车辆进出高速公路、转换方向的节点。高速交通流的“瓶颈”和伴随出现的拥挤经常位于出、入口匝道附近,况且,匝道路面大多是坡度、弯度集于一身,视线盲区多。若在这种场合允许超车,极易产生颇多的交通流的冲突点和交织点,事故隐患丛生,极不安全。

接近出、入口处的超车距离和超车时间都受到相应的限制。试计算:在高速公路上超车,被超车与超越车的速度差,一般在20~30km/h。想要超越前车的时候,首先必须判断前车的行驶速度,再估计自车的加速能力。若前车以80km/h的速度行驶。后车就得以100km/h的速度去超越,二者每秒约为5.6m的差距。要从被超车的后方100m算起,到超过该车100m处为止,共拉开这起码的200m的车距超越,所必需的超车距离最短为1000m,所必需的超车时间最少为36s。因此,高速公路的所有接近出、入口处禁止一切车辆超车。

24. 在高速公路上怎样安全超车?

按下面方法进行超车:

(1)高速公路的行车道一侧为双车道时,外侧(右侧)为行驶车道,内侧(左侧)为超车车道。一侧有3车道时,外侧和中间为行驶车道,内侧为超车车道。高速公路超车与一般公路一样,高速车是从内侧车道超越的,慢速车靠右行驶。

(2)超车时应及早注意超车车道情况,确认在超车车道没有并进车辆时,才可发出超车指示信号。

(3)变更车道时,不要猛打方向。应一边驶靠左侧车道标线,一边平稳地转动方向盘,以较大的行车迹将车加速驶向超车道。特别是在雨天更应如此,倘若猛打方向,将有发生车辆侧滑的危险。

(4)汽车驶入超车道后,超车应避免拖延时间,必须集中精力,一鼓作气完成操作动作。若超车道上亦有其他超越车辆,应注意保持认定车间距离。

(5)由超车道驶向原行车道前,应利用反光镜确认被超的车,并保持足够的安全距离。然后在发出变道信号后3s以上,再平稳地转动方向盘,重新返回行车道。

(6)高速公路上的弯道超车,应充分利用弯道"超车",尽可能采用大的曲率半径变更车道,尽可能选择弯道半径大的路段超车。为避免离心力过大,还要随时控制车速。

(7)驾驶员发现超车的信号后,应在确保安全的前提下,主动礼让,不可加速竞驶和任意变更车道。

25. 在高速公路上行驶怎样避免眩目?

眩目是指人的眼睛突然遇到明显的光亮变换而产生的不适应感。驾驶员所遇到的眩目现象主要指夜间行车突然遇到对方车辆远光灯的刺激,或白天通过隧道时在进出隧道口时由于光线的突变眼睛产生明显的不舒适感。出现眩目会造成瞬时视力严重下降,影响正常的观察,并由此增大了引发交通事故的可能性。因此,

驾驶员在夜间行车或通过长距离隧道时,应注意下列问题:

(1)夜间行车时需开防眩目近光灯,2 辆以上的车尾随行驶时,第二辆以后的车不得使用远光灯。

(2)夜间会车,在没有路灯或照明条件不良的道路上,须距离对面来车 150m 以上时互闭远光灯,改用近光灯。

(3)避免眼睛长时间受强光刺激,遇到对方大灯照射,立即采取相应的防护措施。

(4)保持中速行驶,发生眩目应直行并逐渐减速,如果 2 秒钟之内眼睛仍模糊不清,应靠右停车,让眼睛休息一下,此时,车辆必须开尾灯、示宽灯等,以防发生追尾或擦剐事故。

26. 行驶高速公路的驾驶员为什么不能有急躁情绪?

高速公路是现代化高速交通的重要条件,高速公路上的汽车是一处高速运行的交通工具,因此,对驾驶员有较一般道路开车更高的心理素质要求。因为“高速”,则足以给驾驶员的心理活动带来一系列不良影响。诸如高速行驶使驾驶员的空间认知能力减退,对事物的大、小、动、静等感知不良;高速行驶中,驾驶员的速度感变迟钝;给驾驶员注意力的转移带来困难,情绪波动较大;容易疲劳、影响操作反应的及时性和准确性等。这就要求高速公路上的驾驶员在思维、判断、情绪、意志、气质、脾气及思想意识等方面的心理素质都要坚强。其中,保持不急不躁的稳定情绪尤其重要。因为急躁的情绪,会使人的认识范围变窄,理智的分析能力受到抑制,意识对自己的行为的控制能力减弱,往往不能正确规范自己的行为、评价行为的后果,导致超速行车、强行超车、开斗气车等。甚至忽视交通标志,轻视交通规则,其结果无疑是容易引发交通事故。因此,要保持不急不躁的性情开车,就必须经常进行必要的心理调整。自觉树立安全责任感,培养礼让习惯、增强忍耐性、提高自身修养。

27. 为什么驾驶车辆时要系好安全带?

许多国家研究了公路恶性事故增多、死亡率提高的现实,充分证明在公路上开车,系好安全带大有好处。我国近年来对小型客车前排座位应装置并使用安全带有了明确规定。

从实车冲撞试验可知,时速为 70km 时撞击力可达 30kN 以上,相当于人从五层楼的高度跳下。试验表明:系好安全带的人一般可以忍受相当体重 50 倍的撞击力。当汽车第一次冲撞障碍物时,车内产生很大的减速度,汽车几乎在几百毫秒,甚至几十毫秒的极短时间内停止运动,此瞬间驾驶员仍以撞车以前的速度向前运动,碰到挡风玻璃及方向盘、仪表盘上,完成第二次冲撞。坐席安全带正是防止驾驶员遭受第二次冲撞的安全用具。

28. 行驶高速公路为什么切忌紧急制动?

紧急制动不仅对汽车机件和轮胎的使用寿命有不良影响,也容易给乘客带来危险,给货物构成损伤。在一般公路上已是限制使用,在高速行车时更应禁止使用。因为高速行车车流速度高,行驶中某一辆车突然紧急制动,后续车来不及采取措施,必将发生多辆车接连碰撞的追尾事故。此类事故一旦发生,往往是恶性事故,殃及的车辆数多,伤亡率极高,各项损失惨重。

"物体的动能与速度的平方成正比"。当汽车速度为100km/h与在一般公路上的60km/h比较,二者的动能之比绝非两速之差,而是10000与3600之比。也就是说,速度为100km/h的汽车动能,约为速度为60km/h的汽车动能的2.8倍。这么大的动能的释放或转化,必将对行车安全有极大影响。况且,车速越快,轮胎与路面的附着系数相应越小,路面的附着性能越差,制动跑偏、制动侧滑的现象尤其为严重,行车安全极无保障。制动跑偏是汽车在紧急制动时,不按直线方向减速停车,而是自动偏向一方。制动侧滑是在汽车高速行驶时,紧急制动的制动力达到或超过路面附着力,而引起的车轮横向滑移现象。滑移程度与车速成正比,车速越高,滑移量越大。在严格区分车道正常行驶的高速公路上,跑偏或侧滑都不同程度地加重了撞车的危险性。所以说切忌紧急制动,是高速安全行车的又一个要点。

29. 行驶高速公路为什么切忌打方向盘过猛?

高速行车,注意保持车辆行驶的稳定性尤其重要,因为速度高则稳定性差。从运动理论上分析,车辆的运动稳定性是有条件的、暂时的、相对的,而车辆的运动不稳定性则是无条件的、绝对的。因此,研究车辆的操纵稳定性对安全行车有着决定意义,而分析转向的正确运用又对车辆行驶的稳定性有着决定意义。

高速行车,转向的正确运用突出地表现于方向盘的转动角度不要太大,打方向盘不要过猛。方向盘的任何转动,都意味着车辆的弯道行驶,而任何弯道行驶,都不可避免地产生离心力。汽车高速行驶,如果猛打方向盘,极易导致车辆重心失衡,酿成侧滑、翻车的事故。

高速公路的设计采用大半径弯道,且精确设置了弯道超高。当汽车以设计车速行驶时,驾驶员除变更车道或驶离高速公路路口时需要缓慢转动方向盘外,其余路段完全没有必要猛打方向盘。汽车在高速公路上行驶速度高,要求驾驶员的反应要快,如果行驶速度提高一倍,方向量则应减半,完全没必要猛打方向盘。此外,对于那些在一般公路上行驶惯了的驾驶员,利用猛打方向加紧急制动的方法处理紧急情况的做法,在高速公路上是万不可使用的。因为汽车速度过快,动作极易超常,很可能撞上护栏或冲上中央分隔带。避免猛打方向的有效措施只有保持有余地的车速和维持合理的车间距离。

30. 行驶高速公路遇到特种车辆怎么办?

因为特种车辆担负的任务与普通车辆不同,它们是有专门用途的执行紧急任务的车辆,完成这种紧急任务,突出表现在时间上的争分夺秒。特种车一般马力大、速度快、转向半径大,再加之车上的一些特殊设备,常使该车对横向或纵向的安全距离都有较高的要求,所以,在高速公路上遇到这类车辆要格外小心。

特别是高速公路上的保安作业项目较一般公路多,如喷洒盐水、清除积雪的洒水车、排障车、故障牵引车、路面修复铺装的作业车等,它们都是直接或间接地为保证交通安全畅通服务的,所以交通法规定给予它们享受特殊权力,其他普通车辆应通力合作,自觉小心避让。

为防止与特种车发生碰撞、摩擦等事故,普通汽车驾驶员,首先应了解特种车辆的种类型号、任务特点及行驶规律。其次要认清车装警报器或标志灯具以及现场施工作业的预告标志,做到及早减速避让。

31. 行驶高速公路为什么要集中精力?

集中精力,就是要求驾驶员根据运输任务和安全行车的需要,把全部精力集中到开车行驶中。与一般车速相比,高速行驶更需要时时刻刻集中精力,反应要快,动作要准。而且具有抵抗其他事物干扰的能力,不因无关刺激而影响正常驾驶。高速汽车行驶容不得半点精神倦怠和精力分散。

32. 长距离行驶高速公路为什么要注意休息?

长距离的高速驾驶,会引起精神疲劳和体力下降。如果把人的精神状态分为紧张、平静、松弛、模糊、睡眠 5 个阶段,驾驶员的精神状态,随着开车时间的延长,则表现出不同的阶段特征:汽车刚刚高速行驶时,驾驶员的思想进入紧张状态,以适应高速的车流。不久便恢复到平静状态,慢慢地意识开始松弛。以后,除了遇到紧急情况,一般都处于这种状态。当连续行驶的时间过长时,机体和精神的疲劳程度加深,驾驶员的视界及意识开始模糊,进入近乎打瞌睡的“机械”状态。这时,开车只是机械地握着方向盘,跟着前面的目标跑,一旦遇到紧急情况,反应迟钝,判断不准,很容易酿成车祸。

据日本道路公司对高速行驶距离与事故率关系的调查统计,当连续行驶距离超过230km后,行车事故率急剧上升。因此,长距离的高速行驶,应延长驾驶员的休息次数和休息时间。对连续2h以上的行驶距离,应考虑对驾驶员的提醒与警示。驾驶员高速长距离行车,必须科学分配自己的精力。

33. 在高速公路上行驶怎样防止打瞌睡?

行车前要注意休息,有充足睡眠。尽量利用早、晚或天气凉爽时行车。不要在习惯睡眠时间驾车,以免破坏生活规律而产生睡意。行车中感到视线逐渐变得模糊,思维变得迟钝时,必须在就近服务区停车休息,此时,可用冷水淋洗头面,或作些体操运动,清醒头脑,振作精神。也可随身带一些清凉油、薄荷糖一类的东西提神。如果车里配有录音装置和录音带,可以听听音乐,赶走睡意。

34. 行驶高速公路为什么要增大与大型车辆的间距?

在高速公路上,驾驶员不必担心平面交叉或混合交通的横向干扰,注意力比较松弛,精神比一般公路上舒畅得多。当交通量较大时,车流犹如渠水一般,以一定的速度顺畅行驶。这时,在行车道上的驾驶员(特别是大型车驾驶员)大都捕捉前方一个容易识别的大型客、货车作为跟进目标,保持一定的车距,顺流行驶。这种跟进行驶的时间一长,后车驾驶员很容易造成行车中的意识误差、视野紊乱和视线盲区等现象,进而导致追尾撞车事故。分析这些现象的原因及对策是:

(1)避免意识误差。后车驾驶员在跟进的车流中,越过紧靠自车跟前的小型汽车,只注视与前方大型车的距离,造成小车的存在价值很小,形成意识占有。当大型车突然加速时,后车驾驶员很容易无意识地发生连锁反应,也踩油门加速,结果与并没有加速的小型汽车相撞,这就叫意识误差。是由于长时间的意识疲劳,造成意识水平降低的原因所致。

(2)防止视野紊乱。在高速公路上行驶的车辆,总想保持一个稳定的视野,以图安全。驾驶员往往把注视点盯在前方的大型客、货车上,与它保持速度差为零的相对静止状态。驾驶员无意识地削弱了速度感和立体感。此时,若两车中间突然插进一辆超越的车辆,极易产生驾驶员的视野紊乱,导致下意识地转动方向盘,将车开上中央分隔带或撞到公路护栏上。

(3)警惕视线盲区。高速公路上车速提高了,若前方出现了大型客、货车,尾随其后行驶。驾驶员的视线已大部分被大型车的尾部遮挡。驾驶员只能以大型车的动作作为决定自车采取行动的情报源,边反应边驾车,这种近似于盲目开车的情景,是十分危险的。要防止以上这些现象的发生,根本的一条是始终保持清醒的意识状态,跟在大型客、货车之后行驶,一定要留出足够的车间距离,或者尽早超越。

35. 怎样判断高速公路上的车流速度?

高速公路上车流速度并不是保持不变的,要想安全行车,就必须对车流速度作出正确判断,保持一定的速度余量行车,从容地利用加速踏板控制车速。

(1)考虑自然加速与自然减速。高速公路上有坡道的路段,便有自然加速和自然减速的现象,上坡自然减速,下坡自然回速。驾驶员应该根据道路标志,判断容易引起自然加、减速的路段,预测车速发生的变化。高速公路上,有意地超车或急速换车道,一般不会引起事故,但当意识低下时,受到意外强烈刺激,不自觉地打方向盘的时候,常常容易发生事故。

(2)掌握满载车与空车的速度变化。在高速公路上,一般车流都以车群的形式出现,并且同类车型集中在一起,载货车、小汽车分别形成车群。但在同行载货车中,满载和空车制动力和加速力差别很大,决不能漫不经心地跟着前车行驶。另外有的高速公路设有单独供速度较慢车辆爬坡的上坡车道。当本车接近这一路段时,必须注意前车方向指示灯和车速变化,如没有精神准备或不留神就可能发生追尾事故。

(3)掌握小汽车与载货车的不同特性。高速公路没有信号,没有反向行驶车辆,之所以发生碰撞,是因为车群和车流的变化,车群的解体和重新组合,驾驶员注意力不集中等。在高速公路上行车,若不掌握车流的变化的识别方法,仅凭自己的意志行车,肯定要发生事故。

36. 行驶高速公路怎样安全通过傍山险路和处理紧急情况?

(1)安全通过傍山险路应做到以下几点:

①在进入傍山险路的路段后,要检查汽车的传动、转向、制动系统是否正常。如稍有差异,就易发生事故。

②要集中精力,不能疏忽大意。如感觉疲劳,对通过险路无把握时,应暂停通过。

③行车中,要随时注意交通标志,严格遵守交通法规。行车时,须重点观察靠山一边的路面。沿靠山一侧行驶,不要窥视深涧悬崖,以免分散精力和产生紧张心理。

④要注意对方来车,及早考虑会车条件,主动选择安全地段会车。如会车有危险,应及时停车。

⑤转弯时,速度要慢,并注意弯道边缘是否光滑,车轮行经的地方是否坚实。陡坡处转弯要提前换入能够提供足够动力的低速档,避免转弯中换档或制动,尽量少使用制动,尤其不要在悬崖处使用紧急制动,以免造成侧滑,发生坠车。行车中还要缓收油门,握紧方向盘,转向不要松手。

(2)处理紧急情况应注意以下2点:

①在行驶中提高责任心和对其事故警惕性,遵章守规,集中精力,谨慎驾驶,力求做到遇见障碍提前采取措施,变紧急情况为一般情况。真正做到见微知著,防患未然,有准备,有措施,有余地,有把握,克服和杜绝侥幸心理、急躁情绪、盲目开快车、不合理省油、不爱护车辆以及驾驶操作上马虎、粗心、随便、毛糙等不良习惯。

②当紧急情况已经发生时,切忌慌张失措,要沉着果断,靠稳靠背,抓紧抓活方向盘,同时可根据具体情况,或者转向,向有利方向避开,或者制动,来一个紧急刹车。不管怎样,只要头脑清醒,手脚不乱,措施有力,就可以避免事故发生或减少损失程度。

37. 机动车在高速公路上行驶,遇有雾、雨、雪、沙尘、冰雹等低能见度气象条件时,应遵守哪些规定?

根据《中华人民共和国道路交通安全法实施条例》第八十一条的规定,机动车在高速公路上行驶,遇有雾、雨、雪、沙尘、冰雹等低能见度气象条件时,应密切留意高速公路管理部门通过显示屏等方式发布的速度限制、保持车距等提示信息。并应当遵守下列规定:

(1)能见度小于200m时,开启雾灯、近光灯、示廓灯和前后位灯,车速不得超过60km/h,与同车道前车保持100m以上的距离;

(2)能见度小于100m时,开启雾灯、近光灯、示廓灯、前后位灯和危险报警闪光灯,车速不得超过40km/h,与同车道前车保持50m以上的距离;

(3)能见度小于50m时,开启雾灯、近光灯、示廓灯、前后位灯和危险报警闪光灯,车速不得超过20km/h,并从最近的出口尽快驶离高速公路。

38. 怎样在湿滑的高速公路上安全行车?

在潮湿路面上,摩擦系数决定了汽车制动距离的长短。通常情况下,高速公路上的湿滑路面的制动距离是干燥路面的2倍,而制动距离又决定了车间距离,制动效能又影响了高速行驶着的车辆的侧滑至翻车。因此,湿滑路面的行驶应特别注意以下几点:

(1)严格控制行车速度。高速公路上的最高规定时速,仅限于晴天干路且车流密度小的良好条件下遵照执行。遇有湿滑路面,驾驶员首先要考虑的是防止车速过高而发生侧滑,应把车速降低20%左右。

(2)制动使用不当是在湿滑路面上发生行车事故的主要原因之一。据统计,有50%的侧滑事故是在使用制动的情况下发生的。所以,高速公路上的湿滑路面,不准使用紧急制动。遇有情况,应先采用预见性制动,然后采用间歇制动,并且不得脱档滑行。

(3)在条件许可的情况下,尽量保持直线行驶。需转弯时,要早打、少打方向盘,决不可猛打方向盘,以防侧滑翻车。

(4)与前车的车间距离应比干燥路面增加1倍以上。

(5)在低附着系数的路面上行车,还应注意车辆的侧滑量与车型及使用条件有相当的关系。一般情况下,轻型车比重型车易打滑、空载比满载易打滑。

(6)行驶中若发现车辆侧滑,应立即放松油门、离合器及制动踏板,降低车速、稳打方向盘。

39. 黄昏、黎明时怎样在高速公路上安全行车?

黄昏和黎明是昼夜的交接点,空间的光亮度在发生变化,人的适应性也在变化之中,此时在高速公路行车应变能力降低,事故发生率增高。因此,应特别注意下述问题:

(1)保持足够的车间距离。黄昏和黎明时分道路和沿途的景色融为一体,观察情况缺乏立体感。在这种环境中高速行车,由于视野不清,远近距离难以辨清,驾驶员极易错误判断自车与前车的距离。因此,黄昏、黎明时开车确认和保持足够车间距离非常重要。

(2)要加倍警惕。黄昏或黎明时是驾驶员最容易感觉身体疲劳的阶段,加上光线的暗淡,容易造成车祸。据资料表明:高速公路上,每天16点~18点的事故发生率最高,每天18点~20点事故的死亡率最高。驾驶员不得不加倍警惕。

(3)黄昏及早开灯,黎明推迟闭灯。天近黄昏时行车,保护自己安全的首要措施是及早打开车灯。使前后车辆的驾驶员认清自己汽车的存在及其动向,也增加自己观察路面情况的光亮度。

(4)黎明防瞌睡。根据有关数字的统计,因过度疲劳而发生瞌睡开车的高速公路交通事故,绝大多数发生在从深夜到早晨这段时间,特别是从黎明到上午7点左右最多。

40. 在高速公路上安全停车应注意什么?

在高速公路的横断面设计中,凡硬路肩宽小于2.25m时,路肩停车将妨碍行车道上正常行驶的车辆时,都在行车道两侧每隔一段距离(日本是每隔300~500m)设置一个紧急停车带。其宽度包括硬路肩在内共3m,有效长度大于30m,硬路肩宽度大于2.25m时,允许路肩临时停车。但在设有紧急停车带的路段,应尽可能的停靠于紧急停车带内,以利安全。

在高速公路上行驶,若因故需停放车辆,只准将车辆停放在服务区停车场。车行道、支路、路肩和公路中间的分流带上都不准停放车辆。只有在车辆发生故障和肇事时,才可将车暂停于路肩。

高速公路停车,一般是指以下4种情形:

(1)为防止危险的暂时性紧急停车,如前面出现事故、阻塞等。

(2)因车辆发生故障或发生交通事故必须等候处理,不得不在具有充分宽度的路肩或路缘带、紧急停车带上作暂时停车。

(3)服务区、停车场、收费处的停车。

(4)被责令接受检查在指定地点的停车。

即使路肩停车,也应摆放好三角形停车标识板,夜间开亮小灯和尾灯,还需有人监视后方情况,以防高速行驶中的后续车,被停在路肩上的车的尾灯所吸引,而径直冲撞上来。

41. 在高速公路上行驶的载货汽车车厢和两轮摩托车能否载人?

根据《中华人民共和国道路交通安全法实施条例》第八十三条的规定,在高速公路上行驶的载货汽车车厢不得载人。两轮摩托车在高速公路行驶时不得载人。

42. 机动车通过施工作业路段时有哪些注意事项?

根据《中华人民共和国道路交通安全法实施条例》第八十四条的规定,机动车通过施工作业路段时,应当注意警示标志,减速行驶。

43. 怎样选择高速公路上的行车道?

我国已有高速公路中央分隔带每侧只设两条车道。速度较慢的都应行驶在右侧车道,左侧车道通常在超车时使用,如果每侧是三车道,车速慢的在右侧车道,车速较快的走中间车道,左侧车道作超车用,如超车后能安全变换车道,应及时回到合适的车道。

在变换车道前应先发出信号,以示意后续的车辆。一般只准变换一条车道,如需连续变换,应再发出信号以示尾随车辆,在安全允许的情况下方可再次更换车道。

44. 高速公路上各行车道的时速是如何要求的?

根据《中华人民共和国道路交通安全法实施条例》第七十八条第三款的规定,同方向有2条车道的,左侧车道的最低车速为100km/h;同方向有3条以上车道的,最左侧车道的最低车速为110km/h,中间车道的最低车速为90km/h。道路限速标志标明的车速与上述车道行驶车速的规定不一致的,按照道路限速标志标明的车速行驶。

45. 机动车应当如何从匝道进出高速公路?

根据《中华人民共和国道路交通安全法实施条例》第七十九条的规定,机动车从匝道驶入高速公路,应当开启左转向灯,在不妨碍已在高速公路内的机动车正常行驶的情况下驶入车道。

机动车驶离高速公路时,应当开启右转向灯,驶入减速车道,降低车速后驶离。

46. 机动车在高速公路上发生故障时应如何处理?

根据《中华人民共和国道路交通安全法》第五十二条的规定,机动车在道路上发生故障,需要停车排除故障时,驾驶员应当立即开启危险报警闪光灯,将机动车移至不妨碍交通的地方停放。难以移动的,应当持续开启危险报警闪光灯,并在来车方向设置警告标志等措施扩大示警距离,必要时迅速报警。

根据《中华人民共和国道路交通安全法》第六十八条的规定,机动车在高速公路上发生故障时,应当依照该法第五十二条的有关规定办理。但是,警告标志应当设置在故障车来车方向150m以外,车上人员应当迅速转移到右侧路肩上或者紧急车带内,并且迅速报警。

机动车在高速公路上发生故障或者交通事故,无法正常行驶的,应当由救援车、清障车拖带、牵引。

47. 高速公路的拖带清障内容包括哪些?

拖带清障是一项使用专用机械来完成的有偿服务项目。

(1)拖带是指对高速公路上故障车辆的牵引。高速公路作业人员应在拖带前向当事人出示"作业收费标准",严禁硬性乱收费。安排摆放有关标志牌,移动作业时应有人持指挥旗(灯)疏导车流,保证安全畅通。对拖带时占用车道较长、装载复杂的,应实行作业现场局部交通管制,其方式或依据实际调整、简化。应特别注意的是,牵引拖带作业车辆均不准逆行,牵引车也不能同时拖带一车以上的车辆。

(2)清障是指将因事故或其他原因滞留在高速公路上的损毁车辆或物资清出。其要求:一是大规模清障应按作业现场交通管理办法摆放有关标志、设施;二是一般规模清障,只设警示区、渐变区和作业区。相应的标志设施与大规模清障相同;三是小规模清障,由于机动性强,可于前方500m处开始设置第一级限速标志,采用渠化隔离布设作业区及改道。于后方100m处设解除限速标志;四是清除时遇有易燃、易爆和剧毒物品时,要先采取必要措施,确保人身安全和道路畅通;五是清障排障完成后,要清扫作业区,将残留物品清出现场,及时撤下有关标志。

48. 高速公路上的交通事故类型和原因有哪些?

(1)事故类型分为:

①高速行驶追尾碰撞停止中的前车;

②追尾碰撞行驶中的前车;

③冲撞护栏;

④行驶翻车;

⑤冲上中央分隔带。

(2)事故原因分为:

①方向盘操作不当;

②麻痹大意,对前方不注意;

③制动操作不当;

④超速行驶;

⑤车间距离不足。

49. 行驶高速公路遇到交通阻塞时,为什么不能抢道和离开车辆?

高速公路上发生交通阻塞,交通管理部门会立即发出疏导指令,有关人员会立即赶赴现场。为了灵活、有效地指导已驶向阻塞路段或即将驶入高速公路入口的车辆,在道路上的入口处还设有能迅速显示"前方交通阻塞"、"禁止通行"等指令的道路情报板。这就大大缓解了阻塞区域的车流密度,为尽快疏通阻塞创造了条件,阻塞时间相应较短。所以,等待疏通的驾驶员,应不急不躁地耐心跟进缓行,不要越线抢行,以免加剧交通阻塞。也不要怀着猎奇心理离开车辆去阻塞路段看热闹,到该自己车开进时候,没有驾驶员,而造成新的交通阻塞。在高速公路行车的驾驶员,应时时留意情报板,调整自己的行车路线和行驶速度。对阻塞现场不去围观,充分注意前车动静,跟随前进,这也是高速公路保障行车安全的方法之一。

50. 行驶在高速公路上，驾驶员怎样同犯罪分子作斗争？

(1)斗争策略：

①驾驶员要头脑冷静，反应敏捷，不要惊慌失措，被歹徒的气势所吓倒。

②若歹徒为单个人时，应采取策略迷惑对方，尽量缓和气氛，使其将凶器或枪支收起或离开身体要害部位，再寻找机会反击。

③若歹徒为团伙持械时，不要激化矛盾，要稳住歹徒，创造机会报警或引起过往群众的注意，求得外援，共同制服犯罪分子。

④无论遇到单独还是团伙作案时，在紧急关头可迅速按下车内防盗报警按钮或及时跳出车外报警。在歹徒跳车逃跑时，司机要记清歹徒特征，勇敢抓获个别歹徒，为破案提供线索。

(2)心理战术：

①要善于迷惑犯罪分子。在强于自己的对手面前，要视情况给犯罪分子一种软弱顺服的错觉，寻机给其有力一击，制服罪犯或表现出刚毅、果敢的威慑力量，让犯罪分子有所畏惧，不敢轻举妄动。

②要保持冷静，不畏怯退缩，争取主动，利用一切可以防卫和击打的设备先发制人。

③巧妙运用犯罪分子的心理，主动进行防卫。犯罪分子在作案时都带恐惧心理，怕被人发现，怕被公安机关抓获。因此，要抓住犯罪分子的这一心理状态，大胆地同其作斗争，最终制服犯罪分子。

51. 什么是收费公路？

收费公路是指符合公路法和收费公路管理条例规定，经批准依法收取车辆通行费的公路(含桥梁和隧道)。

52. 国家发展公路事业的方针是什么？

根据《收费公路管理条例》第三条的规定，各级人民政府应当采取积极措施，支持、促进公路事业的发展。公路发展应当坚持非收费公路为主，适当发展收费公路。

53. 什么是政府还贷公路？

政府还贷公路是指县级以上地方人民政府交通主管部门利用贷款或者向企业、个人有偿集资建设的公路。

54. 什么是经营性公路?

经营性公路是指国内外经济组织投资建设或者依照公路法的规定受让政府还贷公路收费权的公路。

55. 如何管理政府还贷公路和经营性公路?

根据《收费公路管理条例》第十一条的规定,建设和管理政府还贷公路,应当按照政事分开的原则,依法设立专门的不以营利为目的的法人组织。

省、自治区、直辖市人民政府交通主管部门对本行政区域内的政府还贷公路,可以实行统一管理、统一贷款、统一还款。

经营性公路建设项目应当向社会公布,采用招标投标方式选择投资者。经营性公路由依法成立的公路企业法人建设、经营和管理。

56. 哪些公路不得收取车辆通行费?

根据《收费公路管理条例》第四条的规定,全部由政府投资或者社会组织、个人捐资建设的公路,不得收取车辆通行费。

57. 非法设立收费站(卡)收取车辆通行费的应如何处理?

根据《收费公路管理条例》第六条第二款的规定,任何单位或者个人对在公路上非法设立收费站(卡)、非法收取或者使用车辆通行费、非法转让收费公路权益或者非法延长收费期限等行为,都有权向交通、价格、财政等部门举报。收到举报的部门应当按照职责分工依法及时查处,无权查处的,应当及时移送有权查处的部门。受理的部门必须自收到举报或者移送材料之日起10日内进行查处。

58. 哪些车辆可以免交车辆通行费?

根据《收费公路管理条例》第七条的规定,收费公路的经营管理者,经依法批准有权向通行收费公路的车辆收取车辆通行费。军队车辆,武警部队车辆,公安机关在辖区内收费公路上处理交通事故、执行正常巡逻任务和处置突发事件的统一标志的制式警车,以及经国务院交通主管部门或者省、自治区、直辖市人民政府批准执行抢险救灾任务的车辆,免交车辆通行费。

进行跨区作业的联合收割机、运输联合收割机(包括插秧机)的车辆,免交车辆通行费。联合收割机不得在高速公路上通行。

59. 省、自治区、直辖市人民政府按照哪些规定审查批准收费公路收费站的设置?

根据《收费公路管理条例》第十二条的规定,收费公路收费站的设置,由省、自治区、直辖市人民政府按照下列规定审查批准:

(1)高速公路以及其他封闭式的收费公路,除两端出入口外,不得在主线上设置收费站。但是,省、自治区、直辖市之间确需设置收费站的除外。

(2)非封闭式的收费公路的同一主线上,相邻收费站的间距不得少于50km。

60. 省、自治区、直辖市人民政府按照哪些标准审查批准收费公路的收费期限?

根据《收费公路管理条例》第十四条的规定,收费公路的收费期限,由省、自治区、直辖市人民政府按照下列标准审查批准:

(1)政府还贷公路的收费期限,按照用收费偿还贷款、偿还有偿集资款的原则确定,最长不得超过15年。国家确定的中西部省、自治区、直辖市的政府还贷公路收费期限,最长不得超过20年。

(2)经营性公路的收费期限,按照收回投资并有合理回报的原则确定,最长不得超过25年。国家确定的中西部省、自治区、直辖市的经营性公路收费期限,最长不得超过30年。

61. 如何制定车辆通行费的收费标准?

根据《收费公路管理条例》的规定,车辆通行费的收费标准,应当依照价格法律、行政法规的规定进行听证,并按照下列程序审查批准:

(1)政府还贷公路的收费标准,由省、自治区、直辖市人民政府交通主管部门会同同级价格主管部门、财政部门审核后,报本级人民政府审查批准。

(2)经营性公路的收费标准,由省、自治区、直辖市人民政府交通主管部门会同同级价格主管部门审核后,报本级人民政府审查批准。

车辆通行费的收费标准,应当根据公路的技术等级、投资总额、当地物价指数、偿还贷款或者有偿集资款的期限和收回投资的期限以及交通量等因素计算确定。对在国家规定的绿色通道上运输鲜活农产品的车辆,可以适当降低车辆通行费的收费标准或者免交车辆通行费。

修建与收费公路经营管理无关的设施、超标准修建的收费公路经营管理设施和服务设施,其费用不得作为确定收费标准的因素。

车辆通行费的收费标准需要调整的,应当依照《收费公路管理条例》第十五条规定的程序办理。

依照规定的程序审查批准的收费公路收费站、收费期限、车辆通行费收费标准或者收费标准的调整方案,审批机关应当自审查批准之日起10日内将有关文件向国务院交通主管部门和国务院价格主管部门备案,其中属于政府还贷公路的,还应当自审查批准之日起10日内向国务院财政部门备案。

62. 建设收费公路应当符合什么技术等级和规模?

根据《收费公路管理条例》第十八条的规定,建设收费公路应当符合下列技术等级和规模:

(1)高速公路连续里程30km以上,但是,城市市区至本地机场的高速公路除外。

(2)一级公路连续里程50km以上。

(3)二车道的独立桥梁、隧道,长度800m以上;四车道的独立桥梁、隧道,长度500m以上。

技术等级为二级以下(含二级)的公路不得收费。但是,在国家确定的中西部省、自治区、直辖市建设的二级公路,其连续里程60km以上的,经依法批准,可以收取车辆通行费。

63. 收费公路的权益包括哪些?

收费公路的权益包括,收费权、广告经营权、服务设施经营权。

64. 哪些情形收费公路权益中的收费权不得转让?

根据《收费公路管理条例》第二十二条的规定,有下列情形之一的收费公路权益中的收费权不得转让:

(1)长度小于1000m的二车道独立桥梁和隧道;

(2)二级公路;

(3)收费时间已超过批准收费期限2/3。

第二十三条规定,转让政府还贷公路权益的收入必须缴入国库,除用于偿还贷款和有偿集资款外,必须用于公路建设。

65. 收费公路建成后能否立即收取车辆通行费?

根据《收费公路管理条例》第二十五条的规定,收费公路建成后,应当按照国家有关规定进行验收,验收合格的,方可收取车辆通行费。收费公路不得边建设边收费。

66. 收费公路经营管理者有哪些义务?

根据《收费公路管理条例》的规定,收费公路经营管理者应当按照国家规定的标准和规范,对收费公路及沿线设施进行日常检查、维护,保证收费公路处于良好的技术状态,为通行车辆及人员提供优质服务。

收费公路的养护应当严格按照工期施工、竣工,不得拖延工期,不得影响车辆安全通行。

收费公路经营管理者应当在收费站的显著位置,设置载有收费站名称、审批机关、收费单位、收费标准、收费起止年限和监督电话等内容的公告牌,接受社会监督。

收费公路经营管理者应当按照国务院交通主管部门和省、自治区、直辖市人民政府交通主管部门的要求,及时提供统计资料和有关情况。

67. 收费公路设置交通标志、标线、收费道口有何具体要求?

根据《收费公路管理条例》的规定,收费公路经营管理者应当按照国家规定的标准,结合公路交通状况、沿线设施等情况,设置交通标志、标线。交通标志、标线必须清晰、准确、易于识别。重要的通行信息应当重复提示。

收费道口的设置应当符合车辆行驶安全的要求,收费道口的数量,应当符合车辆快速通过的需要,不得造成车辆堵塞。

68. 收费站工作人员的配备有何具体要求?

根据《收费公路管理条例》第三十条的规定,收费站工作人员的配备,应当与收费道口的数量、车流量相适应,不得随意增加人员。

收费公路经营管理者应当加强对收费站工作人员的业务培训和职业道德教育,收费人员应当做到文明礼貌,规范服务。

69. 遇有公路损坏、施工或者发生交通事故等影响车辆正常安全行驶的情形时,收费公路经营管理者应当履行什么义务?

根据《收费公路管理条例》第三十一条第一款的规定,遇有公路损坏、施工或者发生交通事故等影响车辆正常安全行驶的情形时,收费公路经营管理者应当在现场设置安全防护设施,并在收费公路出入口进行限速、警示提示,或者利用收费公路沿线可变信息板等设施予以公告。造成交通堵塞时,应当及时报告有关部门并协助疏导交通。

70. 遇有公路严重损毁、恶劣气象条件或者重大交通事故等严重影响车辆安全通行的情形时,应如何处理?

根据《收费公路管理条例》第三十一条第二款的规定,遇有公路严重损毁、恶劣气象条件或者重大交通事故等严重影响车辆安全通行的情形时,公安机关应当根据情况,依法采取限速通行、关闭公路等交通管制措施。收费公路经营管理者应当积极配合公安机关,及时将有关交通管制的信息向通行车辆进行提示。

71. 收费公路经营管理者收取车辆通行费,向收费公路使用者开具收费票据有何具体要求?

根据《收费公路管理条例》第三十二条的规定,收费公路经营管理者收取车辆通行费,必须向收费公路使用者开具收费票据。政府还贷公路的收费票据,由省、自治区、直辖市人民政府财政部门统一印(监)制。经营性公路的收费票据,由省、自治区、直辖市人民政府税务部门统一印(监)制。

72. 收费公路经营管理者对依法应当交纳而拒交、逃交、少交车辆通行费的车辆应如何处理?

根据《收费公路管理条例》第三十三条第一款的规定,收费公路经营管理者对依法应当交纳而拒交、逃交、少交车辆通行费的车辆,有权拒绝其通行,并要求其补交应交纳的车辆通行费。

73. 收费公路经营管理者对为拒交、逃交、少交车辆通行费而故意扰乱收费公路经营管理秩序的行为,应如何处理?

根据《收费公路管理条例》的规定,任何人不得为拒交、逃交、少交车辆通行费而故意堵塞收费道口、强行冲卡、殴打收费公路管理人员、破坏收费设施或者从事其他扰乱收费公路经营管理秩序的活动。当发生上述扰乱收费公路经营管理秩序行为时,收费公路经营管理者应当及时报告公安机关,由公安机关依法予以处理。

74. 在收费公路上行驶的车辆能否超载?

根据《收费公路管理条例》第三十四条的规定,在收费公路上行驶的车辆不得超载。发现车辆超载时,收费公路经营管理者应当及时报告公安机关,由公安机关依法予以处理。

75. 收费公路经营管理者有哪些行为的,通行车辆有权拒绝交纳车辆通行费?

根据《收费公路管理条例》三十五条的规定,收费公路经营管理者不得有下列行为:

(1)擅自提高车辆通行费收费标准;

(2)在车辆通行费收费标准之外加收或者代收任何其他费用;

(3)强行收取或者以其他不正当手段按车辆收取某一期间的车辆通行费;

(4)不开具收费票据,开具未经省、自治区、直辖市人民政府财政、税务部门统一印(监)制的收费票据或者开具已经过期失效的收费票据。

有上述所列行为之一的,通行车辆有权拒绝交纳车辆通行费。

76. 如何管理和使用政府还贷公路的管理者收取的车辆通行费收入?

根据《收费公路管理条例》第三十六条的规定,政府还贷公路的管理者收取的车辆通行费收入,应当全部存入财政专户,严格实行收支两条线管理。

政府还贷公路的车辆通行费,除必要的管理、养护费用从财政部门批准的车辆通行费预算中列支外,必须全部用于偿还贷款和有偿集资款,不得挪作他用。

77. 哪些情形下,收费公路必须终止收费?

根据《收费公路管理条例》第三十七条的规定,收费公路的收费期限届满,必须终止收费。政府还贷公路在批准的收费期限届满前已经还清贷款、还清有偿集资款的,必须终止收费。

78. 收费公路经营管理者在收费公路终止收费前、后应履行哪些义务?

根据《收费公路管理条例》的规定,收费公路终止收费前6个月,省、自治区、直辖市人民政府交通主管部门应当对收费公路进行鉴定和验收。经鉴定和验收,公路符合取得收费公路权益时核定的技术等级和标准的,收费公路经营管理者方可按照国家有关规定向交通主管部门办理公路移交手续。不符合取得收费公路权益时核定的技术等级和标准的,收费公路经营管理者应当在交通主管部门确定的期限内进行养护,达到要求后,方可按照规定办理公路移交手续。收费公路终止收费后,收费公路经营管理者应当自终止收费之日起15日内拆除收费设施。

79. 政府机关在收费公路的管理中应履行哪些职责?

根据《收费公路管理条例》的规定,省、自治区、直辖市人民政府应当将本行政区域内收费公路及收费站名称、收费单位、收费标准、收费期限等信息向社会公布,接受社会监督。收费公路终止收费的,有关省、自治区、直辖市人民政府应当向社会公告,明确公布终止收费的日期,接受社会监督。

国务院交通主管部门和省、自治区、直辖市人民政府交通主管部门应当对收费公路实施监督检查,督促收费公路经营管理者依法履行公路养护、绿化和公路用地范围内的水土保持义务。审计机关应当依法对加强对收费公路的审计监督,对违法行为依法进行查处。

行政执法机关依法对收费公路实施监督检查时,不得向收费公路经营管理者收取任何费用。

80. 擅自批准收费公路建设、收费站、收费期限、车辆通行费收费标准或者收费公路权益转让的,应如何处理?

根据《收费公路管理条例》第四十七条的规定,擅自批准收费公路建设、收费站、收费期限、车辆通行费收费标准或者收费公路权益转让的,由省、自治区、直辖市人民政府责令改正;对负有责任的主管人员和其他直接责任人员依法给予记大过直至开除的行政处分;构成犯罪的,依法追究刑事责任。

81. 地方人民政府或者有关部门及其工作人员非法干预收费公路经营管理,或者挤占、挪用收费公路经营管理者收取的车辆通行费的,应如何处理?

根据《收费公路管理条例》第四十八条的规定,地方人民政府或者有关部门及其工作人员非法干预收费公路经营管理,或者挤占、挪用收费公路经营管理者收取的车辆通行费的,由上级人民政府或者有关部门责令停止非法干预,退回挤占、挪用的车辆通行费;对负有责任的主管人员和其他直接责任人员依法给予记大过直至开除的行政处分;构成犯罪的,依法追究刑事责任。

82. 擅自在公路上设立收费站(卡)收取车辆通行费或者应当终止收费而不终止的,应如何处理?

根据《收费公路管理条例》第四十九条的规定,擅自在公路上设立收费站(卡)收取车辆通行费或者应当终止收费而不终止的,由国务院交通主管部门或者省、自治区、直辖市人民政府交通主管部门依据职权,责令改正,强制拆除收费设施;有违法所得的,没收违法所得,并处违法所得2倍以上5倍以下的罚款;没有违法所得的,处1万元以上5万元以下的罚款;负有责任的主管人员和其他直接责任人员属于国家工作人员的,依法给予记大过直至开除的行政处分。

83. 由交通主管部门依据职权,责令改正,并根据情节轻重,处5万元以上20万元以下的罚款的情形有哪些?

根据《收费公路管理条例》第五十条的规定,有下列情形之一的,由国务院交通主管部门或者省、自治区、直辖市人民政府交通主管部门依据职权,责令改正,并根据情节轻重,处5万元以上20万元以下的罚款:

(1)收费站的设置不符合标准或者擅自变更收费站位置的;

(2)未按照国家规定的标准和规范对收费公路及沿线设施进行日常检查、维护的;

(3)未按照国家有关规定合理设置交通标志、标线的;

(4)道口设置不符合车辆行驶安全要求或者道口数量不符合车辆快速通过需要的;

(5)遇有公路损坏、施工或者发生交通事故等影响车辆正常安全行驶的情形,未按照规定设置安全防护设施或者未进行提示、公告,或者遇有交通堵塞不及时疏导交通的;

(6)应当公布有关限速通行或者关闭收费公路的信息而未及时公布的。

84. 收费公路经营管理者收费时不开具票据,开具未经省、自治区、直辖市人民政府财政、税务部门统一印(监)制的票据,或者开具已经过期失效的票据的,应如何处理?

根据《收费公路管理条例》第五十一条的规定,收费公路经营管理者收费时不开具票据,开具未经省、自治区、直辖市人民政府财政、税务部门统一印(监)制的票据,或者开具已经过期失效的票据的,由财政部门或者税务部门责令改正,并根据情节轻重,处10万元以上50万元以下的罚款;负有责任的主管人员和其他直接责任人员属于国家工作人员的,依法给予记大过直至开除的行政处分;构成犯罪的,依法追究刑事责任。

85. 政府还贷公路的管理者未将车辆通行费足额存入财政专户或者未将转让政府还贷公路权益的收入全额缴入国库的,应如何处理?

根据《收费公路管理条例》第五十二条第一款的规定,政府还贷公路的管理者未将车辆通行费足额存入财政专户或者未将转让政府还贷公路权益的收入全额缴入国库的,由财政部门予以追缴、补齐;对负有责任的主管人员和其他直接责任人员,依法给予记过直至开除的行政处分。

86. 财政部门未将政府还贷公路的车辆通行费或者转让政府还贷公路权益的收入用于偿还贷款、偿还有偿集资款,或者将车辆通行费、转让政府还贷公路权益的收入挪作他用的,应如何处理?

根据《收费公路管理条例》第五十二条第二款的规定,财政部门未将政府还贷公路的车辆通行费或者转让政府还贷公路权益的收入用于偿还贷款、偿还有偿集资款,或者将车辆通行费、转让政府还贷公路权益的收入挪作他用的,由本级人民政府责令偿还贷款、偿还有偿集资款,或者责令退还挪用的车辆通行费和转让政府还贷公路权益的收入;对负有责任的主管人员和其他直接责任人员,依法给予记过直至开除的行政处分;构成犯罪的,依法追究刑事责任。

87. 收费公路终止收费后,收费公路经营管理者不及时拆除收费设施的,应如何处理?

根据《收费公路管理条例》第五十三条的规定,收费公路终止收费后,收费公路经营管理者不及时拆除收费设施的,由省、自治区、直辖市人民政府交通主管部门责令限期拆除,逾期不拆除的强制拆除,拆除费用由原收费公路经营管理者承担。

88. 收费公路经营管理者未按照国务院交通主管部门规定的技术规范和操作规程进行收费公路养护的,应如何处理?

根据《收费公路管理条例》第五十四条的规定,收费公路经营管理者未按照国务院交通主管部门规定的技术规范和操作规程进行收费公路养护的,由省、自治区、直辖市人民政府交通主管部门责令改正,拒不改正的责令停止收费。责令停止收费后30日内仍未履行公路养护义务的,由省、自治区、直辖市人民政府交通主管部门指定其他单位进行养护,养护费用由原收费公路经营管理者承担,拒不承担的,由省、自治区、直辖市人民政府交通主管部门申请人民法院强制执行。

89. 收费公路经营管理者未履行公路绿化和水土保持义务的,应如何处理?

根据《收费公路管理条例》第五十五条的规定,收费公路经营管理者未履行公路绿化和水土保持义务的，由省、自治区、直辖市人民政府交通主管部门责令改正，并可以对原收费公路经营管理者处履行绿化、水土保持义务所需费用1倍至2倍的罚款。

90. 对于收费公路存在的价格违法行为，应如何处理？

根据《收费公路管理条例》第五十六条的规定，国务院价格主管部门或者县级以上地方人民政府价格主管部门对违反该条例的价格违法行为，应当依据价格管理的法律、法规和规章的规定予以处罚。

91. 为拒交、逃交、少交车辆通行费而故意堵塞收费道口、强行冲卡、殴打收费公路管理人员、破坏收费设施或者从事其他扰乱收费公路经营管理秩序活动的，应如何处理？

根据《收费公路管理条例》第五十七条的规定，为拒交、逃交、少交车辆通行费而故意堵塞收费道口、强行冲卡、殴打收费公路管理人员、破坏收费设施或者从事其他扰乱收费公路经营管理秩序活动的，构成违反治安管理条例的，由公安机关依法予以处罚；构成犯罪的，依法追究刑事责任；给收费公路经营管理者造成损失或者造成人身损害的，依法承担民事赔偿责任。

92. 对假冒军队车辆、武警部队车辆、公安机关统一标志的制式警车和抢险救灾车辆逃交车辆通行费的，应如何处理？

根据《收费公路管理条例》第五十八条的规定，假冒军队车辆、武警部队车辆、公安机关统一标志的制式警车和抢险救灾车辆逃交车辆通行费的，由有关机关依法予以处理。

第六章

道路运输管理（78问）

1. 道路运输经营以及道路运输相关业务包括哪些具体内容?

根据《中华人民共和国道路运输条例》第二条的规定，道路运输经营包括道路旅客运输经营（以下简称客运经营）和道路货物运输经营（以下简称货运经营）。道路运输相关业务包括站（场）经营、机动车维修经营、机动车驾驶员培训。

（1）道路运输，是指在道路上通过交通运载工具运送旅客或者货物的活动。

（2）道路运输站（场），是指为车辆进出、停靠，旅客上下，货物装卸、储存、保管等提供服务的设施和场所。道路运输站（场）包括汽车客运站、汽车零担货运站、集装箱公路中转站。

（3）机动车维修经营，是指经营以维护和恢复机动车技术状况和正常功能，延长机动车使用寿命为作业任务所进行的维护和修理。

（4）机动车驾驶员培训，是指为使机动车驾驶人员熟练掌握驾驶机动车所需要的有关知识和技能，按照国家有关规定进行的专门培训。

2. 从事道路运输经营以及道路运输相关业务应遵循什么原则?

根据《中华人民共和国道路运输条例》第三条的规定，从事道路运输经营以及道路运输相关业务，应当依法经营，诚实信用，公平竞争。

（1）依法经营，就是首先要求经营者主体资格应当合法。由于道路运输经营活动、道路运输相关业务经营活动直接关系旅客、货主以及公众的人身和财产安全，所以只有符合国家规定安全条件的经营者才有资格开展经营活动。其次，是道路运输经营者以及道路运输相关业务的经营者取得经营许可后，应当严格按照法定的条件和条例规定的经营行为规范开展经营活动。

（2）诚实信用，是指道路运输经营者以及道路运输有关业务经营者从事道路运输经营以及道路运输相关业务，对待旅客、货主应保持善意、诚实、恪守信用，反对任何欺诈行为。

(3)公平竞争,主要是要求道路运输经营者以及道路运输相关业务的经营者之间应当依照同一规则行事,并通过提高服务水平和管理水平等正当手段进行竞争,不得通过暴力或者其他强制手段限制其他经营者经营,不得垄断客源、货源,不得采取诋毁或者低价倾销的方式进行竞争。

3. 道路运输管理应遵循什么原则?

根据《中华人民共和国道路运输条例》第四条的规定,道路运输管理应当公平、公正、公开和便民。

(1)道路运输管理应当公平、公正、公开,是因为公平、公正、公开是现代行政程序中的 3 项重要原则。政府在道路运输管理方面主要是指在对道路运输活动实施行政许可、监督检查、行政处罚时要做到公平、公正、公开。

(2)便民,就是在道路运输管理过程中管理机构应当采取措施为公民、法人和其他组织提供能够廉价、便捷、迅速地了解道路运输管理中的有关情况,为当事人申请并获得道路运输经营许可或者开展道路运输活动提供必要的方便条件。

4. 国家发展乡村道路运输的措施有哪些?

根据《中华人民共和国道路运输条例》第五条的规定,国家鼓励发展乡村道路运输,并采取必要的措施提高乡镇和行政村的通班车率,满足广大农民的生活和生产需要。

乡主要是指乡级人民政府管理的范围,包括乡、民族乡、镇所管辖的区域。村主要是指"建制村",与村民委员会自治的范围基本上一致。国家鼓励发展乡村道路运输主要是指国家要采取一些鼓励措施,提高道路运输经营者从事乡村道路运输的积极性。支持从城市和县城向农村延伸,增加乡村(农村)通车的数量,提高通车的频率,使乡村道路运输在广度和深度上有所突破。

5. 国家在倡导道路运输企业发展方向和打破地区和行业封锁、市场垄断方面有何规定?

根据《中华人民共和国道路运输条例》第六条的规定,国家鼓励道路运输企业实行规模化、集约化经营。任何单位和个人不得封锁或者垄断道路运输市场。

(1)国家鼓励道路运输企业实行规模化经营,是指国家采取积极措施鼓励道路运输企业在经营规模上做大,通过增加人、财、物生产要素的投入,促使道路运输企业组织结构、从业人员、设备设施、经营业务种类、经营线路达到一定标准,提高道路运输业务的网络覆盖率。规模化经营可分为内部规模扩张和外部规模扩张。

(2)国家鼓励道路运输企业实行集约化经营,是指国家采取积极措施鼓励道路运输企业在经营业务上做强,通过加大资金、科技或劳动的投入,并通过不断完善管理机制和推动技术进步,提高企业资产存量的质量和优化配置,增强企业整体素质,创立在国际、国内道路运输市场上具有相当影响的知名品牌,获取较高的社会效益、经济效益和环境效益,实现企业发展。

(3)封锁,是指违反有关法律、行政法规的规定,限制其他地区的经营者到本地区从事道路运输经营和道路运输相关业务经营,或者限制其他地区商品或服务进入本地区市场的行为。

(4)垄断,是指违反有关法律、行政法规的规定,限制竞争的行为。

6. 道路运输管理的主管机关和道路运输管理机构的职责是什么?

根据《中华人民共和国道路运输条例》第七条的规定,国务院交通主管部门主管全国道路运输管理工作。

县级以上地方人民政府交通主管部门负责组织领导本行政区域的道路运输管理工作。

县级以上道路运输管理机构负责具体实施道路运输管理工作。

(1)组织领导,是相对于县级以上地方人民政府有关部门和道路运输管理机构而言,是指负责道路运输管理工作中的组织和领导工作,包括组织起草本地区的道路运输方针、政策,组织编制道路运输发展规划,组织实施关于道路运输管理的法律、法规、规章以及有关方针政策,综合协调道路运输发展中的问题,指导监督道路运输管理机构实施道路运输管理,办理道路运输行政复议案件等。

(2)具体实施,是相对于县级以上地方人民政府交通主管部门而言,是指具体负责道路运输管理工作中的执行性工作,包括有关道路运输的行政许可、监督检查、行政处罚等。

7. 申请从事客运经营应当具备什么条件?

根据《中华人民共和国道路运输条例》第八条的规定,申请从事客运经营应当具备下列条件:

(1)有与其经营业务相适应并经检测合格的车辆;

(2)有符合条例第九条规定条件的驾驶人员;

(3)有健全的安全生产管理制度。

申请从事班线客运经营,还应当有明确的线路和站点方案。

8. 从事客运经营的驾驶人员应当符合哪些条件?

根据《中华人民共和国道路运输条例》第九条的规定,从事客运经营的驾驶人员应当符合下列条件:

(1)取得相应的机动车驾驶证;

(2)年龄不超过60周岁;

(3)3年内无重大以上交通责任事故记录;

(4)经设区的市级道路运输管理机构对有关客运法律法规、机动车维修和旅客急救基本知识考试合格。

9. 申请从事客运经营的,应当按照哪些规定提出申请并提交哪些符合规定条件的相关材料?

根据《中华人民共和国道路运输条例》第十条的规定,申请从事客运经营的,应当按照下列规定提出申请并提交符合该条例第八条规定的相关材料:

(1)从事县级行政区域内客运经营的,向县级道路运输管理机构提出申请;

(2)从事省、自治区、直辖市行政区域内跨2个县级以上行政区域客运经营的,向其共同的上一级道路运输管理机构提出申请;

(3)从事跨省、自治区、直辖市行政区域客运经营的,向所在地的省、自治区、直辖市道路运输管理机构提出申请。

收到申请的道路运输管理机构,应当自受理申请之日起20日内审查完毕,作出许可或者不予许可的决定。予以许可的,向申请人颁发道路运输经营许可证,并向申请人投入运输的车辆配发车辆营运证;不予许可的,应当书面通知申请人并说明理由。

对从事跨省、自治区、直辖市行政区域客运经营的申请,有关省、自治区、直辖市道路运输管理机构依照规定颁发道路运输经营许可证前,应当与运输线路目的地的省、自治区、直辖市道路运输管理机构协商;协商不成的,应当报国务院交通主管部门决定。

客运经营者应当持道路运输经营许可证依法向工商行政管理机关办理有关登记手续。

10. 取得道路运输经营许可证的客运经营者需要增加客运班线的,应怎样办理手续?

根据《中华人民共和国道路运输条例》第十一条的规定,取得道路运输经营许可证的客运经营者需要增加客运班线的,应当依照条例第十条的规定办理有关手续。

增加客运班线也属于道路客运行政许可的范围,与从事客运经营的条件大致相同,客运经营者申请增加客运班线时,如果不需增加运输车辆和驾驶人员,只需按照该条例第八条第二款的规定提交增加客运班线的开通方案,并提交已取得的道路运输经营许可证。如果增加客运班线同时需要增加运输车辆,那就还要提交符合该条例第八条第一款第一项规定的相关材料。如果增加客运班线同时需要驾驶人员的,那就还要提交符合该条例第八条第一款第二项规定的相关材料。如果增加客运班线同时需要增加运输车辆和驾驶人员的,还应当同时提交符合该条例第八条第一款第一项、第二项规定的相关材料。法规赋予了申请人相应的选择权,由申请人根据自己的需要和实际情况而定。

11. 县级以上道路运输管理机构在审查客运申请时,应当考虑哪些因素?

根据《中华人民共和国道路运输条例》第十二条的规定,县级以上道路运输管理机构在审查客运申请时,应当考虑客运市场的供求状况、普遍服务和方便群众等因素。

同一线路有3个以上申请人时,可以通过招标的形式作出许可决定。

同一线路即一条相同的客运经营线路有3个以上申请人(包括3个申请人和多于3个申请人)时,实施客运线路招标的程序,可以参照《中华人民共和国招标投标法》的有关规定。目前的做法:一是,由对该客运线路有行政许可权的道路运输管理机构(招标人)编制招标文件,招标文件含招标项目、资格条件、安全生产要求、评分标准及服务承诺考核标准;二是,向社会发布招标公告,组织评标委员会;三是,投标人根据招标公告的要求编写投标标书,在规定的截止时间内递交标书;四是,开标,由招标人主持,投标人参加,评标委员会的评标专家、公证机关代表参加;五是,根据投标人的资格条件和服务承诺,评标委员会通过对照招标文件中的要求条件进行评标;六是,进行议标,对投标人进行排序,确定中标人;七是,经公证机关确认公正有效,道路运输管理机构审核并公示;八是,道路运输管理机构与中标人签订合同,并向中标人发给客运线路经营许可证明文件。

12. 县级以上道路运输管理机构应履行哪些义务?

根据《中华人民共和国道路运输条例》第十三条的规定,县级以上道路运输管理机构应当定期公布客运市场供求状况。

(1)客运市场的供求状况,是指旅客运输市场旅客(需求方)与客运经营者(供给方)之间的相互关系,也是客运市场的买方与卖方的关系,或者说是买方与卖方的需求关系,当需求大了,我们称卖方市场,当需求小了,称之为买方市场。

(2)定期,是指县级以上道路运输管理机构(包括县级道路运输管理机构、市级道路运输管理机构和省级道路运输管理机构)按规定的固定时间向社会公告客运市场的供求状况。

13. 道路运输条例对客运线路经营期限及其延续有何规定?

根据《中华人民共和国道路运输条例》第十四条的规定,客运班线的经营期限为4年到8年。经营期限届满需要延续客运班线经营许可的,应当重新提出申请。

(1)经营期限,是指取得客运班线经营资格后而允许从事客运班线经营的有限时间。

(2)4年到8年,包括4年、8年。这里的年是指公元纪年,一般而言,一年大约365天。客运线路的经营期限4年到8年是个范围,具体的每条客运线路的经营期限由道路运输管理机构根据各地的实际情况以及每条客运线路的具体情况确定。

(3)延续,是指客运线路的经营期限届满后,客运线路经营者可以延长、继续该客运线路的经营。

(4)重新提出申请,是指客运线路经营期限将要届满前,再次就继续经营这条客运班线向原实施行政许可的道路运输管理机构提出申请。

14. 客运经营者应如何办理终止客运经营的相关手续?

根据《中华人民共和国道路运输条例》第十五条的规定,客运经营者需要终止客运经营的,应当在终止前30日内告知原许可机关。

客运经营者停止并不再继续从事客运经营,从终止客运经营的日期往前倒数30个工作日,应当与提出客运经营行政许可申请一样,采用书面方式告知,包括信函、电报、电传、传真、电子数据交换和电子邮件等。向客运经营者颁发道路运输经营许可证的道路运输管理机构。

15. 客运经营者应当为旅客提供哪些服务?

根据《中华人民共和国道路运输条例》第十六条的规定,客运经营者应当为旅客提供良好的乘车环境,保持车辆清洁、卫生,并采取必要的措施防止在运输过程中发生侵害旅客人身、财产安全的违法行为。

(1)乘车环境,是指乘车条件。

(2)清洁,是指干净,整洁,没有污染物。

(3)卫生,是指没有危害健康或传染疾病的病菌。

(4)必要的措施,是指足以预防和制止在运输过程中发生侵害旅客人身、财产安全违法行为的措施,如配备广播设备、照明设备、报警通信设备、车内监控设备、乘车保安人员等。

(5)侵害旅客人身、财产安全的违法行为,是指侵害旅客的人身、财产安全的伤害、杀人、拐卖、盗窃、抢劫、诈骗等。

16. 旅客乘车应遵守哪些规定?

根据《中华人民共和国道路运输条例》第十七条的规定,旅客应当持有效客票乘车,遵守乘车秩序,讲究文明卫生,不得携带国家规定的危险物品及其他禁止携带的物品乘车。

(1)客票,是指旅客要求道路客运经营者将旅客从起运地运输到约定地点,并支付运输费用的凭证,也是道路客运经营者将旅客从起运地运输到约定地点,向旅客收取运输费用的凭证。从法律上看,客票就是合同,是旅客与道路客运经营者定立的客运合同。

(2)有效客票,是指票价相符,车票的起讫地点与所乘的客车运行的线路、班次相同,在有效期间内,防伪标志清晰的客票。

(3)危险物品,是指易燃、易爆、有毒、有腐蚀性、有放射性以及有可能危及运输工具上人身和财产安全的危险物品。

(4)禁止携带的物品,是指国家规定禁止旅客携带的危险物品以外,不宜携带乘车的物品。如根据《汽车旅客运输规则》第三十九条的规定,禁止携带的物品,主要指毒品及相关制品、枪支弹药、黄色书刊、音像制品以及攻击党和国家领导人有辱中国人的书籍、受国家保护的珍贵文物动植物、涉及国家安全的绝密文件资料等。

17. 班线客运经营者取得道路运输经营许可证后,应承担哪些义务?

根据《中华人民共和国道路运输条例》第十八条的规定,班线客运经营者取得道路运输经营许可证后,应当向公众连续提供运输服务,不得擅自暂停、终止或者转让班线运输。

(1)连续提供运输服务,是指客运经营者有持续、稳定的服务能力,能够提供符合要求的客运车辆,能够保持客运班车的准班、准点率,提供良好的服务。

(2)暂停班线运输,是指临时停止班次或停止线路运行。

(3)终止班线运输,是指退出运输市场,从此以后不再从事这项业务。

(4)转让班线运输经营,是指将获得许可的客运班线私下转让,而非法获得利益。

18. 从事包车客运、旅游客运的应遵守哪些规定?

根据《中华人民共和国道路运输条例》第十九条的规定,从事包车客运的,应当按照约定的起始地、目的地和线路运输。从事旅游客运的,应当在旅游区域按照旅游线路运输。

(1)包车客运,是指将客车包租给用户使用,按行驶里程或包车时间计费的一种旅客运输方式。

(2)旅游客运,是指使用运输车辆,以运送旅游者浏览观光为目的的旅客运输方式。其特点是,开行线路的一端必须是名胜古迹、风景区等旅游区域,其起点也是运输的终点,服务的对象是旅游者。

19. 客运经营者从事客运服务不得有哪些行为?

根据《中华人民共和国道路运输条例》第二十条的规定,客运经营者不得强迫旅客乘车,不得甩客、敲诈旅客,不得擅自更换运输车辆。

(1)强迫旅客乘车,是指客运经营者为了承揽客源,强行迫使旅客违背本人的意愿乘坐其所营运的车辆的行为。

(2)甩客,是指客运经营者违反客票关于运输目的地的约定,将旅客半途甩下的行为。

(3)敲诈旅客,是指客运经营者为了承揽客源,欺骗旅客乘坐其所营运的车辆,或不服务却收取服务费用,或提供旅客不接受的服务的行为。

(4)擅自更换运输车辆,是指客运经营者在运输途中,未经道路运输管理机构同意,或者未经旅客同意,自行更换运输车辆的行为。擅自更换运输车辆主要包括以下几种情形:

①擅自更换相同类型、相同设施、相同性能的运输车辆。

②擅自更换相同类型、设施较少、性能较差的运输车辆。

③擅自更换相同类型、设施较多、性能较好的运输车辆。

④擅自更换不同类型、相同设施、相同性能的运输车辆。

⑤擅自更换不同类型、设施较少、性能较差的运输车辆。

⑥擅自更换不同类型、设施较多、性能较好的运输车辆。

20. 客运经营者在运输过程中造成旅客人身伤亡,行李毁损、灭失的应如何处理?

根据《中华人民共和国道路运输条例》第二十一条的规定,客运经营者在运输过程中造成旅客人身伤亡,行李毁损、灭失,当事人对赔偿数额有约定的,依照其约定;没有约定的,参照国家有关港口间海上旅客运输和铁路旅客运输赔偿责任限额的规定办理。

(1)在运输过程中,是指自旅客经剪票地站(或途中上车)至到达行程终点出站(或下车)时止。

(2)旅客,是指持有效客票或其他有效乘车凭证乘车的人员以及按照国务院交通主管部门有关规定免费乘车的儿童和有关人员。

(3)约定,是指客运经营者与旅客在客运合同中就旅客人身伤亡,行李毁损、灭失的赔偿数额协商一致的意思表示。

(4)参照,是指参考并依照。

(5)国家有关港口间海上旅客运输和铁路旅客运输赔偿责任限额的规定,包括国家有关港口间海上旅客运输赔偿责任限额的规定和国家有关铁路旅客运输赔偿责任限额的规定。如1993年11月20日国务院批准,1993年12月17日交通部令第6号发布的《中华人民共和国港口间海上旅客运输赔偿责任限额规定》;1994年8月13日国务院批准(国函[1994]81号),1994年8月30日铁路部以铁运[1994]81号文件发布的《铁路旅客运输损害赔偿规定》。这两个行政法规分别根据《中华人民共和国海商法》和《中华人民共和国铁路法》对港口间海上旅客运输和铁路旅客运输中旅客人身伤亡、行李毁损灭失的赔偿限额作了规定。《中华人民共和国港口间海上旅客运输赔偿责任限额规定》中规定,承运人在每次海上旅客运输中的赔偿责任限额,按照下列规定执行:

①旅客人身伤亡的,每名旅客不超过4万元人民币;

②旅客自带行李灭失或者损坏的,每名旅客不超过800元人民币;

③旅客车辆包括该车辆所载行李灭失或者损坏的,每一车辆不超过3200元人民币;

④本款第(二)项、第(三)项以外的旅客其他行李灭失或者损坏的,每千克不超过20元人民币。

⑤海上旅客运输的旅客人身伤亡赔偿责任限额,按照4万元人民币乘以船舶证书规定的载客定额计算赔偿限额,但是最高不超过2100万元人民币。《铁路旅客运输损害赔偿规定》规定,铁路运输企业依照本规定应当承担赔偿责任的,对每

名旅客人身伤亡的赔偿责任限额为人民币 4 万元,自带行李损失的赔偿责任限额为人民币 800 元。

⑥铁路运输企业依照本规定给付赔偿金,不影响旅客按照国家有关铁路旅客意外伤害强制保险规定获取保险金,旅客身体部分伤害的赔付标准暂比照《铁路旅客意外伤害强制保险条例》办理。

21. 申请从事货运经营的应当具备哪些条件?

根据《中华人民共和国道路运输条例》第二十二条的规定,申请从事货运经营的,应当具备下列条件:

(1)有与其经营业务相适应并经检测合格的车辆;

(2)有符合该条例第二十三条规定条件的驾驶人员;

(3)有健全的安全生产管理制度。

22. 从事货运经营的驾驶人员应当符合哪些条件?

根据《中华人民共和国道路运输条例》第二十三条的规定,从事货运经营的驾驶人员,应当符合下列条件:

(1)取得相应的机动车驾驶证;

(2)年龄不超过 60 周岁;

(3)经设区的市级道路运输管理机构对有关货运法律法规、机动车维修和货物装载保管等基本知识考试合格。

①有关货运法律法规、机动车维修和货物装载保管基本知识考试的主要内容包括:《中华人民共和国道路运输条例》、《危险化学品安全管理条例》、《中华人民共和国道路交通安全法》,以及交通部制定的《道路危险货物运输管理规定》、《道路大型物件运输管理办法》、《集装箱汽车运输规则》、《汽车货物运输规则》、《汽车货物运输质量管理办法(试行)》等规章。

②机动车维修知识主要包括车辆维修和一般故障判断、排除以及车辆分类构造、性能、技术运用等基本知识。

③货物装载保管基本知识包括:道路货物运输常识,货运组织、货物分类、操作规范,货运价格,货运车辆,赔偿责任。这里仅指和机动车驾驶员有关的装载、保管知识。货物的仓储保管知识以及不属于驾驶员负责的装卸工作涉及的知识,不应当要求驾驶员掌握。根据我国的道路货物运输的实践来看,机动车驾驶员除驾驶车辆以外,有时还要参与或者完全负责货物的装载工作。此外,货物在运输过程中,如果没有随车的押运员,驾驶员要负责所运货物的保管责任。根据不同货物的

特性及运输工具的特点,对货物的装载、合理配载和保管需要有一定的专业知识要求,机动车驾驶员应当掌握。

23. 申请从事危险货物运输经营的应当具备哪些条件?

根据《中华人民共和国道路运输条例》第二十四条的规定,申请从事危险货物运输经营的,还应当具备下列条件:

(1)有5辆以上经检测合格的危险货物运输专用车辆、设备;

(2)有经所在地设区的市级人民政府交通主管部门考试合格,取得上岗资格证的驾驶人员、装卸管理人员、押运人员;

(3)危险货物运输专用车辆配有必要的通讯工具;

(4)有健全的安全生产管理制度。

24. 怎样提出从事货运经营的申请?

根据《中华人民共和国道路运输条例》第二十五条的规定,申请从事货运经营的,应当按照下列规定提出申请并分别提交符合该条例第二十二条、第二十四条规定条件的相关材料:

(1)从事危险货物运输经营以外的货运经营的,向县级道路运输管理机构提出申请;

(2)从事危险货物运输经营的,向设区的市级道路运输管理机构提出申请。

收到申请的道路运输管理机构,应当自受理申请之日起20日内审查完毕,作出许可或者不予许可的决定。予以许可的,向申请人颁发道路运输经营许可证,并向申请人投入运输的车辆配发车辆营运证;不予许可的,应当书面通知申请人并说明理由。

货运经营者应当持道路运输经营许可证依法向工商行政管理机关办理有关登记手续。

25. 货运经营者运输货物有哪些特别规定?

根据《中华人民共和国道路运输条例》第二十六条的规定,货运经营者不得运输法律、行政法规禁止运输的货物。法律、行政法规规定必须办理有关手续后方可运输的货物,货运经营者应当查验有关手续。

(1)禁止运输货物,是指国家法律、行政法规明令禁止运输的货物。根据现行法律、行政法规的规定,禁止运输的货物包括毒品、假劣药品以及伪造、变造、非法印刷的人民币等。

(2)限制运输货物,是指根据国家法律、行政法规的规定,必须在向有关部门办理准运手续后方可运输的货物。限制运输货物的凭证运输手续由托运人办理。根据我国有关法律、行政法规的规定,必须办理有关手续后方可运输的货物包括枪支、烟草、麻醉药品、剧毒化学品、木材、野生动物等。

26. 货运经营者运输货物应当采取哪些必要措施?

根据《中华人民共和国道路运输条例》第二十七条的规定,国家鼓励货运经营者实行封闭式运输,保证环境卫生和货物运输安全。

货运经营者应当采取必要措施,防止货物脱落、扬撒等。

运输危险货物应当采取必要措施,防止危险货物燃烧、爆炸、辐射、泄漏等。

27. 运输、托运危险货物应当遵守哪些规定?

根据《中华人民共和国道路运输条例》第二十八条的规定,运输危险货物应当配备必要的押运人员,保证危险货物处于押运人员的监管之下,并悬挂明显的危险货物运输标志。

托运危险货物的,应当向货运经营者说明危险货物的品名、性质、应急处置方法等情况,并严格按照国家有关规定包装,设置明显标志。

28. 《道路运输条例》针对从事客运、货运的从业人员有哪些规定?

根据《中华人民共和国道路运输条例》第二十九条的规定,客运经营者、货运经营者应当加强对从业人员的安全教育、职业道德教育,确保道路运输安全。

道路运输从业人员应当遵守道路运输操作规程,不得违章作业。驾驶人员连续驾驶时间不得超过 4 个小时。

29. 国家对从事营运的客运、货运车辆有哪些规定?

(1)根据《中华人民共和国道路运输条例》第三十条的规定,生产(改装)客运车辆、货运车辆的企业应当按照国家规定标定车辆的核定人数或者载重量,严禁多标或者少标车辆的核定人数或者载重量。

(2)客运经营者、货运经营者应当使用符合国家规定标准的车辆从事道路运输经营。

(3)根据《中华人民共和国道路运输条例》第三十一条的规定,客运经营者、货运经营者应当加强对车辆的维护和检测,确保车辆符合国家规定的技术标准;不得使用报废的、擅自改装的和其他不符合国家规定的车辆从事道路运输经营。

30. 客运经营者、货运经营者应当制定哪些道路运输的应急预案?

根据《中华人民共和国道路运输条例》第三十二条的规定,客运经营者、货运经营者应当制定有关交通事故、自然灾害以及其他突发事件的道路运输应急预案。应急预案应当包括报告程序、应急指挥、应急车辆和设备的储备、处置措施等内容。

(1)交通事故,包括道路交通事故、水上交通事故、交通事故和民用航空器事故等,是指交通工具在道路、水上、铁道、空中因过错或者意外造成的人身伤亡或者财产损失的事件。

(2)自然灾害,是指在地球表层系统中突然发生的,能够造成人员伤亡和财产损失的自然现象。主要包括地震、火山爆发、泥石流、海啸、风灾、雪灾、水灾、旱灾、地面沉降、虫灾、滑坡等灾害。

(3)其他突发事件,是指除交通事故、突发性自然灾害以外的,突然发生的严重公共卫生事件、火灾、爆炸、恐怖袭击、战争等事件。所谓突发公共卫生事件,是指突然发生,造成或者可能造成社会公众健康严重损害的重大传染病疫情、群体性不明原因疾病、重大食物和职业中毒以及其他严重影响公众健康的事件。

(4)道路运输应急预案,是指客运经营者、货运经营者制定的在发生交通事故、自然灾害以及其他突发事件时,完成紧急运输任务的对策和计划。突发事件一旦发生,道路运输预案就是完成紧急运输任务的行动指南。

(5)报告程序,是指报告交通事故、自然灾害以及其他突发事件发生情况和紧急运输任务完成情况的方式、顺序、时限等。

(6)应急指挥,是指交通事故、自然灾害以及其他突发事件发生时,完成紧急运输任务的组织和调度。

(7)应急车辆和设备的储备,是指为预防交通事故、自然灾害以及其他突发事件发生,完成紧急运输任务的运输车辆和运输设备的储备。

(8)处置措施,是指处理交通事故、自然灾害以及其他突发事件和紧急运输过程中以外情况的措施。

31. 发生交通事故、自然灾害以及其他突发事件时,客运经营者和货运经营者应尽什么义务?

根据《中华人民共和国道路运输条例》第三十三条的规定,发生交通事故、自然灾害以及其他突发事件,客运经营者和货运经营者应当服从县级以上人民政府或者有关部门的统一调度、指挥。

(1)县级以上人民政府,是指包括中央人民政府和县级以上地方人民政府。

①中央人民政府,即国务院,是最高国家权力机关的执行机关,是最高国家行政机关。

②县级以上地方人民政府,是县级以上地方国家权力机关的执行机关,是县级以上地方国家行政机关,包括省、直辖市、县、市、市辖区的人民政府和自治区、自治州、自治县的人民政府,不包括乡、民族乡、镇的人民政府。

(2)有关部门,是指根据有关法律、法规的规定,有权在发生交通事故、自然灾害以及其他突发事件时,统一调度、指挥客运经营者和货运经营者的县级以上人民政府的工作部门。

(3)调度,是指县级以上人民政府或者有关部门为保证及时运输突发事件应急处理所需的物资和人员,对客运经营者和货运经营者的运输车辆、驾驶人员等物力、人力进行的调用、调配。

(4)指挥,是指县级以上人民政府或者有关部门为保证及时运输突发事件应急处理所需的物资和人员,对客运经营者和货运经营者的运输车辆、驾驶人员等物力、人力进行的领导、组织。

32. 道路运输车辆随车携带的车辆营运证能否转让、出租?

根据《中华人民共和国道路运输条例》第三十四条的规定,道路运输车辆应当随车携带车辆营运证,不得转让、出租。

(1)车辆营运证,是指道路运输管理机构根据道路运输经营许可证,向道路运输经营者投入营运车辆配发的允许该车辆从事道路运输经营的凭证。它是区别道路营运车辆和非营运车辆的标志。

(2)转让,是指将车辆营运证转给他人使用的行为。转让分为有偿转让和无偿转让。有偿转让,是指以营利为目的,将车辆营运证转给他人使用。这实质上是一种买卖行为,实践中,这种转让较多。而无偿转让,则是指将车辆营运证转给他人使用,不收取任何费用的行为,主要是继承,或者亲戚朋友之间转让。

(3)出租,是指以车辆营运证的使用权换取他人租金的行为。实践中,出租车辆营运证的现象也不少,多数明确约定一定的期限。

33. 道路运输车辆运输旅客、货物有哪些要求?

根据《中华人民共和国道路运输条例》第三十五条的规定,道路运输车辆运输旅客的,不得超过核定的人数,不得违反规定载货;运输货物的,不得运输旅客,运输的货物应当符合核定的载重量,严禁超载,载物的长、宽、高不得违反装载要求。

违反前款规定的,由公安机关交通管理部门依照《中华人民共和国道路交通安全法》的有关规定进行处罚。

(1)核定的人数,是指机动车行驶证核定的人数,包括驾驶室乘坐的人数和车厢乘坐的人数。

(2)核定的载重量,是指机动车行驶证上记载的载质量。载质量,是指车辆装载的质量和体积,是车辆除自身整备质量以外的最大负荷能力。核定的载重量,是根据车辆制造厂商出具的车辆产品说明书,车辆发动机的功率以及车辆底盘各个部分的设计计算,并通过实验和实践得出来的数据,按照国家标准《机动车运行安全技术条件》(GB7258 –1997)核定的车辆载质量。

(3)超载,是指违反有关规定,超过核的载重量进行运输。

(4)长,是指货物超出车厢部分的距离。

(5)宽,是指货物超出车厢部分的距离。

(6)高,是指从地面起至货物顶端之间的距离。

(7)装载要求,是指货运车辆装载货物体积(即外廓尺度——长、宽、高)的要求。装载货物违反规定的货物体积要求就是超限。

34. 客运经营者、危险货物运输经营者应当分别为旅客或者危险货物投保何种保险?

根据《中华人民共和国道路运输条例》第三十六条的规定,客运经营者、危险货物运输经营者应当分别为旅客或者危险货物投保承运人责任险。

承运人责任险,是一种责任保险。是指客运经营者、危险货物运输经营者根据有关法律、行政法规和规章的规定,保险自己在运输过程中发生交通事故或者其他事故,致使旅客遭受人身伤亡和直接财产损失或者危险货物遭受损失,依法应当由被保险人对旅客或者危险货物货主承担的赔偿责任,由保险公司在保险责任限额内给予赔偿的法律制度。这是国家为了保护道路运输受害人能够得到及时救助或赔偿而采取的一项强制保险制度。

承运人责任险与机动车第三者责任险有明显的不同之处。机动车第三者责任险,是指被保险人向保险公司购买第三者责任险后,被保险人允许的合格驾驶人员在使用保险车辆过程中发生意外事故,致使第三人遭受人身伤亡或者财产损失,依法应当由被保险人支付的赔偿金额,由保险公司依照保险合同的规定给予赔偿的法律制度。

35. 申请从事道路运输站(场)经营的,应当具备哪些条件?

根据《中华人民共和国道路运输条例》第三十七条的规定,申请从事道路运输

站(场)经营的,应当具备下列条件:

(1)有经验收合格的运输站(场);

(2)有相应的专业人员和管理人员;

(3)有相应的设备、设施;

(4)有健全的业务操作规程和安全管理制度。

36. 申请从事机动车维修经营的,应当具备哪些条件?

根据《中华人民共和国道路运输条例》第三十八条的规定,申请从事机动车维修经营的,应当具备下列条件:

(1)有相应的机动车维修场地;

(2)有必要的设备、设施和技术人员;

(3)有健全的机动车维修管理制度;

(4)有必要的环境保护措施。

37. 申请从事机动车驾驶员培训的,应当具备哪些条件?

根据《中华人民共和国道路运输条例》第三十九条的规定,申请从事机动车驾驶员培训的,应当具备下列条件:

(1)有健全的培训机构和管理制度;

(2)有与培训业务相适应的教学人员、管理人员;

(3)有必要的教学车辆和其他教学设施、设备、场地。

38. 申请从事道路运输站(场)经营、机动车维修经营和机动车驾驶员培训业务的,应当怎样提出申请?

根据《中华人民共和国道路运输条例》第四十条的规定,申请从事道路运输站(场)经营、机动车维修经营和机动车驾驶员培训业务的,应当向所在地县级道路运输管理机构提出申请,并分别附送符合该条例第三十七条、第三十八条、第三十九条规定条件的相关材料。县级道路运输管理机构应当自受理申请之日起 15 日内审查完毕,作出许可或者不予许可的决定,并书面通知申请人。

道路运输站(场)经营者、机动车维修经营者和机动车驾驶员培训机构,应当持许可证明依法向工商行政管理机关办理有关登记手续。

39. 道路运输站(场)经营者应履行哪些职责?

根据《中华人民共和国道路运输条例》第四十一条、第四十二条的规定,道路

运输站(场)经营者应履行以下职责:

(1)道路运输站(场)经营者应当对出站的车辆进行安全检查,禁止无证经营的车辆进站从事经营活动,防止超载车辆或者未经安全检查的车辆出站。

(2)道路运输站(场)经营者应当公平对待使用站(场)的客运经营者和货运经营者,无正当理由不得拒绝道路运输车辆进站从事经营活动。

(3)道路运输站(场)经营者应当向旅客和货主提供安全、便捷、优质的服务,保持站(场)卫生、清洁,不得随意改变站(场)用途和服务功能。

(4)道路旅客运输站(场)经营者应当为客运经营者合理安排班次,公布其运输线路、起止经停站点、运输班次、始发时间、票价,调度车辆进站、发车,疏导旅客,维持上下车秩序。

(5)道路旅客运输站(场)经营者应当设置旅客购票、候车、行李寄存和托运等服务设施,按照车辆核定载客限额售票,并采取措施防止携带危险品的人员进站乘车。

40. 道路货物运输站(场)经营者应当按照什么规程装卸、储存、保管货物?

根据《中华人民共和国道路运输条例》第四十三条的规定,道路货物运输站(场)经营者应当按照国务院交通主管部门规定的业务操作规程装卸、储存、保管货物。

(1)装卸,是指通过人力或专用机械,将货物装上运载工具或从运载工具卸下的空间位移作业。

(2)储存,是指使用仓库为他人存放货物的活动。储存易燃、易爆、有毒、有腐蚀性、有放射性等危险物品的,应当具备相应的保管条件。

(3)保管,是指为他人保护和看管货物的活动。

41. 机动车维修经营者维修机动车有哪些要求?

根据《中华人民共和国道路运输条例》第四十四条的规定,机动车维修经营者应当按照国家有关技术规范对机动车进行维修,保证维修质量,不得使用假冒伪劣配件维修机动车。

机动车维修经营者应当公布机动车维修工时定额和收费标准,合理收取费用。

42. 机动车维修经营者对机动车进行二级维护、总成修理或者整车修理的有哪些要求?

根据《中华人民共和国道路运输条例》第四十五条的规定,机动车维修经营者对机动车进行二级维护、总成修理或者整车修理的,应当进行维修质量检验。检验合格的,维修质量检验人员应当签发机动车维修合格证。

机动车维修实行质量保证期制度。质量保证期内因维修质量原因造成机动车无法正常使用的,机动车维修经营者应当无偿返修。机动车维修质量保证期制度的具体办法,由国务院交通主管部门制定。

43. 机动车维修经营者不得有哪些行为?

根据《中华人民共和国道路运输条例》第四十六条的规定,机动车维修经营者不得承修已报废的机动车,不得擅自改装机动车。

(1)报废机动车,是指达到国家报废标准,或者虽未达到国家报废标准,但发动机或者底盘严重损坏,经检验不符合国家机动车运行安全技术条件或者国家机动车污染物排放标准的机动车。

(2)擅自改装机动车,是指未经批准,随意对机动车进行改装。不包括合法改装改装机动车。交通部 1990 年 3 月 7 日颁布的《汽车运输业车辆技术管理规定》(交通部令 1990 年第 13 号)规定,为适应运输的需要,经有关部门批准,经过设计、计算、试验,可以将原车型改装成其他用途的车辆。

44. 机动车驾驶员培训机构应如何培训学员?

根据《中华人民共和国道路运输条例》第四十七条的规定,机动车驾驶员培训机构应当按照国务院交通主管部门规定的教学大纲进行培训,确保培训质量。培训结业的,应当向参加培训的人员颁发培训结业证书。

(1)教学大纲,是指国务院交通主管部门规定的机动车驾驶员培训教学大纲。

(2)培训结业证书,是指机动车驾驶培训学员在按照规定的要求进行培训并结业后,由交通主管部门向其核发的证书,这是机动车驾驶学员申请机动车驾驶考试的重要凭证。

45. 如何申请从事国际道路运输?

根据《中华人民共和国道路运输条例》规定,申请从事国际道路运输的,应当向省、自治区、直辖市道路运输管理机构提出申请并提交符合该条例第四十九条规定条件的相关材料。具备从事国际道路运输经营的条件:

(1)依照该条例第十条、第二十五条规定取得道路运输经营许可证的企业法人;

(2)在国内从事道路运输经营满 3 年,且未发生重大以上道路交通责任事故。

省、自治区、直辖市道路运输管理机构应当自受理申请之日起 20 日内审查完毕,作出批准或者不予批准的决定。予以批准的,应当向国务院交通主管部门备案;不予批准的,应当向当事人说明理由。国际道路运输经营者应当持批准文件依法向有关部门办理相关手续。

46. 从事国际道路运输经营者应遵守哪些规定?

根据《中华人民共和国道路运输条例》第五十一条的规定,中国国际道路运输经营者应当在其投入运输车辆的显著位置,标明中国国籍识别标志。

外国国际道路运输经营者的车辆在中国境内运输,应当标明本国国籍识别标志,并按照规定的运输线路行驶,不得擅自改变运输线路,不得从事起止地都在中国境内的道路运输经营。

47. 对道路运输管理机构实施道路运输管理工作进行指导监督的交通主管部门是哪一级?

根据《中华人民共和国道路运输条例》第五十四条的规定,县级以上人民政府交通主管部门应当加强对道路运输管理机构实施道路运输管理工作的指导监督。

县级以上人民政府交通主管部门对道路运输管理机构实施道路运输管理工作进行的指导监督,既有同级交通主管部门对道路运输管理机构实施道路运输管理工作进行的指导监督,也有上级交通主管部门对下级道路运输管理机构实施道路运输管理工作进行的指导监督。

48. 《道路运输条例》对道路运输管理机构的执法队伍建设有何规定?

根据《中华人民共和国道路运输条例》第五十五条的规定,道路运输管理机构应当加强执法队伍建设,提高其工作人员的法制、业务素质。

道路运输管理机构的工作人员应当接受法制和道路运输管理业务培训、考核,考核不合格的,不得上岗执行职务。

49. 上级道路运输管理机构应当怎样对下级道路运输管理机构的执法活动进行监督?

根据《中华人民共和国道路运输条例》第五十六条的规定,上级道路运输管理机构应当对下级道路运输管理机构的执法活动进行监督。

道路运输管理机构应当建立健全内部监督制度,对其工作人员执法情况进行监督检查。

内部监督制度,是指道路管理机构对其工作人员执法情况进行监督检查的具体制度。包括以下几个方面：

(1)建立行政执法责任制。明确行政执法责任人，将每项行政执法职责落实到道路运输管理机构的内部具体机构，以保证行政执法的廉洁、勤政、务实、高效。

(2)建立评议考核制。上级道路运输管理机构应当定期或者不定期组织对下级道路运输管理机构执法活动的检查或者评议。有关道路运输管理工作的法律、法规或者规章发布实施后，上级机构应当在一定期限内对该项规定的执行情况组织执法检查，并将检查结果予以通报。对下级道路运输管理机构的执法工作情况进行综合考评，考评结果与奖惩相结合。

(3)明确执法程序，增强道路运输执法的透明度。

50. 道路运输管理机构及其工作人员执行职务时有何要求？

根据《中华人民共和国道路运输条例》第五十七条的规定，道路运输管理机构及其工作人员执行职务时，应当自觉接受社会和公民的监督。

社会监督，是指由各类社会组织依照宪法和有关法律、行政法规，对道路运输管理机构及其工作人员执行职务的合法性、合理性所进行的监督。根据监督主体的不同，社会监督大体分为政党监督、社会监督、舆论监督等几类。

51. 道路运输管理机构应采取哪些措施加强对道路运输工作的监督？

根据《中华人民共和国道路运输条例》第五十八条的规定，道路运输管理机构应当建立道路运输举报制度，公开举报电话号码、通信地址或者电子邮件信箱。

任何单位和个人都有权对道路运输管理机构的工作人员滥用职权、徇私舞弊的行为进行举报。交通主管部门、道路运输管理机构及其他有关部门收到举报后，应当依法及时查处。

(1)举报制度，是指道路运输管理机构对社会和公民举报的线索，依照本条例或者其他有关规定进行调查处理，保障公民依法行使民主权利的一种制度。一般由宣传、登记、受理、分流、审报、转办、初查、催办、督办、答复、复查、保密、奖励、档案等具体制度组成。

(2)举报，是指社会和公民向道路运输管理机构或者其他有关国家机关检举控告违纪、违法，依法行使其民主权利的行为。

(3)滥用职权，是指国家机关工作人员违背法律、法规授权的宗旨行使职权，超越职权范围或者违反职权行使程序，导致公共财产、国家人和民利益遭受损失的违法行为。

(4)徇私舞弊,是指国家机关工作人员利用职务之便,以权谋私、弄虚作假,枉法包庇、违法行使职权、职务的行为。

52. 道路运输管理机构的工作人员如何履行监督、检查职责?

根据《中华人民共和国道路运输条例》第五十九条的规定,道路运输管理机构的工作人员应当严格按照职责权限和程序进行监督检查,不得乱设卡、乱收费、乱罚款。

道路运输管理机构的工作人员应当重点在道路运输及相关业务经营场所、客货集散地进行监督检查。道路运输管理机构的工作人员在公路路口进行监督检查时,不得随意拦截正常行驶的道路运输车辆。

(1)监督检查,是指道路运输管理机构及其的工作人员依照该条例的规定,对道路运输经营活动实施的监督检查。

(2)乱设卡,是指违反有关法律或者国务院有关规定,在公路上设置拦截车辆的障碍物,包括固定的建筑物,也包括可移动的构筑物、栅栏、墩柱、车辆等,还包括站立在公路上的人员。

(3)乱收费,是指违反有关法律、法规和规章收取任何费用,包括超出在法律、法规和规章规定的范围增设收费项目,提高收费标准。

(4)乱罚款,是指违反有关法律、法规和规章实施罚款,包括超出在法律、法规和规章规定的范围增设罚款事项,提高罚款标准。

(5)道路运输及相关业务经营场所,是指道路运输经营者、道路运输相关业务经营者从事道路运输经营的场所、道路运输相关业务经营的场所。包括车站、停车场、驾驶员培训场所、车辆维修厂等。

(6)客货集散地,是指旅客、货物集中或者疏散的地方,如火车站周围、港口码头周围、商品批发市场周围等。

53. 《道路运输条例》对道路运输管理机构的工作人员实施监督检查时有哪些规定?

根据《中华人民共和国道路运输条例》第六十条的规定,道路运输管理机构的工作人员实施监督检查时,应当有2名以上人员参加,并向当事人出示执法证件。

54. 道路运输管理机构的工作人员实施监督检查时的权利和义务有哪些?

根据《中华人民共和国道路运输条例》第六十一条的规定,道路运输管理机构的工作人员实施监督检查时,可以向有关单位和个人了解情况,查阅、复制有关资料。但是,应当保守被调查单位和个人的商业秘密。

被监督检查的单位和个人应当接受依法实施的监督检查,如实提供有关资料或者情况。

55. 道路运输管理机构的工作人员在实施道路运输监督检查过程中,发现车辆超载行为的,应当采取哪些措施?

根据《中华人民共和国道路运输条例》第六十二条的规定,道路运输管理机构的工作人员在实施道路运输监督检查过程中,发现车辆超载行为的,应当立即予以制止,并采取相应措施安排旅客改乘或者强制卸货。

56. 道路运输管理机构的工作人员在实施道路运输监督检查过程中,对没有车辆营运证又无法当场提供其他有效证明的车辆予以暂扣的,应尽到哪些职责?

根据《中华人民共和国道路运输条例》第六十三条的规定,道路运输管理机构的工作人员在实施道路运输监督检查过程中,对没有车辆营运证又无法当场提供其他有效证明的车辆予以暂扣的,应当妥善保管,不得使用,不得收取或者变相收取保管费用。

57. 未取得道路运输经营许可,擅自从事道路运输经营的应如何处罚?

根据《中华人民共和国道路运输条例》第六十四条的规定,未取得道路运输经营许可,擅自从事道路运输经营的,由县级以上道路运输管理机构责令停止经营;有违法所得的,没收违法所得,处违法所得 2 倍以上 10 倍以下的罚款;没有违法所得或者违法所得不足 2 万元的,处 3 万元以上 10 万元以下的罚款;构成犯罪的,依法追究刑事责任。

58. 行政机关发现不符合规定条件的人员驾驶道路运输经营车辆的应如何处理?

根据《中华人民共和国道路运输条例》第六十五条的规定,不符合该条例第九条、第二十三条规定条件的人员驾驶道路运输经营车辆的,由县级以上道路运输管理机构责令改正,处 200 元以上 2000 元以下的罚款;构成犯罪的,依法追究刑事责任。

59. 未经许可擅自从事道路运输站(场)经营、机动车维修经营、机动车驾驶员培训的应如何处理?

根据《中华人民共和国道路运输条例》第六十六条的规定,未经许可擅自从事道路运输站(场)经营、机动车维修经营、机动车驾驶员培训的,由县级以上道路运输管理机构责令停止经营;有违法所得的,没收违法所得,处违法所得2倍以上10倍以下的罚款;没有违法所得或者违法所得不足1万元的,处2万元以上5万元以下的罚款;构成犯罪的,依法追究刑事责任。

60. 客运经营者、货运经营者、道路运输相关业务经营者非法转让、出租道路运输许可证件的应如何处理?

根据《中华人民共和国道路运输条例》第六十七条的规定,客运经营者、货运经营者、道路运输相关业务经营者非法转让、出租道路运输许可证件的,由县级以上道路运输管理机构责令停止违法行为,收缴有关证件,处2000元以上1万元以下的罚款;有违法所得的,没收违法所得。

61. 客运经营者、危险货物运输经营者未按规定投保承运人责任险的应如何处理?

根据《中华人民共和国道路运输条例》第六十八条的规定,客运经营者、危险货物运输经营者未按规定投保承运人责任险的,由县级以上道路运输管理机构责令限期投保;拒不投保的,由原许可机关吊销道路运输经营许可证。

62. 客运经营者、货运经营者不按照规定携带车辆营运证的应如何处理?

根据《中华人民共和国道路运输条例》第六十九条的规定,客运经营者、货运经营者不按照规定携带车辆营运证的,由县级以上道路运输管理机构责令改正,处警告或者20元以上200元以下的罚款。

63. 客运经营者、货运经营者出现哪些情形,由县级以上道路运输管理机构责令改正,处1000元以上3000元以下的罚款;情节严重的,由原许可机关吊销道路运输经营许可证?

根据《中华人民共和国道路运输条例》第七十条的规定,客运经营者、货运经营者有下列情形之一的,由县级以上道路运输管理机构责令改正,处1000元以上3000元以下的罚款;情节严重的,由原许可机关吊销道路运输经营许可证:

(1)不按批准的客运站点停靠或者不按规定的线路、公布的班次行驶的；

(2)强行招揽旅客、货物的；

(3)在旅客运输途中擅自变更运输车辆或者将旅客移交他人运输的；

(4)未报告原许可机关,擅自终止客运经营的；

(5)没有采取必要措施防止货物脱落、扬撒等的。

64. 客运经营者、货运经营者不按规定维护和检测运输车辆、擅自改装已取得车辆营运证的车辆的,应如何处理?

根据《中华人民共和国道路运输条例》第七十一条的规定,客运经营者、货运经营者不按规定维护和检测运输车辆的,由县级以上道路运输管理机构责令改正,处 1000 元以上 5000 元以下的罚款。

客运经营者、货运经营者擅自改装已取得车辆营运证的车辆的,由县级以上道路运输管理机构责令改正,处 5000 元以上 2 万元以下的罚款。

65. 道路运输站(场)经营者允许无证经营的车辆进站从事经营活动以及超载车辆、未经安全检查的车辆出站或者无正当理由拒绝道路运输车辆进站从事经营活动的,应如何处理?

根据《中华人民共和国道路运输条例》第七十二条第一款的规定,道路运输站(场)经营者允许无证经营的车辆进站从事经营活动以及超载车辆、未经安全检查的车辆出站或者无正当理由拒绝道路运输车辆进站从事经营活动的,由县级以上道路运输管理机构责令改正,处 1 万元以上 3 万元以下的罚款。

66. 道路运输站(场)经营者擅自改变道路运输站(场)的用途和服务功能,或者不公布运输线路、起止经停站点、运输班次、始发时间、票价的,应如何处理?

根据《中华人民共和国道路运输条例》第七十二条第二款的规定,道路运输站(场)经营者擅自改变道路运输站(场)的用途和服务功能,或者不公布运输线路、起止经停站点、运输班次、始发时间、票价的,由县级以上道路运输管理机构责令改正;拒不改正的,处 3000 元的罚款;有违法所得的,没收违法所得。

67. 机动车维修经营者使用假冒伪劣配件维修机动车,承修已报废的机动车或者擅自改装机动车的,应如何处理?

根据《中华人民共和国道路运输条例》第七十三条的规定,机动车维修经营者使用假冒伪劣配件维修机动车,承修已报废的机动车或者擅自改装机动车的,由县级以上道路运输管理机构责令改正;有违法所得的,没收违法所得,处违法所得2倍以上10倍以下的罚款;没有违法所得或者违法所得不足1万元的,处2万元以上5万元以下的罚款,没收假冒伪劣配件及报废车辆;情节严重的,由原许可机关吊销其经营许可;构成犯罪的,依法追究刑事责任。

68. 机动车维修经营者签发虚假机动车维修合格证的应如何处理?

根据《中华人民共和国道路运输条例》第七十四条的规定,机动车维修经营者签发虚假的机动车维修合格证,由县级以上道路运输管理机构责令改正;有违法所得的,没收违法所得,处违法所得2倍以上10倍以下的罚款;没有违法所得或者违法所得不足3000元的,处5000元以上2万元以下的罚款;情节严重的,由原许可机关吊销其经营许可;构成犯罪的,依法追究刑事责任。

69. 机动车驾驶员培训机构不严格按照规定进行培训或者在培训结业证书发放时弄虚作假的,应如何处理?

根据《中华人民共和国道路运输条例》第七十五条的规定,机动车驾驶员培训机构不严格按照规定进行培训或者在培训结业证书发放时弄虚作假的,由县级以上道路运输管理机构责令改正;拒不改正的,由原许可机关吊销其经营许可。

70. 外国国际道路运输经营者未按照规定的线路运输,擅自从事中国境内道路运输或者未标明国籍识别标志的,应如何处理?

根据《中华人民共和国道路运输条例》第七十六条的规定,外国国际道路运输经营者未按照规定的线路运输,擅自从事中国境内道路运输或者未标明国籍识别标志的,由省、自治区、直辖市道路运输管理机构责令停止运输;有违法所得的,没收违法所得,处违法所得2倍以上10倍以下的罚款;没有违法所得或者违法所得不足1万元的,处3万元以上6万元以下的罚款。

71. 道路运输管理机构的工作人员在哪些情况下应承担行政纪律责任?

根据《中华人民共和国道路运输条例》第七十七条的规定,道路运输管理机构的工作人员有下列情形之一的,依法给予行政处分;构成犯罪的,依法追究刑事责任:

(1)不依照该条例规定的条件、程序和期限实施行政许可的;

(2)参与或者变相参与道路运输经营以及道路运输相关业务的;

(3)发现违法行为不及时查处的；

(4)违反规定拦截、检查正常行驶的道路运输车辆的；

(5)违法扣留运输车辆、车辆营运证的；

(6)索取、收受他人财物,或者谋取其他利益的；

(7)其他违法行为。

72. 内地与香港特别行政区、澳门特别行政区之间的道路运输参照什么规定执行？

根据《中华人民共和国道路运输条例》第七十八条的规定,内地与香港特别行政区、澳门特别行政区之间的道路运输,参照该条例的有关规定执行。

(1)内地,是指中华人民共和国领域内的大陆全部关税领土,包括31个省、自治区和直辖市。

(2)参照,是指按照该条例规定的基本原则和主要法律制度执行。

(3)该条例的有关规定,是指与内地关税区的道路运输有关的规定,主要是参照国际道路运输的有关规定执行。

73. 外商能否投资有关的道路运输经营以及道路运输相关的业务？

根据《中华人民共和国道路运输条例》第七十九条的规定,外商可以依照有关法律、行政法规和国家有关规定,在中华人民共和国境内采用中外合资、中外合作、独资形式投资有关的道路运输经营以及道路运输相关业务。

(1)中外合资经营企业,是指中国合营者与外国合营者依照中国法律的规定,在中国境内设立的共同投资、共同经营的企业,合资双方按投资比例分享利益,分担风险及亏损。

(2)中外合资经营企业,是指中国合作者与外国合作者依照中国法律的规定,在中国境内共同举办的企业,合作双方按照合作企业合同的约定,分配收益或者产品,分担风险。

(3)外资企业是指依照中国有关法律在中国境内设立的全部资本由外国投资者投资的企业,不包括外国的企业和其他经济组织在中国境内的分支机构。

74. 从事非经营性危险货物运输的是否属于《道路运输条例》的调整范围？

根据《中华人民共和国道路运输条例》第八十条的规定,从事非经营性危险货物运输的,应当遵守该条例有关规定。

危险货物,是指具有爆炸、易燃、毒害、腐蚀、放射性等性质,在运输、装卸和贮存保管过程中容易造成人身伤亡和财产损毁而需要特别防护的货物。包括以下9类:爆炸品、压缩气体和液化气体、易燃液体、易燃固体、自然物品和遇湿易燃物品、氧化剂和有机过氧化物品、毒害品和感染性物品、放射性物品、腐蚀品、杂类。

75. 道路运输管理机构发放经营许可证件和车辆营运证可否收取工本费?

根据《中华人民共和国道路运输条例》第八十一条的规定,道路运输管理机构依照该条例发放经营许可证件和车辆营运证,可以收取工本费。工本费的具体收费标准由省、自治区、直辖市人民政府财政部门、价格主管部门会同同级交通主管部门核定。

(1)经营许可证,是指道路运输经营许可证件,包括客运、货运道路运输经营许可证,驾驶人员、装卸管理人员、押运人员的上岗资格证,道路运输站(场)经营、机动车维修经营和机动车驾驶员培训许可证明,国际道路运输经营文件等。广义的经营许可证件还包括车辆营运证。

(2)工本费的收费标准应当遵循非营利和节约的原则,以实际消耗支出为基准。根据国务院批转的财政部、国家计委等部门《交通和车辆税费改革实施方案》的规定,证书性工本书每证收费标准一般不得超过10元。

76. 申请从事道路普通货运是否可以先到工商管理部门申请营业执照然后办理经营许可证?

根据《中华人民共和国道路运输条例》第二十五条第三款的规定:“货运经营者应当持道路运输经营许可证依法向工商行政管理机关办理有关登记手续。”

根据这一款和《中华人民共和国道路运输条例》第二十二、二十三条和第二十五条第一、二款的规定,申请从事道路普通货运实行前置性许可,具体由道路运输管理机构实施。在道路运输管理机构作出许可决定,向申请人颁发道路运输经营许可证后,货运经营者才可以向工商行政管理机关办理有关登记手续。这是法定的程序。

如果当事人不按《中华人民共和国道路运输条例》规定的程序申请,而是在未经道路运输管理机构许可的情况下向工商行政管理机关直接申请,工商行政管理机关不应当受理,而应当告之当事人先到道路运输管理机构进行申请。

如果当事人不按《中华人民共和国道路运输条例》规定的程序申请,而是在未经道路运输管理机构许可的情况下向工商行政管理机关直接申请,工商行政管理机关受理并办理有关登记手续的,这就违反了《中华人民共和国道路运输条例》的规定,工商行政管理机关所办理的有关手续是违法行为,其所颁发的证照是无效证照,必须予以纠正。如果因此发生问题,工商行政管理机关应当承担相应的法律责任。对于当事人来说,由于其申请取得的有关证照属于无效证照,因此道路运输管理机构可以依据《中华人民共和国道路运输条例》的规定予以处罚。

77. 道路运输条例实施后,交通部规章和地方性法规是否还适用?如果适用后者与前者冲突应如何处理(如许可内容、违规后的罚款额度)?

道路运输条例实施后,交通部制定的部门规章和地方人大颁布的地方性法规是否适用,应当分两种情况处理:

第一种情况,如果交通部制定的部门规章和地方省级人大颁布的地方性法规与道路运输条例不相抵触的,可以继续适用,作为执法的依据。

第二种情况,交通部制定的部门规章和地方省级人大颁布的地方性法规与道路运输条例相抵触的,不可以继续适用,不可以作为执法的依据。对于与道路运输条例相抵触的部门规章、地方性法规或者相关条款,应当进行废止或者进行修订,修订后按新规定执行。

78. 道路运输条例上没有关于欠缴公路运输管理费的处罚内容,是否意味着营运车辆欠缴运输管理费可以不受处罚?

根据交通部、财政部联合颁布的《公路运输管理费征收和使用规定》(86 交公路字 633 号)的规定,凡从事营业性道路客货运输、搬运装卸、运输服务的单位和个人,以及部队车辆参加地方营业性运输的,均须缴纳公路运输管理费。因此,对于偷逃公路运输管理费或者没有按规定缴纳公路运输管理费的,可以依据《道路运输行政处罚规定》(交通部 2001 年第 5 号令)的有关规定实施行政处罚,并征收相应的滞纳金。

需要说明的是,依据《公路运输管理费征收和使用规定》继续征收公路运输管理费,并不与道路运输条例的规定相抵触。因为公路运输管理费属于国家规定的合法的行政事业性收费项目,因此可以继续按照国家的有关规定继续征收,而不是在道路运输条例中没有规定就不可征收公路运输管理费。

公路运输管理费的征收范围和征收标准,仍按国家现行规定执行,做到应征不漏,不得多收、重收。

第七章

公路安全保护条例（213问）

1.《公路安全保护条例》(简称《条例》)颁布施行的重要意义是什么?

公路是国民经济的重要基础设施,也是国家综合交通运输基础设施网络的重要组成部分。改革开放以来,我国公路事业得到了长足发展,截至2012年年底,全国公路网总里程达到423.8万公里,其中高速公路通车里程达到9.62万公里,农村公路通车里程达到375万公里,极大促进和保障了我国经济社会的发展。与此同时,依法保障公路完好、安全和畅通的任务也日益繁重,尤其是近年来部分地区发生地震、泥石流、冰冻雨雪灾害等突发事件,公路抢通保畅,保护人民群众生命财产安全的任务更为突出。《条例》作为我国第一部专门对公路保护进行规范的行政法规,全面构建了公路保护的各项法律制度。它的颁布施行,对于依法保障公路路网有效运转,更好地发挥公路在国民经济发展、社会主义新农村建设以及人民群众安全、便捷出行方面的作用,具有十分重要的意义。

(1)有利于全面提高公路交通网络的公共服务能力。

(2)有利于全面提高公路交通网络的应急保障能力。

(3)有利于建立健全车辆超限治理长效机制。

(4)有利于深入推进公路保护和依法行政。

2.《公路安全保护条例》的制度内涵是什么?

1997年,国家出台了《公路法》,为依法加强公路的建设、管理和保护,促进公路事业发展提供了坚实的法律基础。随着经济社会的发展,新形势、新情况不断出现,新经验也不断得到总结,《条例》正是在《公路法》规定的原则和制度框架下,通过立法进一步补充和细化了《公路法》所确立的公路安全保护法律制度,为进一步开展公路安全保护工作提供了更加充分、细致的制度保障。《条例》在以下方面作出了制度创新:

(1)全面加大了对公路线路本身的保护力度。

(2)建立了符合管理实际的公路桥隧安全保护制度。

(3)加大了对违法超限运输行为的查处与监管力度。

(4)强化了对公路养护秩序的规范化管理。

(5)完善了应对公路突发事件的规定。

(6)创建了政府主导、部门联动的工作机制。

3. 如何切实做好《公路安全保护条例》的贯彻执行?

《条例》的颁布施行是我国公路事业发展过程中的一件大事,在全行业乃至全社会切实宣传好、贯彻好这部行政法规,意义深远,责任重大。当前要在以下方面采取有效措施,切实做好《条例》的贯彻执行:

(1)加强学习宣传。各级交通运输主管部门、公路管理机构要从促进交通运输科学发展的高度,深刻认识《条例》出台的重要意义。要采取切实措施,组织好、落实好《条例》的学习培训工作,确保全行业深刻理解和准确领会《条例》的基本精神和主要内容,提高管理能力和服务水平。要精心策划好《条例》的宣传活动,充分发挥报刊、广播、电视、互联网等媒介作用,加强报道,并通过知识竞赛、宣传标语口号征集等群众喜闻乐见的形式,以及"宣传月"等主题宣传活动,广泛、深入地普及公路安全保护知识,在全社会形成爱护公路、依法保护公路的良好氛围。要把《条例》宣传贯彻作为一项长期性工作来抓,明确责任单位、人员、经费等各项保障,确保《条例》得到深入贯彻施行。

(2)完善配套制度。要认真组织制定落实《条例》的具体办法和配套措施,确保《条例》得到全面正确执行。各级交通运输主管部门要抓紧做好有关公路安全保护规范性文件的清理和修改工作,确保《条例》施行后相关制度衔接顺畅。交通运输部要加快《条例》配套制度建设,尽快出台《公路超限检测站管理办法》、《超限运输车辆行驶公路管理规定(修订)》等配套规章,以及《涉路行为行政许可安全评价实施办法》、《路政文明执法工作规范》等规范性文件。

(3)抓好制度落实。各级交通运输主管部门和公路管理机构要以高度的责任感和使命感,认真组织贯彻执行《条例》。要按照《条例》的规定,切实履行公路安全保护职责,严格执法,确保各项公路安全保护制度落实到位,并加强对贯彻情况的监督检查。要以《条例》的贯彻施行为契机,重点抓好以下工作:一是组织开展路政管理文明创建等系列活动;二是针对违法建筑、穿集镇路段、非公路标志、涉路设施等公路安全保护工作中的重点、难点问题依法深入进行专项治理;三是继续加强车辆超限治理工作,积极采取区域联动治理模式,有针对性地组织开展联合治理专项行动;四是定期组织地方公路应急队伍和武警交通部队开展公路突发事件应急演练,提高应急队伍的实战水平;五是建立跨省大件运输联合审批机制,加强和规范涉路施工行为安全评价管理,进一步创新行政许可方式,提高行政许可效率和作出行政许可决定的科学性。各级交通运输主管部门和公路管理机构在贯彻执行《条例》过程中,要牢固树立以人为本、依法行政、执法为民的思想,不断提高公共服务的能力和水平,努力创造畅通、安全、和谐、高效的公路通行环境,为经济社会的又好又快发展,作出更大的贡献。

4.《公路安全保护条例》立法目的是什么?

立法目的又称立法宗旨,是指制定一部法律所要达到的任务目标,也就是说制定一部法律要解决哪些问题。《条例》的立法目的是加强公路保护,保障公路完好、安全和畅通。

5. 公路完好是指什么?

主要是指公路物理状态的完好,即公路及其附属设施应当符合有关技术规范的要求,处于良好的技术状态,包括路面平整,路肩、边坡平顺,有关设施完好。

6. 公路安全是指什么?

主要是指公路本身的安全及整个路网运行的安全。公路属于国家财产,保障公路安全就是保障财产安全,任何单位和个人不得破坏、损坏、非法占用或者利用公路、公路用地和公路附属设施,如挖沟引水、采石取土等危及公路安全的活动。需要明确的是,公路安全与交通安全密切相关,但不能等同于交通安全。道路交通安全是一个由人、车、路和环境等要素构成的"公路安全生态链",系统中任何一个要素的行为或性质发生变化都会对整个公路交通安全产生影响。在我国现行法律体系中,围绕道路交通安全所产生的法律关系主要是由《中华人民共和国道路交通安全法》调整的,其第三条规定"道路交通安全工作,应当遵循依法管理、方便群众的原则,保障道路交通有序、安全、畅通。"

7. 公路畅通是指什么?

主要是指公路的通行功能正常。公路畅通的前提必然是公路完好和公路安全。如,公路未出现塌、坑槽、隆起等损毁现象,公路沿线无摆摊设点、堆放物品、倾倒垃圾、放养牲畜、打场晒粮等违法行为。此外,公路畅通不仅指某条或某段公路的畅通，还包括整个公路路网的有效运转。如，《条例》第五十条有关省、自治区、直辖市交界区域公路养护作业管理的规定，就是在整个大路网格局下考虑路网通畅运行的。

8. 从哪些方面加强公路保护？

一是加强养护管理；二是加强路政管理；三是加强路网运行与应急管理。

总体上看，养护管理、路政管理、路网运行与应急管理是公路保护的不同表现形式，三者紧密联系，缺一不可。如，治理车辆违法超限运输属于路政管理工作，组织对违法超限运输造成损坏的桥梁等公路设施进行检测和维修属于养护管理工作，因维修桥梁等公路设施采取分流措施以及发布公路通阻信息则属于路网运行与应急管理工作。

9. 加强养护管理具体是指什么？

具体指公路管理机构、公路经营企业等养护管理责任主体为保证公路的安全和畅通，并使公路处于良好的技术状态，在公路运行期间按照相关的法律、法规、规章和技术规范、操作规程对公路、公路用地和公路沿线附属设施开展的保养、维修、水土保持、绿化和管理等各项业务工作，即保障公路的"完好"。

10. 加强路政管理具体是指什么？

具体指各级公路管理机构为维护公路管理者、经营者、使用者的合法权益，根据《中华人民共和国公路法》、《公路安全保护条例》等法律、法规和规章的规定，实施保护公路、公路用地及公路附属设施的行政管理，主要是防止公路受到人为的破坏和损坏，即保障公路的安全。

11. 加强路网运行与应急管理是指什么？

具体指在养护管理和路政管理的基础上，根据公路沿线经济展水平、车流量等因素，着力完善路网结构，消除影响路网体系全面发挥作用的断头路、疏港路，构建一张规划布局科学、干线支线交错、技术等级合理、路路衔接紧密的公路网络。同时积极利用信息化等科技手段，构建路网调度网络和指挥、执行系统。建立高效的路网信息发布制度和公路突发事件应急处置机制，充分发挥路网体系的调度和疏导功能，确保整个路网的畅通，提高路网抵抗自然灾害等突发事件的应急能力，即保障公路的畅通。

12.《公路安全保护条例》的立法依据是什么?

《公路安全保护条例》的主要立法依据(简称《条例》)是《中华人民共和国公路法》(以下简称《公路法》),这是调整公路保护法律关系的基本法,在公路规划、建设、养护、路政管理等方面确立了一系列的基本原则和基本法律制度。其中第四章、第五章对公路保护作了比较全面的规定,主要包括养护责任、养护资金来源、养护作业、绿化管理、涉路施工许可、建筑控制区管理、桥隧结构物保护、超限运输车辆管理、公路附属设施保护等方面的规定。

13.《公路安全保护条例》的立法背景是什么?

改革开放以来,我国公路事业得到了长足发展,截至2010年年底,全国公路网总里程达到398.4万公里,其中高速公路通车里程达到7.4万公里,农村公路通车里程达到345万公里,“五纵七横”12条国道主干线全部建成,西部开发8条省际通道基本贯通,极大促进和保障了我国经济社会的发展。与此同时,如何运用法律手段进一步加强公路管理,提高公路保护水平,更好地应对近年来不断出现的新情况、新问题,特别是加强对违法超限超载运输行为的监管,规范和提高公路养护水平,及时有效地处置雨雪冰冻灾害、地震、泥石流等公路突发事件,确保公路始终处于良好的技术状态。更加充分和有效地发挥公路对经济社会发展全局、社会主义新农村建设以及人民群众安全便捷出行的服务作用,也成为交通运输行业面临的一项重要任务。从法律制度上看,1998年生效施行的《公路法》,确立了公路保护工作的基本原则和制度,赋予了交通运输主管部门和公路管理机构实施公路保护的责任和必要的手段,但《公路法》的规定比较原则,针对性和可操作性不够强。2004年5月中旬,经国务院同意,国家7部委在全国开展车辆超限超载治理工作,并提出“在总结治理工作的基础上,抓紧制定、修改有关公路设施保护的法律、法规,将治理工作纳入法制化轨道”。因此,制定一部专门规范公路保护行为的行政法规,解决公路保护所面临的亟待解决的问题就显得非常的必要和紧迫。

14.《公路安全保护条例》的立法情况是怎样的?

2004年底,交通运输部启动《公路安全保护条例》的起草工作,在广泛征求意见、反复研究的基础上,起草了条例送审稿并于2007年底报送国务院审议。2008年,国务院法制办组织开展条例审查工作,征求了全国人大常委会法工委、中央编办、发展改革委、公安部、财政部、工业和信息化部、国土资源部、质检总局等27个中央有关部门、单位和浙江、安徽、山西、湖南等15个地方人民政府的意见,并向社会公开征求意见,同时多次深入基层进行实地调查研究,举办不同层次和范围的专家咨询会、论证会,听取意见,研究论证。在此基础上,国务院法制办、交通运输部对送审稿进行了反复研究修改,形成了条例草案。2011 年 2 月 16 日,国务院第 144 次常务会议审议并原则通过条例草案。2011 年 3 月 7 日,国务院总理温家宝签署国务院第 593 号令予以颁布,自 2011 年 7 月 1 日起施行。

15.《公路安全保护条例》的立法原则是什么?

《公路安全保护条例》的制定以科学发展观为指导,按照"三个服务"的要求,在深入行业进行调研的基础上,认真研究相关制度,力求科学、合理地反映公路安全保护的客观规律,在立法过程中遵循了下列原则:

(1)立足全面保护。从保护主体看,《公路安全保护条例》不仅明确了交通运输主管部门和公路管理机构的保护职责,而且还动员各级政府、各相关职能部门以及社会公众等各方力量广泛参与公路安全保护工作。从保护对象看,既明确了对公路、桥梁、隧道、渡口、公路附属设施等公路线路主体线路的保护,又加强了对公路用地、建筑控制区、集镇规划控制区、桥梁采砂区、桥隧爆破区等立体空间的管理。

(2)重点强化治超。违法超限运输危害极大,是最为严重的公路"杀手"。为此,《公路安全保护条例》将建立超限治理长效机制作为重中之重,从管理手段上强化超限治理措施,在管理环节和管理力量上突出了综合治理,从车辆的生产、改装、注册登记、货运装载、站点检测、责任追究等环节,对超限治理作了详细规定。

(3)坚持依法行政。坚持依法行政是依法治国的必然要求,是建设法治政府的核心所在。《公路安全保护条例》严格遵循国务院关于全面推进依法行政实施纲要确定的基本原则和要求,不仅明确了公路管理机构的执法主体资格,赋予了必要的执法手段,又规定了应当承担的法律责任,实现公路执法的权责统一,有利于建立"层次清晰、事权明确、权责一致、运转高效"的地方公路管理体制,进一步促进公路管理机构的职能转变。

(4)突出服务便民。维护公路的完好、安全、畅通是政府交通运输主管部门及其公路管理机构的职责,做好公路安全保护工作的出发点和最终目的是为广大人民群众提供方便、快捷、安全的出行条件。因此,《公路安全保护条例》始终坚持以执政为民、服务群众为指导思想,不断强化公共服务职能,充分体现了以人为本的思想和宗旨。如,明确了公路管理机构和有关部门对公路养护工程的及时公告和保畅义务,防止施工区域路段堵塞;建立了跨省大件运输联合审批机制,提高行政许可效率;加强路网运行监测,通过多种形式向社会发布公路出行信息等。

16. 各级人民政府应当加强对公路保护工作的领导,依法履行公路保护职责中"各级人民政府"包括哪些?

这里所称各级人民政府,包括国务院即中央人民政府和省、市、县、乡各级地方人民政府。

17. 各级人民政府为什么要加强对公路保护工作的领导?

公路是现代交通的重要组成部分,是为国民经济、社会发展和人民生活服务的公共基础设施。公路的现代化程度和水平,直接关系到一个国家或一个地区的经济发展、社会进步和人民生活水平的提高,是衡量一个国家经济实力和现代化水平的重要标志。建设公路和保护公路不仅仅是交通运输主管部门的职责,也不仅是哪一级政府的事,各级人民政府都应高度重视公路建设和保护,采取措施扶持、促进公路事业的发展。公路的公共基础地位决定了它是各级政府管理重点之一。《公路法》、《农村公路管理养护体制改革方案》(国办发〔2005〕49号)等规定,公路按其在公路路网中的地位分为国道、省道、县道、乡道和村道。将公路划分为不同的行政等级,主要是为了对不同等级公路的建设、养护和管理实行分级负责,使各级人民政府依法在自己职责范围内,组织有关部门做好相关公路的建设、养护、管理等各项工作。县级以上人民政府交通运输主管部门、公路管理机构,在本级人民政府的统一领导和上级人民政府交通运输主管部门指导下,负责公路保护工作,对《公路法》、《公路安全保护条例》在本行政区域内的贯彻执行进行管理、监督。

18. 各级人民政府在公路保护方面的具体职责是什么?

公路是重要的基础性设施,其发展水平是经济发展水平和社会进步的重要标志,对经济社会的发展具有重要意义。公路保护工作是否能够有效开展,直接关系到公路促进地方经济社会发展的效用能够有效充分发挥,地方人民政府应该从促进本地区、本区域经济社会发展的高度加强对公路保护工作的领导。《公路法》第四十三条规定,各级地方人民政府应当采取措施,加强对公路的保护。《条例》也指出,各级人民政府应当加强对公路保护工作的领导,依法履行公路保护职责。具体来讲,地方人民政府的职责主要有:

(1)车辆超限超载治理。

（2）农村公路保护。

（3）划定公路建筑控制区。

（4）划定公路用地范围。

（5）根据《公路法》第八条和本条例第三条的规定，省、自治区、直辖市人民政府确定县级以上地方人民政府交通运输主管部门对国道、省道的保护职责。

（6）应急抢险管理。根据《中华人民共和国突发事件应对法》、《公路法》第四十条、《条例》第七条和第五十三条规定，县级以上地方人民政府交通运输主管部门、公路管理机构等在本级人民政府领导下制定地震、泥石流、雨雪冰冻灾害等损毁公路的突发事件应急预案，并开展有关应急处置工作。

（7）限高、限宽设施设置。为防止超限运输车辆破坏县道、乡道，根据《条例》第三十四条规定，乡级人民政府可以根据保护乡道、村道的需要，在乡道、村道的出入口设置必要的限高、限宽设施。

（8）其他职责。公路保护工作是一项综合性的工作，需要各级地方人民政府加强领导，营造良好的执法环境。在公路保护工作中，各级人民政府还应当按照公路管理事权建立层次清晰的公路保护经费保障机制，创建“政府主导、部门联动”的公路保护工作机制，督促相关部门积极履行公路保护职责，通过制定规章、制度来强化公路保护工作。

19. 国务院交通运输主管部门是指什么？

《条例》所称国务院交通运输主管部门，是指国务院下属的交通运输部。依照《中华人民共和国宪法》和《中华人民共和国国务院组织法》的规定，确定国务院各部、委的职责，属于国务院的职权。2009 年 3 月 2 日，国务院办公厅下发《交通运输部“三定”方案》（国办发〔2009〕18 号），根据第十一届全国人民代表大会第一次会议批准的国务院机构改革方案和《国务院关于机构设置的通知》（国发〔2008〕11 号），设立交通运输部，为国务院组成部门。

20. 交通运输部下设公路局的主要职责是什么？

交通运输部下设公路局，其主要职责是：承担公路建设市场监管工作，拟定公路建设、维护、路政、运营相关政策、制度和技术标准并监督实施；承担国家高速公路及重要干线路网运行监测和协调；承担国家重点公路工程设计审批、施工许可、实施监督和竣工验收工作；承担公路标志标线管理工作；指导农村公路建设工作；起草公路有关规费政策并监督实施。

21. 县级以上地方人民政府交通运输主管部门是指什么?

《条例》所称县级以上地方人民政府交通运输主管部门是指县级以上地方人民政府的交通运输厅、局(对于直辖市而言,则是指交通委员会或交通运输管理局)。县级以上地方人民政府交通运输主管部门,在本级人民政府的统一领导和上级人民政府交通运输主管部门指导下,依法主管本行政区域内的公路保护工作,对《公路安全保护条例》在本行政区域内的贯彻执行进行管理、监督。

22. 各省、自治区、直辖市对本行政区域内的国道、省道如何管理?

各地在实践中有条条管理、条块结合、块块管理3种管理模式。考虑到实践中各省、自治区、直辖市对国道、省道的管理体制的不同情况,《条例》在规定县级以上地方人民政府交通运输主管部门主管本行政区域内的公路保护工作的同时,以但书的形式规定,"县级以上地方人民政府交通运输主管部门对国道、省道的保护职责,由省、自治区、直辖市人民政府确定",以适应各地的不同情况。从近年来公路发展以及各地公路管理体制的实践看,国道、省道由省级交通运输主管部门和公路管理机构统筹管理的格局能够更好地适应公路网络化运行与应急处置工作的需要。采用但书的表述方式,既与《公路法》有关规定保持一致,同时也为今后国道、省道的管理体制改革提出了方向,为推进国道、省道由省级交通运输主管部门和公路管理机构统筹管理预留了空间。

23. 对公路管理机构法律主体资格有哪些规定?

《条例》通过行政法规授权的形式,明确了公路管理机构的法律主体资格,规定了公路管理机构具体负责公路保护的监督管理工作,同时也赋予公路管理机构行使公路行政管理职责的必要权力和手段。法律主体资格就是能够以自己的名义独立行使公路行政管理职责,并独立承担相应的法律责任,对引起的行政争议,能够以自己的名义参加行政复议和行政诉讼。

24. 《公路安全保护条例》授权公路管理机构行使行政管理职责主要基于哪些考虑?

(1)为了满足公路管理的现实需求。根据《公路法》规定,公路保护职责不仅包括查处公路违法行为、强制拆除违法建筑、审批涉路施工和大件运输、公路监督巡查等行政执法内容,也包括养护秩序维护、出行信息发布、公路损毁抢修、路网运行监测等行政服务内容,涉及工程建设、交通安全、法学、应急处置等多个领域,具有较强的专业性和技术性。因此,有必要进一步明确和强化公路管理机构的执法主体资格,并赋予相应的管理手段和措施,以满足公路管理的现实需求。

(2)为了符合依法行政的要求。在公路行政管理中,可对违法行为作出 5 万元的高额罚款、扣留违法车辆、责令拆除违章建筑等处理决定,对于这些形式复杂、管理强度大的行政职权,通过法规授权公路管理机构行使并独立承担法律责任,更符合公路保护工作实际,同时也符合国家全面推进依法行政工作的有关要求。

(3)根据《中华人民共和国行政许可法》规定,行政许可权只能委托有关行政机关行使,或者由法律、法规授权的组织行使,只有通过法规授权,公路管理机构才能够以自己的名义行使行政许可权,以自己的名义独立地承担法律责任。根据《公路法》和《条例》规定,公路管理机构能够独立行使《公路法》和《条例》规定的公路行政管理职责。

(4)也有例外,根据《公路法》第五十七条和第八十二条规定,在公路桥梁、公路隧道、公路渡口以及公路两侧规定范围内因抢险、防汛需要修筑堤坝、压缩或者拓宽河道的行政许可权,对擅自在公路上设卡、收费的行政处罚权以及对未经批准擅自进行公路建设项目施工的行政处罚权,只能由有关交通运输主管部门行使。

25. 共和国公路管理体制大致分为几个时期?

(1)建国初期(1949~1957 年),公路管理体制初步建立。

(2)"大跃进"和"文化大革命"时期(1958~1976 年),公路管理在曲折中前进。

(3)改革开放初期(1978~1988 年),公路管理体制重整旗鼓。

(4)1988 年至今,公路进入快速发展阶段,体制改革酝酿与探索。1988 年 12 月我国第一条高速公路——沪嘉高速公路建成通车,标志着我国高等级公路建设进入了快车道,公路建设项目设计、重点工程建设、运营管理等职能也从专业公路管理机构分出,各地开始了高等级公路管理模式的探索。为了适应公路建设筹资和投资管理的需要,不少省区设置了负责高等级公路筹资、建设、管理和经营的管理机构,如高等级公路管理局、集团公司或发展公司。《公路管理条例》颁布 11 年后,公路的发展要求出台一部法律,对公路的养护、建设、市场管理进行全方位的规范。1998 年 1 月 1 日,《公路法》正式施行,进一步明确了交通主管部门和公路管理机构建设、养护、管理公路的职责,完善了公路建设和养护制度。从此,公路管理有了自己的龙头法。1998 年开始国家实施积极的财政政策,加大了基础设施的建设力度,各省、直辖市、自治区都在根据自身的实际情况调整公路管理体制。为了赶上公路建设不断加快的步伐,很多省把公路管理体制下放到地方,这样有利于调动地方政府建设公路的积极性,促进加快公路建设目标的实现。由此逐渐形成了以条块结合为主,有的侧重于条条管理、有的侧重于块块管理的多种形式、多种体制并存的局面。

26. 我国公路管理体制的现状是什么?

(1)总体情况。现行的公路管理体制按照“统一领导、分级管理”的原则建立起来。

(2)国省干线公路的管理体制。国道和省道(不包括高速公路)的建设、养护和管理的事权均以地方为主,但是各省的管理体制差别较大。全国有三种形式:

①条条模式。省级公路管理机构直接负责国道、省道及部分重要县道的建设、养护和其他管理。地市公路总段(局、分局、处)、县公路段(局、分局、站)的人、财、物由省公路局实行垂直管理。县乡道路以地(市)交通运输局为主实施规划、设计、建设和养护管理,省公路局给予技术指导和一定的资金补助。见图7-1。

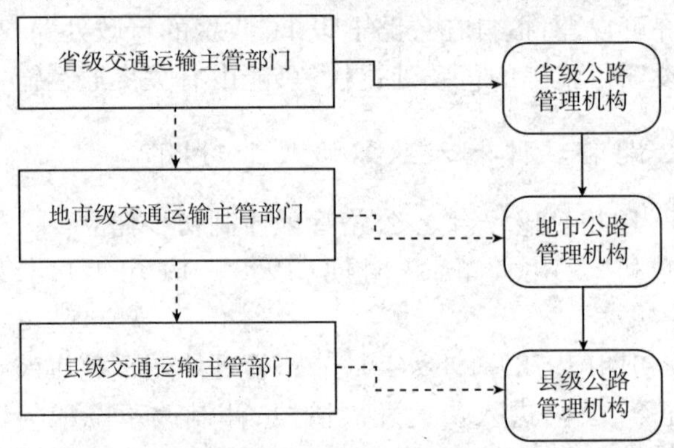

图7-1　普通国省干线公路的条条管理模式示意图

注:图中实线表示直属管理,虚线表示行业指导,无行政隶属关系。

②块块模式。省交通运输厅公路局只是在业务上对各地市公路管理机构实施归口管理和指导。地市公路管理机构的人、财、物均在地方政府,受各地市交通运输局管理。地市以下的公路管理体制由各地市人民政府确定,一般来说包括两种,即地市以下垂直管理和条块结合管理。见图7-2。

③条块结合模式。一般是省公路管理部门将国省干线公路的管理下放到地市,但计划、财权在省公路管理机构。地市公路管理部门的包括人事权在内的行政领导归属当地政府。县乡公路仍由地市、县交通运输主管部门负责。根据地市公

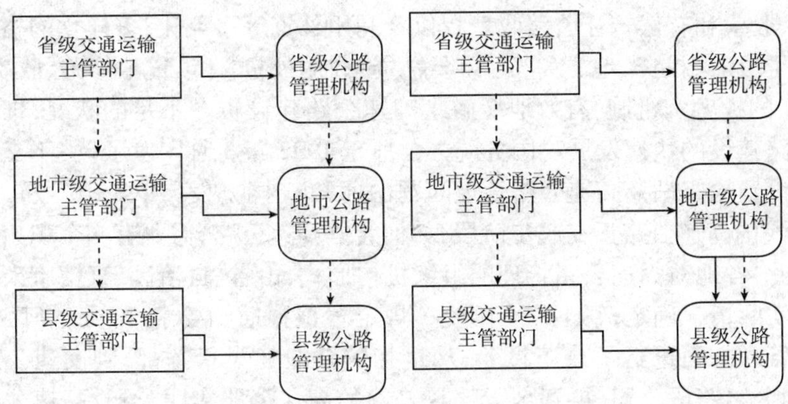

图 7-2　普通国省干线公路的块块管理模式示意图

注:图中实线表示直属管理,虚线表示行业指导,无行政隶属关系。

路管理机构与县公路管理机构的关系,又可分为两种管理模式:其一,地市公路管理机构对县公路管理机构实施计划、财权的管理,人事权则归属当地政府主管部门管理。其二,地市公路管理机构对县公路管理机构的人、财、物实行垂直管理。见图 7-3。

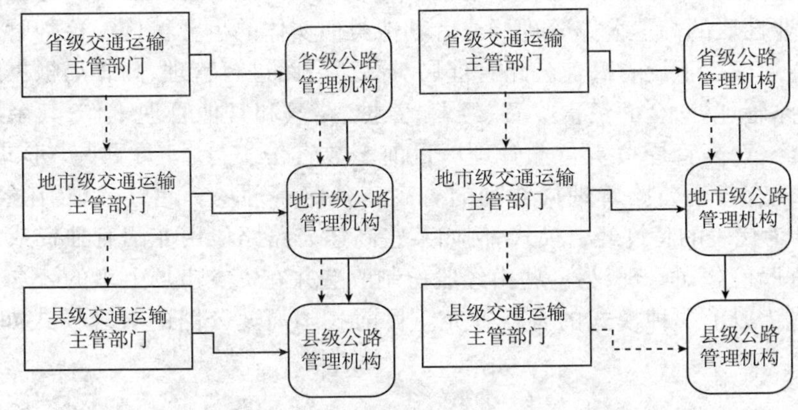

图 7-3　普通国省干线公路条块结合管理的两种模式示意图

注:图中虚实线表示条块结合管理,实线表示直属管理,虚线表示行业指导。

(3)高速公路的管理体制。我国高速公路的管理是伴随着 1988 年我国第一条高速公路的竣工通车相应产生的。在由计划经济向社会主义市场经济过渡时期,我国高速公路管理体制的形成与国家的政策、法规、措施密切相关。在国家投融资体制改革政策的指导下,高速公路建设筹资方式由单纯依靠政府投资,逐步发展到政策筹资和社会融资;从单一的公路规费、专项基金发展到利用银行贷款、向社会发行债券、股票和有偿转让公路收费权以及利用外资等多元化、多样化的格局。建立并坚持了"国家投资、地方筹资、社会融资、利用外资"和"贷款修路、收费还贷、滚动发展"的投融资机制,有效地缓解了高速公路建设资金不足的状况,推动了全国高速公路建设的快速发展。国务院办公厅于1992年3月印发了《关于交通部门在道路上设置检查站及高速公路管理问题的通知》(国办发〔1992〕16号),通知指出:"目前我国高速公路正在起步阶段,如何管好高速公路,需要有一个积累经验的过程。因此,各地对高速公路管理的组织机构形式,由省、自治区、直辖市人民政府根据当地实际情况确定,暂不作全国统一规定。"根据通知要求,部分省(区、市)在高速公路管理方面进行了改革试验,从最初的路段建设指挥部,到高速公路管理局,到高速公路路段公司,再到今天比较普遍的高速公路集团公司,高速公路管理体制呈现多种模式并存的局面。

主要有3种模式:一是组建省政府授权并直接领导的国有独资或控股性质的高速公路总公司。这种模式下的高速公路总公司一般归省国有资产管理机构统一管理,直属省政府领导,省交通运输厅及其下属的行政管理机构依法负责高速公路的行业管理。二是组建由省交通运输厅领导的高速公路融资实体。省交通运输厅从融资角度将辖区内高速公路予以整合,成立独资或控股的高速公路总公司。三是组建事业性质的高速公路管理局或者其他类似实体的事业机构。这种管理模式下,省交通运输厅下设省高速公路管理局对高速公路进行管理,高管局根据路段下设高速公路管理处,全面负责收费、经营、养护、路政和其他管理工作;其余路段由企业负责经营,高管局负责行业管理。目前多数省份实行"一厅两局"形式,即单独成立与现有普通公路管理局并列的省高速公路管理局。此外,以转让经营权、BOT、TOT为代表的特许经营模式,例如某些高速公路路段由非国有独资或控股的民营、外资股份公司管理,另一些由经股份制改造并在资本市场上市的公众公司管理等,也成为以上3种模式的有益补充。目前我国高速公路的管理模式如图7-4所示。

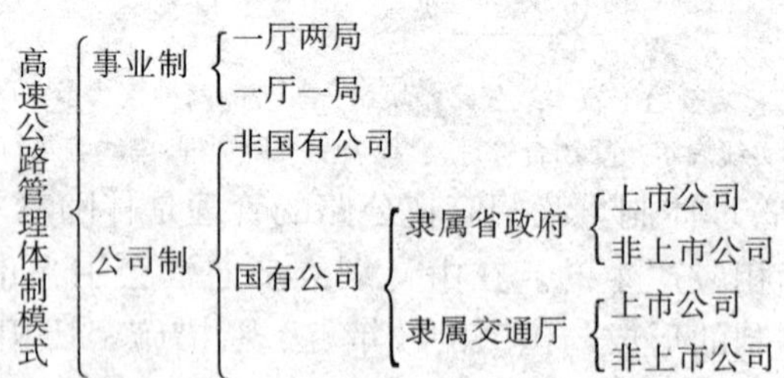

图7-4　我国现行高速公路管理体制的组成结构图

(4)农村公路的管理体制(县道、乡道、村道的管理体制)。依据《公路法》,公路依据行政等级划分包括国道、省道、县道和乡道。《公路法》第八条规定,乡、民族乡、镇人民政府负责本行政区域内的乡道的建设和养护工作。

长期以来,农村公路中的部分县、乡道公路(原来省管)和普通国省干线公路一起由地市、县公路管理部门代管,其余县道建设、养护和管理工作由市、县政府负责,乡道的建设、养护和管理由乡镇政府负责。有些省份为了加强对农村公路的行业管理,在省公路机构专门设立农村公路管理处(科)或称地方道路管理处(科)。尽管我国村道总里程在公路网中占了很大比重,但是由于《公路法》颁发时没有明确其身份,村道主要还是由村委会负责建设,养护工作局限于群众突击和季节性养护,路政管理也基本未开展。2005 年 9 月,国务院办公厅下发《农村公路管理养护体制改革方案》(国办发〔2005〕49 号),明确指出,县级人民政府是本地区农村公路管理养护的责任主体,其交通运输主管部门具体负责管理养护工作;县级人民政府交通运输主管部门所属的公路管理机构具体承担农村公路的日常管理和养护工作;乡镇人民政府有关农村公路管理、养护、保护以及养护资金筹措等方面的具体职责,由县级人民政府结合当地实际确定。这一文件是对《公路法》补充解释,也是体现了“统一领导、分级负责”的公路管理原则。

目前,依据农村公路管理的职责划分和相应机构的设置情况,全国县、乡、村公路管理的模式可以从两个角度进行划分:一方面,按照县道是否部分上收管理分为两大类,一些省份将县道中的一些重要线路与干线公路一起由公路管理机构养护、管理,例如辽宁、江苏、浙江、安徽、江西等。另一方面,按照农村公路是否单独设立管理机构分为两大类,一些省份市、县两级的公路管理机构有两套,分别负责干线公路和农村公路的养护管理,这种两套机构并行设置的省份包括安徽、江西、陕西、新疆、内蒙古等。随着国办发〔2005〕49 号文件的下发,各省、自治区、直辖市纷纷出台农村公路管理养护的办法,进一步理顺了农村公路管养职责。由于农村公路中村道的里程多,有些省份为了落实基层管理单位,在乡镇一级也设立了专门的公路管理机构,例如浙江嘉兴等市设立乡公路管理站,相关人员纳入乡镇事业编制,业务上接受县公路管理机构的指导。

27. 国外公路管理体制是怎样的?

虽然国外公路管理体制由于自身的经济发展和行政体制的不同而呈现出不同的形式,但从共性的角度来看,大多数国家在公路管理构架设计、职能划分等方面都存在着较为相似的特点和理念,有许多值得我们的公路管理体制改革借鉴的地方。

(1)全国统一的公路管理机构设置。大多数国家在全国设有统一的公路管理机构,并按照公路的层次划分,对公路进行统一领导下的分级管理。一般为3层次模式,即中央政府管理机构、省级政府管理机构和县级政府管理机构。

英国实行交通部、公路局和地方公路管理部门3级管理体制。

美国联邦运输部下设联邦公路局。联邦公路局总部由5个核心业务部门与8个服务业务部门按照矩阵机构组成,根据联邦有关法律管理联邦政府公路事务,主要包括公路规划、建设、养护、运营和运输等方面事务。联邦公路管理局的地区性办事机构包括4个资源中心、52个联邦资助公路办事处和3个联邦属地公路办事处。这些办事机构实际上是联邦公路管理局的派出机构,主要是支持联邦公路管理局处理地区性事务。

(2)按公路功能分类对管理职能进行划分。公路功能分类,是指以公路的本质属性或其他显著属性特征作为根据,把各种等级层次或类别的公路集合成类的过程。

(3)公路管理的法制化。发达国家对公路的管理,不是简单地用行政命令,而是侧重于用法律的手段,对公路管理的众多方面加以明确的规定。

一是用法律的形式规定公路管理职责划分。

二是长期公路规划的法制化。

三是法制化建立稳定的公路建设资金来源和有效的政府补助机制。发达国家在公路建设的资金筹措过程中无不以明确的法律法规作为保证。

发达国家,公路建设资金使用采取预算制和基金制两种不同的方法。美国和日本采用基金制。美国通过建立公路信托基金,对联邦资助公路进行资助。日本通过征收汽油税、液化石油气税、机动车吨位税等建立中央道路专项基金,即日本道路改善特别账户。地方基金主要通过中央政府所征收的税收(燃油税、液化石油气税、机动车吨位税)转移到地方政府,以及地方政府税收(柴油油料交易税、机动车购置税)筹集。英国、法国、德国则采取预算制,通过编制国家预算,由议会审议通过后,对公路建设进行资金补助。

(4)高速公路单独统一建设管理。高速公路作为公路网中层次和功能处于最高级别的公路系统,许多国家针对高速公路都在全国设立统一的机构进行管理,以最大限度地发挥其路网主通道的作用。最为典型的是日本。成立于1956年的日本道路公团,是一个在全日本从事高速公路建设和收费的非营利性国家公司。依据《日本道路公团法》,日本道路公团由日本政府全资拥有,它是政府规划决策的执行机构。日本道路公团目前运营着6395公里国家高速公路和785公里地区高速公路。日本道路公团由《日本道路公团法》授权建设和经营下列设施:国家高速公路,地区高速公路,包括收费隧道、收费桥梁和渡口,停车处和服务区。英国中央政府在运输部设立公路局,专门负责对全国的干线道路及所有高速公路的规划、投资建设、改善、养护管理。

(5)国道养护资金中央统一管理。对于国道养护资金,国外都是统一由中央政府进行管理。中央政府作为公路养护的责任人(业主方),设立基金或预算,分配给国道所经州或其他省级政府,委托其代为养护。

英国,在地方按片区设立 8 个区公路局,中央设联邦公路局。交通部每年通过国家财政预算的形式获得经费,联邦公路局编制干线公路养护资金预算,交通部根据公路局预算,经交通大臣批准,将资金拨付给公路局,公路局按区公路局编制的养护计划,向其拨付资金,区公路局作为业主单位,将干线公路分段委托给所经地区的当地政府,由其代为养护,或通过招标选择咨询公司作为其养护代理。

美国,联邦政府设有专项的公路信托基金用于国道的建设和养护。具体养护与由各州具体负责,采取地方区域的养护管理体制。

28. 我国公路管理体制的改革方向是怎样的?

改革开放以来,我国地方公路管理体制改革在探索中不断取得突破,促进了公路事业的跨越式发展。公路网建设成就显著,公路养护管理水平明显改善,行业公共服务能力有所增强。但同时,现行地方公路管理体制也暴露出一些深层次问题。公路行政主体多元化,导致路网分割管理,整体运行效率不高,应对突发事件的指挥调度能力不强;政府管理职能尚未有效转变,政、事、企不分的现象较为普遍,公共服务职能相对较弱,市场监管职能不到位;公路管理机构设置重复、职责交叉,相互之间权责不清、关系不顺;制度体系不够健全,监督机制不够完善,缺乏有效管理手段,管理和服务能力总体滞后。这些问题既不利于提高行业管理效率和公共服务水平,更不利于促进公路事业持续稳定健康发展,深化改革势在必行。由于我国公路管理以地方为主,加快推进地方公路管理体制改革具有十分重要的现实意义。

按照党的十七大和十七届二中全会的统一部署,我国新一轮行政管理体制改革正在稳步向纵深推进。在推进新一轮行政管理体制改革过程中,国务院机构改革组建了交通运输部,部调整组建了公路局,加强了公路管理的机构和职能。地方政府机构改革中,普遍根据大部门体制要求组建了新的交通运输主管部门。在重构地方交通运输行政组织体系中,公路管理的机构设置和职能调整将成为首要环节。特别是成品油税费改革后,公路投融资环境发生深刻变化,原有体制难以适应的矛盾更加突出,迫切需要对地方公路管理体制进行相应调整和完善。

29. 改革总体目标是指什么?

改革总体目标是建立起集中统一、事权清晰、权责一致、体系完善、运转顺畅、精简高效的公路管理体制。通过改革,实现公路管理向行政资源集中、职能有机统一、事权关系分明的根本转变;实现各级公路管理机构向政企分开、政资分开、政事分开、政府与市场中介组织分开的根本转变;实现行业管理组织体系向决策、执行、监督三权适度分离,省(自治区、直辖市)、市(地)、县(市)三级权责清晰的根本转变;实现行政运行机制和管理方式向规范有序、公开透明、便民高效的根本转变;努力构建公路管理的大部门体制,加快行业政府职能转变,优化公路管理组织体系,强化重点环节改革,加强行业依法行政和制度建设,为实现深化改革的总体目标打下坚实基础。

30. 如何实现改革总体目标?

(1)明晰公路管理事权。正确界定公路事权,是完善公路管理体制、明确各级政府责任的前提。根据不同行政等级公路在路网中的功能、作用和影响范围,国道、省道、农村公路的事权分别属于中央、省级、市县及以下级人民政府。根据公路事权划分以及《公路法》相关规定,公路管理实行统一领导、分级管理。国道规划由国务院交通运输部编制,具体建设、养护和管理委托省级公路管理机构负责,中央应加大对国道建设和养护的投入力度。省道规划由省、自治区、直辖市政府交通运输主管部门编制,建设、养护和管理由省、自治区、直辖市公路管理机构负责,省道建设和养护资金由省级政府为主负责筹集。县道、乡道规划分别由地级市、县级交通运输主管部门编制,建设、养护和管理分别由县(市)公路管理机构和乡(镇)人民政府负责。政府国有资产监督部门所履行的国有资产出资者职能、高速公路运营管理主体所承担的运营管理职能,不能混同甚至替代政府公路行业管理职能,交通运输主管部门及其公路管理机构要切实依法承担起保护公路资产、监督收费运营的政府职责。

(2)落实不同层级政府公路管理职责重点。按照公路事权归属,在强化省级宏观调控的前提下,合理划分省、市(地)、县3级政府公路管理的职责重点。省级职责重点:拟定全省公路公共政策;承担国道、省道的建设、养护和管理责任;组织全省公路运行调度和Ⅱ级应急管理。市(地)级职责重点:执行省级和本级政府公路公共政策,执行国省道管理具体事务,组织区域公路运行调度和Ⅲ级应急管理。

县级职责重点:执行上级决策,承担农村公路建设、养护和管理的相应责任,组织县域公路运行调度和Ⅳ级应急管理。

(3)努力构建公路管理大部门体制。按照大部门、大管理、大统筹、大协调的思路,积极探索实行职能有机统一的公路管理大部门体制。

一是强化"一省一厅、一厅一局"的综合管理构架。省级层面要整合高速公路、普通干线公路、农村公路的行政管理资源,依法强化交通运输主管部门对各级各类公路建设、养护、运营的政府监管职责,统筹公路发展规划、建设项目计划、财政资金安排、公路资产管理、路网运行管理、公共服务监督等行政事务。推进执行决策和执行相分开,凡涉及制定公路法律规范、行业政策、发展规划等抽象行政行为的决策职能,原则上由交通运输主管部门集中行使;凡涉及直接从事公路公共服务和行政执法等具体行政行为的执行职能,原则上由公路管理机构集中行使。按照"坚持一件事情原则上由一个部门负责"的要求,省级交通运输主管部门只设一个公路管理的行政执行机构,统一行使全省公路建设、养护、运营以及路政管理的行政执行职能。要组建职能有机统一的"大公路"管理机构,赋予其实施各级各类公路一体化管理的责任和权力。

二是完善"权责清晰、协调配合"的工作机制。

(4)优化公路管理的行政组织体系。

依托各级事权,建立分级管理体制。加强省级交通运输主管部门对全省公路公共行政的统一领导,强化省级公路管理机构对全省公路行政执行的统筹协调。根据不同公路事权,按照分职治事的要求,实行"国道国管,省道省管,农村公路县以下管,国道建养管委托省负责",统筹省级以下公路管理的体制安排。

31. 如何开展公路保护工作?

公路保护工作涉及面广,是一项社会性、综合性的工作,各级人民政府有关行政管理部门应按照职责分工,在各自职责范围内依法开展公路保护的相关工作。以治理车辆超限运输工作为例,2000 年以来,交通运输部与公安部先后在全国开展了治理工作,取得了一定成效。但由于这一问题是车辆生产与管理、运输市场、管理体制等诸多矛盾在运输环节的集中反映,涉及多个部门,治理难度大。2004 年 6 月开始,经国务院同意,交通运输部、公安部、国家发展改革委、国家质检总局、国家安全监管局、国家工商总局、国务院法制办成立领导小组,在全国道路安全工作部际联席会议的框架内,在全国开展部门联动的集中治超工作。经过近几年各部门各地方的共同努力,并通过行政的、经济的和法规的手段进行综合治理,全国治超工作取得明显的阶段性成果,货车超限超载率大幅度下降,道路交通安全形势、公路通行效率、汽车生产和改装行为、公路路况水平有了很大的好转。2007年以来,按照国务院统一部署,交通运输、公安等部门开展探索构建治超长效工作机制,进一步明确了发展改革、工商、质检等部门在治超工作的职责任务。为依法治超,从根本上杜绝超限运输行为,《条例》将建立超限治理的长效机制作为重中之重,从管理手段上强化超限治理措施,在管理环节和管理力量上突出了综合治理,从车辆的生产、改装、注册登记、货运装载、站点检测、责任追究等环节入手,对超限治理作了详细规定,并将发展改革、工业和信息化、公安、工商、质检等部门在治超工作中的职责也以法律的形式予以明确。

32. 各级政府相关部门应在治超工作中履行哪些职责?

根据国务院办公厅《关于加强车辆超限超载治理工作的通知》(国发办〔2005〕30号)精神及全国治理车辆超限超载工作领导小组《关于印发全国车辆超限超载长效治理实施意见的通知》(交公路发〔2007〕596号)文件的规定,各级政府相关部门应在治超工作中履行以下职责:

(1)交通部门:组织路政执法人员开展路面执法,查处违法超限运输车辆;派驻运管执法人员深入货站、码头、配载场及大型工程建材、大型化工产品等货物集散地,在源头进行运输装载行为监管和检查,防止车辆超限超载;负责超限检测站点及治超信息管理系统的建设和运行管理工作;建立货运企业及从业人员信息系统及信誉档案,登记、抄告超限超载运输车辆和企业等信息,并结合道路运输企业质量信誉考核制度,进行源头处罚;调整运力结构,采取措施鼓励道路货物运输实行集约化、网络化经营,鼓励采用集装箱、封闭厢式货车和多轴重型车运输;将路面执法中发现的非法改装、拼装车辆通报有关部门,配合有关部门开展对非法改装、拼装车辆的查处工作。

(2)公安部门:加强车辆登记管理,禁止非法和违规车辆登记使用;配合维护治超检测站点的交通及治安秩序;组织交警开展路面执法,依法查处超载等交通违法行为;依法查处阻碍执行公务等违法犯罪行为。

(3)发展改革部门(含经贸、物价部门):加强车辆生产企业及产品公告管理,监督、检查汽车生产企业及产品,查处违规汽车生产企业及产品;指导和监督超限超载治理相关收费政策的执行,制定超限超载车辆卸载、货物保管、停车管理等收费标准。

(4)工商部门:查处非法拼装、改装汽车及非法买卖拼装、改装企业的行为,依法取缔非法拼装、改装汽车企业。

(5)质监部门:对治超工作所需的检测设备依法实施计量检定;定期公布经验

收合格的承压类汽车罐车充装站单位名单;实施缺陷汽车召回制度;检查从事改装、拼装车辆生产企业的生产场所及标准执行情况,杜绝无标生产行为;实施车辆强制性产品认证制度,查处不符合认证要求的汽车生产企业及产品。

(6)安全监管部门:加强危险化学品充装单位的安全监管,严禁超载、混装;选择主要公路沿线的大中型化工企业作为危险化学品的超载车辆卸载基地;会同有关部门,对应超限超载发生的特别重大的伤亡事故进行调查处理,依法追究相关单位和人员的责任。

(7)法制部门:配合有关部门研究、起草治理超限超载工作的相关规范性文件,依法裁决相关行政复议案件。

(8)宣传部门:组织协调新闻单位做好超限超载治理工作的宣传报道,提高宣传工作的针对性和实效性。

(9)监察机关(纠风机构):对相关部门在治理超限超载工作中的执法行为和行风进行监督、检查,查处行业不正之风及违纪违规行为。

33. 在公路建筑控制区管理、集镇规划控制区管理等公路保护工作中,各级政府相关部门依法承担的相应职责是什么?

如:国土资源部门不得批准利用公路建筑控制区范围内的土地修建住宅、厂房等建筑物、地面构筑物(《条例》第十一条、第十三条);建设、规划部门在批准新建村镇、开发区、学校和货物集散地、大型商业网点、农贸市场等公共场所时,应尽可能在公路一侧建设并与公路建筑控制区边界外缘保持一定距离(《条例》第十四条);省级水行政主管部门、流域管理机构应会省级交通运输主管部门共同做好因抢险、防汛需要修筑堤坝、压缩或者拓宽河床及抽取地下水、架设浮桥等行为的审批工作(《条例》第十七条、第十九条);安全生产监督管理部门负责对在公路两侧一定范围内禁止设立生产、储存、销售易燃、易爆、剧毒、放射性等危险物品的场所、设施条款的落实情况监督、检查(《条例》第十八条);中国人民武装警察部队负有守护重要公路桥梁和公路隧道、抢修的职责(《条例》第二十四条、第五十四条);公安负有机关审查影响交通安全的涉路施工项目、办理车辆登记、查处车辆装载物飘散或者掉落、疏导交通、将危险物品运输通过特大型桥梁或者特长隧道的相关信息提前告知并进行现场监管的职责(《条例》第二十八条、第三十一条、第四十二条、第四十三条、第四十七条)。

34. 公路保护经费的由来是什么?

1950年7月,交通部颁发了《公路养路费征收暂行办法(草案)》,使公路养护有了稳定的资金来源。1978年8月5日,国务院批转《国家计委、交通部、财政部关于整顿公路养路费征收标准的报告》(国发〔1978〕158号),明确了公路养路费征收标准。为规范公路养路费的征收和使用,1979年9月24日,国家计委、交通部、财政部、中国人民银行颁发《关于公路养路费征收和使用的规定的联合通知》,通知指出,公路养路费是国家按照"以路养路"的原则,规定由交通部门向有车单位征收的用于养护和改善公路的事业费。通知明确,公路养路费的使用范围规定如下:①养路工程费包括,公路小修保养费、大中修工程费、水毁工程抢修及修复费、改建工程费、公路渡口费、公路绿化费、道(渡)班房修建费、县社公路补助费等;②养路事业费包括,养路机械车辆设备购置费、养路专用的小型机械厂及材料厂(场、库)建设费、公路科研费、技术革新费、职工培训费、养路职工宿舍和养路段必需的生产房屋修建费、行政管理费等;③养路其他费包括,安全、宣传、劳动保险及非固定职工的福利、奖励、医药、抚恤费等。

1987年10月13日,国务院颁布《公路管理条例》,首次在行政法规的层面,明确提出拥有车辆的单位和个人,必须按照国家规定向公路养护部门缴纳养路费。养路费应当在国家规定的范围内专款专用,任何单位和个人不得平调、挪用、滥用、截留、拖欠养路费。此后,为进一步整顿和加强养路费征收管理工作,交通部、财政部、国家计委、国家物价局联合下发了《公路养路费征收管理规定》,按照健全法制、依法行政、按章征费的要求,对国家计委、交通部、财政部、中国人民银行联合发布的《公路养路征收和使用规定》进行了重新规定。

1998年1月1日,《公路法》颁布实施,该法第三十六条规定,公路养路费用采取征收燃油附加费的办法。拥有车辆的单位和个人,在购买燃油时,应当按照国家有关规定缴纳燃油附加费。征收燃油附加费的,不得再征收公路养路费。具体实施办法和步骤由国务院规定。燃油附加费征收办法施行前,仍实行现行的公路养路费征收办法。公路养路费必须用于公路的养护和改建。拥有车辆的单位和个人缴纳公路养路费的,由交通主管部门发给公路养路费收讫标志。公路养路费收讫标志应当放置在车辆的明显位置,没有公路养路费收讫标志的车辆不得在公路上行驶。1999年10月31日,第9届全国人民代表大会常务委员会第12次会议通过《关于修改〈中华人民共和国公路法〉的决定》,将《公路法》第三十六条修改为,国家采用依法征税的办法筹集公路养护资金,具体实施办法和步骤由国务院规定。依法征税筹集的公路养护资金,必须专项用于公路的养护和改建。

根据《公路法》的规定,国务院有关部门共同制定了《交通和车辆税费改革实施方案》,2000 年 10 月经国务院批准后发布。方案规定,在车辆购置税、燃油税出台前,各地区和有关部门要继续加强车辆购置附加费、养路费等国家规定的有关政府性基金和行政事业性收费的征管工作,确保各项收入的足额征缴。并明确指出,考虑到国际市场原油价格较高,为稳定国内油品市场,燃油税的出台时间将根据国际市场原油价格变动情况,由国务院另行通知。

2008 年 12 月 18 日,国务院下发《关于实施成品油价格和税费改革的通知》(国发〔2008〕37 号),决定实施成品油价格和税费改革,明确取消公路养路费、航道养护费、公路运输管理费、公路客货运附加费、水路运输管理费、水运客货运附加费等 6 项收费,并决定征收成品油消费税。改革后形成的交通资金属性不变、资金用途不变、地方预算程序不变、地方事权不变,新增税收收入主要用以替代公路养路费等 6 项收费的支出。

35. 公路保护经费为什么要纳入政府财政预算管理?

根据《国务院关于加强预算外资金管理的决定》,从 1996 年起,公路养路费纳入地方财政预算管理,即收入应当由地方交通主管部门全部上缴地方国库,支出通过地方财政预算安排,实行专款专用。为加强农村公路的管理和养护,确保公路完好畅通,2005 年《国务院办公厅关于印发农村公路管理养护体制改革方案的通知》明确规定,公路养路费(包括汽车养路费、拖拉机养路费和摩托车养路费)应主要用于公路养护,首先保证公路达到规定的养护质量标准,并确保一定比例用于农村公路养护,如有节余,再安排公路建设。2008 年底,财政部、交通运输部等部门根据《国务院关于实施成品油价格和税费改革的通知》(国发〔2008〕37 号)文件精神,下发《关于实施成品油价格和税费改革有关预算管理问题的通知》(财预〔2008〕479 号),明确将公路养路费等 6 项收费收入安排的人员支出以及公路养护和建设、公路运输和站场建设与养护、航道养护和水路管理及中央本级替代性等方面的支出纳入一般预算管理,由财政部门通过部门预算或经财政部门批准的列支渠道予以保障。《条例》进一步明确了公路保护经费纳入政府财政预算,实行财政统一安排,这有利于有效确保公路保护经费来源稳定,同时也有利于加强财政监管,规范和约束预算资金的使用,确保公路保护经费专款专用。

36. 纳入政府财政预算管理的公路保护经费主要是指是什么?

纳入政府财政预算管理的公路保护经费主要是指交通运输主管部门、公路管理机构从事公路管理、养护所需经费及公路管理机构行使公路行政管理职能所需的经费。这其中,不包括经营性收费公路的养护经费。根据《收费公路管理条例》的规定,经营性收费公路的养护工作由公路经营企业负责,从公路通行费中支出。

37. 行政执法机关依法对收费公路实施监督检查时,不得向收费公路经营管理者收取任何费用,为什么?

由于公路管理机构对经营性收费公路行使公路行政管理职能的行为是政府行政行为,其经费理应由政府财政予以保障。《收费公路管理条例》第四十五条明确规定,行政执法机关依法对收费公路实施监督检查时,不得向收费公路经营管理者收取任何费用。行政执法是国家行政机关根据法律、法规授权而实施的产生法律效力的行为。它是一种国家职能活动,其目的在于实现公共利益,维护公共秩序。这些执法活动体现的是国家职能,履行的是政府职责,属于行政执法机关的正常工作,所需费用应从行政机关正常行政事业经费中列支。目前,一些地方的行政执法机关在收费公路上进行执法工作时,公开向收费公路经营管理者索取巨额行政管理费用。这种做法,一是加重了收费公路经营管理者的负担,影响了收费公路还贷效率;二是损害了政府形象,危害了企业与政府的关系。特别是对一些外资企业来讲,还损害了我国的国际形象,不利于吸引外国资本进入公路建设;三是容易滋生腐败,使本应用于保护公民权益的公共执法权,变成有关部门或个人获取私利的手段;四是影响执法的公正性,企业负担执法经费,从本质上讲,会使政府执法部门沦为企业的雇佣者,必然会影响行政执法的公正和公平。这显然与我国目前正在大力推进的依法行政和建设廉洁、勤政、务实、高效政府的目标背道而驰。基于此,《条例》明确规定,公路管理机构行使公路行政管理职能包括对经营性收费公路行使行政管理职能的经费,一律应由政府财政预算安排。

38. 公路保护预算经费的科目应包括哪些?

根据公路保护工作的特点及实践,公路保护预算经费的科目应包括:公路日常养护经费,小修保养经费,大中修和改建工程经费,水毁工程抢修及修复经费,安保工程经费,应急抢险经费,公路绿化经费,养路机械、车辆、设备购置经费,路政管理经费,公路标志标线设置与维护经费,路政管理装备、车辆、设备购置经费,路政管理宣传教育经费,路政(养护)管理用房建设、维护经费,治超专项经费,行政管理经费,人头经费,路况及交通量调查经费等。

39. 公路保护经费纳入县级以上各级人民政府财政预算的意义是什么?

公路保护经费纳入县级以上各级人民政府财政预算,这是充分反映事权与财权相对应的基本原则,有利于厘清各级交通运输主管部门、公路管理机构的职责权限,属于本级事权范围的职责由本级政府预算予以安排,有利于公路保护各项工作职责真正落到实处。

40. 专用公路的保护经费不纳入政府财政预算,为什么?

根据《公路法》第十一条规定,专用公路是指由企业或者其他单位建设、养护、管理,专为或者主要为本企业或者本单位提供运输服务的道路。这类公路主要服务于自建、自养和自管该公路的企业或单位,其保护经费应由其管养企业或单位自行承担。

41. 公路发展的重要意义是什么?

公路是为国民经济、社会发展以及人民群众生产、生活服务的公共基础设施,是衡量一个国家经济实力和现代化水平的重要标志。与航空、铁路和水路等其他主要运输方式相比,公路运输能够直接提供"门到门"的运输服务,因而显得更为方便,在各种运输方式中始终占有不可替代的重要位置。据 2012 年底的统计,全国公路运输所承担的客、货运输量分别达到 220.7 亿人和191.7 亿吨,分别占全社会运输总量的 92% 和 77%,完成客运量、货运量分别比新中国成立前增长 2680 多倍和 190 多倍。公路运输已成为我国综合运输体系中的重要组成部分,其通达深度和广度,是其他运输方式所不能比拟的。综观国际国内经济发展史,可以说,经济的发展离不开公路的发展;经济发达的国家和地区,其公路网也必然发达。

42. 我国公路的分类有哪些?

我国公路按其在公路路网中的地位分为国道、省道、县道、乡道和村道,并按技术等级分为高速公路、一级公路、二级公路、三级公路和四级公路。公路功能分类与公路交通出行特性、公路交通出行需求及公路服务特性密切相关。按功能对公路进行分类,意义在于通过建立起层次分明、功能明确的公路网体系,以满足不同层面的社会经济发展需求。公路主干线形成公路交通运输的大通道系统,为实现区域社会经济长远发展战略服务,公路次干线提高主干线的通达深度和辐射效应。同时,通过对公路网结构的优化,有利于提高路网使用效能和服务水平。

43. 对公路管理而言,明确各层级公路功能的意义是什么?

可以使中央、省、地、市县各级在各层次公路的规划、建设、管理等方面职责分明,更好地协调局部与整体的利益关系,从而最大限度地发挥不同层次路网的效率。

44. 《公路工程技术标准》的发展是怎样的?

《公路工程技术标准》是公路工程建设最基本的技术法规,是进行公路建设前期工作的重要依据和制定公路工程勘察、设计、施工及养护等标准、规范、规程的纲领性文件。每一时期的公路工程技术标准都是国家有关经济技术等政策在公路交通行业的综合体现,也是相应时期公路规划、设计、施工等技术以及经济实力的综合反映。我国现行《公路工程技术标准》的前身是《公路工程技术准则》,1972 年修订时改名为《公路工程技术标准》。建国初期,交通部在 1951 年制定颁发了《中华人民共和国公路工程技术准则(草案)》,在以后的 50 多年中,随着公路建设事业的不断发展,交通部先后在 1954 年、1956 年、1972 年、1981 年、1988 年、1997 年以及 2003 年作了 7 次修订。1997 版《公路工程技术标准》颁布后,对于统一和规范全国的公路建设,特别是对于我国高速公路的发展起到了推动作用。随着公路建设的快速发展,公路通车里程,特别是高速公路通车里程不断增长,公路行业对有关公路技术指标的理解在不断深化,发达国家的相关经验和技术也在不断被引入和消化吸收。交通部于 2001 年正式下达《公路工程技术标准》的修订任务。为配合标准修订,进行了 10 个相关关键技术专题的研究,2003 年 7 月专题项目研究成果通过验收。《公路工程技术标准》(JTG B01 - 2003)于 2004 年 1 月 29 日正式发布,3 月 1 日起实施。修订后的标准,总结了 1997 年以来中国公路建设的经验,借鉴和吸收了国外相关标准和先进技术,体现了安全、环保及以人为本的指导思想和修订原则,能够更好地指导中国公路建设事业的发展,基本适应了当时和其后一个时期中国社会经济发展的需要,对统一全国公路工程技术标准,指导这一时期全国公路工程建设发挥了重要作用。

45. 国家有关车辆技术标准,主要是指什么?

主要是指车辆的外廓尺寸、轴荷、质量限制标准。2004 年,国家质监总局印发了由交通部、公安部、国家发展改革委联合制定的《道路车辆外廓尺寸、轴荷及质量限值》(GB1589—2004)国家强制性标准。该标准在综合考虑交通安全、公路承载能力、车辆生产标准等多种因素的基础上,确定了车辆外廓尺寸、轴荷及质量限值等一系列指标,作为汽车生产、牌照发放、车辆装载等工作的标准与依据。从数据指标来看,《道路车辆外廓尺寸、轴荷及质量限值》与《公路工程技术标准》中提出的限定标准基本一致。从管理实践看,车辆轴荷对公路路面影响较大,轴荷标准的增加将大大加剧公路路面的损坏。初步研究表明,轴荷标准的增加值与公路路面损坏程度的关系为幂次关系。因此,就对公路路面寿命的影响而言,车辆轴荷起了决定性的作用。公路路面厚度和桥梁承载能力的设计,必须以一定的轴荷标准为依据。因此,县级以上各级人民政府交通运输主管部门应当综合考虑路网结构、公路使用状况、地方经济发展需要、政府的财力状况等各种因素,及时调整优化公路路网规划,不断完善路网结构,并根据实际情况,适时安排公路改扩建、大中修等养护工程,确保公路使用状况良好。同时,要充分考虑公路与水路、铁路、航空、管道等运输方式的衔接,进一步构建综合交通运输体系,充分发挥公路沟通水陆空的重要作用,努力服务于国民经济和社会发展以及人民群众生产、生活需要。需要明确的是,公路建设养护管理水平的提高是一个科学的、历史的过程,每个发展阶段都必须符合经济社会发展现状,公路建设、养护、管理均不能盲目超前,要与经济社会发展状况和财力相适应。

46. 遵循上位法是指什么?

就组织制定突发事件应急预案来说,遵循上位法是指《中华人民共和国突发事件应对法》第十七条的规定:“国务院制定国家突发事件总体应急预案,组织制定国家突发事件专项应急预案。国务院有关部门根据各自的职责和国务院相关应急预案,制定国家突发事件部门应急预案。地方各级人民政府和县级以上地方各级人民政府有关部门根据有关法律、法规、规章、上级人民政府及其有关部门的应急预案以及本地区的实际情况,制定相应的突发事件应急预案。应急预案制定机关应当根据实际需要和情势变化,适时修订应急预案。应急预案的制定、修订程序由国务院规定。”

47. 预案编制主体和目的是什么?

公路交通突发事件应急预案编制体系分为国家和地方两级。国家层面包括总体预案和应对某一类型或某几种类型公路交通突发事件而制定的专项预案;地方层面包括省、地市和县级公路交通突发事件应急预案以及各类事件的专项预案和企业预案。国家层面的总体预案是指交通部于 2005 年制定并颁布的《公路交通突发公共事件应急预案》(2009年修订),该预案作为国家级部门预案和公路交通领域的总体预案,用以指导各级交通运输主管部门编制相关预案和开展应急保障工作。地方层面的应急预案是指,地方各级人民政府交通运输主管部门在交通部《公路交通突发公共事件应急预案》的指导下,结合本地区的实际情况,制定了本区域的公路突发事件的应急预案。

制定不同层级的公路突发公共事件应急预案,其目的在于加强公路交通突发事件的应急管理工作,建立完善应急管理体制和机制,提高突发事件预防和应对能力,控制、减轻和消除公路交通突发事件引起的严重社会危害,及时恢复公路交通正常运行,保障公路畅通,维护经济社会秩序。

48. 公路的突发事件是指什么?

公路交通突发事件是指由下列突发事件引发的造成或者可能造成公路以及重要客运枢纽出现中断、阻塞、重大人员伤亡、大量人员需要疏散、重大财产损失、生态环境破坏和严重社会危害,以及由于社会经济异常波动造成重要物资、旅客运输紧张需要交通运输部门提供应急运输保障的紧急事件。包括自然灾害、公路交通运输生产事故、公共卫生事件和社会安全事件。

49. 怎样界定公路的突发事件?

(1)自然灾害。主要包括水旱灾害、气象灾害、地震灾害、地质灾害、海洋灾害、生物灾害和森林草原火灾等。

(2)公路交通运输生产事故。主要包括交通事故、公路工程建设事故、危险货物运输事故。

(3)公共卫生事件。主要包括传染病疫情、群体性不明原因疾病、食品安全和职业危害、动物疫情,以及其他严重影响公众健康和生命安全的事件。

(4)社会安全事件。主要包括恐怖袭击事件、经济安全事件和涉外突发事件。

各类公路交通突发事件按照其性质、严重程度、可控性和影响范围等因素,一般分为4级:Ⅰ级(特别重大)、Ⅱ级(重大)、Ⅲ级(较大)和Ⅳ级(一般)。

50. 公路交通突发事件应急预案编制内容的规定是什么?

根据《中华人民共和国突发事件应对法》第十八条对应急预案编制的内容一般规定,公路突发事件应急预案应当针对公路突发事件的性质、特点和可能造成的社会危害,具体规定公路突发事件应急管理工作的组织指挥体系与职责和公路突发事件的预防和预警机制、处置程序、应急保障措施以及事后恢复重建措施等内容。目前，2005 年制定并颁布的《公路交通突发公共事件应急预案》（2009 年修订）就是根据《中华人民共和国突发事件应对法》以及 2006 年 1 月国务院发布的《国家突发公共事件总体应急预案》的规定，将公路交通突发事件应急预案分为 6 章，分别为总则、应急组织体系、运行机制、应急保障、监督管理和附则。

《公路交通突发公共事件应急预案》（2009 年修订）总则部分明确了预案编制的目的、依据、突发事件分类分级、预案适用范围、工作原则以及应急预案体系构成。应急组织体系界定了应急领导小组、应急工作组、日常管理机构、专家咨询组、现场工作组等公路交通应急管理机构的职责。运行机制部分则对公路突发事件的应急全过程，从事故发生前的预测预警，到事故发生后的应急响应，再到事故结束后公路恢复和重建，以及其间信息发布和宣传等具体工作的安排进行了阐述。应急保障部分则从应急队伍、物资设备、通信与信息、技术和资金支持 5 个方面提出了相应的保障要求。监督管理部分对预案演练、宣传与培训、应急能力建设评估、责任与奖惩做了相应的规范。附则部分则对预案的调整、解释、实施日期等方面做了规定。

51. 公路交通突发事件应急队伍组建原则及组建结构是什么？

公路交通突发事件应急队伍按照“平急结合、因地制宜，分类建设、分级负责，统一指挥、协调运转”的原则组建。目前，公路交通突发事件的应急队伍由专业的应急抢通与运输队伍和社会力量构成。专业应急抢通队伍又区分为国家公路交通应急抢险保通队伍和地方公路交通应急抢险保通队伍，前者由武警交通部队组成，后者由高速公路及普通国省干线公路养护管理部门、路政管理部门、公路经营管理单位、公路养护工程企业等组成。专业的应急运输保障队伍由地方交通运输主管部门负责建设，通过与达到一定标准的道路客货运输企业协商签订突发事件运力调用协议的方式，将其纳入到应急运输队伍中。此外，各级应急管理机构根据属地的实际情况和突发事件特点，制订社会动员方案。在公路交通自有应急力量不能满足应急处置需求时，可以向同级人民政府提出请求，请求动员社会力量纳入到应急队伍中，协调人民解放军、武警部队参与应急处置工作。

52. 公路交通突发事件的定期应急演练是指什么？

根据《公路交通突发公共事件应急预案》的规定，由交通运输部路网中心负责协同有关部门制定应急演练计划并组织联合应急演练活动。地方公路应急管理机构要结合所辖区域实际，每年应有计划、有重点地组织应急演练。通过演练，检验并完善应急预案，进一步提高应急队伍实战水平。

53. 为什么要进行应急物资的储备?

我国幅员辽阔,各地气候环境迥异,区域应对常发自然灾害的特征较为明显,比如我国南方地区冬季很少出现冰雪,应对低温雨雪冰冻灾害的物资保障相对薄弱。2008 年初出现低温雨雪冰冻灾害时,用于除冰除雪、防滑的机械设备和材料极度缺乏,严重影响了公路抢通保通工作的高效开展。历次灾害应对经验表明,仅仅依靠传统的公路养护备料难以满足突发事件下公路抢通保通工作的需要,尤其是在一些省份公路实现社会化养护后,应急物资更是难以保障。加快建立健全公路突发事件应急物资储备保障制度,完善应急物资储备、调配体系尤为紧迫。

54. 公路突发事件应急物资的分类?

根据物资使用方向的不同,公路突发事件应急物资可分为公路抢通物资和救援物资两类。公路抢通物资主要包括沥青、碎石、砂石、水泥、钢桥、钢板、木材、编织袋、融雪剂、防滑料、吸油材料等。救援物资包括方便食品、饮水、防护衣物及装备、医药、照明、帐篷、燃料、安全标志、车辆防护器材及常用维修工具、应急救援车辆等。根据物资处分主体的不同,可分为国家公路交通应急物资和地方公路交通应急物资。国家公路交通应急物资列入中央财政预算,由国务院交通运输部统一对国家公路应急物资进行调度和使用。地方公路交通应急物资列入各级地方财政预算,由地方相关管理部门对公路应急物质进行调度和使用。

55. 建立健全公路突发事件应急物资储备保障制度的必要性?

尽管近些年来各省交通运输主管部门依托公路管理机构加强了公路抢通应急物资保障能力,但是由于缺乏相应的政策、资金和标准规范支持,无论从物资数量、种类、能力、分布以及专业性来讲,均不能够满足重大自然灾害下公路交通应急处置的需要。其不足之处主要表现在 3 个方面:一是公路抗灾抢修专业能力薄弱。目前,公路养护应急队伍只能完成一般性的路基坍塌、路面损毁等作业,应对大规模、大强度和长时间的灾害条件下公路应急处置能力极其有限。二是有限的大型机具分布不合理,缺乏机动能力。由于大型机械设备购置和维护成本较高,各地配备数量较少,主要分布于少数中心城市,覆盖和辐射范围有限,物资分布信息不共享,跨区域应急支持不及时。三是应急处置用的各类物资储备不足。应急处置中常用的工业盐、编织袋等应急物资以及个人防护用品储备严重匮乏,数量和种类不敷所需。在这种情况下,着力建立健全应急物资储备保障制度,对于提高公路应急保障能力具有重要意义,是加强公路应急体系建设的重要切入点。其一,将有效弥补我国公路应急物资与设备储备不足,整合应急物资资源,合理布局,提高使用效率。其二,将有力地促进和带动各地方公路应急物资保障能力建设,夯实应急体系基础,进一步完善部省两级应急物资储备体系。其三,将进一步提升应急协调处置和物资调度能力,提高部省联动和跨区域应急处置能力。

56. 应急物资储备体系是什么?

应急物资储备体系涵盖储备方式、储备点的设置、储备监管等方面的内容。具体包括:一是采取多样化的储备方式。根据《公路交通突发公共事件应急预案》的规定,目前应急物资储备采取实物储备与商业储备相结合、生产能力储备与技术储备相结合、政府采购与政府补贴相结合方式。二是建立分类应急物质储备点。国家公路交通应急物资储备,考虑了全国高速公路的分布情况、应急物资调运的时效性和覆盖区域的合理性等因素,以"因地制宜、规模适当、合理分布、有效利用"为原则,结合各地区的气候与地质条件建立了若干国家应急物质储备点。对于地方公路交通应急物资储备,各省级交通运输主管部门则根据辖区内公路交通突发事件发生的种类和特点,结合公路抢通和应急运输保障队伍的分布,依托行业内养护施工企业和道路运输企业的各类设施资源,合理布局、统筹规划建设本地区公路交通应急物资储备点。三是建立严格的物资储备监管制度。国家公路交通应急物资储备实行应急物资代储管理制度,国务院交通运输部负责监管,省级交通运输主管部门作为代储单位,具体负责建设与管理工作。代储单位需要对新购置入库物资进行数量和质量验收,并将验收入库的情况上报交通运输部。对入库储备物资实行封闭式管理,专库存储,专人负责。代储单位需要建立健全各项储备管理的会计制度,包括物资台账和管理经费会计账等,保留完备的储备物资入库、保管、出库等原始凭证和会计凭证。此外,地方公路交通运输主管部门需要建立完善的各项应急物资日常管理规章制度,实施储备物资动态管理,制定采购、储存、更新、调拨、回收各个工作环节的程序和规范,对各类物资及时予以补充和更新。明确各级交通运输主管部门的责任,实行物资储备资金使用审核制度,对应急物资储备所需资金进行核定、拨付、监管;督查物资储备工作,对应急物资储备情况进行定期检查、定期通报,发现问题及时查处。同时落实责任追究,防止储备物资设备被盗用、挪用、流失和失效,并对相关责任人进行责任追究。

57. 应急物资调配体系是怎样的?

构建迅速、高效的应急物质调配体系是应对公路突发事件的关键。根据《公路交通突发公共事件应急预案》的规定,国家公路交通应急物资的调配权由国务院交通运输部行使。具体的调配程序是:当省级应急物资储备在数量、种类及时间、地理条件等受限制的情况下,需要调用国家公路交通应急物资储备时,由使用地省级交通运输主管部门提出申请,经交通运输部同意,由交通运输部路网中心下达国家公路交通应急物资调用指令,应急物资储备管理单位接到路网中心调拨通知后,应在48小时内完成储备物资发运工作。此外,在交通运输部协调下,还建立省际应急资源互助机制,合理充分利用各省级应急物资储备和应急处置力量,以就近原则,统筹协调各地方应急力量支援行动。

58. 为什么要对公路予以保护?

公路是国民经济的基础设施。破坏、损坏、非法占用、利用公路,将会影响正常的经济秩序和社会生活秩序,特别是对重要干线公路的破坏、损坏,影响会更为严重。国家为维护正常的经济秩序和社会秩序,必须对公路予以保护。

59. 破坏公路、公路用地和公路附属设施,是指什么?

是指故意实施的损及公路、公路用地或公路附属设施完好的行为。

60. 损坏公路、公路用地和公路附属设施,是指什么?

是指虽非故意,但客观上造成了损及公路、公路用地或公路附属设施完好后果的行为。

61. 非法占用或者非法利用公路、公路用地和公路附属设施,是指什么?

是指未经公路管理机构批准,擅自占用、利用公路、公路用地或公路附属设施的行为,或者虽经批准,但未按照批准的要求实施占用、利用公路、公路用地或公路附属设施的行为。

62. 对单位和个人禁止性和限制性的法律要求,需采取哪些具体措施?

《条例》第九条是对单位和个人禁止性和限制性的法律要求,是社会公众必须履行的义务。实践中,破坏、损坏、非法占用或非法利用公路、公路用地和公路附属设施的行为层出不穷、五花八门,这些行为严重影响公路、公路用地、公路附属设施发挥正常功能,必须予以禁止和限制。为切实有效地保护公路运行安全,必须禁止在公路、公路用地范围内开展集市贸易、摆摊设点、堆放物品、倾倒垃圾、排放污水、设置障碍、挖沟引水、堵塞隧道、打场晒粮、种植作物、放养牲畜、采石、取土、采空作业、焚烧物品、利用公路边沟排放污物或者进行其他损坏、污染公路和影响公路畅通的行为,禁止利用公路桥梁、隧道铺设输送易燃易爆和有毒物品的管道,禁止利用公路桥涵堆放物品、搭建设施,禁止利用公路桥梁进行牵拉、吊装,禁止损坏、擅自移动、涂改、遮挡公路附属设施或利用公路附属设施架设管道、悬挂物品,未经许可不得擅自实施涉路施工活动和更新砍伐护路林,禁止将公路作为检验车辆制动性能的试验场地等。

当前,我国公路保护工作实践中,有些单位和个人随意破坏、损坏、擅自占用、利用公路、公路用地及公路附属设施的现象还比较突出,特别是广大农村地区,由于群众的法律意识还比较淡漠,随意堆放垃圾、挖掘公路、打场晒粮的行为时有发生,严重影响公路运行安全。针对这些情况,各级公路管理机构要切实加强路政巡查,及时发现、制止和查处、纠正违法行为,依法保护公路。而更为重要的是,要在全社会特别是农村地区广泛开展公路保护法律法规宣传,让广大人民群众了解保护公路的重要意义,培养和提高群众爱路护路的积极性,增强群众自觉遵守公路法律法规的意识,大力提倡和引导农村公路沿线群众制定爱路护路村规民约,发动群众保护公路。

63. 从事违法行为应当承担相应的法律责任有哪些?

破坏、损坏、非法占用、利用公路、公路用地及公路附属设施的行为,将会受到法律的追究。对破坏公路、公路用地或公路附属设施的行为,除了应承担民事赔偿责任外,还要依法给予行政处罚,构成犯罪的,将依照《中华人民共和国刑法》的规定追究刑事责任。对损坏公路的行为,则主要是依法承担以损害赔偿为主要形式的民事责任。《条例》第五十九条、第六十条、第六十一条、第六十二条、第六十九条,对从事破坏、损坏、非法占用、利用公路、公路用地及公路附属设施的行为,逐一明确了相关法律责任。

64. 建立健全公路管理档案的意义是什么?

公路管理档案制度,又称公路路产登记制度。建立公路管理档案制度,加强和规范公路路产登记,是依法维护路产路权,减少权属纠纷,维护社会稳定,确保国家公路产权不受侵占和破坏,使公路路政管理走向法制化、科学化、规范化的重要举措,也为今后依法管理公路路产提供依据。公路路产包括公路、公路用地和公路附属设施。

65. 公路管理机构如何建立健全公路管理档案?

公路管理机构应该在县级以上人民政府的领导下,会同有关部门对所管辖的公路、公路用地和公路附属设施进行调查和登记,明确权属性质等;对公路及公路附属设施进行分类,按照公路等级、路段、位置、设置年份等分门别类进行登记造册,并绘制地图。公路路产确权登记造册后报县级以上人民政府备案。公路路产登记工作复杂,难度大。已经建成使用的公路,按照登记确权的要求,逐步开展调查登记;新建的公路,建设单位应该将公路路产登记造册后,移交给公路管理机构。

66. 公路建筑控制区的概念包括什么?

公路建筑控制区是对公路两侧建筑物和构筑物建设进行控制管理以保障出行安全和公路畅通的区域。1987 年 10 月 13 日国务院发布的《公路管理条例》规定:"在公路两侧修建永久性工程设施,其建筑物边缘与公路边沟外缘的间距为:国道不少于 20 米,省道不少于 15 米,县道不少于 10 米,乡道不少于 5 米。"这是在行政法规层面对于公路建筑控制区管理的最早规定。1998 年 1 月 1 日施行的《公路法》,正式引入公路建筑控制区的概念,并从划定规则、距离范围、管理要求等方面对建筑控制区作出具体规定。此后,公路建筑控制区在各省、自治区、直辖市的地方性法规和政府规章中广泛使用,成为路政管理行政执法的专业术语。

67. 设立公路建筑控制区的目的是什么?

国家在公路两侧划定建筑控制区,主要有以下目的:一是为公路今后的升级和拓宽而预留土地,通过加强控制和管理,减少国家拓宽公路时房屋拆迁和各类公共设施迁移的投入,节约国家有限的公路建设资金;二是为保障行车安全和公路畅通,公路必须保证一定的安全视距;三是防止公路街道化,提高公路通行能力;四是避免车辆侵害公路两侧建筑物和构筑物的安全,减少车辆噪声、尾气等影响沿线群众的生产、生活;五是避免公路沿线近距离施工影响公路及其设施的完好、安全,有效保护公路和公路附属设施。

68. 公路建筑控制区内的土地权属性质是什么?

根据 1995 年 3 月 11 日国家土地管理局发布的《确定土地所有权和使用权的若干规定》(〔1995〕国土籍字第 26 号),"依法划定的铁路、公路、河道、水利工程、军事设施、危险品生产和储存地、风景区等区域的管理和保护范围内的土地,其土地的所有权和使用权依照土地管理有关法规确定。但对上述范围内的土地的用途,可以根据有关规定增加适当的限制条件。”据此可知,公路建筑控制区内的土地权属并不因公路建筑控制区的划定而发生转变,公路管理机构对其的管理权仅限于对范围内建筑物和构筑物的管理。主要表现在 4 个方面:一是在公路建筑控制区内,除公路保护需要外,禁止修建建筑物和地面构筑物;二是公路建筑控制区划定前已经合法修建的,不得扩建;三是在公路建筑控制区内埋设管道、电缆等设施应依法办理行政许可手续;四是在公路建筑控制区外修建的建筑物、地面构筑物以及其他设施不得遮挡公路标志,不得妨碍安全视距。公路建筑控制区内土地权属性质不变,主要基于 3 种认识:一是现行法律并无明文规定应将其征为国有;二是国家没有必要用巨额资金征为国有予以闲置;三是有利于发挥土地的最大效益,公路沿线群众仍可以种庄稼、搞养殖等。

69. 国外关于公路建筑控制区的法律规定是什么?

从国外立法看,在处理干线公路与沿线建筑物的关系上,多数国家也是通过划定建筑控制区域的方式,实现管理目的的。在加强控制的同时,有些国家也注重采取疏导手段,通过完善乡村内部交通网络,并做好与过境公路的有效衔接,确保互不干扰。发达的乡村内部交通网络为居民出行提供了便利条件,同时也使得居民没有必要紧靠干线公路两侧建房,忍受噪声和尾气污染。如,《加拿大马尼托巴省公路及运输法》规定,未经部长授权,任何人不得在位于城市、乡镇或村落外的部属公路的 38m 内,建造、放置结构物或固定设备。《加拿大新布朗兹维克省公路法》规定,经政务会副总督同意,可以从公路用地的中心线算起划定不超过 180m 的控制线,任何人不得在控制线范围内建造或放置楼房、建筑物、构造物、储藏油罐、车道,或者除篱笆、告示牌之外的其他物体。《日本道路法》规定,为预防损坏道路结构和防止交通事故,道路管理者可按照相关标准,将与道路相连接的区域指定为沿道区域,但不得将道路一侧 20m 外的区域指定为沿道区域;道路管理者指定沿道区域后,应及时公布其区域;当沿道区域内的土地、竹木或设施有损坏道路结构或妨碍交通的危险时,其管理者必须设置防止危险的设施或采取其他必要措施;必要时,道路管理者可在责令该土地、竹木或设施的管理者,设置防止危险的设施或采取其他必要措施。《意大利第 729 号法令关于新建公路和高速公路的规定》规定,在高速公路沿线及入口处 50m 内禁止建造、翻建及扩建任何建筑。

70. 与《公路法》关于公路建筑控制区的内容相比较,《公路安全保护条例》在哪些方面做了补充和明确?

(1)关于划定主体。《条例》规定,县级以上地方人民政府是公路建筑控制区范围的划定主体,负责组织交通运输、国土资源等部门划定。由于我国地域辽阔人口多,且分布很不平衡,各省、自治区、直辖市所处的地理位置不同,自然条件、地形地貌千差万别,因此,公路及公路两侧的管理要求和标准也不相同。为了使公路建筑控制区管理制度更切合各地实际,《条例》规定县级以上地方人民政府作为责任主体,负责划定公路建筑控制区的范围。同时,《条例》还规定由县级以上地方人民政府组织交通运输、国土资源等部门划定,这主要考虑到公路建筑控制区管理与这些部门的职责密切相关。如,交通运输主管部门熟知公路运行安全要求和有关公路发展规划,国土资源主管部门熟知公路沿线的土地利用总体规划等。此外,还有一层意思,公路建筑控制区经县级以上地方人民政府划定后,不仅管理相对人应当严格遵守,而且交通运输、国土资源、建设等部门也必须严格执行。即:交通运输主管部门及其公路管理机构发现在公路建筑控制区内违法修建建筑物时,必须制止和纠正违法行为。对公路建筑控制区内违法修建的建筑物和地面构筑物,国土资源主管部门不予颁发土地使用证明,建设主管部门不得发放相关权属登记证明,规划部门不得在公路沿线两侧的建筑控制区内进行建筑规划等。相关部门违反公路建筑控制区管理规定,违法审批有关建筑物和构筑物的,应当按照《中华人民共和国行政许可法》等有关规定处理。需要指出的是,公路建筑控制区的划定主体只能是县级以上地方人民政府,包括省、市、县3级地方人民政府,乡级人民政府以及交通运输、国土资源等部门都不具有划定公路建筑控制区的权力。

(2)关于划定原则。《条例》对《公路法》确立的保障公路运行安全、节约用地原则进行了补充,增加了保障公路发展需要的原则。主要考虑到随着经济的发展和人民生活水平的提高,汽车保有量持续增长,公路的技术等级和宽度也要不断地提高和增加。因此,县级以上地方人民政府在划定建筑控制区的范围时,还要充分考虑今后公路拓宽、扩建的发展需要,否则将会大大增加公路升级和拓宽的难度,国家不仅需要投入大量的拆迁费用,而且造成公路两侧建筑物二次建设,影响居民生产、生活。

(3)关于划定规则。根据《公路管理条例》第三十条规定,公路建筑控制区的范围从公路边沟外缘开始起算。根据《公路法》第三十九条规定,公路用地是指公路两侧边沟(截水沟、坡脚护坡道)外缘起不少于1m范围的土地,也从公路边沟外缘开始起算。这就造成公路用地和公路建筑控制区存在重叠,即公路边沟外缘起至少1m的范围既是公路用地,又是公路建筑控制区。由于现有法律、法规对公路用地和公路建筑控制区分别规定了不同的管理方式和强度,必然造成执法实践中难以适用的问题。据此,《条例》重新明确了公路建筑控制区的划定规则,规定公路建筑控制区的范围应从公路用地外侧起向外开始起算。

(4)关于距离范围。《公路法》第五十六条规定,公路建筑控制区的范围,由县级以上地方人民政府依照国务院的规定划定。国务院的规定主要是指《公路管理条例》和《条例》关于公路建筑控制区范围的规定,即:国道不少于 20m,省道不少于 15m,县道不少于 10m,乡道不少于 5m,其中高速公路不少于 30m。这是国务院从行政法规层面规定的法定最小距离,地方性法规规定的建筑控制区范围以及县级以上地方人民政府依法划定的公路建筑控制区范围不得少于国务院规定的法定最小距离。需要指出的是,公路弯道内侧、互通立交以及平面交叉道口是公路的组成部分,但考虑到其结构的特殊性,对安全视距等方面要求更加严格,这就要求县级以上人民政府在划定其建筑控制区范围时,不能"一刀切"地按照法定最小距离划定其建筑控制区的范围,而是应充分考虑安全视距等要求,适当扩大划定的距离范围。根据《公路工程技术标准》(JTG B01－2003),安全视距应符合以下规定:

①高速公路、一级公路的停车视距应符合表 7-1 的规定。

高速公路、一级公路停车视距　　表 7-1

设计速度(km/h)	120	100	80	60
停车视距(m)	210	160	110	75

②二、三、四级公路的停车视距、会车视距与超车视距应符合表 7-2 的规定。

二、三、四级公路停车视距、会车视距与超车视距　　表 7-2

设计速度(km/h)	80	60	40	30	20
停车视距(m)	110	75	40	30	20
会车视距(m)	220	150	80	60	40
超车视距(m)	550	350	200	150	100

③双车道公路应间隔设置具有超车视距的路段。

④高速公路、一级公路以及大型车比例高的二、三级公路,应采用货车停车视距对相关路段进行检验。

⑤积雪冰冻地区的停车视距宜适当增长。

71. 划定新建、改建公路的建筑控制区范围的目的是什么?

其目的是赋予公路管理机构相应的管理权,实现路政执法的提前介入,对规划、在建过程中的公路进行有效的保护。实践中,新建、改建公路项目一旦立项后,当地居民为获取较多的拆迁补偿费用,往往在公路规划路线两侧补栽树苗、抢建房屋,出现"隔夜楼"现象,但公路管理机构对其进行制止和纠正缺少必要的法律依据,只能放任其建设,必然带来两个后果:一是按照合法建筑予以拆迁,将导致公路征地拆迁补偿费用大大增加;二是按照合法建筑予以保留,这些问题将遗留到今后的管理中,必然增加管理难度。为解决"隔夜楼"等问题,《条例》明确了新建、改建公路的建筑控制区的范围,应当自公路初步设计批准之日起30日内,由公路沿线县级以上地方人民政府划定并公告。新建、改建项目的主管部门应当在初步设计批准后及时将有关信息报送县级以上人民政府,由其组织交通运输、国土资源等部门划定并公告。新建、改建公路的建筑控制区划定后,有关公路管理机构可以对其实施路政管理。

72. 处理各类管理和保护范围、区域重叠的规定具体指哪些情况?

当公路建筑控制区的范围可能与铁路线路安全保护区、航道保护范围、河道管理范围或者水工程管理和保护范围重叠时,《条例》第十二条规定此决定权仍然属于县级以上地方人民政府。但是规定了事前的协调机制,即先由公路管理机构与铁路管理机构、航道管理机构、水行政主管部门或者流域管理机构等单位协商后,报县级以上地方人民政府划定。此外,实践中公路与公路之间并行或交叉路段的建筑控制区也存在重叠问题,如果相关路段的管理机构对建筑控制区的管辖权发生争议,应按照《路政管理规定》要求,报请共同的上一级人民政府交通运输主管部门或者公路管理机构指定管辖。

73. 在公路建筑控制区内,除公路保护需要外,禁止修建建筑物和地面构筑物的含义是什么?

包括两层意思:一是禁止修建建筑物和地面构筑物;二是因公路保护需要,即公路防护、养护等公路保护需要修建建筑物、构筑物的,不受上述限制。此外,根据《公路法》第五十六条第一款和《条例》第二十七条第(七)项规定,需要在建筑控制区内埋设管线、电缆等设施的,应当事先经公路管理机构批准。需要指出的是,建筑控制区仅对上述建筑活动进行控制,不影响沿线群众进行的其他活动,如耕种、日常通行等。

74. 在公路建筑控制区内可否设立广告等非公路标志?

根据《公路法》和《条例》规定,公路建筑控制区内,修建建筑物和地面构筑物属于禁止行为,埋设管线、电缆等设施属于许可行为。如果将广告等非公路标志归为地面构筑物的范畴,则禁止设立;如果归为管线、电缆等设施的范畴,则经依法许可允许设立。从各地执行情况看,福建、甘肃、宁夏、黑龙江等省份出台的有关管理规定均将广告等非公路标志归为设施的范畴,设定为公路管理机构的行政许可项目,这种做法比较符合公路管理实际。

75. 为什么将广告等非公路标志归为设施的范畴,并设定为公路管理机构的行政许可项目?

(1)公路用地与公路的距离比建筑控制区与公路的距离要近。根据《公路法》规定,经依法许可同意可以在公路用地范围内设置广告等非公路标志。这主要考虑到《公路法》起草时,社会上流行着"马路经济"的热潮,导致公路沿线商业标志林立,这些标志多为中小型标志,结构简单,造价低。为了满足这部分特殊群体对公路使用的特殊需求,在不影响公路畅通的前提下,通过办理许可手续,允许在公路用地范围内设置非公路标志。但近年来,非公路标志在结构上追求大型化,整体高度一般在 18m 左右,版面面积可达 $100m^2$。考虑到重量、抗风能力等因素可能影响公路附近土地的地质结构,进而对公路和交通安全造成潜在危险,在确保大型非公路标志使用效果的前提下,将其设置在远离公路且地势开阔的建筑控制区内,则更为合理。如果公路建筑控制区禁止设置,将导致实践中大量的非公路标志涌向公路两侧。

(2)不违背设立公路建筑控制区的初衷。第一,不会形成街道化,影响行车安全。设立建筑控制区主要针对建筑物而言的,比如公路控制区内存在建筑物,必然产生人流和车流出入公路,与公路逐渐形成平面交叉。交叉道口过多,一方面需要增加管理和维护成本,另一方面必然降低公路的通行能力,因此,公路建筑控制区对建筑物是绝对禁止的。而非公路标志属于特殊的构造物,对整个公路运行系统而言,相对独立,不会产生人流和车流,对公路的通行能力和交通安全也影响甚微。第二,可以避免影响行车视距。在行政许可过程中,尽量选择视野开阔的地段设置非公路标志,能够有效避免对行车视距的干扰。退一步说,在公路用地内设置非公路标志也面临同样问题,二者相比,在建筑控制区设置非公路标志对行车视距影响更小,而且选择设置的空间也更为广阔。第三,可以避免对公路扩建产生影响。在控制区禁止修建建筑物和地面构筑物还有一个重要目的,就是为公路今后的升级和拓宽而预留土地,节约国家有限的公路建设资金。因非公路标志并非永久性设施,只是在一段时期内存在。如果在行政许可时,结合公路改、扩建规划,合理确定非公路标志的设置年限,并明确达到许可年限即做拆除处理,则可以避免与公路建设用地的冲突。

因此,经过有关公路管理机构许可,可以在公路建筑控制区内设置广告牌等非公路标志,这不仅符合《公路法》和《条例》有关规定,也符合公路管理实际。非公路标志的设置管理,不仅要遵循统一规划、规范管理、依法许可、总量控制的原则,还要符合安全、规范、协调、美观、节约用地的要求。对此,国务院交通运输部要制定相关配套规章,进一步规范公路两侧非公路标志的设置管理。

76. 关于建筑控制区划定前已经合法修建的建筑物、构筑物不得扩建的原因?

根据《中华人民共和国土地管理法》第六十四条规定,在土地利用总体规划制定前已建的不符合土地利用总体规划确定的用途的建筑物、构筑物,不得重建、扩建。此条规定同样适用于公路建筑控制区的管理。当县级以上地方人民政府划定公路建筑控制区的范围后,根据《确定土地所有权和使用权的若干规定》,公路建筑控制区内的土地用途将根据有关规定增加适当的限制条件,已经合法修建的建筑物和地面构筑物应当遵守这些限制条件,不得扩建。

77. 因公路建设或者保障公路运行安全等原因需要拆除的为什么给予补偿?

补偿是由于公共利益的需要牺牲了公民、组织的个体利益而给予利益受到特定损害的公民、组织的一种经济上的弥补。为保障公路安全而拆除沿线既有的合法建筑物和构筑物,会对所有者或者使用者的利益造成一定损害,因此《条例》第十三条明确规定了补偿原则。这一规定与《中华人民共和国宪法》、《中华人民共和国物权法》以及《国有土地上房屋征收与补偿条例》等有关规定和精神是一致的。需要指出的是,不是为公路保护需要,在公路建筑控制区划定后新修建的建筑物、地面构筑物属于违法建筑,其建筑者、构筑者违法在先,不受法律保护,不应给予补偿,而且根据《公路法》规定,应当由公路管理机构责令限期拆除并可以处相应罚款,逾期不拆除的,予以拆除,有关费用由建筑者、构筑者承担负担。

78. 在公路建筑控制区外修建的建筑物、地面构筑物以及其他设施不得遮挡公路标志,不得妨碍安全视距,具体指什么情况?

这里所称控制区内和控制区外是以建筑物滴水线为界定标准的,也就是说即使建筑物的地基部分在建筑控制区外缘以外,但建筑物的垂直投影在建筑控制区外缘以内,就适用于《条例》第十三条的规定。

79. 为什么穿集镇公路问题长期得不到有效治理,已成为困扰公路执法的“顽症”?

从我国现有小城镇的形成和发展来看,多数小城镇是沿过境公路两边逐渐形成的。在这种情形下,过境公路既是交通要道,也是小城镇居民的主要街区道路,导致小城镇公路两侧商业贸易集中、行人密集、拉货车辆停滞、交通拥挤等混乱现象。这不仅降低了公路的通行能力,而且易诱发交通安全事故,给人民生命财产造成损失。出现这个问题的原因是多方面的,主要表现在 4 个方面:一是部分乡镇政府热衷于发展“马路经济”,在公路两侧设置集贸市场、生产企业、居民建房,这样做可以减少乡镇政府基础设施建设投入;二是规划、工商、城建、交通运输等部门多头管理,难以形成合力;三是《公路法》对集镇控制区范围规定的比较原则,没有相应的执行程序和界定标准,实践中难以操作;四是部分建筑物沿公路修建的问题在规划环节已经出现,遗留到管理中所带来的拆迁成本和社会影响很大。

80. 县级以上地方人民政府依法划定的公路建筑控制区主要调整是指哪些情况?

是指未形成集镇的零散建筑物。对于人口相对集中的乡镇,现行控制距离是远远不够的。比如,在穿集镇公路的建筑控制区内易形成贸易市场,这并不违反公路建筑控制区的有关规定,但贸易市场会产生大量人流,造成车辆在路边的乱停乱放。集镇距离公路太近且沿路对称设置,会增加交叉道口,降低车辆通行能力和交通安全系数,将会带来一系列的不良后果。

81. 在处理过境公路和小城镇协调的问题上,我国采取哪些措施?

“马路经济”作为特定时代的产物,其产生具有一定的背景和条件,但随着经济的不断发展,政府执政理念和群众生活观念都在逐步发生转变。如,《公路法》第十八条规定,规划和新建村镇、开发区,应当与公路保持规定的距离并避免在公路两侧对应进行,防止造成公路街道化,影响公路的运行安全与畅通。《小城镇建设技术政策》规定,协调过境公路与城镇内部交通结构的关系,根据公路的使用功能、性质和等级,结合小城镇发展规划,合理布设过境公路,尽量避免穿越镇区。在道路交通规划中,对既有过境公路可根据具体条件采取外迁过境公路、过境公路两侧设辅路、交叉口主道高架或下穿等不同方式,保证镇内交通与过境交通互不干扰。由此可见,在处理过境公路和小城镇协调的问题上,一方面要求小城镇与过境公路保持一定距离,让城镇建设尽量避免干扰过境交通,另一方面要求做好小城镇道路与过境公路路网的衔接工作,让过境公路最大限度地服务于小城镇经济发展,这也是创建“和谐社会”、做好“三个服务”的具体体现。

《公路法》第十八条提出了集镇规划控制区的概念,但规定比较原则,主要考虑到法律规定不宜过细,对于控制距离的具体要求,拟在配套行政法规中予以明确。据此,《条例》在细化《公路法》第十八条的基础上,规定新建村镇、开发区、学校和货物集散地、大型商业网点、农贸市场等公共场所与公路建筑控制区边界外缘的距离应当符合“国道、省道不少于50米,县道、乡道不少于20米”的标准。规划、国土资源、建设行政管理部门在制定公路沿线城镇规划时,应当严格遵守《公路法》第十八条和《条例》第十四条的规定,不得批准不符合有关控制距离要求的建设项目的规划、建设和土地使用许可。同时,应当尽可能在公路一侧建设,避免在公路两侧对应进行,防止造成公路街道化,影响公路的运行安全与畅通。《条例》施行前已经在公路两侧建设的村镇、开发区、学校和货物集散地、大型商业网点、农贸市场等公共场所,不得再沿公路平行扩建,并由县级以上人民政府组织有关部门沿公路两侧设置必要的隔离设施。

82. 为保证公路、城市道路、铁路、通信等线路发生交叉时互不影响,或将不利影响降至最低,应当采取的措施是什么?

各种线路之间发生交叉是不可避免的,为保证各种线路发生交叉时互不影响,或将不利影响降至最低,《公路法》、《中华人民共和国铁路法》等法律、法规往往通过设立行政许可,妥善解决各线路之间的交叉关系。如,根据《公路法》和《条例》第十五条的规定,穿跨越公路或者在公路用地范围内架设、埋设管线的,应当向公路管理机构提交行政许可申请;许可机关接到许可申请后,除考虑技术、安全等因素外,还要就公路改扩建规划、维护管理、费用分担等事宜与申请人进行沟通,签订许可协议,明确权利义务,并最终作出行政许可决定;当公路按照规划要求进行改扩建时,所产生的拆迁费用等权利义务应当适用许可协议。

83. 公路与历史形成的线路交叉的费用分担原则是什么?

对于历史形成的线路交叉关系,由于没有办理行政许可手续,交叉线路的各管理单位之间对扩建或者改变既有交叉方式所产生的费用往往存在推诿、扯皮现象,影响了工程进度。对此,《条例》就有关费用承担问题确立了以下原则:

(1)新建、改建公路与既有城市道路、铁路、通信等线路交叉的,由公路建设单位承担费用;

(2)新建、改建城市道路、铁路、通信等线路与既有公路交叉的,由城市道路、铁路、通信等线路的建设单位承担费用;

(3)对超过既有建设标准而增加的费用,由提出要求的部门或者单位承担;

(4)需要改变既有公路与城市道路、铁路、通信等线路交叉方式的,按照公平合理的原则分担建设费用。

需要指出的是,当公路、城市道路、铁路、通信等管理部门或者单位在办理行政许可时对今后线路改建或者改变既有交叉方式所产生的费用作出协议约定的,应当优先适用有关协议约定。

84. 公路及公路用地范围内禁止从事哪些活动?

(1)禁止倾倒或者堆放废土、垃圾等固体废弃物,排放污水、污物;

(2)禁止堵塞水道,挖沟引水;

(3)禁止取石、取土;

(4)禁止设置电线杆、变压器、维修场、停车场、洗车点或者加水点;

(5)禁止集市贸易、摆摊设点、搭建棚屋或者砖窑、堆放或者摊晒物品;

(6)禁止利用公路桥梁、隧道铺设输送易燃易爆和有毒物品的管道,利用公路桥涵堆放物品、搭建设施,在公路桥涵附近焚烧物品;

(7)禁止法律、法规规定的其他损坏、污染公路或者影响公路畅通的活动。

85. 为什么说在公路或公路用地范围内从事《条例》第十六条明文禁止的活动可能会不同程度损坏、污染公路或影响公路的畅通?

这主要是因为在公路或公路用地范围内从事《条例》第十六条明文禁止的活动可能在不同程度上损坏、污染公路或影响公路的畅通,在公路用地范围外从事这些活动则一般不会损及公路、污染公路或影响公路的畅通。如果在公路用地范围外从事《条例》第十六条明文禁止的活动危及或影响公路完好、安全和畅通的,可以由《公路法》第四十七条和《条例》第十七条进行调整。同时,《公路法》第七十条还规定,公路管理机构可以检查、制止各种侵占损坏公路、公路用地、公路附属设施及其他违法行为。此外,在公路用地范围外进行倾倒垃圾、废弃物品、采空作业等,还应当符合环境保护、采矿采煤等有关法律、法规的规定。如,《乡镇煤矿管理条例》第九条第(五)项规定,未经国务院煤炭工业主管部门批准,乡镇煤矿不得开采铁路、重要公路和桥梁下的保安煤柱。《中华人民共和国煤炭法》第三十一条规定,煤炭生产应当依法在批准的开采范围内进行,不得超越批准的开采范围越界、越层开采;采矿作业不得擅自开采保安煤柱,不得采用可能危及相邻煤矿生产安全的决水、爆破、贯通巷道等危险方法。第三十二条规定,因开采煤炭压占土地或者造成地表土地塌陷、挖损,由采矿者负责进行复垦,恢复到可供利用的状态;造成他人损失的,应当依法给予补偿。第七十条规定,违反第三十一条的规定,擅自开采保安煤柱或者采用危及相邻煤矿生产安全的危险方法进行采矿作业的,由劳动行政主管部门会同煤炭管理部门责令停止作业;由煤炭管理部门没收违法所得,并处违法所得1倍以上5倍以下的罚款,吊销其煤炭生产许可证;构成犯罪的,由司法机关依法追究刑事责任;造成损失的,依法承担赔偿责任。《中华人民共和国矿产资源法》第二十条第(三)项规定,非经国务院授权的部门同意不得在铁路、重要公路两侧一定距离内开采矿产资源。《国务院办公厅转发国土资源部关于进一步治理整顿矿产资源管理秩序意见的通知》(国办发[2001]85号)规定,在铁路、重要公路等交通沿线两侧不得准许露天采矿。

86. 公路桥梁、渡口和隧道对连接、贯通公路网络具有什么重要的意义?

公路桥梁、公路渡口、公路隧道是公路的重要组成部分,特别是大中型的公路桥梁、公路渡口和隧道对连结、贯通公路网络具有十分重要的意义。一条公路上的桥梁被损毁或者隧道坍塌,可能影响到这条公路的畅通,还可能影响整个路网功能的发挥。因此,对大中型公路桥梁、公路渡口、公路隧道制定特别的保护措施是十分必要的。当前,一些单位和个人在公路两侧及公路桥梁、公路渡口、公路隧道附近实施采矿、采石、取土、爆破作业时,不考虑施工范围、施工时间、开采程度及爆破的强度,随意开采,任意爆破,给公路及公路附属设施带来了巨大的安全隐患,使得安全行车得不到保证。《条例》为了有效制止这类现象,确保公路运行安全不受威胁,对公路、公路桥梁、公路隧道、公路渡口的保护做了这一规定。

87. 禁止在公路、公路桥梁、公路渡口、公路隧道等的保护范围内从事哪些活动?

(1)禁止采矿、采石、取土;

(2)禁止进行爆破作业;

(3)禁止挖砂、倾倒废弃物(《公路法》第四十七条);

(4)禁止其他可能造成公路边坡坍塌、路基沉陷、路面损坏、桥梁及隧道设施损毁等危及公路安全的活动。

88. 对公路、公路桥梁、公路渡口和公路隧道的保护范围有哪些规定?

(1)对公路的保护范围而言,《公路法》第四十七条未明确具体的保护范围,只是笼统地要求在公路两侧“一定距离”内不得从事法律禁止的行为,这就要求国务院在制定配套的行政法规时对此作出具体规定。因此,《条例》根据公路保护工作的实际需要,考虑不同行政等级公路在整个路网中的作用,科学划定了保护范围,即:国道、省道、县道的公路用地外缘起向外100m,乡道的公路用地外缘起向外50m。

（2）对公路渡口和中型以上公路桥梁而言，为渡口或桥梁周围 200m 范围内。根据《公路工程技术标准》（JTG B01 －2003）关于公路桥涵分类的规定，大中型桥梁是指多孔跨径总长大于 30m 或单孔跨径大于 20m 的桥梁。需要指出的是，对多孔跨径总长小于 30m 或单孔跨径小于 20m 的小型桥梁或者涵洞，不适用《条例》第十七节第二款规定的保护范围，应当按照《条例》第十七节第一款规定的保护范围执行。

（3）对公路隧道而言，为公路隧道上方和洞口外 100m。隧道上方 100m，应为隧道上方中心线两侧 100m 范围内。

89. 只允许修筑堤坝、压缩或拓宽河床，不允许从事除此以外的任何活动；在进行修筑堤坝、压缩或拓宽河床的作业时，还必须符合哪 3 个条件？

（1）只有因抢险、防汛这两个特定的事由，方可在大中型公路桥梁和渡口周围 200m、公路隧道上方和洞口外 100m 范围内，以及在国道、省道、县道的公路用地外缘起向外 100m、乡道的公路用地外缘起向外 50m 内，修筑堤坝、压缩或者拓宽河床。

（2）在大中型公路桥梁、渡口周围 200m、公路隧道上方和洞口外 100m 范围内，以及在国道、省道、县道的公路用地外缘起向外 100m、乡道的公路用地外缘起向外 50m 内，修筑堤坝、压缩或者拓宽河床，必须事先报经省、自治区、直辖市人民政府交通运输主管部门会同水行政主管部门或者流域管理机构批准。这是因为在上述范围内从事堤坝的修筑活动和河床的压缩或拓宽作业，不仅可能影响公路、公路桥梁、公路隧道、公路渡口的安全，还涉及河道管理的有关事宜，因此不仅要报经交通运输主管部门批准，还要经水行政主管部门或流域管理机构的批准。

（3）在大中型公路桥梁、渡口周围 200m、公路隧道上方和洞口外 100m 范围内，以及在国道、省道、县道的公路用地外缘起向外 100m、乡道的公路用地外缘起向外 50m 内修筑堤坝、压缩或拓宽河床，必须采取有效的安全防护措施，避免影响公路、公路桥梁、公路隧道、公路渡口的安全。

上述 3 个条件必须同时具备时，才能够在公路桥梁、渡口、隧道附近以及在国道、省道、县道的公路用地外缘起向外 100m、乡道的公路用地外缘起向外 50m 内从事修筑堤坝、拓宽或压缩河床的作业。非因抢险、防汛需要或未经省级人民政府交通运输主管部门和水行政主管部门或者流域管理机构批准，或者未采取有效的安全防护措施，不得在《条例》第十七节第一款规定的范围内修筑堤坝、压缩或拓宽河床。

90. 各省、自治区、直辖市人民政府交通运输主管部门及水行政主管部门或流域管理机构在执行《公路安全保护条例》时应当严格把关,特别是要确保采取严密、科学的安全防护措施,确保公路、公路桥梁、公路渡口和公路隧道的安全。什么情形下,不得批准其作业?

在以下3种情况下,不得批准其作业:

(1)非因抢险、防汛需要而进行的修筑堤坝、压缩或者拓宽河床作业;

(2)虽因抢险、防汛之需,但所进行的作业不是修筑堤坝、压缩或者拓宽河床;

(3)因抢险、防汛需要修筑堤坝、压缩或者拓宽河床,但不能采取有效的措施,保护有关的公路、公路桥梁、公路隧道、公路渡口安全的。

91. 除按照国家有关规定设立的为车辆补充燃料的场所、设施外,禁止在下列范围内设立生产、储存、销售易燃、易爆、剧毒、放射性等危险物品的场所、设施中的规定主要包含哪3个方面的内容?

(1)规定了禁止范围,分3种情况:一是公路用地外缘起向外100m,二是公路渡口和中型以上公路桥梁周围200m,三是公路隧道上方和洞口外100m。

(2)规定了禁止的内容,包括生产、储存、销售易燃、易爆、剧毒、放射性等危险物品的场所、设施。危险物品既包括《危险化学品安全管理条例》规定的具有毒害、腐蚀、爆炸、燃烧、助燃等性质,对人体、设施、环境具有危害的剧毒化学品和其他化学品,也包括放射性物品等其他物品。

(3)规定了例外情况。即,为车辆补充燃料的场所、设施,不适用上述规定。但前提是这些场所的设立必须符合国家有关法律法规和有关安全标准的规定。

92. 按照国家有关规定设立的为车辆补充燃料的场所、设施必须符合国家有关法律法规和有关安全标准的规定是哪些?

(1)汽车燃料主要指汽油机(点燃式发动机)用燃料和柴油机(压燃式发动机)用燃料,他们目前是当前汽车运行的主要动力来源。随着环保的呼声越来越高及新能源技术的不断进步,汽车制造商在不断完善发动机的燃烧系统,采用先进的电子控制技术和高性能的污染净化装置,使用无铅汽油的同时,还不断投入巨额资金,研制污染排放少、又利于环境保护的代用燃料和代用燃料汽车。就世界范围而言,最成功的代用燃料是液化石油气(LPG)和压缩天然气(CNG)。上世纪80年代后,各种代用燃料汽车及电动汽车成了研究开发清洁燃料的热门,汽车燃料的形式更趋多元化。为车辆补充燃料的场所、设施,主要是指为汽车补充上述各种燃料的场所、设施，这些场所、设施，不受《条例》第十八条禁止性设施范围之限。

(2)为车辆补充燃料的场所、设施的设立，必须符合国家有关的法律、法规、技术规范的要求。其一，就是这些场所、设施的设置必须符合公路建筑控制区的有关要求，所有为车辆补充燃料的场所、设施，如果是以建筑物、构筑物的形式出现的，就必须退出到公路建筑控制区范围之外。其二，就是这些场所、设施必须符合《公路工程技术标准》(JTG B01—2003)等有关公路技术规范的要求。如果设于公路交叉口附近，车辆进出不但阻滞交通，降低交叉口的道路通行能力，还容易引发交通事故。因此，应尽量避开公路交叉口，安排在路段中间。一般要求离路口不少于100 m，如确有必要，应对出入口进行合理布局，不应影响道路交叉口的通行能力；服务于高速公路的距交叉口车流交汇点的距离应大于2 km。选址定点时必须保证出入口的行车视距。出入口的行车视距一般不少于100 m，特殊情况不得小于50 m。站宜设在距道路弯道、竖曲线范围的100 m之外。其三，就是这些场所、设施范围内，不得随意设置各类公路标志和非公路标志。

(3)为车辆补充燃料的场所、设施的设立，必须符合相关技术规范的要求。

93. 为车辆补充燃料的场所、设施的设立，必须符合与其相关的技术规范的哪些要求？

(1)当前，为汽车补充燃料的主要方式是加油站，对加油站的设计、设置，1992年国家技术监督局、建设部联合发布了《小型石油库及汽车加油站设计规范》(GB50156－92)，该强制性国家标准第3.1.4条规定，汽车加油站的加油机、油罐与周围建筑物、构筑物、交通线等的安全距离不应小于表7-3的规定。

加油站的加油机、油罐与周围建筑物、构筑物、交通线等的安全距离(单位:m)　　表7-3

<table>
<tr><td colspan="3" rowspan="2">加油站等级及敷设方式
项目</td><td colspan="2">一　级</td><td colspan="2">二　级</td><td>三　级</td></tr>
<tr><td>地下直埋卧式罐</td><td>地上卧式罐</td><td>地下直埋卧式罐</td><td>地上卧式罐</td><td>地下直埋卧式罐</td></tr>
<tr><td colspan="3">明火或散发火花的地点</td><td>30</td><td>30</td><td>25</td><td>25</td><td>17.5</td></tr>
<tr><td colspan="3">重要公共建筑物</td><td>50</td><td>50</td><td>50</td><td>50</td><td>50</td></tr>
<tr><td rowspan="3">民用建筑及其他建筑</td><td rowspan="3">耐火等级</td><td>一、二级</td><td>12</td><td>15</td><td>6</td><td>12</td><td>5</td></tr>
<tr><td>三级</td><td>15</td><td>20</td><td>12</td><td>15</td><td>10</td></tr>
<tr><td>四级</td><td>20</td><td>25</td><td>14</td><td>20</td><td>14</td></tr>
</table>

续上表

项目 \ 加油站等级及敷设方式		一级		二级		三级
		地下直埋卧式罐	地上卧式罐	地下直埋卧式罐	地上卧式罐	地下直埋卧式罐
主要道路		10	15	5	10	不限
架空通信线	国家一、二级	1.5倍杆高	1.5倍杆高	1.5倍杆高	1.5倍杆高	不应跨越加油站
	一般	不应跨越加油站	不应跨越加油站	不应跨越加油站	不应跨越加油站	不应跨越加油站
架空电力线路		1.5倍杆高	1.5倍杆高	1.5倍杆高	1.5倍杆高	不应跨越加油站

注:1. 三级汽车加油站相邻的民用或其他建筑为一、二级耐火等级,且与加油站相邻一面无门窗时,其与加油站的安全距离可不限。

2. 设有油气回收系统的加油站,与周围建筑物、交通线的安全距离,可按上表减少50%。

(2)按照《国家经济贸易委员会、建设部关于完善加油站行业发展规划的意见》(国经贸贸易〔2003〕147号)要求,加油站规划设置的基本标准为:国道、省道每百公里加油站数量原则上不得超过6对;高速公路加油站按照国家相关规定执行,原则上每百公里不超过2对;县道、乡道由各省、自治区、直辖市根据实际情况另行制定指标标准。如,《广东省加油站管理办法(暂行)》规定,县道、乡道按每百公里双向12~16个标准设置。

94. 擅自在中型以上公路桥梁跨越的河道上下游各1000m范围内抽取地下水、架设浮桥以及修建其他危及公路桥梁安全的设施对公路桥梁的安全有什么影响?

公路桥梁是公路的重要组成部分,中型以上公路桥梁更是公路安全畅通的重要节点,桥梁的安全与否直接关系到公路及整个路网体系的安全畅通。在公路桥梁跨越的河道上下游一定范围内抽取地下水、架设浮桥以及修建其他危及公路桥梁安全的设施,有可能引起河流流量、流速的变化,造成桥梁基础的下沉、河床的移动,会严重危及公路桥梁的运行安全。特别需要指出的是,擅自在桥墩附近抽取地下水可能会引起桥梁附近区域地质条件的变化甚至可能会导致整体塌陷,对桥梁基础的危害非常严重。对围垦造地、拦河筑坝、架设浮桥及其他可能妨碍河道安全的活动,《中华人民共和国水法》第三十七条、第四十条、第六十五条、第六十六条及《河道管理条例》第二十七条均有相关规定,明确对此类行为进行严格的管理。鉴于抽取地下水、架设浮桥及围垦造田地、拦河筑坝等活动可能会引起河道原有环境的变化,进而会改变架设在河道上的桥梁的基础结构等原设计条件,会严重危及公路桥梁的安全,《条例》针对公路运行管理中影响公路桥梁安全的突出问题,作出了禁止性规定。

95. 禁止擅自在中型以上公路桥梁跨越的河道上下游各1000m范围内抽取地下水、架设浮桥以及修建其他危及公路桥梁安全的设施,主要包含哪两层意思?

(1)规定了禁止破坏公路桥梁行为的种类,主要是抽取地下水、架设浮桥以及修建其他危及公路桥梁安全的设施,禁止修建的其他危及公路桥梁安全的设施,应该还包括围垦造田、拦河筑坝、建设妨碍行洪的建筑物、构筑物以及从事影响河势稳定、危害河岸堤防安全活动等。

(2)规定了禁止上述行为的范围。实践中,距离公路桥梁越近实施上述行为,对公路桥梁的危害就可能越大,反之越小。确定保护范围,既要保证不影响公路桥梁的安全,又要尽量减少对周围群众生活及生产经营单位生产生活的影响。

96. 对抽取地下水、架设浮桥等活动,设定了哪3个特殊规定?

(1)因生产生活确实需要进行上述活动;

(2)必须经过安全论证,证实上述活动不会影响公路桥梁安全;

(3)必须经过水行政主管部门或流域管理机构会公路管理机构批准。

需要指出的是,《条例》第十九条规定的几类禁止性行为的管理责任主体应该是水行政主管部门或流域管理机构,对违反上述禁止性规定影响公路桥梁安全的,水行政主管部门或流域管理机构有权依据《中华人民共和国水法》、《河道管理条例》对其进行查处。

97. 为什么对公路桥梁一定范围的采砂行为作出了禁止性的规定?

砂是重要的建筑材料,随着我国经济社会的迅速发展,市场对砂的需要量越来越大。一些单位和个人受巨大经济利益驱使,在河道内乱采滥挖河砂,这些行为直接影响到河道防洪安全、航运安全、河势稳定、生态稳定及上跨河道公路桥梁的安全。为规范采砂行为,确保有序开采,我国对采砂实行许可证管理制度。《中华人民共和国水法》第三十九条规定,国家实行河道采砂许可制度,河道采砂许可制度实施办法,由国务院制定。在河道管理范围内采砂,影响河势稳定或者危及堤防安全的,有关县级以上人民政府水行政主管部门应当划定禁采区和规定禁采期,并予以公告。《河道管理条例》第二十五条规定,在河道管理范围内进行下列采砂、取土、淘金、弃置砂石或者淤泥活动,必须报经河道主管机关批准;涉及其他部门的,由河道主管机关会同有关部门批准。由于采砂行为不仅会对河道本身的功能带来许多不利的影响,也会对上跨河道的公路桥梁的稳定、安全带来许多不确定的安全隐患,因此,《公路法》也对公路桥梁一定范围的采砂行为作出了禁止性的规定。《公路法》第四十七条第一款规定"在大中型公路桥梁和渡口周围二百米、公路隧道上方和洞口外一百米范围内,以及在公路两侧一定距离内,不得挖砂、采石、取土、倾倒废物,不得进行爆破作业及其他危及公路、公路桥梁、公路隧道、公路渡口安全的活动。"

鉴于采砂行为对公路桥梁会构成较大的危害,为切实加强对公路桥梁的保护,《条例》扩大了对公路桥梁的保护范围。对公路桥梁按特大桥梁、大型桥梁及中小型桥梁,分别规定其上下游禁止采砂的范围。具体为:特大型公路桥梁跨越的河道上游500m,下游3000m;大型公路桥梁跨越的河道上游500m,下游2000m;中小型公路桥梁跨越的河道上游500m,下游1000m。根据《公路工程技术标准》(JTG B01—2003)第5.0.2条的规定,多孔跨径大于1000m或单孔跨径大于150m的为特大型桥梁;多孔跨径大于等于100m且小于等于1000m或单孔跨径大于等于40m且小于等于150m的为大型桥梁;多孔跨径大于30m且小于100m或单孔跨径大于等于20m且小于40m的为中型桥梁;多孔跨径大约等于8m且小于等于30m或单孔跨径大于等于5m且小于20m的为小型桥梁。

需要指出的是,根据《中华人民共和国水法》、《河道管理条例》的有关规定,采砂行为的主管部门是水行政主管部门、河道管理机构。《条例》第五十八条对此也作出了明确规定,指出,违反《条例》第二十条规定的,由水行政主管部门或者流域管理机构责令改正,可以处3万元以下的罚款。水行政主管部门、河道管理机构应当依法强化监督检查,及时发现和查处违法采砂行为,确保河道安全及公路桥梁等重要结构物的安全。公路管理机构也应当加强对公路桥梁等公路重要结构物的巡查,一旦发现公路桥梁附近存在违法采砂行为,可及时将有关信息告知有管理权限的水行政主管部门或者流域管理机构,并配合相关部门做好公路桥梁安全保护工作。

98. 疏浚是指什么？其目的是什么？

疏浚,是指采用人力、水利或机械方法,为拓宽、加深水域而进行的水下土石方开挖工程。疏浚的主要目的是挖深河流或海湾的浅段,以提高河流排洪或航道通航能力,开挖港池、进港航道等以新建码头或港区。可以说,疏浚工程对水利防洪、水上交通、城市建设等具有非常重要的作用。

99. 为什么要严格控制在公路桥梁一定范围内进行的疏浚作业?

由于河道疏浚与在公路桥梁附近采砂作业一样,有可能会改变河床、影响桥基,会给上跨河道的公路桥梁的稳定、安全带来许多不确定的安全隐患。因此,《条例》出于对公路桥梁安全的考虑,严格控制在公路桥梁跨越的河道上下游进行疏浚作业,对于为提高防洪能力或开展其他项目建设确实需要实施疏浚河道作业的,应远离公路桥梁,确实需要在公路桥梁上下游 500m 范围内进行疏浚作业的,应经公路管理机构确认后方可实施。这就要求,在公路桥梁上下游 500m 范围内进行疏浚作业的,建设项目的业主或疏浚作业的单位应当依法在实施疏浚作业前,将向公路管理机构提交疏浚作业相关资料。资料应当包括疏浚作业的范围、时间、方式、施工方案、安全评估报告等与公路桥梁安全相关的各项资料,公路管理机构应当结合自身掌握的公路桥梁的技术特性、设计资料、安全状况等,组织相关人员对疏浚作业安全风险进行分析、审查,必要时,可以组织专家对方案进行全面论证,以确认公路桥梁安全。需要指出的是,确认疏浚作业是否会影响公路桥梁安全是哪一级公路管理机构的职责,原则上应根据公路桥梁所属公路行政等级的公路保护权限划分。

100. 禁止利用公路桥梁进行牵拉、吊装等危及公路桥梁安全的施工作业包含的含义是什么?

(1)禁止利用公路桥梁实施影响公路安全作业的行为。牵拉作业是指以桥梁护栏、桥墩等作为受力点,利用绳索、钢索等将大型物件进行固定或移动的作业。利用桥梁进行牵拉作业一般表现为:利用桥体固定或者搭建水上作业平台等,利用桥墩固定水上作业船舶(采砂船、水上施工船、渔船等)。吊装作业是指利用起吊装置对大型部件进行装配的作业。利用桥梁进行吊装作业一般表现为:在桥上放置起吊机为桥下船舶装卸货物或为桥区施工作业吊运建材等。牵拉、吊装及其他利用桥梁实施的作业行为,往往利用桥体作为作业支撑点,会改变桥梁设计受力分布,破坏桥梁结构,影响桥梁安全,必须予以严格禁止。

(2)禁止利用公路桥隧、涵洞实施的行为。禁止利用的空间为公路桥梁(含桥下空间)、隧道、涵洞,禁止的行为包括堆放物品、搭建设施、铺设高压电线和输送易燃、易爆或者其他有毒有害气体、液体的管道。公路桥梁、隧道、涵洞作为公路的重要组成部分,对公路的安全畅通有着重要的作用,利用这些公路设施堆放物品、搭建设施乃至铺设高压电线及输送易燃易爆物品的管道,极有可能给这些重要桥隧结构物的安全带来较大的安全隐患,因此,需要严格予以禁止。

需要指出的是,公路桥梁(含桥下空间)、公路隧道、涵洞下禁止实施的仅为所列举的堆放物品,搭建设施以及铺设高压电线和输送易燃、易爆或者其他有毒有害气体、液体的管道等活动,对于利用公路桥梁、隧道、涵洞实施铺设电缆等施工活动的,经过公路管理机构的许可则可以实施(《条例》第二十七条第四款)。

此处所指的易燃、易爆或者其他有毒有害气体、液体,为《危险货物品名表》(GB12268-2005)中第1类中液体爆炸品;第2类第1项易燃气体、第3项有毒气体;第3类易燃液体。

101. 桥梁航标是指什么?

根据《航标条例》、《中国海区可航行水域桥梁助航标志》等规定,桥梁航标是指为了保护桥梁和船舶航行安全,具有示位、警示危险、指示交通等功能,设置在桥梁上的视觉、音响、无线电航标。

102. 桥柱标是指什么?

根据《航标条例》、《中国海区可航行水域桥梁助航标志》等规定,桥柱标是指桥墩在水中的桥梁应当在桥柱上标明示位、警示的标志。桥梁水尺标是指在桥梁上设置观测水位和冲刷情况的标志。

103. 桥区水上航标是指什么?

根据《中国海区水上助航标志》等的规定,桥区水上航标是指设在桥区的水上浮标或水中固定标。水上浮标要求在水上从任何水平方向都能观测到浮标标体水线以上部分时所呈现的外形特征。

104. 水中固定标包括什么?有什么设置标准?

水中固定标包括立标和灯桩等助航标志,其设标点的高程在当地平均大潮高潮面以下,标志的基础或标身的一部分被平均大潮高潮面淹没,而且作用与浮标相同者,则其颜色、顶标和灯质,均须与相应的浮标或灯浮标一致。

105. 桥墩防撞装置是指什么?

是指当船舶与桥墩相撞时缓解对桥墩碰撞力的防撞设施。

106. 防撞装置的设计由什么因素决定?

需要根据桥墩的自身抗撞能力、桥墩位置、桥墩的外形、水流的速度、水位变化情况、通行船舶的类型、碰撞速度等因素进行。

107. 目前有哪些防撞装置方式运用到实际桥梁防护中?

有缓冲材料方式、缓冲设施工程方式、重力方式、桩方式、人工岛、沉箱方式、浮体系泊方式、非结构防撞系统等。

108. 航标管理机构的主要职责有什么?

(1)制定航标工作规章制度,督促、检查贯彻执行情况。负责编制和审定航标维护工作计划,提出实施措施。掌握航道特征、水情变化及碍航物分布情况,保持航标的正常状态,并发布航道通告。定期检查航标,指导和帮助基层班组工作。

(2)编制航标船艇及设备维修保养计划,并组织实施。收集整理航标技术资料,分析航标维护质量,总结航标维护管理经验。

(3)参加评审本辖区与航道有关的拦河、跨河、临河建筑物及其他水上工程的航标设施建设项目和审定航标配布图。

(4)参与航标新材料、新结构、新工艺的研制、鉴定和推广使用。按规定对违反《航标条例》、《航道管理条例》及其实施细则和《条例》中有关航标保护条款以及其他有关规定的行为进行处罚。

109. 通航净空要求是指什么?

是指跨越航道桥梁的船舶(队)的最大高度和航行的技术要求。《内河通航标准》(GBJ139 -90)第四章过河建筑物的规定中,明确了水上过河建筑物通航净空尺度。

110. 重要的公路桥梁和隧道是指什么?

重要的公路桥梁和隧道是指在人民武装警察部队执行安全保卫任务时,根据执行任务的区域和目标,所确定的关系国计民生的主要交通干线的桥梁和隧道。

111. 武装警察部队对重要公路桥梁和公路隧道执行安全保卫任务时,可以采取哪些措施?

(1)对进出警戒区域的人员、物品、交通工具进行检查,对按照规定不允许进出的,予以阻止;对强行进出的,采取必要措施予以制止;

(2)在武装巡逻中,经现场指挥员同意,对有违法犯罪嫌疑的人员当场进行盘问并查验其证件,对可疑物品和交通工具进行检查;

(3)协助执行道路交通管制或者现场管制;

(4)对聚众危害社会秩序或者执勤目标安全的,采取必要措施予以制止、驱散;

(5)根据执行任务的需要,向相关单位和人员了解有关情况或者在现场实施必要的侦察。调动、使用武装警察部队执行重要公路桥梁和隧道的安全保卫任务的具体批准权限和程序由国务院、中央军事委员会规定。重要公路桥梁、隧道的管理单位及其上级交通运输主管部门应当按照国家有关规定,为担负武警守护任务的武装警察部队提供执勤设施、生活设施等必要的保障,并可以对武装警察部队进行执勤业务指导。

112. 公路附属设施的含义是什么?

根据《公路法》第五十二条第二款规定,公路附属设施,是指为保护、养护公路和保障公路安全畅通所设置的公路防护、排水、养护、管理、服务、交通安全、渡运、监控、通信、收费等设施、设备以及专用建筑物、构筑物等。公路附属设施是公路的组成部分,对保障行车安全和交通畅通具有重要意义。根据《公路工程技术标准》(JTG B01－2003)规定,公路附属设施分为交通安全设施、服务设施和管理设施。交通安全设施是指为保障行车和行人的安全和充分发挥公路的作用,在公路沿线所设置的人行地道、人行天桥、照明设备、护栏、标柱、标志、标线等设施的总称。服务设施包括服务区、加油站、公共厕所等设施。管理设施包括监控、收费、通信、配电、照明和管理养护等设施,还包括为保护公路而设置的超限运输检测站、路政中队、公路站等基层单位的管理用房。与保护、养护和保障公路无关的其他设施、设备、建筑物、构筑物不属于公路附属设施,对于那些设施、设备、建筑物、构筑物的保护,由相应的法律法规予以调整。

113. 公路附属设施的建设规模和标准应根据什么来确定?

公路附属设施的建设规模和标准应根据公路网规划,公路的功能、等级、交通流量等确定。新建公路的公路附属设施在公路设计时确定,其设置由新建公路的投资和收益者即建设项目业主负责。公路交通安全设施直接关系到公路行人和行车安全,新建、改建公路和公路大修时,与公路交通安全有关的公路附属设施即公路交通安全设施应当与工程同时设计、同时施工、同时验收,所需经费纳入工程概算。交通安全设施验收不合格的,公路不得交付使用。公路管理机构应加强对交通安全设施施工的监督,参加交通安全设施的验收工作。

114. 公路绿化物的作用是什么?

种植公路绿化物是公路建设的组成部分,可以起到稳固路基、保护路面、美化路容、减少噪音、引导汽车行驶的作用,同时也是防风、防沙、防雪、防水害的重要措施之一。对于公路交通而言,公路绿化物特别是护路林的作用已经超越了其本身的自然功能。长期以来,公路绿化物是作为公路附属设施的一部分而存在的,属于公路路产的组成部分。因此,《条例》规定,禁止任何单位和个人破坏公路、公路用地范围内的绿化物,确因更新需要砍伐护路林的,必须按照严格的法定程序向公路管理机构提出申请,办理许可手续后,才可以实施,并应该按照砍伐量予以补种。

115. 护路林更新砍伐的许可主体是什么?

《公路法》第四十二条规定,公路用地上的树木不得任意砍伐,确需更新砍伐的,应当经县级以上地方政府交通运输主管部门同意后,依照《中华人民共和国森林法》的规定办理审批手续,并完成更新补种任务。《中华人民共和国森林法》第三十二条第三款的规定,铁路、公路的护路林和城镇林木的更新采伐,由有关主管部门依照有关规定审核发放采伐许可证。因此,更新砍伐公路护路林的许可主体是公路管理机构,《条例》对此进一步予以明确,规定需要更新采伐护路林的,应当向公路管理机构提出申请,经批准方可更新采伐。需要指出的是,根据国家林业局《关于采伐公路护路林执行法律法规有关问题的复函》(林策发〔2004〕85 号)规定:①根据森林法实施条例第三十一条的规定,林木采伐许可证由国务院林业主管部门规定式样,省、自治区、直辖市人民政府林业主管部门印制。违反以上规定制定或者印制的林木采伐许可证,不具有法律效力,不得作为采伐林木的合法凭证。②因公路改建需要采伐行道树,不属于公路护路林的更新采伐管理范围,应当由林业主管部门核发林木采伐许可证。据此,公路管理机构的管理权限仅限于护路林的更新砍伐,且需要使用林业部门印制的统一式样的采伐许可证。

116. 护路林更新砍伐的许可程序是怎样的?

需更新砍伐护路林的,申请人应向公路管理机构提交许可申请,书面说明砍伐理由、砍伐树木的位置、种类和蓄积量,制定符合公路绿化工程技术标准补种方案,编制符合保障公路安全、畅通要求的作业方案。公路管理机构按照职责权限做出许可决定,对准予更新砍伐的,制作许可决定书并向申请人颁发由林业部门统一印制的砍伐许可证。砍伐许可证由省级公路管理机构(或同级公路管理机构)到省级林业主管部门(或同级林业主管部门)统一领取,并根据许可决定情况制作后颁发给申请人。

117.《公路法》第五章共设定了哪8类有关公路保护事宜的许可事项?

①公路护路林更新砍伐许可(第四十二条);②因建设工程需要占用、挖掘公路或者使公路改线许可(第四十四条);③跨越、穿越公路或在公路用地范围内架设、埋设管线等设施许可(第四十五条);④在公路桥梁、公路隧道、公路渡口以及公路两侧规定范围内修筑堤坝、压缩或者拓宽河道作业许可(第四十七条);⑤铁轮车、履带车和其他可能损害公路路面的机具上路行驶许可(第四十八条);⑥超限运输车辆上路行驶许可(第五十条);⑦平面交叉道口设置许可(第五十五条);⑧建筑控制区内埋设管线、电缆等设施许可(第五十六条)。

118.《公路安全保护条例》对公路完好、安全和畅通影响较大的情况,规定了哪7类涉路施工活动许可?

(1)因修建铁路、机场、供电、水利、通信等建设工程需要占用、挖掘公路、公路用地或者使公路改线;

(2)跨越、穿越公路修建桥梁、渡槽或者架设、埋设管道、电缆等设施;

(3)在公路用地范围内架设、埋设管道、电缆等设施;

(4)利用公路桥梁、公路隧道、涵洞铺设电缆等设施;

(5)利用跨越公路的设施悬挂非公路标志;

(6)在公路上增设或者改造平面交叉道口;

(7)在公路建筑控制区内埋设管道、电缆等设施。

其中,第1.2.3.6.7项属于《公路法》已经有明确规定的事项,第4.5属于《条例》新创设的许可事项。

119.需要占用、挖掘公路和公路用地或者使公路改线的行政许可有哪些内容?

(1)任何单位和个人不得擅自占用、挖掘公路和公路用地。需要占用、挖掘公路和公路用地的,必须事先征得有关公路管理机构的同意。需要公路改线的,也必然要占用、挖掘公路和公路用地,因此,如果未事先征得有关公路管理机构的同意,也不得使公路改线。

(2)原则上来讲,不允许因修建民用住房等一般性建筑设施占用、挖掘公路和公路用地或者使公路改线。只有因修建铁路、机场、电站、通信设施、水利工程等国家基础性设施以及其他重要工程时,才允许占用、挖掘公路和公路用地或使公路改线。即便是因建设这些重要基础设施和其他重要的建设工程,需要占用、挖掘公路和公路用地或者使公路改线,也要求建设单位事先征得公路管理机构的同意。《条例》之所以作上述规定,主要是因为公路是重要的基础设施,占用、挖掘公路和公路用地或使公路改线都会影响这种基础设施的正常使用和其效能的正常发挥,进而就会对人民群众的日常生活和社会经济发展产生较大影响。应当说,这条规定不仅注意了对公路基础设施的保护,也兼顾了铁路、机场、电站等重要基础设施和其他工程项目的建设需要,允许建设单位在事先征得公路管理机构同意的前提下,占用、挖掘公路和公路用地或者使公路改线。因此,不能说一条公路一旦建成,就不存在改线的可能。这要看新建的设施与原有的公路,哪一个对国民经济和人民生活作用更大,通过权衡利弊来确定是否让公路改线。

(3)占用、挖掘公路和公路用地或者使公路改线的,建设单位还应当在事后修复或改建公路,且修复、改建后公路的技术标准应当不低于该段公路原有的技术标准。如果原有公路是一级公路,修复或改建后的公路就应符合一级公路的技术标准;如果原有公路是高速公路,修复或改建后的公路则应符合高速公路的技术标准。建设单位修复、改建公路有困难的,也可以给公路管理机构以相就应的经济补偿,由公路管理机构组织修复或者改建。

120. 跨越、穿越公路修建桥梁、渡槽或者架设、埋设管道、电缆等设施以及在公路用地范围内架设、埋设管道、电缆等设施的行政许可有哪些内容?

(1)跨越、穿越公路修建桥梁、渡槽或者架设、埋设管道、电缆等设施以及在公路用地范围内架设、埋设管道、电缆等设施,必须事先征得有关公路管理机构的同意。这主要考虑到修建上述设施,将直接或间接地影响公路的完好、安全和畅通,因此《公路法》和《条例》要求要事先征得有关公路管理机构的同意,由有关公路管理机构根据公路工程技术标准、公路运行情况及相关法律、法规的规定严格审查。未经有关公路管理机构的同意,任何单位或个人不得跨越、穿越公路修建上述设施或在公路用地范围内架设、埋设上述设施。

(2)桥梁、渡槽等设施的建设单位所修建、架设或者埋设的设施,不仅要满足其行业自有技术规范、标准的要求,还应当符合公路工程技术标准的要求。《公路工程技术标准》(JTG B01 - 2003)对公路建筑限界、桥涵跨径、桥涵设计洪水频率、桥面净宽、桥下净空以及公路与铁路平面交叉、公路与铁路的立体交叉、公路与管线的交叉等都有详细、具体的规定,桥梁、渡槽等设施的建设单位应当认真执行。

(3)跨越、穿越公路修建桥梁、渡槽等设施或在公路用地埋设、架设管线对公路造成损坏的,建设单位应当按照对公路的损坏程度给予补偿。

(4)不同等级的公路交叉时可能采取立体交叉的形式。比如,一级公路与交通繁忙的其他公路交叉,就可采取互通式立体交叉;而高速公路与其他各级公路交叉时,则必须采用立体交叉。在这种情况下,后建的公路桥梁的桥下净空应当符合公路工程技术标准的要求,以免妨碍已有公路效能的发挥。所称管线,包括电力线、通信线以及输油管道等各种管道和线路。架设、埋设各种管线时,管道、线路不应侵入公路建筑限界,不得妨害公路交通安全。公路建筑限界,是指为保障车辆、行人通行安全,对公路、公路桥梁上和公路隧道内规定高度和宽度范围内不允许有障碍物的空间。各级公路建筑限界应符合图7-5的规定。

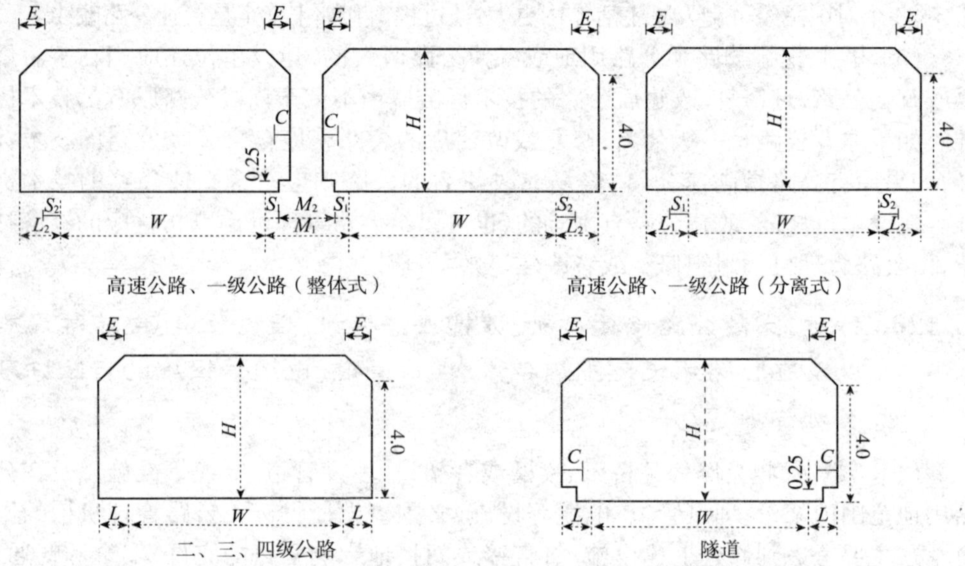

图7-5　公路建筑限界

W-行车道宽度。L_1-左侧硬路肩宽度。L_2-右侧硬路肩宽度。S_1-左侧路缘带宽度。S_2-右侧路缘带宽度。L-侧向宽度,高速公路、一级公路的侧向宽度为硬路肩宽度(L_1 或 L_2),二、三、四级公路的侧向宽度为路肩宽度减去0.25m。C-当设计速度大于100km/h时为0.5m,等于或小于100km/h时为0.25m。M_1-中间带宽度。M_2-中央分隔带宽度。E-建筑限界顶角宽度,当 $L \leq 1$m 时,$E = L$;当 $L > 1$m 时,$E = 1$m。H-净空高度,一条公路应采用同一净高,高速公路、一级公路、二级公路的净高应为5.0m,三、四级公路为4.5m。

121. 非公路标志是指什么?

是指除公路标志以外的指路牌、地名牌、厂(店)名牌、宣传牌、广告牌、龙门架、霓虹灯、电子显示牌、橱窗、灯箱和其他标牌设施。

122. 非公路标志如果设置位置不当或不牢固会有什么影响?

非公路标志如果设置位置不当不仅会分散驾驶员注意力,也会影响路容路貌。如果设置不够牢固,将会发生标牌跌落或者标牌架倒塌在公路上的危险,影响公路交通安全。因此,《公路法》明确规定,在公路用地范围内设置内公路标志,应当经过公路管理机构的批准,进行严格的事前控制。而对于利用跨越公路的设施悬挂非公路标志的情况,实践中并不少见,而其可能对公路运行安全带来的不利影响往往要大于公路用地范围内设置和的非公路标志,因此,《条例》专门设定此类涉路施工许可项目,以强化对此类行为的规范管理。

123. 非公路标志设置规范主要包括什么?

包括设置区域、位置、间距、高度、尺寸、材料、抗风抗震能力等。由于非公路标志种类繁多,内容庞杂,对不同类型的非公路标志应当执行不同的设置标准。《条例》只能对此类事项作出原则性规定,其具体的设置、维护规范和标准,应由交通运输部根据《公路法》、《条例》及相关技术规范的要求另行制定,并向社会公布。

124. 跨越公路的设施主要是指什么?

指跨越公路的公路桥梁、铁路桥梁、沟渠、管线等设施。需要指出的是,跨越公路的公路附属设施,如承载公路标志的龙门架、限载标志等,严禁悬挂非公路标志。如果悬挂的非公路标志是广告,还应当遵守《中华人民共和国广告法》有关规定。

125. 对在公路上增设或改造平面交叉道口的行政许可有哪些规定?

(1)公路建设投入使用后,沿线的厂矿、村镇和商店为了便于出行和使用公路,往往要求在公路上增设或改造平面交叉道口。公路上增设或改造交叉道口,对公路的通行能力和交通安全以及公路效益的充分发挥有着直接的影响。公路上交叉道口增多,对通行公路车辆的横向干扰就随之增加,驾驶员在遇有交叉道口时,不得不减速行驶,这就降低了公路的通行能力,影响了公路的正常作用和车辆运输经济效益的充分发挥。公路上增加了交叉道口,发生交通事故的频率大大提高,严重影响了公路交通安全和人民生命财产的安全。平交道口对于公路安全和交通安全有重要的影响,因此对于平交道口的设置或改造必须严格控制,必须设置或改造的,应当经过公路管理机构批准,这可以在最大限度上减少道口事故的发生,提高公路的安全。

(2)《条例》第二十七条适用的情况是在已建成的公路上增设或改造平面交叉

道口,包括十字路口和岔路口(丁字路口)。设置立体交叉道口的,不适用该条规定,应当按照《公路法》第四十五条和本条例第二十七条第(二)项的规定办理。

(3)增设或改造平面交叉道口必须按照国家有关技术标准建设,包括《公路工程技术标准》、《公路路线设计规范》等。

126. 设立公路建筑控制区制度的作用是什么?

主要是为了限制建筑控制区范围内的非因公路防护、养护需要而修建建筑物和地面构筑物的行为,为公路发展预留空间,确保公路安全运行。对于在公路建筑控制区内埋设管道、电缆等设施的行为,如果由公路管理机构事前对其实施许可管理,可以把这些行为对建筑控制区的影响控制在最低的程度,且也符合我国节约土地资源的基本国策。此外,在建筑控制区范围内埋设管道、电缆等设施许可事项的审查,原则上应确保相关管道、电缆等设施尽可能远离公路建筑控制区划定线,以免影响公路发展规划及对公路路基稳定性产生影响,同时,也可以尽量避免因为公路拓宽、改造的需要导致相关管道、电缆设施的迁移、损坏。

127. 申请涉路施工许可需要提交的材料有哪些?

《条例》规定,申请实施涉路施工,申请人应向相关公路管理机构提交设计方案、施工方案、质量和安全技术评价报告及应急方案等申请材料。《条例》对需要提交的申请材料进行了明确,解决了实践中申请人提交的材料不明确、不规范等问题。除了要求申请人提交规定的申请材料外,公路管理机构不得要求申请人另行提交其他不相关的材料,增加申请人的负担。需要指出的是,《条例》第二十八条规定的是需要申请人提供的实体性申请材料,除此以外,申请人还应提交一些程序性的材料,以确保行政许可程序顺利实施。根据《中华人民共和国行政许可法》、《公路安全保护条例》、《交通行政许可实施程序规定》、《路政管理规定》等相关法律、法规、规章的规定,程序性的材料主要包括申请书、申请人(建设单位)机构证明、授权经办人办理的委托书、经办人身份证明等。申请材料目录清单应按照有关规定予以公示。

申请人提交申请材料后,相关公路管理机构应根据《中华人民共和国行政许可法》有关规定及时作出处理,对申请材料不齐全或者不符合法定形式,申请人当场不能补全或者更正的,应当当场或者在5日内一次性告知申请人需要补正的全部内容。对于申请材料齐全、符合法定形式的,应当予以受理。

128. 对涉路施工申请提交的技术、安全材料有哪些要求？

涉路施工项目必须经过公路管理机构实质性审查，在确认设计方案、施工方案符合有关技术规范，安全技术评价报告结论认可，应急方案健全，符合公路安全运行的要求后，作出准予许可的决定。

(1)设计方案、施工方案。涉路施工项目具有很强的公路行业技术属性，为了确保公路安全运行，其设计方案应该由有相应资质、熟悉公路行业技术规范的单位编制，其施工单位也必须符合相应的资质要求。

(2)安全技术评价报告。《条例》明确规定安全技术评价制度，主要是为行政许可决策提供全面的技术支持和保障。安全评价报告要通过查找、分析和预测工程设计和施工过程中存在的危险、有害因素以及可能导致的危险、危害后果和程度，提出合理可行的安全对策措施，指导危险源监控和事故预防。

129. 安全技术评价的内容包括哪些？

应包括对设计和施工方案是否规范、施工期限是否合理、防护措施是否科学、应急处置措施是否健全等方面做出评价。

130. 安全技术评价的方式有哪些？

安全技术评价方式可以采用专家评审和机构评价等方式，原则上由申请人选择安全评价方式，但对于项目复杂、规模较大的涉路行为，应进行机构评价。

131. 专家评审的工作要求有哪些？

(1)省级公路管理机构负责建立评审专家库，并根据专家身体状况、业务能力及信誉等情况实施动态管理。

(2)应由申请人在专家库中随机抽取，组建专家评审委员会，评审委员会成员的人数、专业资质和职业道德应符合有关要求。

(3)必须符合相应的程序，评审会前的准备工作和评审会的召开都应按要求开展。

(4)公路管理机构不得就安全技术评价发表导向性意见。

132. 机构评价的工作要求有哪些？

(1)由申请人委托符合规定条件的安全技术评价机构实施安全评价，公路管理机构及其工作人员不得指定申请人接受特定的安全技术评价机构。

(2)安全技术评价机构要具有相应资质并在省级公路管理机构登记备案。申请人与安全技术评价机构签订安全技术评价合同后,应当向公路管理机构告知性备案。安全技术评价机构应当全面、细致、独立地开展安全技术评价工作,出具安全技术评价报告,并对结论承担法律责任。申请人应当对安全技术评价报告及时回应,形成书面答复意见。

(3)公路管理机构认为安全技术评价机构出具的安全技术评价报告不符合事实和有关规定的,有权要求申请人重新提交安全技术评价报告。

(4)出具的报告提出的修改完善建议合理的,申请人应对设计、施工方案进行修改,并提交相关的修改证明材料。

安全技术评价实施办法及有关工作程序的具体规定,应由交通运输部制定有关规章予以明确。

133. 公路管理机构承担的法律义务和责任有哪些?

(1)组织实施涉路行为行政许可安全技术评价的公路管理机构,不得以任何理由或者方式向安全技术评价机构收取费用或者变相收取费用;负责涉路行为行政许可的工作人员,不得作为专家评审委员会成员参与专家评审或者收取评审费用。

(2)公路管理机构在组织实施安全技术评价过程中,索取、收受他人财物或者利用特殊身份和影响操纵评价结论的,由上级行政机关或者监察机关责令改正,对直接负责的主管人员和其他直接责任人员依法给予处分,构成犯罪的依法追究刑事责任。

(3)公路管理机构应当将安全技术评价的范围、依据、条件、程序以及需要提交的全部材料的目录进行公示。

134. 关于涉路施工许可的期限是怎样规定的?

根据《中华人民共和国行政许可法》第四十二条的规定,除当场可以做出许可决定的以外,行政机关应当自受理行政许可申请之日起20日内作出行政许可决定;20日内不能作作出决定的,经该行政机关负责人批准,可以延长10日,并应当将延长期限的理由告知申请人。但是,法律、法规另有规定的,依照其规定。《条例》根据《中华人民共和国行政许可法》的规定,进一步明确涉路施工许可的许可期限为20日。《条例》规定的期限并非《中华人民共和国行政许可法》第四十二条所谓的"法律、法规另有规定的"情形,而是对《中华人民共和国行政许可法》规定的确认。因而,并不排除20日内不能作出决定的情况下,经公路管理机构负责人批准,延长10日的规定的适用。需要指出的是,公路管理机构实施涉路施工许可的期限以工作日计算,不含法定节假日。同时,依照法律、法规和规章的规定需要听证、招标、拍卖、检验、检测、检疫、鉴定和专家评审、安全评价的,所需时间不计算在《条例》规定的期限内。

135. 不予许可应当说明理由的制度具有哪些重要功能?

(1)说服功能。公路管理机构基于民主的要求,应将决定的理由明白、易懂、令人信服地向申请人说明,可以增强公众对政府的信任感,避免对立。

(2)自律功能。对于公路管理机构而言,通过说明理由,可促使其事先充分考虑许可决定的事实根据和法律依据,在理由充分、推理严密的情况下形成自己的判断,慎重地作出决定,避免职业性的草率,防止行政专断,促进公路管理机构的自我监督,从而保证决定的正确性。

(3)保护功能。公路管理机构作出行政决定,特别是对申请人作出不利处理后,要考虑到申请人可能会对决定不服。申请人只有通过公路管理机构了解其作出该决定的理由,才能认真考虑请求行政救济的可能性,确定是否提起和如何提起行政复议或者行政诉讼,从而增强对申请人权益的保护。

(4)证明功能。对于行政复议的受理机关或者人民法院来说,通过决定的理由,可以了解公路管理机构作出该决定的动机和依据,便于对其进行审查。

(5)引导作用。在许可决定中说明理由,还可以使公路管理机构在以后处理同类案件时有据可循,促成平等保护。公众也可以通过了解公路管理机构对特定事务在事实上和法律上的意见或态度,提高其预测的可能性,对公众的行为具有一定的引导作用。

136. 对行政许可后续监督检查有哪些规定?

涉路施工行政许可决定作出后,建设单位必须严格按照许可的设计和施工方案进行施工作业,并落实保障公路、公路附属设施质量和安全的防护措施,不得违反准予许可时所确定的条件、标准和范围。建设单位、施工单位有责任维护施工现场秩序。此外,根据《中华人民共和国道路交通安全法》第三十二条第二款规定,施工单位在施工作业完毕后,还应当迅速清除公路上的障碍物,消除安全隐患。从许可工作实践来看,行政许可决定作出后,建设单位、施工单位或是出于主管部门监管不到位,或是出于赶进度等原因,不严格按照许可要求进行施工作业的情况屡见不鲜,作出行政许可决定的公路管理机构有必要进一步加强事中、事后的监督检查。针对这一状况,为确保许可监督工作的有效性,《条例》

第二十九条规定了许可验收工作制度,明确涉路施工完毕后,公路管理机构应当对公路、公路附属设施是否达到规定的技术标准及施工是否符合保障公路、公路附属设施质量和安全的要求进行验收,并对是否落实许可的设计和施工方案进行评估,对于未经过验收的,一律不得投入使用。竣工验收是非常重要的事后监督手段,不通过验收的方式,难以确保申请人严格按照施工程序和技术方案执行到位。在具体的验收工作中,公路管理机构应对涉路施工项目是否符合法律法规规定、是否符合技术规范要求、是否执行许可决定、是否满足公路安全运行要求等作出全面的评价,对验收中发现的问题应要求建设单位及时予以改正。同时考虑到在涉路施工影响交通安全的情况下,公安机关交通管理部门也是行政许可的主体,根据"谁许可、谁验收、谁监管、各负其责"的原则,影响交通安全的,还应当经公安机关交通管理部门验收。需要指出的是,参与验收的公路管理机构或者公安机关交通管理部门,应该是作出该行政许可的公路管理机构或者公安机关交通管理部门。对未中断交通的涉路施工路段,公安机关交通管理部门应当根据《中华人民共和国道路交通安全法》第三十二条第三款的规定,加强交通安全监督检查,维护公路交通秩序。

涉路工程设施往往是永久性设施,涉路施工实施完毕后,如果所有人、管理人疏于对其进行维护和管理,可能会对公路安全运行带来巨大的隐患。对许可项目的后续监管,《中华人民共和国行政许可法》在监督检查一章用了较大篇章进行规范。其中,第六十一条规定,行政机关应当建立健全监督检查制度,通过核查被许可人从事行政许可事项活动情况的有关材料,履行监督职责。行政机关依法对被许可人从事行政许可事项活动监督检查时,应当将监督检查的情况和处理结果予以记录,有监督检查人员签字后归档,公众有权查阅行政机关监督检查记录。第六十二条第二款规定,行政机关根据法律、行政法规的规定,对直接关系到公共安全、人身健康、生命财产安全的重要设备、设施进行定期检验,对检验合格的,行政机关应当发给相应的证明文件。第六十八条规定,对直接关系到公共安全、人身健康、生命财产安全的重要设备、设施,行政机关应当督促设计、建造、安装和使用单位建立相应的自检制度。行政机关在监督检查时,发现直接关系到公共安全、人身健康、生命财产安全的重要设备、设施存在安全隐患的,应当责令停止建造、安装和使用,并责令设计、建造、安装和使用单位立即改正。根据上位法的规定,为切实强化涉路施工许可项目的监管,《条例》规定,涉路工程设施所有人、管理人必须加强对设施的维护和管理。同时,鉴于涉路工程设施直接关系到公共安全、生命财产安全,公路管理机构应当指导和督促涉路工程设施的所有人、管理人建立自检制度。公路管理机构在监督检查时,发现涉路工程设施存在安全隐患的,应当根据《中华人民共和国行政许可法》的规定责令停止使用,并责令其所有人、管理人采取措施立即改正。

137. 机动车安全技术标准是依据什么标准制定的?

机动车安全技术标准参见国标《道路车辆外廓尺寸、轴荷及质量限值国家标准(GB 1589－2004)》。

138. 当场查验具体指什么?

当场查验是一种实质审查,即使车辆取得了车辆检测站的合格证,公安机关还需另行检查,这增加了公安机关的审查责任,但使得不符标准的车辆难以上牌,治理超限效果将会增加。

139. 对于车辆改装环节治理超限具体有哪些规定?

《条例》第三十二条规范了生产厂家的改装行为,法律责任在《条例》的第六十三条第二款。《中华人民共和国道路运输条例》第 31 条、第 46 条规定了运输企业、车辆维修企业不得擅自改装车辆,但对汽车生产企业的改装行为并没有进行规范,本条对此进行了补充。

140. 对遗洒物问题有哪些规制?

一是增加责任主体:驾驶人、押运人有处理、示警和报告的义务;交警部门有责令违法行为的职责;公路管理者、经营者发现或接到报告后有及时清除的义务;任何公众发现后也有报告的义务(公共义务)。

二是明确了事故赔偿责任的主体为运输企业和驾驶人。

141. 加强公路养护的意义是什么?

“三分建,七分养”是长期以来在公路事业发展过程中总结的成功经验。对公路进行日常维护,对出现的公路病害进行及时处置和维修,在设计周期和使用周期内对技术状况不良路段进行适时的大中修养护或改建,是保持公路不低于原有的设计标准和技术水平,使公路经常处于良好通行状态的重要措施,也是保护和巩固公路建设成果,促进公路事业健康持续发展的必然要求。

142. 公路养护的实施主体是谁?

公路养护的实施主体是公路管理机构和公路经营企业。

143. 非收费公路是指什么?

是指全部由政府投资或者社会组织、个人捐资建设的公路。

144. 政府还贷收费公路是指什么?

是指由县级以上人民政府交通运输主管部门贷款或者向企业、个人有偿集资建设的公路。

145. 经营性收费公路是指什么?

是指国内外经济组织投资建设或者依照公路法的规定受让政府还贷公路收费权的公路。

146. 公路管理机构承担着哪些公路养护责任?

按照《公路法》和《收费公路管理条例》有关规定,公路管理机构主要承担非收费公路和政府还贷公路的养护、维修和管理,同时,对经营性公路的养护管理工作进行业务指导和行业监管。经营性公路的养护工作由公路经营企业负责。

147. 实施公路养护的目标和基本任务是什么?

实施公路养护的目标和基本任务是保持公路经常处于良好的技术状态,实施公路养护的目的是向社会公众提供良好的通行条件。对于公路技术状况的评定,2007 年,交通运输部出台了行业标准,在《公路技术状况评定标准》中明确了评价内容和评价指标。按照评价结果,公路技术状况分为优、良、中、次、差 5 个等级。为保持公路的良好技术状况,2009 年交通运输部出台了《公路养护技术规范》,针对不同技术等级、不同情况、不同技术状况的公路,明确了养护对策和措施。由于公路技术状况评定是一个综合评价体系,路面平整度、路肩、边坡和有关设施只是评价体系中的重要指标之一,在综合评定为优、良等级的路段中有可能出现路面不平整,路肩、边坡不平顺,有关设施损坏、缺失等现象,为提高公路服务水平,保障公路设施齐全和通行安全,故此《条例》第四十四条对这 3 项内容做出了重点要求。

由于公路具有一定设计使用周期,随着运营时间的增加和交通流量的增长,加上自然因素等不确定因素的影响,公路的技术状态和通行服务水平将时刻发生变化,有时候即使加强了养护管理,也只能在一定程度进行改善,故此,《条例》第四十四条对公路处于良好技术状态的要求是经常性,而不是始终和常年,这也符合事物发展的客观规律,是实事求是工作要求的一种体现。

148. 按照公路养护的作业性质、复杂程度、规模大小的不同养护工程可分为哪4类?

可分为日常养护及小修、中修工程、大修工程、改建工程。

149. 日常养护及小修是指什么?

是指对管养范围内的公路及其沿线设施经常进行维护保养和修补其轻微损坏部分的作业。

150. 中修工程是指什么?

是指对公路及其沿线设施的一般性损坏部分进行定期的修理加固,以恢复公路原有技术状况的工程。

151. 大修工程是指什么?

是指对公路及其沿线设施的结构性破坏或较大损坏进行周期性的综合修理,以全面恢复原技术标准的工程项目。

152. 改建工程是指什么?

是指对公路及其沿线设施因不适应现有交通流量增长和载重需要而进行的提高技术等级指标,显著提高其通行能力的局部路段调整或道路拓宽等规模较大的工程项目。

153. 公路养护工程作业的施工工艺和技术要求是什么?

为规范实施,保证养护效果,交通运输部制定了一系列的针对养护工程作业的技术规范。目前,正在执行的技术规范和标准主要包括:《公路养护技术规范》、《公路水泥混凝土路面养护技术规范》、《公路沥青路面养护技术规范》、《公路桥涵养护规范》、《公路隧道养护技术规范》、《公路养护安全作业规程》等。由于公路养护作业是对既有道路的保养、维护和维修,同时,大、中修和改建等规模较大的养护工程施工过程中同样涉及到结构设计、施工工艺控制、质量检测等内容,在实施公路养护工程作业时,除必须执行公路养护相关技术标准外,还应当满足设计、检测、施工、质检安全等相关技术标准和规范的技术要求。

154. 为什么要对公路养护作业单位的资质做出规定?

目前,公路养护作业尤其是日常养护和小修工程主要由公路管理机构和公路经营企业内部组织人员或组建养护队伍予以实施,部分地区对大中修、改建等规模较大的养护工程也采取招标方式,吸引社会力量进行养护工程施工。但由于目前还没有有关养护作业单位的资质要求,对养护作业单位的资格主要是参照公路施工企业资质标准。由于公路养护作业具有与基本建设项目施工不同的技术特点和要求,如旧桥维修、加固等养护施工具有特殊的专业性要求,许多具有施工企业资质的单位并不能完全适应公路养护的需要。同时,公路管理机构和公路经营企业既承担公路养护的管理责任,又承担着部分养护工程的具体作业实施,在一定程度上造成了"管养不分、事企不分"现象。截止2010年底,我国公路通车总里程已达到398.4万公里,公路养护任务繁重、市场潜力巨大。加快推进公路养护市场化进程,规范公路养护市场管理,对进一步提高公路养护质量和管理水平,保持公路事业健康稳步发展具有重要意义。

155. 从事公路养护作业的单位必须具备哪些资质条件?

(1)要有一定数量的符合要求的技术人员。从事公路养护的技术人员不仅要具备相关专业知识,还要具有对公路病害的判断和处置能力,同时还应具备一定的现场组织能力,这是从事养护作业的技术力量保障,也是对公路养护作业单位的一项基本要求。

(2)要有与公路养护作业相适应的技术设备。《公路养护技术规范》从日常养护、交通安全设施维修、除雪清方排障、路面养护维修、路基养护维修、压实、材料准备、装运、公路检测、桥隧养护等10个方面,对公路养护每100km的养护机械提出了配备参考要求,这是对养护作业能力的要求,也是能否满足养护作业单位资质要求的必要条件。另外,从事公路养护大中修工程作业的单位,还应配备足够的满足养护工程需要的机械和设备,《公路施工技术规范》中具有明确要求,在此不再赘述。

(3)有与公路养护作业相适应的作业经历。我国幅员辽阔,地形地貌和地质条件复杂,公路养护的自然条件和公路病害的发生具有多样性,有些养护作业具有一定的难度和较高的技术含量,要求养护作业单位具有一定的作业经验,故此,将作业经历作为养护作业单位的一项资质条件,这也是提高养护作业水平,保证养护质量的重要保障。

(4)要满足国务院交通运输主管部门规定的其他条件。成立和组建一个养护作业单位，除具备上述 3 项资质条件上，还应当具备一些其他的条件，如注册资金、企业的履约能力等，这些将根据养护作业单位的作业范围在相关资质管理办法中予以明确。

《条例》第四十六条对养护作业单位的资质条件提出了原则性要求，但资质条件中，具有多少、符合什么要求的技术人员才能达到资质条件要求，具有多少、什么样的养护设备才能适应养护作业需要，具有什么样的养护作业经历才算是适应养护作业要求，其他条件的具体要求有哪些，这些内容都未能明确。同时，由于不同养护工程具有不同的工程性质、技术复杂程度和规模大小，是否对养护作业单位提出不同的资质条件要求，也需要结合公路养护工作实际进行明确。另外，按照市场化管理要求，对取得公路养护作业资质的单位如何进行市场监管和考核，建立怎样的退出机制，需要相关管理办法予以明确。故此，《条例》第四十六条最后一款提出要另行制定全国统一的公路养护作业单位资质管理办法，制定机关是具有全国公路养护行业管理职责的交通运输部。

156. 对公路进行经常性巡视检查，及时发现和处置公路病害的意义是什么？

对公路进行经常性巡视检查，及时发现和处置公路病害是公路养护日常养护管理的一项重要工作，也是保持公路经常处于良好技术状态的重要手段。交通运输部颁布的《公路养护技术规范》明确要求对公路进行日常巡查，并制作巡查记录。由于公路所处的地理位置、自然环境存在较大差异，对公路路基、路面的巡查的频率、深度、内容和巡查记录的格式等，部颁标准和规范中未做详细要求，可由各省级交通运输主管部门或其公路管理机构结合实际制定管理办法，做出明确要求。对于桥涵和隧道等可能影响交通安全的结构物，《公路养护技术规范》、《公路桥涵养护规范》等相关养护技术规范中对其经常性检查的频率和内容都明确了具体要求，并出台了相关的工作制度。

157. 公路巡查具体内容是什么？

对公路、桥涵、隧道及附属工程的全面巡视检查，内容丰富，是对公路技术状态和通行状态的全方位日常检查。《条例》第四十七条只对公路坍塌、坑槽、隆起等可能影响交通安全的损毁作出了重点要求。在实际工作中，对于其他可能影响交通安全的公路病害和损毁，各地也应当参考本条的规定，及时设置警示标志，并采取措施予以修复。危及交通安全的，公路管理机构或者公路经营企业应当通知公安交通管理部门，及时采取措施，疏导交通。

公路巡查是一种经常性检查,具有一定的巡查频率和周期,有些公路坍塌、坑槽、隆起等危及交通安全的损毁可能发生在两次巡查之间。

158. 公安交通管理部门发现危及交通安全的公路损毁时的管理责任是什么?

(1)公安交通管理部门应当根据工作实际,经常性对公路的交通安全状况进行巡视和检查;

(2)发现公路坍塌、坑槽、隆起等损毁,危及交通安全的,在公路管理机构或者公路经营企业尚未采取警示措施的情况下,应当及时采取措施,疏导交通,确保行车安全;

(3)及时通知公路管理机构或者公路经营企业,采取措施予以修复。

(4)公安交通管理部门发现公路坍塌、坑槽、隆起等损毁,在尚未危及交通安全的情况下,也有责任和义务通知公路管理机构或者公路经营企业进行及时处置。

159. 公民参与公路保护的义务有哪些?

公路作为公益性基础产业,对社会具有广泛的服务性,同时,也需要社会广泛参与。《条例》规定了公民参与公路保护的义务。要求公民在发现公路坍塌、坑槽、隆起等损毁时,一是及时向公路管理机构报告,由公路管理机构直接或通知公路经营企业及时设置警示标志,并采取措施修复;二是及时向公安交通管理部门报告,由其根据影响交通安全程度采取相应措施。这里,也要求公路管理机构和公安交通管理部门采取适当方式,向社会公开、公告服务电话,便于公民反映和报告。同时,公路管理机构和公安交通管理部门也应当建立联动机制,对发现的公路坍塌、坑槽、隆起等损毁进行及时处置。《条例》第四十七条也是对《道路交通安全法》相关规定的完善和补充。

160. 定期对公路、公路桥梁、公路隧道进行检测和评定的意义是什么?

定期对公路、公路桥梁、公路隧道进行检测和评定是公路养护工作的一项重要内容。通过定期检测和评定,对公路尤其是对桥梁和隧道等结构物的技术和运营状况进行及时、准确的判断,对病害和损毁进行维修,对保持公路处于良好的技术状况,保证公众行车和通行安全具有重要意义。《公路技术状况评定标准》对公路路基、路面、沿线设施的检测内容、检测频率和评定标准进行了详细规定。《公路桥涵养护规范》和《公路隧道养护技术规范》明确要求对公路桥梁、公路隧道要进行定期检查,并根据实际情况进行特殊检查和专项检查,并明确了检测频率、评定方法及评定标准。公路和公路桥隧的定期检查一般由公路管理机构或公路经营企业组织专业人员进行或委托具有相应资质的专业检测机构进行。对于桥涵、隧道定期检查中发现的复杂技术问题,应当委托具有相应资质的专业检测机构进行特殊检查和专项检查。目前,在实际工作中,对于特大型、大型和具有特殊作用的桥梁、隧道等结构物,一般委托具有相应资质的专业检测机构进行定期检查和评定。

对检测发现的病害和损毁,公路管理机构或者公路经营企业应当按照相关养护技术规范的要求进行维修和处置,这是职责所在。《条例》第四十八条对保障车辆通行安全的检测、维修及相关工作进行了重点强调。一是要组织进行维修。由于有些病害或损毁形成的原因比较复杂,维修方案的确定和技术要求比较高,或者有些因自然条件等其他原因暂不具备维修条件,修复工作可能不能立即开展,故此,未提出及时或立即维修的要求;二是及时向社会公告。这里有两层含义,第一层含义是,在组织维修过程中,对公路通行条件造成的影响,要向社会公告相关养护维修信息和绕行方案,便于公众提前对出行路线进行选择。第二层含义是对暂不能实施维修的,要向社会公告相应的限重、限载等限行措施,保障公众通行安全。三是要通知公安交通管理部门。由公安交通管理部门根据公路养护维修方案,制定相应交通疏导措施,保持公路的安全畅通。

161. 保持公路隧道的排水和机电设施处于完好状态的作用是什么?

保持排水和机电设施是公路隧道的重要设施,保持这些设施始终处于完好状态,对保障隧道安全运营和车辆安全通行至关重要。以前,隧道的通风、照明、监控、消防、救援等机电设施常被称为附属设施,为了体现这些设施的重要性,《公路隧道养护技术规范》中将其定位为机电设施,并列出单独章节,对其养护和检查维修工作进行了详细要求。根据《公路隧道养护技术规范》的规定,机电设施的养护维修可分为日常检查、经常性维修、定期检修、分解性检修和应急检查等5个层次,并对相关的检查项目、检查内容和检查频率进行了详细规定。

《条例》将其作为独立的一条进行规范和要求,是从行业标准和规章提升到法律高度,对隧道排水和机电设施定期检查工作提出的强制性要求,公路管理机构和公路经营企业,在开展养护工作时应当认真理解和把握。

162. 公路管理机构应当统筹安排公路养护作业计划,避免集中进行公路养护作业造成交通堵塞的规定包含哪两个层面含义?

(1)以省级为单位,做好本辖区内公路养护作业计划的组织管理。在安排公路养护作业计划尤其是大中修或改建计划时,公路管理机构一要做好平行路线养护作业的统筹,尽量避免平行路线,特别是高速公路和与之并行或绕行的普通公路同时实施,为交通分流提供条件。二要做好同一路段不同养护作业内容的统筹,尽量避免同一公路主线上多个路段同时施工和连续作业,减少养护作业对同一路段交通的持续影响。三要做好具体施工作业路段长度的统筹,特别是有中央分隔带需借道行驶路段的施工,施工路段尽量不要太长,避免在借道行驶路段造成长距离、长时间压车现象。

(2)在全国范围内,做好相邻省份之间公路养护作业的沟通协调。随着物流业的快速发展,物资交流的范围不再局限性较小的范围,跨省运输车辆增加迅猛。同时,跨省公路一般是交通流量较大的国道或省道。因此,在实施省际交界区域公路养护作业时,做好与相邻省份公路管理机构、公安交通管理部门的沟通协调显得尤为重要。加强相邻省份间的协调,首先要加强本省公路管理机构和公安交通管理部门的协作,对在省际交界区域实施的公路养护作业可能造成交通堵塞情况进行判断和分析,制定疏导预案,提出分流路线建议。其次,要建立相邻省间的协调互动机制,在安排省际交界区域的公路养护作业计划时,加强沟通和协作,共同制定疏导方案,确定分流路线。实施过程中,应当及时通报公路养护作业进展情况和相关信息,有针对性地制定专项预案,减少和避免大规模、大范围交通堵塞现象的发生。交通运输主管部门也可以利用公路路网信息管理平台,对在省际交界实施公路养护作业区域的相关公路交通运营状况进行监控,并对交通保障工作进行指导和协调。

在同一个省、市、区范围内,同样也有做好相邻地市之间公路养护作业的沟通协调的问题,各省、市、区也应按照上述要求,统筹做好交通组织和管理工作保障安全畅通。

163. 哪两种养护作业应当向社会公告,并采取哪些处置措施?

(1)养护作业需要封闭公路的。为尽量减小公路养护作业对交通的影响,一般情况下,公路养护作业尽量在边维修、边维持通车的情况下进行。但在一些特殊情况下,必须采取封闭公路的措施,如技术等级较低,路面较窄,不具备边通车边维修的条件;沿线的连续或较多的结构物需要集中维修,不满足安全通行要求;或养护作业有特殊工艺要求,为确保养护质量也需要采取封闭公路的措施。

(2)养护作业需占用半幅公路,且作业路段长度在2公里以上,作业期限超过30日的。在公路技术等级较高、路面宽度能够满足半幅通车要求的路段,养护作业通常采用半幅施工的方式。但当作业路段较长,且作业期限也较长时,对公路的正常通行将可能造成较大影响。《条例》第五十一条要求公路管理机构应尽量避免这一情况的发生。因养护作业实际需要必须发生的,要在保证养护作业正常进行的同时采取有效措施尽量保障车辆通行。

上述两种养护作业实施时,为方便过往车辆和周边企业、个人的通行,除需提前5天向社会公告外,还需明确绕行路线,并设置明确的绕行标志。对不能绕行的路段,要修建临时便路,为周边百姓的出行创造基本条件。

同时,《条例》还规定了豁免原则,即在紧急情况下,如地质灾害、极端气象灾害和其他不可预测的因素,造成公路大面积严重损毁,需要采取封闭公路或者长距离、长时间半幅占路维修的,可以先行安排抢修,再向社会公告,并制定绕行路线,设置相关绕行标志。

164. 公路养护作业人员作业时穿着统一安全标志服的规定有哪些?

(1)要求公路养护作业人员在实施养护作业时,必须按照要求,规范着装,保障自身安全;

(2)要求公路管理机构、公路经营企业或者承担养护作业任务的养护作业单位,认真落实安全生产责任,贯彻"以人为本"的安全生产理念,在进行养护作业时,必须为养护作业人员提供统一的安全标志服装和其他必要的安全防护设施,并作为安全生产措施,对作业人员的执行情况进行检查和监督落实,减少和避免养护作业人员受到伤害。

165. 按照操作规程设置明显的作业标志,开启危险报警闪光灯的意义是什么?

在实施公路养护作业时,养护车辆、机械设备将频繁出入养护作业控制区,并在养护作业路段长时间停靠。《公路法》规定,公路养护车辆进行作业时,在不影响过往车辆通行的前提下,其行驶路线和方向不受公路标志、标线限制。对此,《道路交通安全法》也作出了相关规定。《公路法》和《道路交通安全法》在赋予公路养护车辆和机械设备特殊通行权利的同时,也增加了这些车辆的安全风险,同时,也降低了社会车辆通行的安全保障系数。按照操作规程设置明显的作业标志,开启危险报警闪光灯,既是对养护作业车辆、机械设备的保护,也是对社会通行车辆的安全警示,是保障道路交通安全的一项重要措施。

166. 公路抢修主体是什么?

根据《公路交通突发公共事件应急预案》规定,出现公路突发事件,除了特重大事件将武警交通部队纳入抢修救援队伍外,对公路进行抢修任务主体由公路管理部门和公路经营企业承担,包括高速公路及普通国省干线公路养护管理部门、路政管理部门、公路经营管理单位、公路养护工程企业等。公路养护工程企业采取全社会范围内的公开招投标的方式择优选择,并通过合作合同,明确技术管理要求、应急征用的条件和程序、征用补偿的标准和程序以及违约责任等,规范公路交通应急抢通保障行为。

167. 为什么地方交通管理部门负有抢修公路的职责?

根据《公路法》第八条的规定,地方交通管理部门主管本行政区域内的公路工作,其有责任确保本辖区内公路的完整畅通。同时,地方交通管理部门熟悉本区域的公路交通情况以及公路突发事件的种类、特征,赋予其抢修公路的职责有利于公路突发事件得到迅速处理。但地方交通管理部门对公路突发事件下抢修公路的程序以及运力调度,都应当遵循《公路交通突发公共事件应急预案》的规定开展。

168. 公路运行监测的相关规定有哪些?

国务院办公厅《关于印发"十一五"期间国家突发公共事件应急体系建设规划的通知》明确要求:"加强国家关键基础设施监控监测,推进综合应急平台建设,具备值守应急、信息汇总与发布、指挥协调、综合研判和视频会商等基本功能"。

2009年,《国务院办公厅关于印发交通运输部主要职责内设机构和人员编制规定的通知》中明确交通运输部应"负责国家高速公路及重要干线路网运行监测和协调"。同年,交通运输部印发《全国公路网管理与应急处置平台建设指导意见》,要求各地交通运输部门要根据路网运行监测和协调管理的需求,结合实际情况制定本地区路网运行监测系统的布局和建设规划,并将已有的交通流量检测等设施设备资源纳入路网运行监测体系,实现部省信息联网,不断增强对国家高速公路、国省干线公路重要路段、大型桥梁、长大隧道、大型互通式立交桥、收费站、治超站、服务区等重点监控目标的日常监测与监控能力,并集成公路交通安全信息,为路网协调管理、应急处置和出行服务提供支撑。

169. 公路突发事件应急预测预警包括哪些内容?

预测预警是公路突发事件应急运行机制的重要一个环节,涉及到相关预警信息的收集、预测预警系统的建设、预警分级、预警程序的设置等方面的内容。

170. 预警信息的收集包括哪些?

包括:气象监测、预测、预警信息;强地震(烈度5.0以上)监测信息;突发地质灾害监测、预测信息;洪水、堤防决口与库区垮坝信息;海啸灾害预测预警信息;重大突发公共卫生事件信息;环境污染事件影响信息;重大恶性交通事故影响信息;因市场商品短缺及物价大幅波动引发的紧急物资运输信息;公路损毁、中断、阻塞信息和重要客运枢纽旅客滞留信息。

171. 预测预警系统的架构包括哪些?

包括面向交通行业的气象灾害、地震、地质灾害等突发事件影响的预测、预警支持系统;各级预警联系人常备通讯录及信息库;公路交通突发事件风险源数据库;公路交通突发事件影响的预测评估系统。

172. 由谁负责预警程序的启动和终止?

根据突发事件的预警分级的不同,由不同的主体启动和终止预警程序。交通运输部负责启动和终止Ⅰ级预警(特别严重预警)程序;其余则由地方交通运输主管部门按地方公路交通突发事件应急预案规定的预警程序启动。

173. 预警分级是如何划分的?

根据突发事件发生时对公路交通的影响和需要的运输能力可分为4级预警,分别为Ⅰ级预警(特别严重预警)、Ⅱ级预警(严重预警)、Ⅲ级预警(较重预警)、Ⅳ级预警(一般预警),分别用红色、橙色、黄色和蓝色来表示。

174. 武装警察交通部队的基本情况如何?

中国人民武警交通部队前身是中国人民解放军基本建设工程兵交通部办公室下辖的部队,组建于1966年8月1日。根据1984年9月21日,国务院、中央军委批转的《关于基建工程兵水电、交通、黄金部队改编的实施方案》,1985年1月1日起,编入武警部队序列,受交通部和武警总部的双重领导,1999年转隶武警总部统一管理,是一支军事化组织、企业化管理的工程部队。交通指挥部为正军级单位,下辖交通一总队、交通二总队、交通直属工程部队和教导大队。部队组建以来,主要负责国家能源、交通基础设施建设以及承担国家抢险救灾等“急、难、险、重”工程项目的施工和维护社会治安、处置突发事件的任务。部队具备政治素质好、作风纪律严、技术水平高、施工装备精、灵活机动、攻坚突破性强等优势,集军事化、专业化、机械化于一身,是国家能源、交通、基础设施建设战线上的一支重要力量。在1998年抗洪、2000年西藏易贡堰塞湖和冷曲河公路抢险、2001年川藏公路海通沟大塌方抢险、2008年初抗击低温雨雪冰冻灾害,特别是在“5·12四川汶川地震”的抗震救灾中,该部队按照党中央、中央军委和国务院的统一部署,在第一时间冲到第一线,累计完成20多条公路400多公里路段的抢修保通任务,为抗震救灾取得阶段性胜利作出了重要贡献。

175. 武装警察交通部队抢修公路设施的职责有哪些?

2009年7月1日,国务院、中央军委批准同意将武警交通部队纳入国家应急救援力量体系。在发生公路突发事件时,武警交通部队主要担负公路、桥梁、隧道等交通设施的抢修保通和特殊时期、特定条件下重要公路桥隧的管护,以及其他突发事件的应急处置等任务。

176. 公路永久性停止使用主要是指什么?

是指由于公路改线或者新建与之并行的公路等原因致使原路段不再承担公共交通车辆通行功能的情形。

177. 公路报废的核准程序是什么?

倘若原路段仍承担公共交通车辆通行功能的,则不启动报废程序。报废公路在公路路网中的地位不同,核准报废的主体和执行程序也不相同,也就是说,国道、省道、县道、乡道和村道的报废应适用不同的核准程序。因此,《条例》授权国务院交通运输部制定公路报废的核准程序。经核准报废的,该公路的原保护主体应当通过报刊、电视、网络等形式及时向社会公告公路报废的相关情况,并在报废路段或者桥梁的两端设置提示标志。向社会公告的内容主要包括:报废里程、时间、核准部门、提醒社会车辆不得在该路段行驶等。公路经核准报废并向社会公告的,有关车辆不得在已公告报废的公路上行驶。

178. 公路报废后的土地使用管理的相关规定有哪些?

公路经核准报废的,该公路的原保护主体应当积极联系相关部门和单位,做好公路报废处理的衔接工作。对公路报废后的土地使用管理应当根据报废公路所占用土地的属性予以区别对待。一是报废公路所占用的土地是国有土地的,根据《土地管理法》第五十八条规定,由有关人民政府土地行政主管部门报经原批准用地的人民政府或者有批准权的人民政府批准,可以收回国有土地使用权。二是报废公路所占用的土地是集体土地的,比如村道,应当充分尊重集体经济组织对集体土地的所有权和使用权,按照《物权法》、《土地管理法》等有关规定,由有关集体经济组织收回土地使用权。规划、国土资源主管部门应当按照土地利用规划要求,重新确定报废公路的土地使用性质。

179.《公路安全保护条例》的第五十六条中违法行为包括哪些?

(1)在公路建筑控制区内修建建筑物或者地面构筑物的;

(2)对公路建筑控制区内的建筑物或者构筑物进行扩建的,包括对划定前已经合法修建的建筑物或者地面构筑物进行扩建的也属于违法行为;

(3)未经公路管理机构许可,在公路建筑控制区内埋设管道、电缆等设施的;在公路建筑控制区外修建的建筑物、地面构筑物以及其他设施遮挡了公路标志,或者妨碍了安全视距的。

但因公路保护需要而在建筑控制区内修建公路防护、排水、养护、管理、服务、交通安全、监控、通信等专用建筑物、构筑物的,不属于本条规定的违法行为。

180. 违反《公路安全保护条例》的第五十六条规定的违法行为人,应承担哪些法律责任?

对于违反该条规定的违法行为,公路管理机构应当责令违法行为人限期拆除,同时,公路管理机构可以视情节对违法行为人处 5 万元以下的罚款;对逾期不拆除的,公路管理机构可以直接拆除,也可以委托其他主体代为拆除,拆除违法建筑物、地面构筑物、地下管道、电缆等产生的相关费用由违法行为人承担。逾期不拆除,既包括逾期未对违法建筑物、地面构筑物、地下管道、电缆等予以拆除,也包括虽进行了拆除活动,但未能达到要求的情况。

181.《公路安全保护条例》的第五十七条中所述违反本条例第十八条、第十九条、第二十三条规定的行为包括哪些?

(1)在公路、公路渡口、中型以上公路桥梁以及公路隧道一定范围内设置生产、储存、销售易燃、易爆等危险物品的场所和设施的行为;

(2)未经许可,擅自在中型以上公路桥梁跨越的河道一定范围内抽取地下水、架设浮桥以及修建其他危及公路桥梁安全的设施的行为;

(3)通过公路桥梁的船舶不符合公路桥梁通航净空要求或者不遵守航行规则,以及在公路桥梁下停泊、系缆的行为。

对上述违法行为,该条未直接规定法律责任,而是规定由安全生产监督管理部门、水行政主管部门、流域管理机构、海事管理机构等有关单位依法处理。这主要是考虑到,有关危险物品、水资源、防洪、水上交通安全等相关法规对上述行为已有相关规定,为避免职责交叉,做出衔接性规定。

182. 在公路桥梁跨越的河道上下游禁止采砂的范围是什么?并可给予什么处罚?

在公路桥梁跨越的河道一定范围内采砂,将直接影响河道桥墩周围砂石稳固,严重危及公路桥梁通行安全,进而对人民群众生命财产安全造成威胁。《条例》第二十条为防止采砂造成公路桥梁损害,规定了在公路桥梁跨越的河道上下游禁止采砂的范围:一是特大型公路桥梁跨越的河道上游500m,下游3000m;二是大型公路桥梁跨越的河道上游500m,下游2000m;三是中小型公路桥梁跨越的河道上游500m,下游1000m。在上述范围内进行采砂的,水行政主管部门或者流域管理机构首先应当责令行为人改正,同时根据情节可以决定是否一并作出3万元以下罚款处罚的决定。

执行时应当作好《条例》第五十八条和《水法》、《河道管理条例》、《长江河道采砂管理条例》等法规有关条款的衔接。按照《水法》、《河道管理条例》、《长江河道采砂管理条例》等法规规定,国家对河道采砂实行许可以及禁采区、禁采期制度,在河道管理范围内进行采砂的,需要经有关部门审批。需要说明的是,《条例》第二十条规定的范围属于绝对禁采区,任何单位和个人均不得在任何时间以任何借口和理由在上述范围内进行采砂,也不存在经审批后可以开采的例外情况。

183. 《公路安全保护条例》第五十九条所述违反本条例第二十二条规定的行为包括什么?

(1)利用公路桥梁进行牵拉、吊装等危及公路桥梁安全的施工作业的行为。实践中,这类行为往往容易导致公路桥梁结构变形,承重构件损害错位,公路桥梁栏杆、扶手、防撞护栏等防护设施毁坏以及交通标志、照明设施等桥梁附属设施损毁等后果,对于公路桥梁自身安全性及通行安全都会产生极大危害。

(2)利用公路桥梁(含桥下空间)、公路隧道、涵洞堆放物品,搭建设施以及铺设高压电线和输送易燃、易爆或者其他有毒有害气体、液体的管道的行为。公路隧道是为公路从地层内部或者水底通过而修筑的建筑物,主要由洞身和洞门组成。公路涵洞是为宣泄地面水流而设置的横穿路堤的小型排水构造物,一般由基础、洞身、洞口组成,分为管涵、拱涵、箱涵、盖板涵等。《条例》第二十二条第二款规定的行为,都是对公路桥梁(含桥下空间)、公路隧道、涵洞具有较大危害性的活动。

对于上述行为,《条例》第五十九规定,由公路管理机构首先责令改正,对于罚款的处罚决定,不存在自由裁量的问题,必须并处罚款;对于罚款的数额则应当视违法情节在2万元以上10万元以下的幅度范围内视情裁定。

184. 由公路管理机构责令改正,可以处3万元以下的罚款的违法行为包括哪两类?

(1)损坏,擅自移动、涂改、遮挡公路附属设施或者利用公路附属设施架设管道、悬挂物品,可能危及公路安全的。这类行为包括:①损坏公路附属设施;②未经允许擅自移动、涂改、遮挡公路附属设施或者利用公路附属设施架设管道、悬挂物品。行为要件包括:①实施了损坏行为或者未经允许擅自实施了改动或者利用公路附属设施的行为;②上述行为具有危及公路安全的可能性。在两项要件齐备的情况下,应当承担法律责任。

(2)涉路工程设施影响公路完好、安全和畅通的。按照《条例》第二十九条规定,涉路工程设施的所有人、管理人应当加强维护和管理,确保工程设施不影响公路的完好、安全和畅通。对于发生涉路工程设施倾倒、下沉、错位等影响公路完好、安全和畅通情况的,其所有人或者管理人应当承担法律责任。

对于违法行为,公路管理机构应当首先责令其改正。是否同时作出3万元以下罚款的处罚,应当综合考虑其违法的情节、后果等情况裁量酌定。

185. 擅自采伐公路护路林应承担的法律责任是什么?

《公路法》第四十二条规定,需要更新砍伐公路用地上的树木的,应当经县级以上地方人民政府交通主管部门同意后,依照《森林法》的规定办理审批手续,并完成更新补种任务。《森林法》第三十二条的规定,公路的护路林的更新采伐,由有关主管部门依照有关规定审核发放采伐许可证。《条例》第二十六条综合上述规定,对公路护路林的采伐作出了规定。

《条例》第六十一条规定的未经批准更新采伐护路林,包括未取得采伐许可进行采伐,超出批准的采伐限额、种类等内容进行采伐,不按批准的采伐时间进行采伐等情形。对违法行为人,应当首先责令其进行补种。同时对采伐的林木有变卖等获利行为的,应当没收其违法所得,按照其采伐林木的市场价值计算,并处市场价值3倍以上5倍以下的罚款。

186. 根据其违法行为对公路安全的影响和后果的严重性,其法律责任分为哪两个层次?

(1)由公路管理机构首先责令改正,并综合考虑违法行为的情节、后果等情况酌定是否处3万元以下的罚款。主要针对的违法行为是指违反了《条例》第二十七条第一至五项规定,建设单位未经公路管理机构许可,擅自进行的下列行为:①因修建铁路、机场、供电、水利、通信等建设工程而占用、挖掘公路、公路用地或者使公路改线;②跨越、穿越公路修建桥梁、渡槽或者架设、埋设管道、电缆等设施;③在公路用地范围内架设、埋设管道、电缆等设施;④利用公路桥梁、公路隧道、涵洞铺设电缆等设施;⑤利用跨越公路的设施悬挂非公路标志。

(2)由公路管理机构首先责令改正,并同时处5万元以下的罚款,罚款数额综合考虑违法情节、后果等情况酌定。主要针对的违法行为是指违反了《条例》第二十七条第六项规定,建设单位未经公路管理机构许可,在公路上增设或者改造平面交叉道口的行为。

《条例》第六十二条规定的未经许可进行涉路施工活动,既包括未取得许可即进行涉路施工活动,也包括超出许可范围、内容,以及不按照许可的设计和施工方案等进行涉路施工活动。违法责任人是建设单位,只要发生了上述违法行为,即应当承担法律责任。对于违反《条例》第二十七条第七项规定的法律责任,在《条例》第五十六条作出了规定。

187.《公路安全保护条例》的第六十三条中违法行为包括哪些?

(1)违反《条例》第三十条规定,非法生产、销售外廓尺寸、轴荷、总质量不符合国家有关道路车辆外廓尺寸、轴荷、质量限值等机动车安全技术标准的车辆的。对这类行为按照《中华人民共和国道路交通安全法》有关规定处罚。如该法第一百零三条第二款至第五款规定:“机动车生产企业经国家机动车产品主管部门许可生产的机动车型,不执行机动车国家安全技术标准或者不严格进行机动车成品质量检验,致使质量不合格的机动车出厂销售的,由质量技术监督部门依照《中华人民共和国产品质量法》的有关规定给予处罚。

擅自生产、销售未经国家机动车产品主管部门许可生产的机动车型的,没收非法生产、销售的机动车成品及配件,可以并处非法产品价值三倍以上五倍以下罚款;有营业执照的,由工商行政管理部门吊销营业执照,没有营业执照的,予以查封。

生产、销售拼装的机动车或者生产、销售擅自改装的机动车的,依照本条第三款的规定处罚。

有本条第二款、第三款、第四款所列违法行为,生产或者销售不符合机动车国家安全技术标准的机动车,构成犯罪的,依法追究刑事责任。”

(2)合法成立的车辆生产企业未按照规定车型和技术参数改装特种运输车辆

的。主要是违反了《条例》第三十二条的规定。公路特种运输车辆一般用于专门运输超高、超宽、超重物品，如大型水利发电机组，同时也有一些特殊工业材料如核反应堆的运输等。由于运输不可解体的大件货物的需要，具有国家规定资质的车辆生产企业往往根据运输货物的长、宽、高、重量以及形状等对特种运输车辆进行改装。但是，如果改装行为不是按照国家规定的车型和技术参数进行，对公路安全和交通安全都具有一定危害。该条规定的违法行为责任主体是取得合法资质的车辆生产企业。对这种改装行为，应当由核发车辆生产企业资质的原发证机关责令其改正，并处罚款，根据违法情节、后果等酌定罚款数额；对拒不改正的，包括企业明确不予改正、消极对待不予改正以及虽经改正但未达到按照规定车型和技术参数改装效果等情况，由原发证机关吊销其资质证书。

188.《公路安全保护条例》的第六十四条中违法行为包括哪些？

既包括普通货运车辆的超限超载，也包括未经批准运输不可解体的大件物品的行为。如果车辆确需载运不可解体物品，且超过了公路、公路桥梁、公路隧道的限载、限高、限宽、限长标准，但已经按照《条例》第三十五条规定办理了超限运输许可，则不属于第六十四条规定的违法行为。对于第六十四条规定的违法行为，应当由公路管理机构首先责令改正，包括卸载、分装货物等措施，直至符合要求；至于是否对其并处罚款及具体罚款数额，应当综合考虑违法情节、后果等情况合理确定。

189.《公路安全保护条例》的第六十五条中违法行为包括哪些？

（1）经批准进行超限运输的车辆未按照指定时间、路线和速度行驶的。由于工程建设、企业生产等特殊需要，对于超过公路、公路桥梁、公路隧道限定标准的车辆载运不可解体的大件物品，确需在公路、公路桥梁和公路隧道行驶的，必须按照《条例》第三十五条至第三十八条规定取得超限运输许可。由于此类超限运输所经沿线的公路、公路桥梁、公路隧道限定标准不同，为最大限度保障安全，许可机关在审批超限运输申请时往往为其指定行驶的时间、路线和速度，并要求其悬挂明显的标志以起到警示作用。对于未按照指定时间、路线和速度行驶的，既危害了公路、公路桥梁和公路隧道的安全、完好和畅通，对道路交通安全也具有较大影响。因此，第六十五条规定，由公路管理机构或者公安机关交通管理部门责令其改正，监督其按照事先指定的时间、路线和速度行驶。如果违法车辆拒不改正，可以对其车辆进行扣留。

（2）未随车携带超限运输车辆通行证的。未随车携带包括已经取得了超限运输车辆通行证,但未随车携带,也包括未取得超限运输车辆通行证,但声称已取得只是未携带等情况。对此类行为,应当由公路管理机构扣留车辆,责令车辆驾驶人提供超限运输车辆通行证或者相应的证明,如果车辆驾驶人提供了超限运输车辆通行证或者相应的证明,则应当放行车辆;如果车辆驾驶人无法提供上述证件或者证明的,则应当按照违反《条例》第三十三条规定超过公路、公路桥梁、公路隧道的限定标准进行运输的情况进行处罚。

(3)租借、转让或者使用伪造、变造的超限运输车辆通行证的。在实践中这其中的具体情况可能会很复杂,其违法方式可能会有多种表现。因超限运输车辆通行证都是针对车辆配发的,是标明车牌号的,因此,租借、转让合法有效的超限运输车辆通行证的使用价值不大,在实践中这种情况较少,更多的可能是针对违法运输车辆对通行证做篡改后再租借、转让,第六十五条规定的租借、转让超限运输车辆通行证的行为,应当包括上述两种情况。对这种行为,第六十五条规定由公路管理机构没收相关租借、转让的证件,并酌情处1000元以上5000元以下罚款。

190. 和道路运输企业、人员、车辆信誉体系相结合的超限治理措施,相关规定有哪些?

近年来,各地交通运输主管部门、公路管理机构纷纷探索了通过道路运输企业、人员、车辆信誉管理推进车辆超限超载治理的措施,包括建立实行违法超限超载车辆“黑名单”制度,超限超载车辆、驾驶员及企业信誉档案制度等,对于相关超限超载信息进行记载,并结合信誉情况采取说服教育、重点监控等不同措施,实践中取得了较好的效果。2007年,交通部、公安部、国家发展改革委、中宣部、国家工商总局、国家质检总局、国家安全监管总局、国务院法制办、国务院纠风办以交公路发〔2007〕596号文联合发布了《关于印发全国车辆超限超载长效治理实施意见的通知》,其中明确要“建立货运企业及从业人员信息系统及信誉档案,登记、抄告超限超载运输车辆和企业等信息,并结合道路运输企业质量信誉考核制度,进行源头处罚”,“实行重点运输企业及从业人员黑名单制度。对一年内超过3次以上(含3次)的车辆或驾驶人,要列入黑名单予以曝光,并由原发证机关撤销其道路运输营运证或从业资格证”。对于道路运输企业的质量信誉考核制度,按照2006年交通部以交公路发〔2006〕294号文印发的《道路运输企业质量信誉考核办法(试行)》的规定,包括运输安全考核、经营违章情况考核、服务质量考核、社会责任考核等指标,根据考核情况分别授予企业不同的信誉等级。这些制度和做法有效地推进了车辆超限超载治理工作。《条例》第六十六条正是在总结近年来车辆超限超载治理经验的基础上，进一步通过行政法规对这些经验加以提炼、总结和巩固所作的规定。

191. 判定在一定期限内连续违法进行超限运输的货运车辆、货运车辆驾驶人、道路运输企业应当承担的法律责任的几个关键因素是什么？

（1）对象，包括货运车辆、驾驶人、道路运输企业；

（2）时间，即在 1 年内进行超限运输的统计；

（3）频率或比率，即在规定时间内违法超限运输超过 3 次或者违法超限运输的货运车辆超过本单位货运车辆总数 10%。

192.《公路安全保护条例》的第六十六条中执法主体是指哪个机构？

执法主体是道路运输管理机构，可以采取吊销有关车辆、企业证件，责令人员停业，以及责令企业整顿等措施。

193.《公路安全保护条例》的第六十七条中违法行为包括哪些？

（1）故意扰乱超限检测秩序的。固定超限检测站点是路面治超监控网络的重要组成部分。实践中，由于各方面原因，扰乱检测秩序的行为时有发生，不仅影响了超限检测秩序，同时对于车辆通行秩序甚至交通安全和社会治安均会造成一定程度的影响。《条例》第六十七条规定的扰乱超限检测秩序的行为比较典型的有遮挡车牌、强行闯站、集团闯站、恶意堵车、聚众闹事、破坏设施等违法行为，违法行为人主观上必须存在故意。非因故意，经查证确有客观原因，如车辆制动失灵等情况不属于本条规定的违法行为。

（2）逃避超限检测的。超限车辆除了前述恶意扰乱超限检测秩序的行为，还存在逃避超限检测的情况，如绕道行走避开固定超限检测站，或者先卸后载短途驳载等，同时还存在专门的“黄牛”带车绕道等不良现象。按照《条例》第四十条规定，车辆应当按照超限检测指示标志或者公路管理机构监督检查人员的指挥接受超限检测。对于逃避检测的，应当按照第六十七条规定承担法律责任。

第六十七条的处罚实施主体是公路管理机构。处罚内容有两项，一是强制拖离或者扣留车辆，直至违法行为消除。对于被查处的超限超载运输车辆，要责令对超限超载部分的货物实施卸载等纠正措施。二是并处 3 万元以下的罚款。公路管理机构在实施强制措施和处罚时，应当规范执法、按照规定的程序实施，对扣留的车辆应当妥善保管。

194. 判断指使、强令车辆驾驶人超限运输货物的,由道路运输管理机构责令改正,处3万元以下的罚款。《公路安全保护条例》规定的法律责任,应当注意哪些情况?

(1)处罚实施主体是道路运输管理机构,结合《条例》第四十一条第一款、第二款规定的道路运输管理机构源头派驻监管制度进行处罚;

(2)处罚内容为责令改正直至违法状态消除,达到要求,同时并处罚款;

(3)违法行为发生地点没有特定限制,既包括《条例》第四十一条第一款规定的煤炭、水泥等货物集散地以及货运站,也包括其他发生指使、强令车辆驾驶人进行超限运输行为的其他相关场所,如一些厂矿企业等;

(4)指使、强令行为造成了违法进行超限运输的后果;

(5)违法行为的主体没有特定限制,任何单位和个人,不论与驾驶员存在雇佣关系、朋友关系还是亲属关系,均不影响其依法承担本条规定的法律责任。

195. 车辆装载物触地拖行、掉落、遗洒或者飘散,造成公路路面损坏、污染的,由公路管理机构责令改正,处5000元以下的罚款。该规定重点在于明确哪3个要点?

(1)发生了危害行为,即车辆装载物车辆装载物触地拖行、掉落、遗洒或者飘散;

(2)造成了危害后果,即因上述危害行为产生了公路路面损坏、污染的结果。未造成危害后果的,不适用第六十九条规定;

(3)法律责任的承担和事前是否进行了规范装载没有必然联系。只要发生了上述危害行为,并产生了上述危害后果,即适用本条规定。至于车辆是否在上路前进行了规范装载,不应成为判断是否应当承担本条规定法律责任的依据。

本条规定的是车辆装载物触地拖行、掉落、遗洒或者飘散造成公路路面损害的行政处罚,如果上述危害行为同时造成了他人损害的,还应当依据《侵权责任法》、《公路法》等相关规定承担侵权责任。

196. 公路养护作业单位遵守上述规范和规程的必要性?

公路养护质量和水平关系到公路的完好、安全和畅通,《条例》第四十五条就养护工作的规范化、标准化作出了原则性要求。近年来,国务院交通运输主管部门先后发布了《公路养护安全作业规程》(JTG H30-2004)、《公路养护技术规范》(JTG H10-2009)等一系列关于公路养护的技术规范和操作规程,对养护作业安全、公路各组成部分养护技术、公路防灾与突发事件处置以及环境保护等各有关方面均提出了相应的要求。公路养护作业单位在进行小修保养、中修、大修和养护改建等各类养护作业时，均应当严格遵守上述规范和规程，确保养护工程质量。否则应当按照本条规定承担相应法律责任。

197. 公路养护作业单位未按照国务院交通运输主管部门规定的技术规范和操作规程进行公路养护作业的，由公路管理机构责令改正，处 1 万元以上 5 万元以下的罚款；拒不改正的，吊销其资质证书。该规定中法律责任主体是谁？并采取什么措施？

《条例》第七十条规定的法律责任主体是公路养护作业单位，对其违法行为，由公路管理机构首先责令改正，直至违法状态消除，达到规定要求，同时应当根据违法情节、后果等情况并处罚款。拒不改正的，吊销资质证书。拒不改正包括明确表示不予改正，也包括虽表示改正，但未能达到规定要求等情况。《条例》第四十六条对公路养护作业单位实行资质管理，从技术力量、作业经历等方面规定了公路养护作业单位资质条件，同时明确公路养护作业单位资质的具体管理办法由国务院交通运输主管部门另行制定。因此，对于养护作业单位资质的管理，应当进一步结合交通运输部有关规定进行细化。

198. 造成公路、公路附属设施损坏的原因，存在哪些情况？

如在公路、公路用地范围内挖沟取水、采石、取土、采空作业的，在公路桥梁跨越的河道上下游一定范围内抽取地下水、架设浮桥以及修建其他危及公路桥梁安全的设施的，利用公路桥梁进行牵拉、吊装作业的，未经批准进行涉路施工的，车辆违法进行超限超载运输的，载运易燃、易爆、剧毒、放射性等危险物品发生事故的，车辆装载物触地拖行及掉落、遗洒或者飘散等不同情况。不论何种行为，只要造成公路、公路附属设施损坏的，都应当按照第七十一条规定，立即报告公路管理机构；危及交通安全的情况，如车辆发生事故、车辆装载物掉落暂时难以移走等情况，还应当履行防护责任，并迅速报告公安机关交通管理部门。

因交通事故造成公路、公路附属设施损坏的，公安机关交通管理部门在处理时应当及时通知公路管理机构到场调查处理。主要是因为车辆具有流动性，如果在公路、公路附属设施损坏后，公路管理机构不能够及时到场处理，容易发生相关车辆逃离现场，逃避调查，逃避应承担的责任的情况。公路管理机构在接到通知后，要及时派人赶到出事地点，按照规定进行调查处理，并对受损公路、公路附属设施尽快组织修复。

199. 扣留车辆、工具属于哪种强制措施？有何意义？

《条例》第七十二条规定的扣留车辆、工具，从性质上讲，是对与违法行为有直接关系的物品所采取的保全措施，是保障公路管理机构对公路、公路附属设施损坏进行调查处理得以顺利进行的一种行政强制措施。采取这项行政强制措施，要注意不能损害当事人的合法权益，对当事人与案件无关的车辆和工具，不得进行扣留。

200. 造成公路、公路附属设施损坏，拒不接受公路管理机构现场调查处理的，公路管理机构可以扣留车辆、工具的规定，要注意哪几方面的理解？

(1)造成了公路、公路附属设施损坏的后果。如果只是发生了事故或者其他意外情况等，但没有造成损坏后果，则不应当适用《条例》第七十二条；

(2)对于危害行为没有限制类别。只要是造成公路、公路附属设施损坏的行为，均应适用《条例》第七十二条规定；

(3)行为人拒不接受公路管理机构在现场进行的调查处理；

(4)扣留车辆、工具这一措施是选择性措施。公路管理机构可以选择扣留的方式，但通过其他途径能够达到目的的，也可以不予扣留。

201. 公路管理机构扣留车辆、工具的相关程序是什么？

公路管理机构采取这项行政强制措施，要严格按照规定的程序进行，当场出具扣留车辆的凭证，对车辆情况进行详细记载，同时通知当事人在限定期限内到公路管理机构接受有关公路、公路附属设施损坏的调查处理。逾期不接受的，对扣留的车辆、工具依法处理。属于应当强制报废的，或者涉嫌走私、盗抢的，或者涉嫌作为犯罪工具的车辆，应当移交有关机关按程序处理；对于其他情况，要依照《物权法》、《拍卖法》等相关法规予以处理。

对于被扣留的车辆、工具，要根据所扣留的车辆、工具的特性采取措施妥善保管，不得以任何名义使用、拆卸，也不得损毁被扣留的车辆、工具。当事人在规定期限内到公路管理机构接受调查处理的，要及时返还所扣留的车辆、工具。

202.《公路安全保护条例》的第七十三条中法律责任的主体是指谁？

一方面是行政相对人，对于实施违反《条例》有关公路保护的规定的，予以相应的行政处罚,或者采取相应的行政强制措施;另一方面是作为执法主体的公路管理机构及其工作人员,不履行职责的行为,在第七十三条设定了相应的处罚规定。

203. 公路管理机构工作人员具体是包括哪些?处罚依据是什么?

《条例》第七十三条针对的对象是公路管理机构的工作人员及负有直接责任的主管人员和其他直接责任人员。列举了 5 项不履行职责的行为,其中第二项、第四项属于主动作为型不履行责任,第三项属于被动不作为型不履行责任,第一项则属于前两者情况兼有。《中华人民共和国公务员法》第一百零六条规定:“法律、法规授权的具有公共事务管理职能的事业单位中除工勤人员以外的工作人员,经批准参照本法进行管理”,公路管理机构工作人员实施了第一款第一至五项不履行职责行为的,应当视其情节,参照《中华人民共和国公务员法》、《中华人民共和国行政监察法》有关规定,按照干部管理权限,由人员的任免机关或者行政监察机关等给予其警告、记过、记大过、降级、撤职、开除的处分。

204. 构成违反治安管理行为的,由公安机关依法给予治安管理处罚;构成犯罪的,依法追究刑事责任。该规定的责任主体是指谁?

本条规定的责任主体既包括管理相对人,也包括公路管理机构以及其他依照权限履行公路保护职责的主体。

205. 哪些行为构成违反治安管理的行为?

(1)具有一定社会危害性,会对国家、社会和公民的合法权益造成危害;

(2)属于违反了《中华人民共和国治安管理处罚法》等治安管理方面法规的行为;

(3)行为情节尚不构成刑事处罚的。

公安部以公通字〔2005〕95 号文发布了《公安部关于规范违反治安管理行为名称的意见》,对《中华人民共和国治安管理处罚法》规定的违反治安管理行为名称进行了梳理和规范,实践中也可以作为判断的参考之一。

206. 哪些行为构成犯罪行为?

(1)具有社会危害性;

(2)具有依法应受惩罚性。

要严格按照《中华人民共和国刑法》规定的犯罪的主体、客体、主观行为、客观行为要件进行判断。经初步判断,认为违反《条例》规定的行为属于或者可能属于违反治安管理行为或者犯罪行为的,应当依法移交公安机关或者司法机关进行处理。

207. 农村公路的发展经历了哪几个阶段?

农村公路(包括县道、乡道和村道)是公路网的重要组成部分,也是直接服务农民群众生产生活和农村经济发展的重要基础设施。总体上看,我国农村公路的发展经历了3个阶段。

第一阶段是从新中国成立到改革开放初期的30年,是农村公路的普及阶段。重点是解决“通”的问题,到1978年,全国农村公路里程达到了58.6万公里,公路等级低,通达率也较低,大量乡镇和村庄仍不通公路。

第二阶段是从1979年到2002年的20多年,这一阶段是普及与提高相结合的阶段,伴随着中国改革开放政策和全面建设小康社会的推进,各级交通运输主管部门加大了农村公路建设投入力度,农村公路得到了较快发展,到2002年底,全国农村公路达到133.7万公里,等级公路占总里程的74.4%。

第三阶段是2003年到现在,这一阶段是大投入、大发展阶段,是中国农村公路发展最快、发展最好的阶段。全国乡镇、建制村通客运班车率分别达到98%和95%,极大方便了农民群众出行。农村交通条件的改善,让亿万农民群众亲身感受到改革开放带来的成果,对加强农村产业结构调整、发展现代农业和增加农民收入,发挥了重要作用,成为社会主义新农村建设的一大亮点和农民群众直接受益的“民心工程”。

208. 为什么专用公路的保护不适用《公路安全保护条例》?

专用公路是指由企业或者其他单位建设、养护、管理,专为或者主要为本企业或者本单位提供运输服务的道路。据此可知,《公路法》的调整对象主要是作为社会公共道路的公路。企业或者有关单位为本单位与外部连接使用而修建的专用道路,如矿山企业的矿区专用道路、森林企业的林区专用道路、国防科研基地专用道路等,是由企业或者有关单位自行建设、管理、养护,而且主要供本单位使用的,这些专用公路原则上不适用《公路法》的规定。但考虑到专用公路通常与公路相连,需要与公路网相衔接,因此,《公路法》第十五条和第十九条分别就专用公路的规划以及专用公路改划为社会公路的问题作了规定。除此之外,《公路法》其他条文均不适用于专用公路。在此基础上,《条例》对《公路法》相关规定作了进一步明确,未将专用公路保护纳入调整范围。

209. 军事运输是指什么?

是指运用国家、军队和社会的交通运输设施、设备和运载工具,组织实施军事运输和交通保障的总称。建国以来,国务院、中央军事委员会加快了军事运输立法工作,初步建立了以《中华人民共和国国防法》为上位法的军事交通运输法律体系。在法规层面,主要有《军事交通运输条例》、《国防交通条例》、《民用运力国防动员条例》、《中国人民解放军军事交通运输条例》、《陆空军船艇条例》等。在规章层面,主要有《公路军事运输规则》、《铁路军事运输管理办法》、《水路军事运输管理办法》等。此外,还存在大量的政策文件。

210. 与其他军事运输方式相比,公路军事运输具有什么特点?

具有覆盖范围广、通达程度深、机动性能强的特点。新形势下部队执行多样化军事任务越来越多,军事运输使用公路的要求也越来越高。为保障战时军事运输和执行特殊军事运输任务的车辆安全、快速通行公路,《条例》第七十六条作了特别规定,即军事运输使用公路应当按照国务院、中央军事委员会的规定执行。因此,对于军事运输使用公路的,应当遵守《道路交通安全法》、《公路法》、《公路安全保护条例》等法律、法规的规定。国务院、中央军事委员会对军事运输使用公路有特别规定的,根据《中华人民共和国立法法》第八十三条确立的"特别法优于一般法"原则,应当优先适用国务院、中央军事委员会的规定。

211. 行政法规的生效时间是指什么?

是指行政法规对其所调整的社会关系发生约束力的具体时间。关于行政法规的生效时间,我国现行法律体系中有以下几种情况:一是在法律条文中规定"《条例》自某年某月某日起施行"。根据《行政法规制定程序条例》规定,签署公布行政法规的国务院令载明该行政法规的施行日期,行政法规应当自公布之日起30日后施行。目前,绝大多数行政法规均采用这种模式,预留一定的准备时间,让社会各界更好地了解和熟知法规内容。二是在法律条文中规定"《条例》自公布之日起施行"。根据《行政法规制定程序条例》规定,涉及国家安全、外汇汇率、货币政策的确定以及公布后不立即施行将有碍行政法规施行的,可以自公布之日起施行,具体时间一般为国务院总理签署发布国务院令的时间,如《乳品质量安全监督管理条例》、《全国污染源普查条例》等。三是行政法规公布后先予以试行或暂行,而后由立法部门加以补充完善,再通过为正式法规,公布施行,在试行期间也具有约束力。

《条例》采用了上述第一种模式。2011年3月7日,国务院总理温家宝签署国务院第593号令,公布《公路安全保护条例》,自2011年7月1日起施行。《条例》的颁布与施行日期之间有4个月的时间间隔,主要是为了充分做好贯彻实施的各项准备工作,包括对公路保护相关地方性法规、部门规章、地方性政府规章及相关规范性文件进行清理,制定配套规章及规范性文件;组织学习、培训和宣传等。2011年7月1日,《公路安全保护条例》生效后,任何单位和个人都要严格遵守,依法办事,各级人民政府及其有关部门特别是交通运输主管部门和公路管理机构要认真、严格地执行《条例》,对于违反《条例》的行为,要依法予以惩罚,维护法律法规的权威和尊严。

212. 溯及力是指什么?

所谓溯及力,又称溯及既往的效力,是指法律、行政法规生效以后能否适用于生效以前的行为和事件。如果适用,就表明具有溯及力;如果不能适用,就表明没有溯及力。目前,世界各国大多数都采用不溯及既往的原则。根据《中华人民共和国立法法》第八十四条的规定,"法律、行政法规、地方性法规、自治条例和单行条例、规章不溯及既往,但为了更好地保护公民、法人和其他组织的权利和利益而作的特别规定除外"。我国法律、法规也采用不溯及既往的原则,一般是没有溯及力的,如果有溯及力,在法律条文中应对此作出明确规定。《条例》对溯及力问题没有作出规定,表明《条例》没有溯及力,即《条例》施行以前的行为和事件,不能依据《条例》的规定进行处理。

213. 关于《公路管理条例》存废问题相关规定有哪些?

1987年10月颁布的《公路管理条例》,主要调整公路建设(包括建设规划、通行费征收)、公路养护(包括养护施工、养路费征收)、路政管理(包括路政执法、征费稽查),从结构和内容上看,属于一部小型版的公路法,但对照《公路法》,存在内容重复、陈旧等问题。特别是燃油税费改革后,国务院修定了《公路管理条例》有关养路费征收的内容,现行的《公路法》、《收费公路管理条例》和《公路安全保护条例》基本上可以涵盖《公路管理条例》的内容。为优化公路法律体系,国务院1987年10月13日颁布的《公路管理条例》于2011年7月1日废止。

附　录

1. 国家高速公路网规划

一、规划背景和意义

高速公路是二十世纪三十年代在西方发达国家开始出现的专门为汽车交通服务的基础设施。高速公路在运输能力、速度和安全性方面具有突出优势，对实现国土均衡开发、建立统一的市场经济体系、提高现代物流效率和公众生活质量等具有重要作用。目前全世界已有80多个国家和地区拥有高速公路，通车里程超过了23万公里。高速公路不仅是交通现代化的重要标志，也是国家现代化的重要标志。

从1988年上海至嘉定高速公路建成通车至今17年间，在"国道主干线系统规划"的指导下，中国高速公路总体上实现了持续、快速和有序的发展，特别是1998年以来，国家实施积极的财政政策，高速公路得到快速发展，年均通车里程超过了4000公里，到2004年底，中国高速公路通车里程已超过3.4万公里，继续保持世界第二。高速公路的发展，极大提高了中国公路网的整体技术水平，优化了交通运输结构，对缓解交通运输的"瓶颈"制约发挥了重要作用，有力地促进了中国经济发展和社会进步。

当前，中国已进入全面建设小康社会的新时期，并将逐步实现现代化，经济社会发展对中国高速公路发展提出了新的更高要求，从国家发展战略和全局考虑，为保障中国高速公路快速、持续、健康发展，有必要规划一个国家层面的高速公路网。

从国家发展战略看，规划建设国家高速公路网有利于加快建设全国统一市场，促进商品和各种要素在全国范围自由流动、充分竞争，对缩小地区差别、增加就业、带动相关产业发展都具有十分重要的作用。这是世界各发达国家经济社会发展的经验总结，是中国全面建设小康社会和实现现代化的迫切需要，也是经济全球化背景下提高国家竞争力的重要条件。

从新时期经济社会发展需求看，规划建设国家高速公路网是影响全局的基础性先决条件。本世纪头二十年，中国经济总量要翻两番，这样的发展速度势必带动全社会人员、物资流动总量的升级，新型工业化对运输服务效率和质量也提出了更高的要求，特别是汽车化、城镇化和现代物流的快速发展使得制定国家高速公路网规划更显迫切。

从高速公路建设的现实需要看，迫切需要统一全面的总体规划指导布局和投资决策。一方面,中国虽然已有3万多公里的高速公路,但相对于中国广阔的国土、众多的人口和快速增长的交通需求,中国高速公路总量不足,覆盖能力有限,尚未形成网络规模效益。另一方面,由于没有制定全国统一的高速公路网规划,缺乏对各地高速公路建设进行指导和协调的强有力手段,不利于合理利用交通通道资源,不利于搞好跨区域通道的布局和衔接,无法统一命名和编号,特别是标志的混乱和不规范给使用者带来了许多不便。

规划建设国家高速公路网还有利于保证土地资源的合理和集约利用,有利于国家环境保护和能源节约;同时,对于加强国防以及应对重大自然灾害和突发事件都具有重大意义。

总之,随着新时期经济的快速发展,随着生活方式的转变和生活质量的提高,为满足对交通服务越来越高的要求,搞好公共服务,优化跨区域资源的配置和管理,很有必要规划和建设一个统一的国家级高速公路网。近几年交通部和国家发改委组织开展了大量调查、研究和论证工作,并广泛听取了各省、自治区、直辖市,以及国家有关部门和专家的意见建议,进一步修改完善了规划。2004年12月17日,《国家高速公路网规划》业经国务院审议通过,标志着中国高速公路建设发展进入了一个新的历史时期。

二、国家高速公路网规划方案

国家高速公路网是中国公路网中最高层次的公路通道,服务于国家政治稳定、经济发展、社会进步和国防现代化,体现国家强国富民、安全稳定、科学发展、建立综合运输体系以及加快公路交通现代化的要求;主要连接大中城市,包括国家和区域性经济中心、交通枢纽、重要对外口岸;承担区域间、省际间以及大中城市间的快速客货运输,提供高效、便捷、安全、舒适、可持续的服务,为应对自然灾害等突发性事件提供快速交通保障。

国家高速公路网规划采用放射线与纵横网格相结合的布局方案,形成由中心城市向外放射以及横连东西、纵贯南北的大通道,由7条首都放射线、9条南北纵向线和18条东西横向线组成,简称为“7918网”,总规模约8.5万公里,其中:主线6.8万公里,地区环线、联络线等其他路线约1.7万公里。具体是:

首都放射线:

7条:北京—上海、北京—台北、北京—港澳、北京—昆明、北京—拉萨、北京—乌鲁木齐、北京—哈尔滨。

南北纵向线:

9条:鹤岗—大连、沈阳—海口、长春—深圳、济南—广州、大庆—广州、二连浩特—广州、包头—茂名、兰州—海口、重庆—昆明。

东西横向线：

18 条：绥芬河—满洲里、珲春—乌兰浩特、丹东—锡林浩特、荣成—乌海、青岛—银川、青岛—兰州、连云港—霍尔果斯、南京—洛阳、上海—西安、上海—成都、上海—重庆、杭州—瑞丽、上海—昆明、福州—银川、泉州—南宁、厦门—成都、汕头—昆明、广州—昆明。

此外，规划方案还有：辽中环线、成渝环线、海南环线、珠三角环线、杭州湾环线共 5 条地区性环线、2 段并行线和 30 余段联络线。

三、国家高速公路网规划的特点及效果

国家高速公路网规划的编制，以“三个代表”重要思想和十六大精神为指导，坚持以人为本，全面、协调、可持续的科学发展观，切实贯彻“五个统筹”的要求，按照“把握全局、突出重点，立足现实、着眼未来，布局合理、注重效率”的原则；规划方案总体上贯彻了“东部加密、中部成网、西部连通”的布局思路，建成后可以在全国范围内形成“首都连接省会、省会彼此相通、连接主要地市、覆盖重要县市”的高速公路网络。规划方案的特点和效果是：

1. 充分体现“以人为本”：最大限度地满足人的出行要求，创造出安全、舒适、便捷的交通条件，使用户直接感受到高速公路系统给生产、生活带来的便利。

——规划方案将连接全国所有的省会级城市、目前城镇人口超过 50 万的大城市以及城镇人口超过 20 万的中等城市，覆盖全国 10 多亿人口；

——规划方案将实现东部地区平均 30 分钟上高速，中部地区平均 1 小时上高速，西部地区平均 2 小时上高速，从而大大提高全社会的机动性；

——规划方案将连接国内主要的 AAAA 级著名旅游城市，为人们旅游、休闲提供快速通道；

2. 重点突出“服务经济”：强化高速公路对于国土开发、区域协调以及社会经济发展的促进作用，贯彻国家经济发展战略。

——规划方案加强了长三角、珠三角、环渤海等经济发达地区之间的联系，使大区域间有 3 条以上高速通道相连，还特别加强了与香港、澳门的衔接，在三大都市圈内部将形成较完善的城际高速公路网，为进一步加快区域经济一体化和大都市圈的形成，加快东部地区率先实现现代化奠定了基础；

——规划方案将显著改善和优化西部地区及东北等老工业基地的公路路网结构，提高区域内部及对外运输效率和能力，进一步强化西部地区西陇海兰新线经济带、长江上游经济带、南贵昆经济区之间的快速联系，改善东北地区内部及进出关的交通条件，为“以线串点、以点带面”，加快西部大开发和实现东北等老工业基地的振兴奠定坚实基础；

——规划方案将连接主要的国家一类公路口岸,改善对外联系通道运输条件,更好地服务于外向型经济的发展;

——规划方案覆盖地区的GDP占到全国总量的85%以上,规划的实施将对促进经济增长、带动相关产业发展、扩大就业等做出重要贡献。

3. 着力强调“综合运输”:注重综合运输协调发展,规划路线将连接全国所有重要的交通枢纽城市,包括铁路枢纽50个、航空枢纽67个、公路枢纽140多个和水路枢纽50个,有利于各种运输方式优势互补,形成综合运输大通道和较为完善的集疏运系统。

4. 全面服务“可持续发展”:规划的实施将进一步促进国土资源的集约利用、环境保护和能源节约,有效支撑社会经济的可持续发展。据测算,在提供相同路网通行能力条件下,修建高速公路的土地占用量仅为一般公路的40%左右,高速公路比普通公路可减少1/3的汽车尾气排放,交通事故率降低1/3,车辆运行燃油消耗也将有大幅度降低。

2. 关于对占用公路者收取相应经济补偿问题的复函

广西壮族自治区交通厅:

你厅《关于对占用公路者收取相应经济补偿问题的请示》(桂交基建报〔1998〕59号)收悉,现函复如下:

一、关于占用公路的问题

《中华人民共和国公路法》(以下简称《公路法》)第五章对占用、挖掘公路以及在公路用地范围内架设、埋设管线、电缆等作了明确规定。占用公路是指侵占公路用地范围内的一切公路设施,包括路基、路面、排水,防护、交通工程等,其范围不仅包括公路净空,还包括地表以下部分。

二、关于补偿问题

《公路法》明确规定:占用、挖掘公路或者使公路改线的,建设单位应当事先征得有关交通主管部门的同意,应当按照不低于该段公路原有的技术标准予以修复、改建或者给予相应的经济补偿;在公路用地范围内架设、埋设管线、电缆等设施的,应当事先经有关交通主管部门同意,所修建、架设或者埋设的设施应当符合公路工程技术标准的要求,对公路造成损坏的,应当按照损坏程度给予补偿。

三、请你厅严格按照

《公路法》的规定,加强对公路的管理,并请充分考虑邮电部门埋设管线对今后公路改、扩建工程的影响，做好规划，以免对将来公路的改、扩建带来不利影响。

3. 交通部公路管理司《关于对〈关于请求明确（公路养护技术规范）有关条款含义的紧急请示〉的答复》

江苏省交通厅：

你厅《关于请求明确（公路养护技术规范）有关条款含义的紧急请示》（苏交公[2001]15号）收悉。现答复如下：《公路养护技术规范》（JTJ073－96）第3.1.4条规定“各种路面应定期清扫，及时清除杂物，以保持路面和环境的清洁。”该条款是对公路日常养护工作的总体要求，其具体含义是：公路养护单位，要对公路进行定期清扫，定期清扫时的作业标准是清除杂物，做到路面清洁。定期清扫的频率应根据各地关于公路小修保养工作的相关规定执行。另外，该条规定中的“及时”并不等于“随时”，《公路养护技术规范》没有也不可能要求公路养护单位对路面杂物做到随时清除。因此，如果公路养护单位按照规定的效率或有关工作要求做到定期清扫，即不能认为其“疏于养护”。

4. 广东省公路路政人员着装管理规定

第一条　为规范公路路政人员着装行为，树立路政人员良好形象，根据《中华人民共和国公路法》、《广东省公路条例》、交通部《路政管理条例》的有关规定，制定本规定。

第二条　路政人员着装，是指按规定穿着全省公路管理机构统一的制式路政服装。

第三条　在编在职全省公路管理机构路政人员在执行公务时，必须着装，但有下列情况之一的除外：

（一）执行调查案件不宜着装的；

（二）身躯有明显伤残不必要着装的；

（三）女性路政人员怀孕后体形发生明显变化的；

（四）其他不宜着装的情形。

第四条　路政人员非因公外出、旅游和下班后不着装。因违法违纪正在接受审查或者被停止执行职务期间不得着装。

第五条 路政人员着装时,必须戴制式路政帽,严格按规定缀钉、佩戴帽徽、肩章标志等。参加重要庆典、集会等活动时应当着整洁的路政服装。

第六条 在办公室区内可以不戴制式路政帽。在室内或者参加会议时,应将脱下的帽子挂在相应的挂衣帽处,帽徽朝下,或者放置在桌子左前方,帽徽朝向自己。立姿可以将帽用左手托夹于左腋下,帽徽朝前。

第七条 路政人员着装时,只准佩戴国家和交通主管部门或公路管理机构颁发的证章和徽章,不得佩戴其他与路政人员身份或执行公务无关的标志。

第八条 路政人员着装时,必须随身携带省人民政府法制机构或交通主管部门或公路管理机构制发的执勤上岗证件。

第九条 路政人员着装时,必须严格遵守下列规定:

(一)扣好领钩、衣扣,冬、夏、秋服装不能混穿,不得歪戴帽、披衣、敞怀、挽袖、卷裤腿;长袖立领制式衬衣作外衣穿着时,下摆应扎在裤腰内,扎制式领带;着长袖开面制服时,必须内着制式衬衣,扎制式领带;着短袖立领夏服时,下摆应扎在裤腰内;着开面制服时,下摆不扎在裤腰内;冬季换装后,可在制服外着统一配发的制式大衣。

(二)不得穿拖鞋、赤脚穿鞋或赤足,不得穿黑色、棕色以外的皮鞋、凉鞋和草绿色以外的胶鞋。集会、列队时应当按照要求穿颜色一致的皮鞋,男性路政人员鞋跟不得高于3厘米,女性路政人员鞋跟不得高于4厘米。

(三)不得围围巾,不得在路政服装外罩便服;

(四)不得戴外露首饰、染彩发,不得染指甲,留长指甲。男性路政人员不得留长发、大鬓角、剃光头、蓄胡须。女性路政人员不得用浓妆。

(五)除外业执勤和驾驶机动车辆外,不得戴有色眼镜。

第十条 着装的路政人员在公共场所不得边走边吸烟、吃零食、打扇子;不得背手、袖手、插兜、搭肩、挽臂、揽腰、嬉笑打闹、席地坐卧。

第十一条 路政人员着装工作时不准饮酒,但参加公务重大礼仪性活动时除外。路政人员非因工作需要,不得着装进入宾馆和营业性娱乐场所。严禁将路政服装赠送、转卖或者借给非路政人员。

第十二条 路政人员上岗后,由其所属公路管理机构或路政(大)队发放以下物品:夏、春、秋、冬装各两套、长袖衬衣两件、大衣一件、大檐帽两顶、皮鞋一双、帽徽两个、领花两副、肩章两副、领带一条、腰带一条、白手套两双、雨衣一件、雨鞋一双。

以后按如下周期更新:夏装短袖、长袖——每年各一套;春、秋装——每年两套;冬装——两年一套;衬衣——每年两件;大衣——五年一件;大檐帽——三年一顶;皮鞋——每年一双;领带——每年两条;皮带——两年一条;腰带——三年一条;白手套——每年三双;雨衣——两年一件;雨鞋——两年一双。

所发放的服装,由所属公路管理机构或路政(大)队建立档案,健全发放手续。调离、辞职、退休的人员应及时将证件、胸章等配套标志交回。

第十三条　对违反本规定的路政人员,由其所属公路管理机构或路政(大)队进行纠察和处理,情节轻微的当场教育、纠正;情节严重或情节轻微但不服从检查、纠察的,可扣留其执行公务证件,对其批评教育并责其写出书面检查,扣发当月岗位津贴;对再次违规者,应在其所属单位范围内予以通报,取消当年参与评功授奖资格;对屡教不改造成严重后果的,年度工作考核可定为不称职档次,并给予相应的纪律处分或清理除名,处理结果由其所属单位向省公路管理机构报送。

第十四条　本规定自2010年1月1日起施行。

参考文献

[1] 王文武. 高速公路安全管理[M]. 北京:人民交通出版社,2001.

[2] 李华,王文武. 公路路政管理手册[M]. 北京:人民交通出版社,2000.

[3] 丁立民. 道路交通管理[M]. 北京:警官教育出版社,1999.

[4] 何家弘. 证据调查实用教程[M]. 中国人民大学出版社,2000.

[5] 王文武. 高速公路路政管理学[M]. 广州:花城出版社,1997.

[6] 杨友秀. 档案工作基本理论与方法[M]. 北京:档案出版社,1994.

[7] 谭诗樵. 高等级公路管理[M]. 北京:中国建筑工业出版社,1992.

[8] 黄家城. 公路路政管理瑟公路养护[M]. 北京:人民交通出版社,2003.

[9] 李华,洪秀敏. 路政管理实用指南[M]. 杭州出版社,2003.

[10] 乔晓阳. 行政许可法释义[M]. 北京:中国物价出版社,2003.

[11] 张穹,冯正霖. 中华人民共和国道路运输条例释义[M]. 北京:人民交通出版社,2004.

[12] 王文武. 交通执法现场勘察与信息化技术[M]. 北京:人民交通出版社,2008.